重新犯罪问题研究与思考

主　编◎周　勇
副主编◎张　婧　闫　佳

CHONGXIN FANZUI WENTI
YANJIU YU SIKAO

法律出版社
LAW PRESS · CHINA
北京

图书在版编目（CIP）数据

重新犯罪问题研究与思考 / 周勇主编 ；张婧，闫佳副主编. -- 北京 ：法律出版社，2025. -- ISBN 978 - 7 - 5197 - 9465 - 1

Ⅰ. D917.6

中国国家版本馆 CIP 数据核字第 2024N3Z770 号

重新犯罪问题研究与思考
CHONGXIN FANZUI WENTI YANJIU YU SIKAO

周　勇 主编
张　婧
闫　佳 副主编

责任编辑 曲　杰
装帧设计 鲍龙卉

出版发行 法律出版社
编辑统筹 学术 · 对外出版分社
责任校对 王　丰　郭艳萍
责任印制 胡晓雅　宋万春
经　　销 新华书店

开本 710 毫米 × 1000 毫米　1/16
印张 26　**字数** 410 千
版本 2025 年 3 月第 1 版
印次 2025 年 3 月第 1 次印刷
印刷 北京建宏印刷有限公司

地址：北京市丰台区莲花池西里 7 号（100073）
网址：www.lawpress.com.cn
投稿邮箱：info@lawpress.com.cn
举报盗版邮箱：jbwq@lawpress.com.cn
销售电话：010 - 83938349
客服电话：010 - 83938350
咨询电话：010 - 63939796

书号：ISBN 978 - 7 - 5197 - 9465 - 1　**定价**：109.00 元

凡购买本社图书，如有印装错误，我社负责退换。电话：010 - 83938349

目　　录

理论探讨篇

域外考察篇

调查研究篇

理论探讨篇

本篇主要围绕重新犯罪问题的概念内涵、理论观点、研究方法、制度完善等重要理论问题进行了分析和探讨。在概念内涵方面，讨论了重新犯罪的内涵与外延，阐述了开展重新犯罪问题调查研究的价值意义，总结了开展重新犯罪问题研究的国内外现状，提出了新时期我国开展重新犯罪问题调查研究的基本思路和思路构想；在理论观点方面，归纳梳理了犯罪生物学、犯罪社会学、犯罪心理学中关于重新犯罪影响因素有代表性、影响力的理论观点，就犯罪发展理论对我国青少年再犯防控的启示提出了思考与建议；在统计方法方面，指出了在重新犯罪率调查统计中常见的几个误区，阐述了重新犯罪率的统计指标、算法公式以及大数据背景下的重新犯罪统计分析方法，探讨了再犯风险评估体系的构建；在制度完善方面，围绕累犯矫正制度、未成年累犯豁免制度、前科消灭制度等进行了思考和论述，对监狱行刑社会化的重新犯罪治理功能进行了探讨和分析。

开展重新犯罪问题调查研究的价值意义与思路构想

周　勇*

2018年9月26日，根据中央政法委有关要求成立的由最高人民法院、最高人民检察院、公安部和司法部参加的、跨部门的重新犯罪问题调查领导小组，召开第一次会议。会议要求以习近平新时代中国特色社会主义思想和总体国家安全观为指导，组织开展好重新犯罪问题调查，促进国家治理体系和治理能力现代化，为推进全面依法治国作出贡献。[1] 本文拟围绕开展重新犯罪问题调查研究的价值意义与思路构想作思考和探讨。

一、开展重新犯罪问题调查研究的价值意义

重新犯罪问题是世界各国普遍关注又难以解决的社会问题。由于重新犯罪人员具有报复、仇恨、补偿等心理特征，重新犯罪的社会危害往往较初次犯罪更为严重。因此，预防和减少重新犯罪，是国家和社会治理的一项重要任务，也是包括监狱工作在内的政法工作不断增强人民群众获得感、幸福感、安全感的迫切要求。开展重新犯罪问题调查研究，摸清重新犯罪的底数，把握重新犯罪的原因和规律，是科学有效预防重新犯罪的基础性工作，具有十分重要的价值意义。

（一）有助于践行改造宗旨，提高罪犯改造质量，向社会回送守法公民

刑罚执行的根本目的是把罪犯改造成为守法公民。习近平总书记提出的总体国家安全观具体到刑罚执行领域，就是要把罪犯改造成为对社会有益的守

---

* 周勇，时任司法部预防犯罪研究所副所长、研究员、博士。原文载《犯罪与改造研究》2019年第7期。

〔1〕 参见《司法部召开重新犯罪问题调查领导小组第一次会议》，载中国政府法制信息网：http://www.moj.gov.cn/news/content/2018-09/26/bnyw_40440.html。

法公民。开展重新犯罪问题调查,不仅为检验改造质量提供客观依据,也为提高改造质量提供科学指导。比如,根据罪犯接受传统文化教育、心理疏导、职业技能培训的效果与重新犯罪的关联性,可以及时调整教育改造的方式方法;根据亲情会见、社会帮扶等对重新犯罪的影响评估,可以完善监狱管理方面的措施;根据罪犯获得劳动报酬的多少和对刑满释放后生活的影响,可以调整监狱企业分配和保障机制等。通过调查,能够发现罪犯改造工作中的短板和不足,据此调整和改进教育改造的内容和方式方法,增强教育改造工作的针对性和有效性。

(二)有助于及时调整完善刑事政策和社会政策,促进国家治理体系和治理能力现代化

犯罪问题是法律问题,更是社会问题。犯罪治理,是国家和社会治理的基础性工作。德国著名刑法学家李斯特(Franz Von Liszt)说过:"最好的社会政策就是最好的刑事政策。"开展重新犯罪问题调查,了解影响和产生重新犯罪的原因,可以更好地制定、完善相关刑事政策和社会政策,有利于降低重新犯罪率,提升犯罪治理成效。比如,对不同类型罪犯的重新犯罪率进行比较分析,可分别调整和完善宽严相济的刑事政策;对减刑和假释人员重新犯罪率进行比较分析,可相应调整假释和减刑的适用;对易发的重新犯罪类型和犯罪原因分析,了解刑满释放人员重新犯罪与就业、低保等社会保障政策之间的关联性,可调整有关的特殊人群管理服务政策、相关就业、低保等社会政策;等等。

(三)有助于提高社会安全预测预警和风险防控能力,提高维护国家安全和社会稳定的主动性、精准性

重新犯罪率是衡量社会治安状况的一个重要指标。开展重新犯罪问题调查,对公安、检察、审判、司法行政等部门的相关数据进行整合、共享、比对,充分利用大数据进行量化分析,能够把握重新犯罪规律、趋势,对重新犯罪及其引发的社会安全风险进行预测、预警和防范,在犯罪治理方面掌握先机、打好主动仗。曾经发生的张某团伙特大系列抢劫杀人案、靳某超石家庄特大爆炸案、杨某海系列杀人案、韩某大兴摔婴案、刘某龙(4 次服刑经历)昆山宝马男被反杀案、阳某云(6 次服刑经历)湖南衡东故意驾车伤人案等均系刑满释放人员所为。通过对这些重大典型的重新犯罪案件进行系统调查、分析原因,找出社会管理各方面各环节的漏洞和薄弱点,为政府有关职能部门和基层组织加强管理提出建议,可以更好地排查隐患,防控风险,保障社会安全稳定。

（四）有助于丰富重新犯罪研究资料，构建重新犯罪学知识框架与学术体系

尽管重新犯罪的社会危害性和对社会治安的破坏力较第一次初始犯罪更为严重，但从现有研究文献来看，对重新犯罪的研究总体上远远不及对第一次初始犯罪的研究那么丰富、深入和充分，而且重新犯罪研究也往往依附于（或从属于）犯罪研究，重新犯罪研究的独立性没有得到足够的重视和体现。事实上，从犯罪生命历程理论来看，对重新犯罪问题的考察将有助于从纵向发展的视角来审视个体的犯罪生涯发展全貌，进而更加深入地揭示犯罪的发生发展规律。因此，开展系统深入的重新犯罪调查研究，有助于促进重新犯罪基本理论与实践问题交流、丰富重新犯罪研究资料、深化重新犯罪规律特征认识。此外，建立重新犯罪风险预测模型，可以为构建比较独立、完备、科学的重新犯罪学科体系、学术体系和话语体系作出积极贡献。

（五）有助于推进打击犯罪的国际交流合作，提升我国犯罪治理和国际人权斗争的话语权

当前，犯罪全球化趋势日趋明显，打击犯罪的国际合作日益紧密。通过开展重新犯罪问题调查，摸清暴恐、贩毒、电信诈骗等跨国犯罪以及外籍人员在我国犯罪和重新犯罪的底数，有助于深化打击犯罪方面的国际合作，共同应对安全威胁。我国是世界上社会治安最好的国家之一，国内民众和来华外国人员对此有切身体会和直观感受，但这一判断还需要有相关的数据支持。通过调查获得比较准确、有说服力的重新犯罪率数据，能够提升我国在犯罪治理和国际人权斗争方面的话语权，更好地展示中国特色社会主义法律体系的优越性。

二、开展重新犯罪问题调查研究的国内外现状

（一）国内研究现状

自中华人民共和国成立以来，我国组织开展的大规模重新犯罪问题调查主要有三次。

第一次是在1986年至1990年，司法部预防犯罪研究所（时称司法部预防犯罪与劳动改造研究所）与司法部监狱管理局（时称司法部劳改局）联合组织了对刑满释放人员重新犯罪问题的调查研究（以下简称1990年调查研究）。这是我国关于重新犯罪问题的首次大规模调查，先后参加调查的地区达到了27个省、自治区和直辖市，参加调查的民警有1万余人。这项调查研究在各地政法

委的领导下，在公安、检察院和法院的协助下，对 1982 年至 1986 年刑满释放的 16 万多名人员回归社会后 3 年内的表现，进行了抽样调查和普查，并于 1992 年得出了“我国刑满释放的成年人回归社会后三年内有重新犯罪行为被再次处以刑罚的占 5.19%，有违法行为或轻微犯罪行为被处以劳动教养的占 1.40%，重新违法和犯罪率合计 6.59%”[1]的结论。1992 年 8 月，国务院新闻办公室发布的《中国改造罪犯的状况》白皮书以此调查结果为依据指出，中国重新犯罪率保持在 6% ~8% 的水平。

第二次是在 1996 年，司法部预防犯罪研究所与司法部监狱管理局组织全国部分省市在新收押罪犯中开展了重新犯罪调查研究（以下简称 1996 年调查研究）。这项调查研究要求各地先选取调查点，然后每个调查点对在 1996 年 5 月 1 日至 12 月 31 日新收押的罪犯进行全员调查，每个地区调查的总人数不得少于 1000 人。这是 1986 年至 1990 年全国范围内连续 5 年重新犯罪调查的继续，共有 12 个省市参加。调查结果表明：1996 年全国在押罪犯中判刑 2 次以上的罪犯比重已达 11.10%，比 1990 年的 8.55% 高出 2.55 个百分点，1990 年至 1996 年全国在押罪犯中判刑 2 次以上人员数量的年平均递增率为 5.66%。据此，增速计算相对应的重新犯罪率在 1996 年已突破 8% 的水平，达到 10% 以上。[2] 需要指出的是，1996 年调查研究所调查的并不是通常意义上的重新犯罪率，而是新收押罪犯中判刑 2 次以上的罪犯所占比重。

第三次是在 2003 年，司法部预防犯罪研究所组织开展了对 1997 年至 2001 年全国监狱释放罪犯重新犯罪调查研究。本次调查采用“标准时点全员普查”方法，在 2003 年 12 月至 2004 年 8 月，对全国 31 个省（区、市）和新疆生产建设兵团的 679 所监狱或关押点（包括未成年犯管教所和女子监狱）2003 年 12 月 31 日在押的近 20 万名判刑 2 次及以上的罪犯进行了全员普查，根据调查内容初步建立了 2003 年度全国“在押重新犯罪罪犯信息库”，并附之以最高人民法院的统计数据等相关资料，取得了监狱释放罪犯的重新犯罪率等数字指标。调查发现，我国 1997 年至 2001 年监狱释放罪犯的三年内和五年内重新犯罪率分

---

[1] 李均仁主编：《中国重新犯罪研究》，法律出版社 1992 年版，第 410 页。

[2] 参见李均仁、朱洪德等编著：《在社会主义市场经济条件下预防重新犯罪方略》，中国农业出版社 1998 年版，第 1 - 2 页。

别为8.15%和10.32%。[1] 与我国1982年至1986年监狱刑释罪犯的三年内重新犯罪率为5.19%相比,1997年至2001年监狱释放罪犯的三年内重新犯罪率增长了57.03%,绝对值上升了近3个百分点。需要指出,目前我国关于重新犯罪率的官方口径,仍一直沿用1992年的统计数据6%~8%。现阶段的重新犯罪情况底数不清,重新犯罪率究竟是多少,没有一个统一的官方数据。每年两会上最高人民法院、最高人民检察院工作报告中都会有对过去一年刑事犯罪情况的统计,但都缺少对重新犯罪率的统计和分析。在国内关于刑事司法统计的《中国法律年鉴》中,审判机关、检察机关、公安机关和司法行政机关所发布的全国刑事司法统计数据资料,没有关于重新犯罪率的统计。总体来看,我国对重新犯罪问题的调查和研究还停留在相关部门开展的单项、分散、短期的统计调查上,缺乏系统性、整体性、长期性。由于没有全口径、即时性的重新犯罪率数据,我国重新犯罪治理的理论研究和政策措施在一定程度上缺乏数据支持。

(二)国外研究现状

从世界范围来看,不少国家和地区已将犯罪和重新犯罪调查统计分析工作制度化,并赋予其基础性、战略性的地位。

美国自1979年司法部司法统计局正式成立以来,已基本形成了一套以司法统计局为组织和协调中心,涵盖联邦和州等各个层级的政府机构,包括多种统计类型的犯罪统计体系。该体系不仅由官方和非官方渠道结合而成,而且通过定期发布、出版调查统计资料等方式为社会公众提供全面的统计数据服务。其中,在重新犯罪率方面,美国开展了重新被逮捕率、重新被定罪率、重新被监禁率等调查。[2]

英国的重新犯罪统计由司法部完成,司法部每月的"监禁人口报告"通过网络等多种途径向专业领域、全社会发布重新犯罪人口变化情况,涉及性别、人种、文化、就业等多方面信息。

日本政府发布的《犯罪白皮书》中专设了"市民参与再犯预防"一编,对重新犯罪情况进行记录。

联合国及国际刑警组织基于合作关系而开展的"联合国的犯罪趋势和刑事

---

〔1〕 参见司法部预防犯罪研究所课题组:《关于监狱刑释罪犯重新犯罪率调查报告——对全国1997年-2001年监狱释放罪犯重新犯罪的考察》,载《犯罪与改造研究》2019年第5期。

〔2〕 参见周勇:《美国重新犯罪率调查统计的方法与结果及其借鉴》,载《犯罪与改造研究》2005年第12期。

司法系统运行调查”等世界性犯罪统计项目也包括对重新犯罪的统计。重新犯罪统计实践在各国和地区的犯罪治理和刑事政策研究中发挥了重要作用,不仅为政府、广大研究者和犯罪治理参与者提供了更为精确、全面的数据信息,促进了犯罪与重新犯罪研究的科学化,同时也为特定政策的评价创造了条件,成为各国和地区改革完善相关立法及制定政策的资源库。

除了重新犯罪统计,西方国家十分重视根据重新犯罪实证研究来检验国家的犯罪控制政策。1974 年,美国纽约城市学院兼职教授马丁森(Robert Martinson)对 231 个不同矫正项目的有效性进行了综合研究,该项研究对美国的犯罪控制政策产生了重要影响。20 世纪 70 年代末以来,美国一半以上的州根据重新犯罪调查研究结果重新确立了定期刑相关法律,修改了假释条件,对暴力和职业犯罪实行更为严厉的制裁,对缓刑人员强化监督等。根据重新犯罪率来评估有关犯罪防治工作,已成为西方许多国家的通行做法。

三、开展重新犯罪问题调查研究的思路构想

新时代开展重新犯罪问题调查研究,关键是在借鉴以往国内外调查研究经验的基础上,立足信息化、智能化的时代特点,探讨形成具有科学性和可操作性的重新犯罪问题调查研究的思路和构想。

(一)科学界定重新犯罪的内涵与外延

开展重新犯罪问题调查研究,首先必须对重新犯罪的概念内涵作出比较科学的界定。在界定重新犯罪概念时,须把握三个要素。

一是重新犯罪的范围。重新犯罪通常是指经法院刑事判决有罪并受到刑罚处罚的罪犯在刑罚执行完毕后一定时间内再次实施犯罪行为的现象。除死刑立即执行的罪犯外,其他刑罚执行完毕后的罪犯都存在重新犯罪可能性。根据刑罚的种类和刑罚执行场所,完整的重新犯罪范围应当包括:(1)监狱释放人员的重新犯罪;(2)被判处拘役、判决时余刑不足 3 个月在看守所(拘役所)服刑释放人员的重新犯罪;(3)解除社区矫正人员的重新犯罪;(4)单处财产刑和资格刑的人员刑罚执行完毕后的重新犯罪。

二是标志重新犯罪的事件。所谓标志重新犯罪的事件,是指在发生或出现哪种事件时才判定为重新犯罪。在不同的刑事司法阶段,可以分别选取重新逮捕、重新定罪、重新监禁作为标志重新犯罪的事件。相应地,重新犯罪率可以用重新被逮捕率、重新被定罪率、重新被判入监率和重新被监禁率 4 项指标来分别加以说明,以便更全面、更准确地衡量重新犯罪的状况与程度。也就是说,重

新被逮捕率、重新被定罪率、重新被判入监率和重新被监禁率均可在一定程度上作为重新犯罪率的指标来使用。

三是重新犯罪的间隔期限。关于重新犯罪的间隔期限,存在不同的理解。有的认为是指从上一次实施犯罪行为到再一次实施犯罪行为的期间;有的认为是指从经生效判决被确定为有罪开始,到再次实施犯罪并被确定为有罪所经过的期间;还有的理解为从人身被释放等产生了可能再次犯罪的时间点到针对此后的新犯罪被判决确定有罪所经过的期间。不论是采用什么样的间隔期限,都需要在调查研究中作出明确界定并说明理由。

(二)明确开展重新犯罪问题调查研究的目的

从国家层面开展重新犯罪问题调查研究,主要包括以下3方面目的:

一是获取比较全面、准确的现阶段重新犯罪全口径统计数字指标。包括重新被捕率、重新定罪率、重新监禁率等不同测量类型的重新犯罪率指标;不同性别、不同年龄段、不同犯罪类型的重新犯罪率指标;重新犯罪罪犯的具体构成特征、重新犯罪特点与发展趋势等。

二是揭示重新犯罪的原因、特点和规律,研究并提出改革完善我国刑罚执行和预防犯罪政策乃至社会政策的对策建议。

三是探索建立一套在大数据和信息化条件下科学、高效、规范、常态化的重新犯罪问题调查研究机制,动态监测重新犯罪数据,为国家犯罪治理战略、改革完善相关政策制度和相关理论研究提供支撑。

(三)形成重新犯罪问题调查研究的基本思路

开展重新犯罪问题调查,应当按照科学性、经济性和效率性(信息化)原则,采用官方行政记录全员比对调查与监测点抽样调查相结合的方式,在全国范围内组织开展重新犯罪问题调查,获取比较全面、准确的现阶段重新犯罪率统计数字,揭示重新犯罪的原因与规律,逐步建立起我国信息化条件下科学、高效、规范、常态化的重新犯罪问题调查研究和监测分析机制。

一是通过全国政法部门现有历年行政记录(主要包括逮捕记录、判决记录、监禁记录和刑满释放记录)中有关重新犯罪情况资料的比对,计算出重新犯罪率指标。基本思路是:收集全国政法各部门现有历年行政记录资料,以刑罚执行(监狱、看守所、社区矫正机构和法院)系统的历年刑罚执行完毕记录中的罪犯名单及相关信息为基础;与历年公安、检察院系统的逮捕记录、法院系统的判决记录以及刑罚执行(监狱、看守所、社区矫正机构)系统的监禁记录资料进行比对;进而获得所调查的罪犯在刑罚执行完毕后一定年限内是否再次被逮捕、被定罪、被监禁等重新犯罪数据资料;按照社会学和统计学的专业方法进行量化分析,形成全面、准确的重新犯罪全口径统计数字指标。需要指出的是,该思路系国际上统计重新犯罪率的通行做法,由此获取的数字指标具有可靠、权威、准确、可重复验证等优点。

二是采用监测点抽样调查方式收集数据资料,研究并揭示重新犯罪的原因与规律。基本思路是:运用统计学原理设计抽样方案;按照抽样方案在全国确定部分有代表性的监狱、看守所和社区矫正机构作为监测点;每个监测点抽取一定数量有代表性的样本(包括重新犯罪罪犯样本、初犯样本以及释放后或解除社区矫正后未重新犯罪人员样本);组织开展深入的访谈调查和量表测试;收集可能导致个体重新犯罪的主客观多方面信息资料;进而研究分析重新犯罪的原因特点、风险因素与发展规律;考察评估重新犯罪与监管改造、安置帮教工作以及就业、医疗、低保等社会政策之间的因果关系;研究提出关于改革完善相关政策措施的意见建议。

三是建立公安、检察、法院、司法行政机关行政记录数据共享机制,开展长期实时动态监测。基本思路是:根据上述一、二两个步骤中通过官方数据全员比对调查与监测点抽样调查的数据;建立全国性的"重新犯罪问题监测分析信息库";在此基础上对"重新犯罪问题监测分析信息库"进行及时更新并开展研究分析和监测。一方面,根据重新犯罪研究需要,进一步完善公安机关、检察院、法院以及监狱、看守所、社区矫正系统行政记录及其日常数据采集和报送机制,确保公安机关、检察院、法院和司法行政系统之间行政记录数据的及时衔接、联通和共享。通过官方数据记录的动态更新,可以及时统计出最新的全国重新犯罪率数字,进而掌握我国重新犯罪率的动态变化趋势。另一方面,各监测点每年定期选取一定数量的新入监(入矫)罪犯(含初犯与重新犯罪罪犯)以及部分监狱(看守所)释放或解除社区矫正后未重新犯罪人员进行深入的访谈调查和量表测试。通过这些调查数据资料的持续更新,可以对重新犯罪的原因与规律进行动态分析。通过以上两方面的工作,逐步在我国建立起实时动态更新的重新犯罪问题调查研究和监测分析机制。

关于重新犯罪影响因素的理论观点

张　婧　周　勇*

重新犯罪问题一直受到犯罪预防理论界和实务界的重点关注，其中，关于重新犯罪的原因更是重中之重。本文拟围绕重新犯罪的影响因素，从已有相关理论中归纳梳理出有代表性、影响力的理论观点，为揭示重新犯罪原因，完善重新犯罪防治策略提供参考。

一、犯罪生物学理论

犯罪生物学理论是研究犯罪人的生物学特征与犯罪之间关系的理论学说的统称。现代犯罪生物学研究有 3 个分支：犯罪人类学、犯罪遗传生物学和犯罪体质生物学。犯罪人类学研究的创始人即意大利学者龙勃罗梭，其“天生犯罪人”理论虽终为历史发展所抛弃，但后世仍有学者（如美国学者胡顿）秉持科学求实的态度对这一理论进行了研究。犯罪遗传生物学认为，若干遗传负因使犯罪人形成反社会人格而实施犯罪。如美国社会学家达格代尔对朱克“犯罪家族”的调查、德国精神病学家朗格对孪生子与犯罪关系的统计研究、英国学者雅各布斯对性染色体异常与犯罪关系的“卡斯泰尔斯研究”等。犯罪体质生物学则从犯罪人的身体结构或功能方面探讨犯罪成因，这方面的研究主要有美国学者伯曼对内分泌异常与犯罪关系的研究、克罗兹和罗斯对睾丸酮水平与犯罪关系的研究、德国精神病学家克雷奇默、美国学者格卢克夫妇等对体形与犯罪关系的研究等。〔1〕 从犯罪生物学来看，生物学因素同样是导致重新犯罪的原因

---

* 张婧，时任司法部预防犯罪研究所预防犯罪工作研究室副研究员、博士；周勇，时任司法部预防犯罪研究所副所长、研究员、博士。原文载《犯罪与改造研究》2018 年第 11 期。

〔1〕 参见张鸿巍：《犯罪生物学视野下的青少年犯罪研究述评》，载《山东警察学院学报》2013 年第 1 期。

所在。

二、差异交往理论

差异交往理论(Differential Association Theory)又被译为不同接触理论、差别交往理论、不同联系理论等,是由美国著名的现代社会学家萨瑟兰发展起来的解释犯罪原因的一种理论。差异交往理论的基本命题包括:犯罪行为是学来的;学习是从关系比较密切的人开始的;学习犯罪行为的内容包括犯罪技巧、犯罪动机、驱动力、合理化技巧、犯罪态度等;犯罪动机的取舍,来自守法和违法哪个对自己更有利;差别接触取决于和罪犯接触的频率、持续性、重要性、强度;犯罪学习过程其实与其他一般行为的学习机制或过程无异等。[1] 差别交往理论解释了消极的社会强化和经历产生犯罪结果的事实,是对犯罪和重新犯罪行为最经久的解释之一。

三、文化和亚文化理论

文化和亚文化理论重点研究的是思想观念在犯罪行为发生中所起的作用。1958年,美国犯罪学家沃尔特·米勒在其论文《作为帮伙少年犯罪的一种环境的下层阶级文化》中首次阐述了下层阶级文化理论(Theory of Lower-Class Culture)。其基本观点认为,犯罪行为特别是存在下层阶级中的犯罪行为是由那些与犯罪有关的文化价值观和信念引起的,这种文化观念具有渗透性和弥散性的特征。在亚文化中形成的赞赏麻烦的态度和使用暴力的方法,会被助长和整合为一种习惯和人格特征。如果不改变犯罪人普遍遵从的规范和价值观,就不能从根本上改变罪犯重新走上犯罪之路的可能性。

亚文化理论所论述的核心信念主要包括6种:(1)麻烦。一方面经常惹是生非,引起社会的骚乱;另一方面又千方百计地去消除麻烦。(2)强硬。社会下层文化赞赏拥有强壮结实的身体和强硬态度的人们,认为这是男子汉气概的显现。(3)诡诈。指社会下层的青少年喜欢用“小聪明”(smartness)投机取巧,先发制人,无孔不入地战胜对手,以维持生活。(4)兴奋。下层阶级的成员时刻寻求刺激和兴奋,以调剂单调乏味的生活。(5)命运。下层阶级的成员相信命运,认为自己的生活受到他们难以控制的力量的操纵,幸运、财富却离他们很远,他们进行任何努力都难以改变命运。(6)自主。下层阶级的成员喜欢自主和自

---

[1] 参见吴宗宪:《西方犯罪学》(第2版),法律出版社2006年版,第302页。

由,认为受权威的束缚是一种令人无法忍受的软弱,与应有的强硬态度不相符合,因此,他们经常进行表现自主、蔑视权威的行为。[1]

四、中和技术理论

中和技术理论是由美国社会学家戴维·马茨阿及其同事雷沙姆·赛可斯发展起来的。该理论认为大多数少年犯罪人和犯罪人仍具有传统的价值观和态度,当他们准备犯罪时,必须通过技巧来消除心理上的罪恶,将自己从道德约束中摆脱出来。[2] 根据中和技术理论,犯罪人常用的5种技巧分别是:(1)否认责任。犯罪人宣称犯罪行为并不是他们的意愿,而是迫于他们无法控制的力量。(2)否定造成伤害。否认其行为给他人所造成的损害,即认为自己的行为没有给谁带来损害。例如,少女的卖淫行为,青少年吸食兴奋剂、麻醉品等药物的行为。(3)否定有被害人。认为与自己的行为相比较,对方才是坏人,自己才是受害者。(4)责备掌权者。犯罪者认为这个世界是一个腐化的地方,因为在他们看来警察和法官也不公正,教师亦有偏见,所以他们会认为"人人都在犯罪,为什么只盯着我?"(5)诉诸更高的权威。认为不是为了自己,而是为了朋友,忠于义气,才实施犯罪,这不但不丢脸,而且很光荣。

中和技术理论通常被认为是青少年犯罪的主要理论之一。但犯罪学家卡伦(1992)认为,这些技巧对于成年人犯罪也具有适用性。新的研究发现,中和技术不仅可以在思考犯罪行为时使用,以便寻求自我安慰,使犯罪能够进行下去;也可以在实施非法行为后使用,以减轻自己的罪责。[3] 即使是在被判决后,许多罪犯也依然抱有这样的观念,借助中和技术时刻为自己的行为辩解,将自己的犯罪行为合理化。中和技术帮助犯罪人成为一名顽固的罪犯,因此对于解释重新犯罪行为具有极大的帮助。

五、紧张理论

紧张理论起源于迪尔凯姆的失范理论,经过默顿的发展,成为20世纪最具有影响力的犯罪学理论之一。默顿在1949年出版的《社会理论和社会结构》一书中,指出任何社会的文化都有两个共同特征,即确立社会成员的追求目标与

---

[1] 参见周东平编著:《犯罪学新论》,厦门大学出版社2004年版,第163页。

[2] 参见吴宗宪:《西方犯罪学》(第2版),法律出版社2006年版,第369页。

[3] 参见曹立群、周愫娴:《犯罪学理论与实证》,群众出版社2007年版,第174页。

规定为实现目标而采取的合法手段。而犯罪就是社会文化所确立的抱负目标与所规定的实现目标的合法手段不匹配、不协调的结果。当人们不能通过合法的手段来获得社会和经济成就时,一定的挫败感和愤怒即紧张开始产生。为了缓解、消除内心的挫败和愤怒,一部分社会成员最终实施了不同形式的犯罪。针对一般人如何解决紧张问题,默顿提出了 5 种适应方法:遵从、创新、仪式主义、退隐主义和反抗。[1] 除了遵从型,其他 4 种适应方法都可认为是导致犯罪行为的原因。

紧张理论主要被用于解释社会底层群体的犯罪问题。因此,默顿之后的许多犯罪学家都尝试对紧张理论重新修正,试图提供一个能解释社会上各个阶层人犯罪的更广泛的理论,便有了一般压力理论的提出。安格纽的一般压力理论将犯罪行为视为对压力来源的应付机制,认为犯罪是消极情绪状态的直接结果。一般压力理论还阐明了抑制和加强压力是导致犯罪的重要条件,如个人和传统社会的关系、违法朋友的影响及个人心理因素和性情特征。[2] 尽管,当前在犯罪原因的相关研究上,紧张理论已经失去了其主导地位,但是,紧张理论具有丰富的社会学内涵,因此仍然不失为解释重新犯罪问题的一个重要视角。

六、社会控制理论

社会控制理论是美国当代犯罪学家赫希于 1969 年在其著作《青少年犯罪原因》中提出。该理论指出人类之所以不犯罪,是由于外在环境之影响、家庭教育和控制的结果。在社会化的过程中,人与社会建立起大小不同的强大的社会键。而社会键的要素有四:(1)依附(attachment),即对父母、学校或同辈群体的感情联系;(2)奉献(commitment),即对传统生活目标如未来教育或职业的追求;(3)参与(involvement),即对传统生活方式的参加,越从事正当休闲活动或运动,就越不会从事偏差行为;(4)信仰(belief),即对社会道德规范和价值体系的认可和相信。[3]

1992 年,赫希又进一步修正了自己的理论,不再持完全的社会成因论,而开

---

[1] 参见[美]罗伯特·K. 默顿:《社会理论和社会结构》,唐少杰等译,译林出版社 2006 年版,第 262 ~ 294 页。

[2] 参见鲍碗宁:"失范理论与一般压力理论",载曹立群、任昕主编:《犯罪学》,中国人民大学出版社 2008 年版,第 111 ~ 113 页。

[3] 参见林山田、林东茂、林璨璋:《犯罪学》,台北,三民书局 2007 年版,第 234 页。

始加入心理因素思考，与戈特弗里德森共同提出了一般犯罪理论。一般犯罪理论提出“低自我控制”（low self-control）与“犯罪机会”（opportunity of crime）两个概念。其中，低自我控制这一概念由6个方面组成：冲动人格、简单任务取向、冒险活动取向、体力活动取向、自我中心取向以及性格暴躁。[1] 一般犯罪理论是目前国际上解释青少年犯罪原因的重要范式，但同样可用来解释成年人犯罪和刑满释放人员再犯原因。

七、标签理论

标签理论是社会反应理论的一个重要分支。该理论认为犯罪其实是一种社会互动的产物，当社会把一个人标定为犯罪人，而个人也接收这种标签时，个人就会变成犯罪人。美国犯罪学家埃德温·利默特开创性地提出了初次越轨行为和继发越轨行为。利默特认为，当初次越轨行为被发现后，犯罪者因为接受了正式的惩罚而被贴上标签，贴上的标签不但不会制止这些行为，反而会提高这些行为的发生概率。犯罪人觉得自己被主流社会孤立，他们可能去找跟他们“同病相怜”、被贴上标签的人，形成亚文化或小团体，导致他们的犯罪行为继续增多，进而成为一名累犯。[2] 而有关的导致严重犯罪行为发生之交互顺序如下所示：

第一阶段之偏差行为——接受社会之非难——导致严重之偏差行为——社会予以否定及处罚——导致更严重之偏差行为——社会通过正式化之行动予以逮捕、套上前科烙印——对正式惩罚之反映，陷入更严重的偏差行为——最后开始接受他们不是一般的社会成员，属于犯罪人角色，并把犯罪行为作为适应社会之手段。[3]

标签理论对于解释部分刑满释放人员因为被贴上前犯罪人的标签，受到歧视性对待，进而自暴自弃，再次违法犯罪的行为，具有较强的说服力。

八、监禁因素理论

该观点认为，监禁是导致刑满释放人员重新犯罪的一种重要影响因素。监

---

[1] 参见[美]迈克尔·戈特弗里德森、[美]特拉维斯·赫希：《犯罪的一般理论》，吴宗宪、苏明月译，中国人民公安大学出版社2009年版，第6页。

[2] Arthur K. Davis & Edwin M. Lemert, *Social Pathology*, New York, McGraw-Hill, p. 134.

[3] 参见蔡德辉、杨士隆：《犯罪学》，台北，五南图书出版股份有限公司2002年版，第234页。

狱的价值之一在于预防服刑人员重新犯罪。然而研究发现,监禁可能通过“交叉感染”或“深度感染”使罪犯变得更坏,同时长时间的监禁生活会强化罪犯的监狱人格,给其重新社会化带来消极影响。多数研究认为,有违法犯罪前科者更容易延续过去的行为,违法犯罪年龄越早,违法犯罪次数越多,犯罪持久性越长。[1] 这是因为“一个人的再犯风险蕴含在他的经历和遭遇之中,是一种劣势积累和负向强化的过程”[2],不良结交、就业失败、经济困难、家庭问题会促使犯罪发生,多次犯罪或身处犯罪圈内会增强对犯罪的认同和对刑罚后果的钝感,从而强化犯罪模式,出监狱后不可避免地面临社会孤立、社会歧视和社会技能丧失,更加强化反社会交往和反社会行为。[3]

九、生命历程理论

生命历程理论自二十世纪八九十年代开始应用到犯罪学领域当中。该理论的犯罪学家广泛研究了历史事件、个体事件的发生顺序以及个体生理、心理和社会行为的发展和变迁对犯罪行为的影响。[4] 生命历程理论的一个重要贡献是发现了年龄在解释个体持续、终止犯罪方面的重要作用。该理论认为,犯罪生涯之所以长期持续,可能是由犯罪行为开始时的年龄决定的。他们在实证调查中得出以下3点结论:一是大多数反社会行为均集中于青少年晚期。二是前述反社会行为与个体年龄之间关系,在个体方面、同伴方面、历史方面或文化方面并不存在任何实质的差异。三是随着年龄的增长,个体的反社会行为在其整个生命历程中均呈直线或呈连续下降趋势。[5]

生命历程理论中的另一个重要主张是桑普森和劳博的“年龄序列非正式控

---

〔1〕 See Farrington, D. P., *Human Development and criminal Careers*, in (ed.) Crime, Deviance and Society, Greenwich University Press, 1996, p. 152. 转引自翟中东:《关于重新犯罪防治政策调整的思考》,载《法学家》2009年第2期。

〔2〕 [美]艾德温·萨瑟兰、[美]唐纳德·克雷西、[美]戴维·卢肯比尔:《犯罪学原理》(第11版),吴宗宪等译,中国人民公安大学出版社2009年版,第57页。

〔3〕 参见[美]罗伯特·J.桑普森、[美]约翰·H.劳布:《犯罪之形成——人生道路及其转折点》,汪明亮等译,北京大学出版社2006年版,第175页。

〔4〕 See Elder, Glen, H., Jr., *Perspectives on the Life Course*, in Elder, G., H., Life Course Dymamics; Trajecttories and Transtions, New York, Cornell University Press, 2007, p. 292 – 304.

〔5〕 See Robert J. Sampson & John H. Laub, *Understanding Variability in Lives through Time: Contributions of Life-Course Criminology*, Studies on Crime and Crime Prevention, Vol. 4:2, p. 143 – 158 (1995).

制理论”。该理论指出个体犯罪行为的稳定性源于多种危险因素在生命历程中的积累和叠加。比如,少年时期被监禁的经历、教育的中断、社会纽带的崩溃、就业的困难以及与越轨或犯罪团体联系的增强,而这些因素最终导致犯罪行为从儿童到成年时期的持续性。但是桑普森和劳博认为,即使是最顽固的罪犯他们也是会改变的。在成年时期发生的某些事件,如参军、恋爱和结婚以及找到一个稳定的工作,都可能会成为生命中的转折点,甚至改变长期犯罪者的生活轨迹。[1]

与传统犯罪学理论相比,生命历程理论的最大贡献在于,它以动态而非静态的视角研究个体犯罪行为。这个理论视角强调各个生命历史阶段的重要性,以及如何全面地看待不同生命历史阶段之间犯罪行为的联系。因此,它对于了解和分析惯犯、累犯和犯罪职业人的形成原因和规律无疑具有重要价值。

十、危险性和保护性因素理论

危险性和保护性因素理论认为,犯罪是危险性和保护性因素相互作用的结果。所谓危险性因素,是指存在于个人、家庭、学校和社会环境中可能导致或加剧犯罪行为的各种生理、心理及社会等前置性因素。[2] 危险性因素的概念最早源于流行病学研究,指那些增加人们不期望的消极结果发生可能性的相关变量,后被犯罪学领域广泛接受。所谓保护性因素,是指存在于个人、家庭、学校和社会环境中可以抵消危险性因素不良影响,或即使在危急状态下也可以抑制犯罪行为发生的各种生理、心理及社会因素。[3] 保护性因素的引入很好地解释了一些暴露在多种危险性因素之下的个体并没有发生犯罪行为的现象,这是因为在这些个体身上和周围还存在某些保护性因素,它们能够调节、缓和危险性因素的影响,进而降低了个体犯罪行为发生的可能性。

从已有研究来看,犯罪的危险性因素主要包括:(1)个体因素,如情绪问题、叛逆性、暴力倾向、自控力差、低智力、低移情、药物滥用等。(2)家庭因素,如家庭结构不完整(单亲离异)、低社会经济地位、父母教养方式和管教欠妥、家中情

---

〔1〕 参见[美]罗伯特·J.桑普森、[美]约翰·H.劳布:《犯罪之形成——人生道路及其转折点》,汪明亮等译,北京大学出版社2006年版,第175页。

〔2〕 See Farrington & D. P., *Explaining and Preventing Crime: The Globalization of Knowledge the American Society of Criminology 1999 Presidential Address*, Criminology, Vol. 38:1, p. 1-24(2000).

〔3〕 See Walker et al., *Integrated Approaches to Preventing Antisocial Behavior Patterns among School-age Children and Youth*, Journal of Emotional and Behavioral Disorders, Vol. 4:4, p. 194-209(1996).

感联系薄弱、家庭冲突与暴力等。(3)同伴或学校因素,如不良同伴关系、同伴拒绝、消极同伴榜样等同伴因素,学校监管不力、低学业技能、学习态度消极、校园欺凌等。(4)社会因素,如媒体、参与亲社会活动少、不良社区环境及社区支持系统等。犯罪的保护性因素主要包括乐观进取、坚韧有毅力、较多的亲社会参与机会、积极邻里影响、有效的社会规则和政策等(见表1)。在危险性和保护性因素理论来看,预防和干预犯罪应当采用减少危险性因素和强化保护性因素的双重策略。

表1 关于重新犯罪行为的保护性因素

因素	影　响
生物/遗传	没有行为异常的亲属、没有基因易损性倾向、神经正常和荷尔蒙功能正常
家庭	收入稳定、家庭和睦、被家人认可、父母监督到位、具备连贯性、有正面的学习榜样、关怀持续、受到家庭支持
学校	成就感和团结、有侵犯性行为的学生数量少、完善的接纳、良好校园氛围
同伴	无行为不端的同伴,有来自亲密的、亲社会的朋友的支持
社区	不被边缘化,生活在融合的、无暴力的社区环境,有专业人员援助
环境	保护目标强化、被害人援助服务、社会控制
法律	有效的枪支、毒品管理政策,有效的刑事司法干预措施
文化	低暴力、传统的道德价值认同、羞耻—负罪感指向、媒体暴力信息少

资料来源:Durlak(1998);Murray(2003);Bond, Toumbourou, Thomas, Catalano & Patton(2005);Young-blade et al.(2007)。

危险性和保护性因素理论尽管是针对犯罪行为的产生提出,但同样适用于对重新犯罪行为的解释,对于从社会生态学视角全面、深刻认识和把握影响重新犯罪的因素,建立系统预防重新犯罪的科学模式具有积极意义。

十一、RNR模型

加拿大公共安全中心主任邦塔和加拿大卡尔顿大学教授安德鲁1990年提出的风险—需求—反应(Risk-Need-Responsivity, RNR)模型,秉持一般人格和认知社会学习观点,主张分析理解罪犯的犯罪行为时,需要全面考虑到个体的认知、人格倾向性、个体的不良行为史以及个体的社会支持系统等多种因素,这样才能精确地识别出风险和需求因子,进而实施与罪犯的能力和学习方式相适应的矫正项目。[1]

2010 年,安德鲁和邦塔在他们第 5 版的《犯罪心理学》中,根据 RNR 模型提出了风险/需求的“中心八”(Central 8)和“大四”(Big 4)理论,认为存在 8 个主要的风险/需求因子,具体为反社会行为史、反社会人格、反社会认知(价值观、信念、认知情感模式)、反社会同伴、家庭/婚姻问题、工作/学校问题、休闲/娱乐问题及物质滥用。研究发现,前 4 个因子的预测效度是 0.26,剩下 4 个因子的预测效度是 0.17,8 个因子的总体预测效度高达 0.41。基于对犯罪行为预测效度的大小,将这 8 个因子称作“中心八”,前 4 个因子称作“大四”。鉴于这 8 个同时也是减少再犯的重要因素,在此基础上提出了矫治措施(见表 2)。[2]

表 2　重新犯罪主要影响因素及矫治措施

八因子	主要影响因素	矫治措施
反社会行为史	青少年期间多次实施反社会行为	培养风险情境下的非罪行为选择
反社会人格	高冒险倾向、低自我控制、高攻击性	问题解决技巧训练、自我管理
反社会认知	态度、价值观、信念、罪行合理化、愤怒蔑视的认知情绪状态;罪犯身份	认识自身行为的危险性及对被害者的伤害;培养其他行为选择方式
反社会同伴	同其他罪犯的亲密关系;同守法公民的隔离;同犯支持	减少同其他犯罪人的联系;加强同守法公民联系
家庭/婚姻	抚养、情感支持、监管	减少家庭冲突;建立正向家庭关系
工作/学校	表现较差、参与度低、满意度低	提供情感支持提高参与度、奖赏和满意度
休闲/娱乐	健康休闲中的低满足感	主动采取健康娱乐方式;提高奖赏和满意度
物质滥用	酒精成瘾、其他药物成瘾	减少药物滥用;去除其药物滥用的人际支持

[1] 参见肖玉琴、杨波:《循证矫正的理论基础——RNR 模型解读》,载《犯罪与改造研究》2014 年第 3 期。

[2] See Andrews, D. A. & James Bonta, *The Psychology of Criminal Conduct* (5th), Cincinnati, OH, Anderson, 2010, p. 500.

犯罪发展理论对我国青少年再犯防控的启示

张　婧*

"在我国,服刑出狱的青少年罪犯是累犯的高发群体,在重新犯罪人中,第一次犯罪时的年龄多数是在未成年时期,约占半数。"[1]国外研究也证明,青少年重新犯罪率远高于其他年龄层的犯罪率。因此,有研究指出预防再犯主要就是预防青少年再犯。开展青少年再犯研究对于预防和控制青少年犯罪乃至重新犯罪均具有重要意义。犯罪发展理论是近年来兴盛于西方的犯罪学理论,主要研究个体生理、心理和社会行为的发展和变迁对犯罪行为的影响。犯罪发展理论对青少年再犯研究有着重要的理论参考和社会实践价值。

一、犯罪发展理论的研究视域

犯罪发展理论是以人的生命历程研究为背景来解释犯罪行为的理论。生命历程研究是对社会学研究中生活史、生命周期和毕生发展知识的借鉴和传承,通过考察重大社会事件对个体生命历程的影响,已成为当前社会科学研究的主流典范之一。生命历程理论自 19 世纪三四十年代开始应用到犯罪学领域当中。谢尔顿·格鲁克(Sheldon Glueck)和埃利诺·格鲁克(ELeanor GLueck)被认为是此类研究的奠基人。1930 年,他们在哈佛大学做了一项有关犯罪者的生命周期研究(Life Cycle of Delinquent Careers),采用纵向研究的方式,连续追踪部分已知的犯罪人,探究社会和心理特征对他们持续犯罪的影响。研究发现:行为的持续与否和犯罪行为出现初期的严重程度及年龄密切相关,儿童时期的行为失调越严重,成人后适应社会的可能性就越小;在儿童早期发生偏差

---

* 张婧,时任司法部预防犯罪研究所预防犯罪工作研究室副研究员、博士。原文载《犯罪与改造研究》2019 年第 9 期。

[1] 戴艳玲:《对社会转型期重新犯罪特点及防控策略的思考》,载《中国司法》2013 年第 6 期。

行为的，很可能延续这种行为一直到成人以后。[1] 这项研究开启了以发展的视角看待犯罪问题的进程，并成为日后研究生命历程理论的学者参考的典范。之后，越来越多的犯罪学家开始关注儿童期、青春期与成人犯罪的关系，形成并验证了一系列有关犯罪及其他反社会行为的理论，被称为犯罪发展理论（Developmental Theories），也称生命历程理论（Life-Course Criminology）。

与传统犯罪学理论主要探讨犯罪与生物、心理和社会之间的关系不同，犯罪发展理论是以一种动态的、发展的视角来探讨犯罪现象。洛伯（Loeber）和新百伦（Le Blanc）（1990）总结了发展犯罪学的 3 个目标：犯罪与反社会行为的发展，各年龄段犯罪的风险和保护因素，以及生活事件对犯罪发展过程的影响。[2] 根据法林顿（Farrington）（2002）的论述，犯罪发展理论是建立在以下研究命题的基础上：（1）为什么从青春期到成年期犯罪有连续性？（2）为什么犯罪率在青少年时期达到顶峰？（3）为什么早期犯罪预示着漫长的犯罪生涯？（4）为什么犯罪和反社会行为具有多样性？（5）连续性犯罪者在程度或分类上与其他犯罪者有何不同？（6）影响犯罪实施和犯罪停止的主要风险因素有哪些？（7）为什么从青春期到成年期，共同犯罪逐渐减少？（8）犯罪的主要动机和原因是什么？它们在不同年龄段如何变化？（9）人生重要过渡阶段和重大事件对发展过程的影响。

发展犯罪学在青少年犯罪研究领域尤为重要。通过研究生命历程的方法来审视青少年犯罪，可以跳出青春期阶段性的局限，拓展了人们对青少年违法犯罪原因及对策的研究。特别是发展犯罪学对于青少年犯罪与成人犯罪关系的关注是犯罪生涯研究的重要视角，对于深化青少年再犯问题研究具有重要意义。

二、犯罪发展理论的理论主张

（一）年龄—犯罪倾向理论（Age-Explanation of Crime）

美国犯罪学家戈特弗里德森（Gottfredson）和特拉维斯·赫希（Travis Hirschi）是犯罪倾向理论的典型代表。他们在 1990 年发表的《犯罪的一般理

---

[1] See Sheldon Gleek & Eleanor GLueck, *Unraveling Juvenile Delinquency and Crime*, Cambridge, MA, Harvard Uniwersity Press, 1950, p. 233 – 279.

[2] See Farrington & David, *Building Developmental and Life-Course Theories of Offending*, in Taking Stock: The Status of Criminological Theory, edited by Francis T. Cullen, John Paul Wright, and Kristie R. Blevins. New Brunswick, NJ, Transaction Publishers, 2006, p. 345 – 398.

论》中首次区分了犯罪与犯罪性(criminality),其中犯罪性是指人们在实施犯罪行为方面的稳定差异。[1] 他们认为以往的犯罪学理论,关注了青少年时期的违法犯罪,却忽视了童年时期的个性以及童年时期行为与成年时期行为之间的联系。他们提出预测个体犯罪的最直接和最有力的变量是个体的犯罪历史,尤其是儿童时期的问题行为。而孩童时期的不当行为和青少年及成年犯罪的这种联系是由一个因素决定的,即"自我控制"[2]。

戈特弗里德森(Gottfredson)和赫希(Hirschi)认为,自我控制形成并发展于幼儿时期,并在 8 ~ 10 岁之前基本定型。因此,个人之间在犯罪倾向上的差异终身保持着相当的稳定性。同时他们指出犯罪人一般在 13 ~ 19 岁晚期参与犯罪的可能性最大,之后犯罪的可能性会降低。[3] 将年龄—犯罪曲线和犯罪倾向变动结合起来,如图 1 所示。

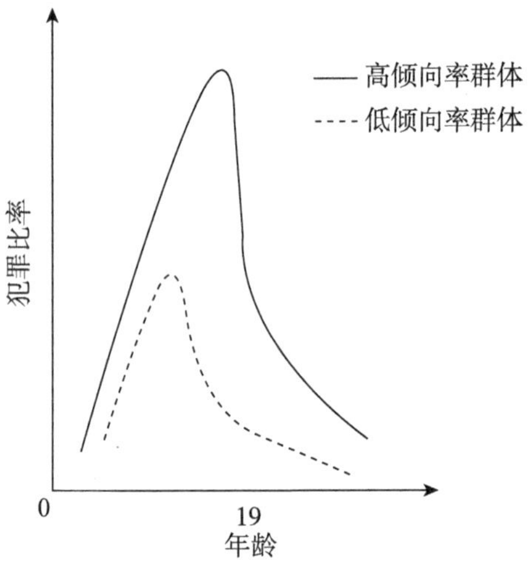

图 1　年龄、犯罪倾向和犯罪之间的假定关系

(二)发展犯罪学的两分法理论(Developmental Taxonomy)

不同于一般认为犯罪行为具有稳定性的理论学者,特丽·莫菲特(Terrie Moffitt)(1993)认为,个体反社会行为的稳定性存在明显差异。依据反社会行

---

〔1〕 参见[美]迈克尔·戈特弗里德森、[美]特拉维斯·赫希:《犯罪的一般理论》,吴宗宪、苏明月译,中国人民公安大学出版社 2009 年版,第 10 ~ 20 页。

〔2〕 陈晓进:《生命历程理论:个体犯罪行为的持续和变迁》,载曹立群、任昕编:《犯罪学》,中国人民大学出版社 2008 年版。

〔3〕 参见乔治·B. 沃尔德等:《理论犯罪学》,方鹏译,中国政法大学出版社 2005 年版,第 368 页。

为持续期的长短,她将犯罪类型归纳为限于青春期型犯罪和终身持续型犯罪两种(见表1)。青春期犯罪人是因为青春期的一些特有现象暂时加入犯罪群体当中。当青春期结束后,这种发展上的原因消失,则犯罪也随即停止。终身持续犯罪人则是从未成年早期直至中老年时期,这个群体在不同时期,都表现出较高的反社会行为。例如,4 岁时追打其他小孩,10 岁时逃学和偷窃商店物品,16 岁时偷车和卖毒品,20 岁强奸和抢劫,30 岁从事欺诈和虐待。[1] 这一类型的犯罪人的不良行为呈现出跨年龄与跨情境的一致性,虽然在发展的不同阶段,他们的行为表现有所不同,但是潜在的本质相同,他们终其一生都会实施多种多样的攻击和犯罪行为。

表1 终身持续型犯罪和限于青春期犯罪的主要区别

终身持续型犯罪	限于青春期型犯罪
犯罪行为开始于早期(儿童时期)	犯罪行为开始于青春期
犯罪行为持续终身	成年后终止
犯罪行为具有稳定性	犯罪行为具有阶段性
经常表现出神经心理问题、注意缺陷多动障碍、品行障碍	正常表现,无神经病学的问题
不受同辈的影响	易于受犯罪同辈的影响
占犯罪人口较小比例	绝大多数

莫菲特(Moffitt)提出的终身持续型犯罪成为发展犯罪学研究的重要问题,许多学者都对此进行了研究。例如,终身持续型犯罪的轨迹也许呈现高峰在 13 岁(Fergussonet et al. ,2000),在 15 岁(Bushway et al. ,2003),在 18 岁(Nagin & Land,1993),在 22 岁(Piquero,2007),在 21 岁或 29 岁(Ezell & Cohen,2005),甚至在 37 岁(Laub & Sampson,2003)。在多数研究中,终身持续型犯罪轨迹是钟形的,其高峰是在青春期后期或成年早期(Bushway et al. ,2003),但是它也会在 20 岁出头时急剧上升并随之变得平坦(Blokland et al. ,2005)。[2] 并且其

---

[1] See Moffitt, T. E. , *Adolescence-Limited and Life-Course-Persistent antisocial Behavior: A Developmental taxonomy*, Psychological Review, 100, p. 674 – 701(1993).

[2] See Piquero, A. R. & Brezina, T. , *Testing Moffitt's account of adolescence-limited delinquency*, Criminology, 2001, 39(2), p. 353 – 370; Nagin, D. S & Nieuwbeerta, P. , *Life span offending trajectories of a Dutch conviction cohort*, Criminology, 2005, 43, p. 919 – 954.

他研究也证实了莫菲特犯罪发展路径的观点。例如,格兰·帕特隆(Gerland. R, Patteron)(1996)提出的反社会行为的两种发展阶段,并指出早期开始出现偏差行为的未成年人相比中期或晚期开始犯罪的更有可能进行持续型犯罪。[1] 伍德沃德(Woodward) – 弗格森(Fergusson)和霍伍德(Horwood)(2002)的克莱斯特彻奇研究还进一步证明,存在童年期早发严重行为问题的犯罪人在25岁时比那些没有早期行为问题的犯罪人犯下多于10倍的暴力罪行。[2]

(三)非社会控制年龄分层理论(Age-Graded Theory of Informal Social Control)

罗伯特·桑普森(Robert J. Sampson)和约翰·劳布(John H. Laub)的非社会控制年龄分层理论被认为是获得了较多实证支持的犯罪发展理论。该理论以年龄分层为基础,用非正式社会控制因素来解释具有偏差行为的未成年人童年期、青春期以及成人期的越轨和犯罪行为改变,认为非正式控制因素,特别是与家庭、朋友、学校社会联系的弱化以及个体与社会机构之间社会关系的破坏,对于犯罪行为的发生具有重要意义。

非社会控制年龄分层理论旨在强调在生命历程中扮演转折点的关键事件,有助于个体远离犯罪。桑普森和劳布(2005)认为,早期犯罪行为至少可以通过两种途径对成年时期产生影响:第一种途径是个体会把早期形成的犯罪性倾向(如低自控力)带至成年时期。第二种途径是状态依赖性,即过去和将来犯罪行为之间的联系是一种自然的因果关系。[3] 桑普森和劳布将这种的因果关系称为累积的不利因素。他们认为儿童时期开始的犯罪行为会带来一系列的负面影响,例如,过早辍学,参与越轨或犯罪团伙活动,被拘捕、判刑等,这些活动强化了他们和犯罪团体伙伴之间的联系,减少了他们从事亲社会行为的概率,最终造成了个体犯罪行为的反复和持续。但是,积极的生活经历可以作为一种保护性机制阻止越轨行为的出现,譬如,获得工作、结婚或者入伍都是建立非正式社会控制的有效机制,从而改变犯罪者的生命轨迹。

---

[1] 参见[美]Curt R. Bartol、[美]Anne M. Bartol:《犯罪心理学》(第11版),李玫瑾等译,中国轻工业出版社2019年版,第68页。

[2] See Woodward, L. J., Fergusson, D. M. & Horwood, L. J., *Romantic relationship of young people with early and late onset antisocial behavior problems*, Journal of Abnormal Child Psychology, Vol. 30: 3, p. 231 – 43(2002).

[3] 参见[美]罗伯特·J.桑普森、[美]约翰·H.劳布:《犯罪之形成——人生道路及其转折点》,汪明亮等译,北京大学出版社2006年版,第23~78页。

(四)综合认知反社会倾向理论(Integrated Cognitive Antisocial Potential Theory)

大卫·法灵顿(David P. Farrington)(2005)在整合了紧张理论、控制理论、学习理论、标签理论和合理选择理论的基础上,提出了综合认知反社会倾向理论。该理论认为犯罪行为主要是因为风险因素的累积和保护性因素的缺乏所致,这些因素包括个人层面、家庭层面、社区层面和学校层面的各种因素。不过这种理论认为,长期风险因素虽然能够增加个人反社会倾向,但不能解释为什么个人会在具体情境下实施犯罪。从这一视角出发,该理论指出,除了长期风险因素的差异,重罪人的犯罪环境与轻罪人的犯罪环境也存在差异。直接的犯罪情境,例如缺乏有效监管、共同犯罪人的出现、受到酒精和毒品短期风险因素影响等也会对青少年严重犯罪行为产生影响。在此基础上,大卫·法灵顿提出长期风险因素和短期风险因素相互作用导致严重犯罪行为上升的结论。[1] 综合认知反社会倾向理论引入犯罪情境因素和保护性因素,可以更加全面地解释青少年严重犯罪行为。

除了上述四种经典理论,另外还有其他一些犯罪发展理论也有重要影响,如图贝利(Tornberry)和特伦斯(Terence P.)的交互理论(Interactional Theory),卡塔拉诺(R. F. Catalano)和霍金斯(J. D. Hawkins)的社会发展模式理论(Social Developmental Model Theory),罗尔夫·洛伯(Rolf Lober)的发展路径理论(Developmental Pathway Theory)等,限于篇幅,不再讨论。

三、犯罪发展理论对预防青少年再犯的借鉴意义

(一)对研究青少年再犯原因的启示

1. 关注青少年犯罪发展的延续性和关联性

发展的视角认为,人的一生是一条伴随着各种风险因素的路径。从犯罪发展理论的共识来看,严重犯罪行为的根源出现在童年或青春期早期,更多的风险是早期经历影响的结果。有学者指出,不良的家庭环境以及早期的心理创伤得不到改善,这些因素会成为一种长期状态,对后续行为的影响会远远超过短期心理负担和伤害。[2] 累积风险模型也认为,在儿童期或青春期经历的风险

---

〔1〕 See Farrington, D. P., *The integrated cognitive antisocial potential theory*, in D. P. Rutterr, M., Giller, H. and Hagell, Antisocial behavior by young people. Cambridge University Press, 2005, p. 23 – 90.

〔2〕 See Rutter, M., Giller, H. & Hagell, A., *Antisocial behavior by young people*, Cambridge Univerrsity Press, 1998, p. 24 – 98.

因素越多,其心理健康问题、认知缺陷和行为问题产生的可能性就越大。[1]

犯罪发展理论虽然证实了早期经历与成年犯罪之间的关系,但同时也特别强调,并非所有犯罪行为都有童年的起源,一些人成年之后开始犯罪并不一定与童年经历有关。又如有些研究者还证明了存在始于成年的犯罪路径[芭芭拉·莱(Barbara Lay),2005;法灵顿(Farrington),2009]。[2] 尽管如此,重新犯罪风险因素还是更多地出现在违法犯罪青少年童年时期,提醒我们重视少年犯罪的早期预防。

2. 关注青少年犯罪发展的稳定性和可变性

犯罪发展理论的主要研究目的之一是揭示犯罪人早期犯罪和成年后犯罪之间是否存在特殊关系。从上文可以看出,绝大多数研究认为早期犯罪行为在生命进程中具有稳定性。例如,犯罪倾向理论(赫希,1990)认为"儿童阶段的反社会行为是成年时期反社会行为的最好预测""早期的攻击行为预示着后期的攻击与犯罪暴力行为,犯罪与攻击行为具有较高程度的稳定性"[3]。但近期的研究认为犯罪人的犯罪生涯存在一定的稳定性也存在一定的变数,行为人过去的犯罪历史并不能精准预测其将来再犯的可能性。稳定性只是一种存在于相对较少的被称为终身持续犯罪人之中的一种特性(莫菲特,1993);大多数反社会的孩子成年后都不再实施反社会行为(桑普森和劳布,2003)。[4]

该观点说明,青春期既是人生违法犯罪的危险期,同时又是其中断犯罪生涯、实现人生转折的关键期。一方面,少年犯罪人处在儿童向成人过渡的特殊时期,身心发育的特殊过程决定了青春期必然存在高风险性;另一方面相对于成年人,少年犯罪人又具有被动性和易矫治、易康复的特点,如果能够给予积极的教育引导并在其出狱后辅之以良好的社会支持,绝大多数少年会告别犯罪生涯,走上良性的生活轨道。相反,如果从未得到及时的制止和矫治,则有可能因为再次犯

---

[1] See Whitson, M. L., Bernard, S., Kaufman, J., S., *The Effects of Cumulative Risk and Protection on Problem Behaviors for Youth in an Urban Schoolbased System of Care*, Community Mental Health, p. 145 (2013).

[2] 例如,芭芭拉·莱将青少年违法犯罪发展过程分为三种类型:间歇性青少年违法、成年前持续性青少年违法和成年初期才开始的违法。

[3] Capsiand Berm, *Personality Continuity and change across the life Course*, *Handbook of Personality: Theory and Research*, New York: Guilford, 1990, p. 35 - 50.

[4] 参见[美]罗伯特·J. 桑普森、[美]约翰·H. 劳布:《犯罪之形成——人生道路及其转折点》,汪明亮等译,北京大学出版社 2006 年版,第 2 ~ 9 页。

罪而失去了正常社会化的机会，犯罪轨道继续延伸，成为终身犯罪人。

3. 关注青少年发展的微系统——家庭、同伴对于青少年再犯的作用

家庭和同伴是个体发展的微系统，是青少年发展直接且重要的背景因素。发展犯罪学研究者对家庭和同伴在青少年犯罪中的作用进行了长期和广泛的探讨，研究证实对青少年违法犯罪产生最强、最连贯的影响来自家庭、学校和伙伴的作用。其中，在家庭系统中，父母管教不够、体罚和过于苛刻以及子女情感依恋不强是形成青少年反社会行为的重要因素，并构成累积风险对后期持续性违法犯罪产生影响。[1] 同时，研究发现，跟不良同伴之间的亲密关系有明显的促进违法犯罪的作用。因为进入青春期后，个体对同伴的敏感性增强，[2]团伙中同伴的交流及其影响会使违法犯罪人形成某种犯罪行为的偏好（如吸毒、攻击性的暴力行为、盗窃等），使其难以融入其他群体中去。[3] 此外，关于犯罪的保护性因素的研究也揭示，家庭和同伴是减轻犯罪青少年消极适应社会的关键因素，青少年重返社会后良好的父母监督和同伴背景，可以作为保护性因素，使个体不再违法犯罪。[4] 这些研究进一步证实了，青少年犯罪就是早期家庭和社会支持系统的断裂导致的，要防止重新犯罪的发生，就要强化家庭和社会控制，恢复和重新发展个体与家庭、社会组织之间的密切关系。该理论为当前正在进行的恢复性司法工作提供了理论支持。

（二）对青少年刑事政策的启示

1. 以人身危险性评估为基准建构少年矫正制度

根据犯罪发展理论，青少年并不是一个高度同质的群体，犯罪群体中存在截然不同的两类人："青春型"和"终身型"。前者是基于青春期的探索性和不

---

〔1〕 参见［美］Curt R. Bartol、［美］Anne M. Bartol：《犯罪心理学》（第 11 版），李玫瑾等译，中国轻工业出版社 2019 年版，第 12 页。

〔2〕 See Steinberg, L. & Monahan, K. C., *Age Difference in Resistance to Peer Influence*, Developmental Psychology, Vol. 43:6, p. 1531 – 1543(2007).

〔3〕 See Gorden Rachel A., Benjamin B. Lahey, Eriko Kawai, Rolf Loeber, Magda Stouthamer Loeber & David P. Farrington, *Antisocial Behavior and Youth Gang Membership*, Selection and Socialization Criminology, p. 153 – 198(2004).

〔4〕 所谓保护性因素，是指存在于个人、家庭、学校和社会环境中可以抵消危险性因素不良影响，或即使在危急状态下也可以抑制犯罪行为发生的各种生理、心理及社会因素。参见 Farrington, D. P., *Explaining and Preventing Crime: The Globalization of Knowledge the American Society of Criminology Presidential Address*, Criminology, Vol. 38:1,. p. 126(2000)。

稳定性而表现出的阶段性偏离；后者是反社会倾向的表达。为此，在司法实践中不能简单地根据青少年的犯罪行为无区别地对待，而是应该在科学评估基础上进行分类管理。对于青春型群体，要根据他们的犯罪原因予以针对性的矫正，并给予改正的机会，避免采取极端措施；对于终身型个体，他们是预防和控制犯罪的重点，要对其进行长期的矫治和干预，防止采取过于宽缓化的措施或将其置于社区，以减少他们再犯罪的情境和机会。对少年犯罪人人身危险性评估是少年矫正制度得以独立存在并有效实现的重要前提。只有认识到青少年犯罪群体中存在两种不同性质的人群，并且能够有效地将两者科学区分，实行分类处置，才能促使刑罚执行工作步入科学轨道。

2. 对以刑事司法为主导的刑事政策予以反思

当前我国现行的刑事政策对少年犯罪人违法犯罪的治理仍是以国家司法权力特别是刑罚权的运用为核心，主张通过刑罚控制来遏制犯罪。犯罪发展理论则认为刑事司法体制的经历会增加青少年成年后再犯罪的可能性。因为刑罚和监禁消极影响了青少年获取成人社会资本的能力，危害了青少年将来成年后工作和婚姻的发展，所有这些都是影响重新犯罪的重要因素。并且，对青年男性科以徒刑还会导致缺失父亲家庭中的孩子较高的青少年犯罪率。[1] 监禁刑在封闭的场所里执行，由此带来的罪犯交叉感染和出狱后再社会化困难的弊端已是众所周知。犯罪发展理论从监禁刑对青少年出狱后的职业和工作稳定可能产生不利影响，即不利于停止犯罪功能的社会控制的角度来反思刑罚的作用，为我们更深入地思考监禁刑罚在少年刑罚执行中的弊端，推行非犯罪化、非监禁化和轻刑化的少年刑事政策提供了理论依据。

3. 倡导社会防治的刑事策略

发展犯罪学整合了心理学、社会学的观点，使人们认识到青少年与成年人具有生理和心理的不同，青少年比成年人更容易受到不良环境的影响，家庭和社会对预防青少年犯罪和重塑青少年人格起着更加重要作用。因此，犯罪发展理论更加重视社会防治的刑事政策，尤其重视家庭、学校、同伴和社会组织对犯罪预防与控制的意义。“刑事政策的基础并不能完全依靠刑事司法体系所提供的正式社会控制。我们要用一种更加综合而长远的观点来建立新的刑事政策，应该认识到职业、家庭凝聚力以及城市社区内的社会组织和刑事政策之间的紧

---

〔1〕 See Sampon, Laub & Allen, *Crime in Making: Pathways and Turning Points Through Life*, Cambridge: Harvard University Press, 1993, p. 107 – 109.

密关系”[1]。

从刑事政策的立场出发，刑罚作为遏制犯罪的手段本身是单一的，而社会上促成犯罪的因素是多样的。这种原因和手段的不对称性决定了以国家刑罚为本位治理犯罪的模式的失效。青少年犯罪治理必然要由国家本位转向“国家—社会本位”的治理模式。再者，青少年犯罪本是其在社会化过程中的副产品，是社会怠于履行职责而未能使其完全社会化所导致，理应由社会共同行使预防和控制青少年犯罪之责任。因此要想治理青少年犯罪，一方面需要充分发挥国家刑罚制度应有的功能，发挥其教育矫治实效；另一方面需要在刑罚制度之外下功夫，制定和推行良好的社会政策来配合刑罚制度。如改善犯罪青少年的社会化支持系统、完善未成年人出狱保护、加强父母亲职教育的力度等，帮助其度过人生的狂风暴雨，进而获得重生的机会，远离犯罪的人生轨迹。

〔1〕［美］罗伯特·J.桑普森、［美］约翰·H.劳布：《犯罪之形成——人生道路及其转折点》，汪明亮等译，北京大学出版社2006年版，第265页。

重新犯罪率及其统计方法析疑

周　勇*

近年来，在同国外的各种官方和学术交流中，经常会谈到有关中国重新犯罪率的情况。我国官员和学者一般引用国务院新闻办公室 1992 年 8 月发布的《中国改造罪犯的状况》白皮书中的数据，即中国的重新犯罪率在 6% ~8% 的水平。[1] 然而，由于这一数字与西方发达国家重新犯罪率存在少则 20%，多则高达 60% 以上的差距，因此常常引起人们对重新犯罪的界定以及重新犯罪率的统计方法的疑问与争议。同时，上述重新犯罪率 6% ~8% 的数据是在 20 世纪 80 年代末和 90 年代初经大规模的调查研究得出的，显然不能准确反映出今天的真实情形。鉴于重新犯罪率是衡量社会治安状况、分析和评价国家刑事司法政策（包括矫正改造和安置帮教工作）成效的重要指标之一，因此很有必要建立重新犯罪率调查的长效制度，以便定期提供动态变化的重新犯罪数据，为预防犯罪与刑事司法领域的科学决策和改革发展提供科学依据。本文拟在分析和澄清重新犯罪的概念及重新犯罪率统计方法的基础上，提出在我国统计和计算重新犯罪率的可行方法。

一、重新犯罪的概念

任何关于重新犯罪率的统计都是建立在一定的重新犯罪的概念的基础上的。重新犯罪的概念不同，重新犯罪率的统计标准和含义自然也就不同。因此，要弄清重新犯罪率的统计方法与含义，首先应明确重新犯罪的概念。重新犯罪由“重新”和“犯罪”两词组成。其中，关于什么是犯罪，我国《刑法》（2002

---

* 周勇，时任司法部预防犯罪研究所副研究员、博士。原文载《犯罪与改造研究》2003 年第 12 期。

〔1〕 参见国务院新闻办公室：《中国改造罪犯的状况》，法律出版社 1992 年版。

年版)第3条明确指出:“法律明文规定为犯罪行为的,依照法律定罪处刑;法律没有明文规定为犯罪行为的,不得定罪处刑。”众所周知,我国同国外在关于犯罪行为的法律规定上存在较大的差别。一方面,我国《刑法》中对犯罪有定量规定,某种行为如果在数量上没有达到一定的标准就构不成犯罪,如偷窃一元钱,在我国构不成犯罪,但在国外却常常构成了犯罪;另一方面,我国《治安管理处罚法》中所规定的许多违法行为在国外就是犯罪。基于上述两方面,在我国不构成犯罪但属于违法的行为实际上在国外往往属于犯罪的范畴,也就是说,在国外犯罪的外延较我们要宽泛一些。因此,单从犯罪的外延的角度来说,完全有理由认为国外的重新犯罪的范围比我国要大。例如,同样是从监狱释放的盗窃犯,同样都是再偷窃了一元钱,如果在国外,则属于重新犯罪,但在我国由于只偷窃了一元钱还够不上犯罪,因此也就不属于重新犯罪。这一点可能就是国外重新犯罪率比我国要高得多的原因之一。

关于重新犯罪的概念,有广义和狭义之分。从广义也就是从字面上来说,任何人在第一次实施犯罪行为之后再一次实施犯罪行为都应当属于重新犯罪。而人们特别是研究者们通常使用的是重新犯罪的狭义概念,即重新犯罪是指因实施犯罪行为而受到刑罚的人在刑罚执行完毕或者赦免之后一定期限内再一次实施犯罪行为。本文讨论的主要是狭义上的重新犯罪概念。

与重新犯罪的广义概念相比,重新犯罪的狭义概念主要在3个方面加以限制。第一,重新犯罪的主体必须是因实施犯罪行为而受到过刑罚的人。这里所说的刑罚是指我国《刑法》所规定的5种主刑和3种附加刑,即管制、拘役、有期徒刑、无期徒刑、死刑和罚金、剥夺政治权利、没收财产。如果某人此前虽实施过犯罪行为,但还未受到过刑罚处罚,那么,即使该人又一次实施犯罪行为,也不属于重新犯罪。不过,该人可称为犯数罪者。当然,重新犯罪的主体所受到的刑事处罚的次数可以是一次,也可以是多次。如果是多次,那么就称为多次重新犯罪。第二,行为人又一次实施犯罪行为应当是在上一次刑罚执行完毕或者赦免之后发生的。这一限制主要将行为人在刑罚执行期间发生的又犯罪行为排除在重新犯罪之外,如罪犯在监狱服刑期间的又犯罪(通常称“狱内犯罪”)就不算作重新犯罪。第三,对于在刑罚执行完毕或者赦免以后多长时间内又犯罪规定了“一定的期限”。各国的官方机构和研究部门根据自己的工作和研究需要,往往确定一个具体的期限,规定行为人在刑罚执行完毕或者赦免之后的这个期限内发生的又犯罪才属于重新犯罪,而超过这个期限的又犯罪则不被视为重新犯罪。上述3方面限制的目的显然是为了将又犯罪与刑罚紧密联系起来,第一方面和第二方面是确保重新犯罪的主体确实受到过并完成了刑事处罚,第三方面则是基于刑罚的效果具有一定的时效性的假设,这样一来就可以通过调查罪犯在刑罚执行完毕或者赦免之后一定时间内的重新犯罪情况,来研究和评估刑罚政策与矫正工作的成效。

根据不同的分类标准,重新犯罪可以划分为不同的类型。根据前后犯罪类型是否相同,可划分为同罪重新犯罪(前后犯有相同类型的罪行)和不同罪重新犯罪(前后犯罪类型不相同);根据原犯罪类型的不同,可划分为原犯盗窃罪的重新犯罪、原犯诈骗罪的重新犯罪、原犯抢劫罪的重新犯罪、原犯强奸罪的重新犯罪等;根据原犯罪所处刑罚的不同,可划分为原处罚金刑的重新犯罪、原处管制刑的重新犯罪、原处拘役刑的重新犯罪、原处有期徒刑的重新犯罪、原处无期徒刑的重新犯罪、原处死刑(立即执行的除外)的重新犯罪等;根据先前受到的刑罚次数,可划分为一次重新犯罪和多次重新犯罪;根据刑满释放后再一次犯罪的间隔期限的长短,可划分为一年内重新犯罪、二年内重新犯罪、三年内重新犯罪和五年内重新犯罪等;根据犯罪人性别的不同,可划分为男犯重新犯罪和女犯重新犯罪;根据刑满释放时年龄段的不同,可划分为刑释成年人重新犯罪和刑释少年重新犯罪;根据重新犯罪统计的地区和年度,还可以划分为某某地区的重新犯罪和某某年度的重新犯罪。

需要指出的是,重新犯罪并不是一个十分严格的法律术语,而是研究者基于其研究目的提出的一个犯罪学概念。由于不同国家的不同学者在构成犯罪的标准、重新犯罪的期限等方面存在不同的理解,因此他们各自所持有的重新犯罪的概念内涵也是不一样的。这实际上也是造成我国和其他国家在重新犯罪率方面存在巨大差别的主要原因之一。

此外,值得一提的是,重新犯罪人与累犯这一法律术语较为接近。在有些国家甚至用同一个词(recidivist)来表示。我国《刑法》(2002 年)第 65 条第 1 款规定:“被判处有期徒刑以上刑罚的犯罪分子,刑罚执行完毕或者赦免以后,在五年以内再犯应当判处有期徒刑以上刑罚之罪的,是累犯,应当从重处罚,但过失犯罪除外。”第 66 条规定:“危害国家安全的犯罪分子在刑罚执行完毕或者赦免以后,在任何时候再犯危害国家安全罪的,都以累犯论处。”可见,累犯实际上属于前后犯罪行为较为严重(判处有期徒刑以上刑罚)的 5 年内重新犯罪以及原犯危害国家安全罪的同罪重新犯罪。

二、重新犯罪率及其统计方法

重新犯罪率是指因实施犯罪行为而受到刑罚的人在刑罚执行完毕或者赦免之后一定期限内发生再犯罪的概率。这一概率通常用某一年度刑罚执行完毕或者赦免之后一定期限内重新犯罪人数占同一年度刑罚执行完毕或者赦免人员总数的百分比例来表示。其计算公式为：

公式一：

$$\text{重新犯罪率}=\frac{\text{某一年度刑罚执行完毕或者赦免之后一定期限内重新犯罪人数}}{\text{同一年度刑罚执行完毕或者赦免人员总数}}\times 100\%$$

公式中的“一定期限”可以根据需要灵活设置。如果将“一定期限”设为一年、二年、三年和五年，那么相应地便分别为一年内、二年内、三年内和五年内重新犯罪率。举例来说，假设在2024年全国有100,000人刑罚执行完毕，经调查发现，这100,000人中在刑罚执行完毕后一年内有3000人重新犯罪，二年内有5000人（包括一年内重新犯罪的那3000人，以下类同）重新犯罪，三年内有7000人重新犯罪，五年内有8000人重新犯罪，那么全国一年内重新犯罪率为3.00%（3000/100,000×100%），二年内重新犯罪率、三年内重新犯罪率和五年内重新犯罪率依次为5.00%、7.00%和8.00%。

尽管上述重新犯罪率的计算原理比较简单，但实际操作起来非常困难。其中最大的问题就是很难从刑罚执行完毕或者赦免人员总数中调查出重新犯罪的准确人数。以上面的例子来说，只有通过全员追踪调查查实2024年刑罚执行完毕的全部100,000人的情况，才能确切知道其中究竟有多少人重新犯罪，才能进一步计算出重新犯罪率。显然，要完全做到这一点是相当困难的。一是因为进行全员调查所需要的人力、物力太大，调查成本非常高昂。二是由于部分刑罚执行完毕的人员已离开了原来的居住地，常年流动在外，即使投入大量人员、经费，可能也查不到他们的下落，进而无法获知他们是否重新犯罪的准确情况。三是在中国刑罚执行工作具体涉及法院、公安机关和司法行政机关等多个部门，如法院负责罚金刑和没收财产刑的执行，公安机关负责管制、拘役、缓刑以及判决时余刑不够一年的有期徒刑（看守所）的执行，司法行政机关（监狱）负责绝大部分有期徒刑、无期徒刑和死刑（缓期执行）的执行。在这种情况下，由于在重新犯罪统计方面各部门之间还未形成有效的合作机制和制度，因此，即便只是想获得每年刑罚执行完毕的人员总数也比较困难。由此可见，完全按照上述重新犯罪率的计算公式来统计重新犯罪率，其操作可行性显然较低。

三、我国以往重新犯罪率统计方法的回顾

鉴于重新犯罪不仅是衡量和评价社会治安状况和罪犯改造质量的一项重要指标,也是改革和完善国家刑事司法政策的科学依据之一,因此自中华人民共和国成立以来,我国的司法部门就比较重视重新犯罪问题,在最高人民法院、最高人民检察院、公安部和司法部所制发的法律文件中曾多次使用过重新犯罪这个概念。[1] 然而,各部门之间对于重新犯罪都没有一个科学的、统一的标准。例如,法院把历史上受过刑罚、又被判刑的称为重新犯罪;公安机关把历史上受过刑罚、因犯罪又被抓获的称为重新犯罪;司法行政机关把刑罚执行期间或刑罚执行完毕又犯罪的称为重新犯罪。这就使重新犯罪的概念比较混乱,各部门由此得出的重新犯罪率不仅相差较远,而且还无法比较。

1985 年 1 月 8 日,经由中央政法委员会批准的司法部《关于刑满释放、解除劳教人员重新犯罪、违法问题的几点意见》在我国首次明确提出重新犯罪的概念和统计标准。该文件指出,在进行重新犯罪的调查时,一是要明确罪与非罪的界限,不得将前或后实施违法行为的人员也统计在重新犯罪率之内。二是普通刑事犯的重新犯罪的时间限制,应以释放后三年以内为期,反革命刑事犯再犯反革命罪的,则无时间限制。上述规定的法律依据主要是当时正在适用的 1979 年《刑法》第 10 条(犯罪的规定)和第 61 条、第 62 条(累犯的规定)。需要指出,关于累犯的时间限制在当时适用的 1979 年《刑法》中是三年,而不是现在适用的 1997 年《刑法》所规定的五年。

1986 ~ 1990 年,司法部预防犯罪研究所与监狱管理局联合组织了对刑满释放人员重新犯罪问题的调查研究(以下简称 1990 年调查研究)。这是我国统计重新犯罪率的首次大规模调查,先后参加调查的地区达到了 27 个省、市和自治区,参加调查的干警有一万余人。这项由司法系统主持的研究在各地政法委的领导下,在公安、检察院和法院的协助下,对 1982 ~ 1986 年刑满释放的 16 万多名人员回归社会后三年内的表现,进行了抽样调查和普查,并于 1992 年得出了"我国刑满释放的成年人重新犯罪率为 5.19%"的结论。[2] 1990 年调查研究,是按照司法部制定的上述重新犯罪的概念和统计标准进行的,其具体内容是:

---

〔1〕 参见李均仁主编:《中国重新犯罪研究》,法律出版社 1992 年版,第 25 页。

〔2〕 参见李均仁主编:《中国重新犯罪研究》,法律出版社 1992 年版,第 409 ~ 410 页。

原犯普通刑事罪的,刑满释放或赦免以后,在三年以内再犯应判处刑罚的为重新犯罪;原犯反革命罪的,刑罚执行完毕或者赦免以后,在任何时候再犯反革命罪的,或者三年以内再犯其他普通刑事罪而被判处刑罚的都是"重新犯罪"。[1]其中所采用的重新犯罪率的计算公式如下:

公式二:

$$重新犯罪率=\frac{某一年度刑满释放之后三年内重新犯罪人数}{同一年度刑满释放人员总数}\times 100\%$$

从中可以明确两点:一是1990年调查研究所调查的只是判处徒刑和死缓的罪犯在其刑释以后的重新犯罪率,而没有调查全部受刑罚人员在其刑罚执行完毕以后的重新犯罪率。二是1990年调查研究所调查的是三年内重新犯罪率。这两点是在引用1990年调查研究的结果时必须指出的。

1996年,司法部预防犯罪研究所与监狱管理局组织全国部分省市在新收押罪犯中开展了重新犯罪调查研究(以下简称1996年调查研究)。这项调查研究要求各地先选取调查点,然后每个调查点对从1996年5月1日至12月31日新收押的罪犯进行全员调查,每个地区调查的总人数不得少于1000人。这是1986年至1990年全国范围内连续五年重新犯罪调查的继续,共有12个省市参加。不过,需要指出的是,1996年调查研究所调查的并不是通常意义上的重新犯罪率,而是新收押罪犯中判刑两次以上罪犯的比重。调查结果表明:1996年全国在押罪犯中判刑两次以上罪犯的比重已达11.10%,比1990年的8.55%高出2.55个百分点,1990~1996年全国在押罪犯中判刑二次以上人员数量的年平均递增率为5.66%,据此增速计算相对应的重新犯罪率在1996年已突破6%~8%的水平,达到10%以上。[2] 由此可见,1996年调查研究所得出的重新犯罪率是通过判刑两次以上人员人数占总调查人数的比重间接推算出来的,而且前后犯罪都被处以有期徒刑以上刑罚,同时对重新犯罪的期限没有限制。

除了以上两次全国性的关于重新犯罪率的调查,一些省市以及某些监狱也在这方面开展了研究。例如,重庆市监狱局2002年下半年组织干警到渝中、永川等14个区县市对1997~2002年释放的899名刑释人员回归社会后的情况进

[1] 参见李均仁主编:《中国重新犯罪研究》,法律出版社1992年版,第27页。

[2] 参见李均仁、朱洪德等编著:《在社会主义市场经济条件下预防重新犯罪方略》,中国农业出版社1998年版,第1~2页。

行了抽样跟踪调查。调查采取发函和实地考察两种方式（其中后者占70%），结果发现71人重新犯罪，重新犯罪率为7.90%。[1] 由于在该项调查中将不同年度刑释人员混在一起计算，因此很难把握所得出的重新犯罪率的真实含义，因为既不清楚这究竟算是哪一个年度的重新犯罪率，也不清楚其中重新犯罪的间隔期限究竟是多长（对于1997年刑释的人员属于五年内，而对于2002年上半年刑释的人员还不够一年）。

从上述我国以往所使用的重新犯罪率统计方法来看，存在统计成本太高（如1990年调查研究）或者统计概念和方法不够科学严谨（如1996年调查研究和部分省市调查研究）的情况，而且基本上都属于一次性的调查研究，不能较好地达到科学、有效、动态地监测重新犯罪率的目的，因此有待进一步的改进和完善。

四、关于重新犯罪率统计方法的建议

在前面对重新犯罪、重新犯罪率及其统计方法加以阐述以及对以往重新犯罪率统计方法进行回顾的基础上，本着科学有效、经济可行的原则，就重新犯罪率的统计方法提出以下建议：

第一，取消重新犯罪的具体统计期限。考虑到1997年《刑法》已经将累犯的期限由三年修改为五年，因此再沿用1985年司法部制定的重新犯罪三年期限标准显然是不合适的。那么是不是也要将重新犯罪的期限修改为五年？笔者认为不妥当。一是因为如果将来刑法再有修改的话，是不是还要跟着再改。二是五年的时间对于一般所理解的重新犯罪似乎有点过长。三是并无必要一定要将重新犯罪的期限规定为某一具体年限。基于此，建议取消重新犯罪的具体统计期限，而灵活代之为“一定期限”，这样就可以根据研究和工作的需要，按年限的不同具体称之为某年内重新犯罪，如一年内重新犯罪、三年内重新犯罪、五年内重新犯罪。

第二，用重新监禁率来代替重新犯罪率。重新监禁率是指被监禁的人刑满释放后一定期限内再次被监禁的概率。它通常用某一年度刑满释放之后一定期限内重新监禁人数占同一年度刑满释放人员总数的百分比例来表示。其计算公式为：

---

[1] 参见司法部监狱管理局：《监狱工作简报》(17)，2003年6月16日。

公式三：

$$\text{重新监禁率}=\frac{\text{某一年度刑满释放之后一定期限内重新监禁人数}}{\text{同一年度刑满释放人员总数}}\times 100\%$$

为什么要用重新监禁率来代替重新犯罪率呢？主要有两方面的理由。一方面，重新监禁率在相当程度上近似于重新犯罪率。比较一下重新犯罪率计算公式（公式一）与重新监禁率计算公式（公式三）可知，在分母上，可以用“同一年度刑满释放人员总数”来代替“同一年度刑罚执行完毕或者赦免人员总数”，因为在我国每年执行管制、拘役完毕或者被赦免的人员相对于刑满释放人员来说是极少数，这也是1990年调查研究（参见公式二）采用的做法。从分子上看，重新监禁的人员占重新犯罪的人员中的绝大多数。不妨在理论上分析一下，罪犯刑满释放之后只有两种可能，一种是不再犯罪；另一种就是重新犯罪。如果是重新犯罪的话，不外乎三种情况，一是被判处有期徒刑以下的刑罚。二是被判处有期徒刑、无期徒刑或死缓。三是被判处死刑立即执行。由于属于第一种情况（再次犯罪仅被判处有期徒刑以下的刑罚）和第三种情况（即被判处死刑立即执行）的罪犯人数很少，因此可以认为绝大部分的重新犯罪人员被重新监禁。由于重新犯罪率和重新监禁率两个计算公式的分子与分母均非常接近，因此所计算出的重新犯罪率和重新监禁率应当十分接近。另一方面，在我国，监禁刑由司法行政系统（监狱）负责执行（只有少数判决时余刑不够一年的罪犯才会在公安系统的看守所执行），因此，如果进行重新监禁率的调查，只需要司法行政一个系统便可进行，而不必法院、公安等其他多个系统共同参与，可以节省大量的经费和人力，统计的可行性和工作效率也将会大大提高。

第三，在全国监狱系统建立统一的、动态的重新犯罪数据库。建立重新犯罪数据库的目的，是能够准确、全面、及时、有效地获得所需要的各种类型的重新犯罪率数据指标，并使重新犯罪调查工作经常化、制度化和科学化。重新犯罪数据库主要设置了3部分内容。第一部分是“罪犯的基本情况”，包括罪犯的姓名、性别、年龄、民族、文化程度等；第二部分是“本次犯罪有关情况”，包括本次犯罪主要罪名、所判刑罚、发生时间、犯罪后果等；第三部分是“上一次犯罪及服刑有关情况”，包括上一次犯罪主要罪名、判决时间、所判刑罚、上一次服刑期间是否减刑以及释放时间等。如果属于判刑两次以上的罪犯，还应包括第四部分“第一次犯罪及服刑有关情况”，包括第一次犯罪主要罪名、判决时间、所判刑罚、第一次服刑期间是否减刑以及释放时间等。建立重新犯罪数据库的基本步骤是，先确定好调查日（如每年的12月31日），然后对在该调查日所有在监服刑的两次及两次以上重新犯罪服刑人员进行全员普查，作为该调查年度的重新犯罪数据库。在下一个年度，只要在调查日将在这一年里新入监的两次及两次以上重新犯罪服刑人员添加进数据库并从数据库中删除在这一年里释放的那部分重新犯罪人员，便完成了当年的重新犯罪数据库的更新。

下面举例来说明如何获得重新犯罪率指标。假设已经建立好 2003 年全国性重新犯罪数据库，同时又获得了“1995 年至 2002 年全国刑满释放人员统计表”，那么就可以根据公式三计算出各种类型的重新监禁率（重新犯罪率）。比如，要计算 1997 年刑释人员的四年内重新犯罪率，可以先从重新犯罪数据库中统计出在 1997 年释放的、本次犯罪发生时间在释放后 4 年以内的重新犯罪人数，再从“1995 年至 2002 年全国刑满释放统计表”中查出 1997 年全国刑满释放人员总数，套用公式三即可。若要计算 1997 年刑释人员一年内重新犯罪率，用从重新犯罪数据库中统计出的在 1997 年释放的、本次犯罪发生时间在释放后一年以内的重新犯罪人数，除以 1997 年全国刑满释放人员总数即可。

重新犯罪率调查统计常见的几个误区

周　勇*

重新犯罪率是司法行政系统理论研究者和实务工作者共同关注的一个热点课题。笔者在认真梳理和深入分析以往重新犯罪率调查统计和应用情况的基础上,对其中存在的一些认识误区和不够科学严谨的做法进行了初步的归纳总结,以期引起相关人员的高度重视,并在重新犯罪率调查统计和应用中加以纠正和修整,进而提高其科学性和准确性,增强其说服力。若有不当之处,敬请批评指正。

误区一:将重新犯罪的概念与又犯罪、累犯等概念简单混为一谈

在理论研究和实践工作中,重新犯罪许多时候被简单理解成又犯罪、再犯罪,而重新犯罪人被视为累犯。从严格意义上来说,这种将重新犯罪的概念与又犯罪、累犯等概念简单混为一谈的做法显然是不够准确和严谨的。出现这种情况的原因主要是对重新犯罪的概念内含认识地不够深入、全面。

重新犯罪的概念,有广义和狭义之分。从广义上来说,任何人在第一次实施犯罪行为之后再一次实施犯罪行为都应当属于重新犯罪。然而,研究者们更多使用的往往是重新犯罪的狭义概念,即重新犯罪是指因实施犯罪行为而受到刑罚的人在刑罚执行完毕后一定期限内再一次实施犯罪行为。笔者认为,"首要标准"中所指的重新犯罪也主要属于狭义上的重新犯罪概念。

与重新犯罪的广义概念相比,重新犯罪的狭义概念主要在3个方面加以限制。第一,重新犯罪的主体必须是因实施犯罪行为而受到过刑罚的人。这里所说的刑罚是指我国《刑法》所规定的5种主刑和3种附加刑,即管制、拘役、有期

---

* 周勇,时任司法部预防犯罪研究所副研究员、博士。原文载《中国监狱学刊》2009年第4期。

徒刑、无期徒刑、死刑和罚金、剥夺政治权利、没收财产。如果某人此前虽实施过犯罪行为，但还未受到过刑罚处罚，那么，即使该人又一次实施犯罪行为，也不属于重新犯罪。不过，该人可称为犯数罪者。当然，重新犯罪的主体所受到的刑事处罚的次数可以是一次，也可以是多次。如果是多次，那么就称为多次重新犯罪。第二，行为人又一次实施犯罪行为应当是在上一次刑罚执行完毕之后发生的。这一限制主要将行为人在刑罚执行期间发生的又犯罪行为排除在重新犯罪之外，例如，罪犯在监狱服刑期间的又犯罪（通常称狱内犯罪）通常就不算作重新犯罪。第三，对于在刑罚执行完毕以后多长时间内又犯罪规定了“一定的期限”。各国的官方机构和研究部门根据自己的工作和研究需要，往往确定一个具体的期限，规定行为人在刑罚执行完毕后的这个期限内发生的又犯罪才属于重新犯罪，而超过这个期限的又犯罪则不被视为重新犯罪。为什么要从上述三方面作出限制？笔者认为，其主要目的就是将个体的又犯罪行为与受到刑罚处罚紧密联系起来。其中，第一、二两个方面的限制是确保重新犯罪的主体确实受到过并完成了刑事处罚，第三方面的限制（规定一定期限）则是基于刑罚效果具有一定时效性的考虑，这样一来就可以通过调查统计罪犯在刑罚执行完毕一定时间内的重新犯罪情况，来考察和评估刑罚政策与矫正工作的成效。[1]

根据不同的分类标准，重新犯罪可以进一步划分为不同的类型。根据前后犯罪类型是否相同，可划分为同罪重新犯罪（前后犯有相同类型的罪行）和不同罪重新犯罪（前后犯罪类型不相同）；根据原犯罪类型的不同，可划分为原犯盗窃罪的重新犯罪、原犯诈骗罪的重新犯罪、原犯抢劫罪的重新犯罪、原犯强奸罪的重新犯罪等；根据原犯罪所处刑罚的不同，可划分为原处罚金刑的重新犯罪、原处管制刑的重新犯罪、原处拘役刑的重新犯罪、原处有期徒刑的重新犯罪、原处无期徒刑的重新犯罪、原处死刑（立即执行的除外）的重新犯罪等；根据先前受到的刑罚次数，可划分为一次重新犯罪和多次重新犯罪；根据刑满释放后再一次犯罪的间隔期限的长短，可划分为一年内重新犯罪、二年内重新犯罪、三年内重新犯罪和五年内重新犯罪等；根据犯罪人性别的不同，可划分为男犯重新犯罪和女犯重新犯罪；根据刑满释放时年龄段的不同，可划分为刑释成年人重新犯罪和刑释少年重新犯罪；根据重新犯罪统计的地区和年度，还可以划分为某某地区的重新犯罪和某某年度的重新犯罪。

---

〔1〕 参见周勇：《重新犯罪率及其统计方法析疑》，载《犯罪改造与研究》2003年第12期。

可见,又犯罪概念与广义上的重新犯罪概念比较接近,但显然与通常使用比较多的重新犯罪狭义概念相去甚远,因此不能将两者简单混为一谈。重新犯罪与累犯概念的区别在于,重新犯罪不是一个严格的法律术语,只是研究者基于研究目的提出的一个犯罪学概念,而累犯则是一个严格的法律概念。我国《刑法》(2002 年版)第 65 条第 1 款规定:“被判处有期徒刑以上刑罚的犯罪分子,刑罚执行完毕或者赦免以后,在五年以内再犯应当判处有期徒刑以上刑罚之罪的,是累犯,应当从重处罚,但过失犯罪除外。”第 66 条规定:“危害国家安全的犯罪分子在刑罚执行完毕或者赦免以后,在任何时候再犯危害国家安全罪的,都以累犯论处。”从中并结合前面论述的重新犯罪类型可见,累犯实际上属于前后犯罪行为较为严重(判处有期徒刑以上刑罚)的五年内重新犯罪以及原犯危害国家安全罪的同罪重新犯罪,其外延较重新犯罪要窄。因此,将重新犯罪与累犯简单混为一谈也是不严谨的。

误区二:用重新犯罪罪犯比重代替重新犯罪率

在监狱系统,经常会听到这样的看法,与前些年相比,现在的重新犯罪情况趋于严重,重新犯罪率有所上升。其主要依据就是监狱押犯中重新犯罪罪犯(所谓的“二进宫”及以上罪犯)的比重在不断上升,有的监狱甚至直接用监狱押犯中重新犯罪罪犯所占比重来代替重新犯罪率。如某所监狱押犯中重新犯罪罪犯比重,两年前为 14%,现在为 18%,那么就简单地认为重新犯罪率也由两年前的 14% 提高到现在的 18%。对于这种看法,笔者认为是不正确的。尽管重新犯罪罪犯比重与重新犯罪率之间可能存在某些关联,但这种关联是否具有必然性、是否一一对应值得商榷。这是因为,一所监狱的重新犯罪罪犯比重除了受到重新犯罪率高低的影响,还与该监狱的性质(是成年犯监狱还是未成年管教所)、关押类型(重刑犯监狱还是轻刑犯监狱)等因素直接相关,而整个监狱系统的重新犯罪罪犯比重除了与重新犯罪率因素有关,还会受到国家刑事司法政策(如“严打”、社区矫正适用量的增加)因素的较大影响。

从本质上来看,重新犯罪罪犯比重与重新犯罪率两个概念之间存在根本性的区别。重新犯罪罪犯比重通常是指某一时间判刑两次以上犯罪人数占同一时间押犯总数的百分比例,其计算公式为:

公式一:

$$重新犯罪罪犯比重=\frac{某一时间判刑两次以上罪犯人数}{同一时间押犯总数}\times 100\%$$

而重新犯罪率则是指某一年度刑罚执行完毕或者赦免之后一定期限内重新犯罪人数占同一年度刑罚执行完毕或者赦免人员总数的百分比例，其计算公式为：

公式二：

$$重新犯罪率=\frac{某一年度刑罚执行完毕或者赦免之后一定期限内重新犯罪人数}{同一年度刑罚执行完毕或者赦免人员总数}\times 100\%$$

由上可见，重新犯罪罪犯比重与重新犯罪率所谈论的是两回事，二者从含义到计算公式都不相同，因此绝不能直接用一个来代替另一个。

误区三：忽视重新犯罪率背后采用的测量指标

在解读、比较、研究和应用重新犯罪率时，忽视重新犯罪率背后采用的测量指标是一个常见的误区。在实际工作中，不同部门或研究者基于各自的目的，通常会选择不同的测量标准来衡量重新犯罪、计算重新犯罪率。在我国，法院把历史上受过刑罚又被判刑的称为重新犯罪；公安机关把历史上受过刑罚、因犯罪又被抓获的称为重新犯罪；司法行政机关把刑罚执行期间或刑罚执行完毕又犯罪的称为重新犯罪。在美国，主要采用重新被逮捕（指罪犯释放后三年内因犯重罪或严重违法又被逮捕）、重新被定罪（指罪犯释放后三年内至少有一项犯罪指控被判成立）、重新被判入监（指罪犯释放后三年内因再次犯罪被判处一定时间的入监服刑）和重新被监禁（指罪犯释放后三年内再次入监服刑，其中可能是因为一项新的犯罪判决，也可能仅仅因为违反了假释规定而非一项新的犯罪判决）4 项指标来衡量重新犯罪的状况与程度。[1] 在这 4 项指标中，前 3 项指标密切相关，并大致遵循一定的“漏斗效应”[2]，即从重新被逮捕到重新被定罪、重新被判入监，数量的变化好像一个漏斗的形状，逐渐减少。第 4 项指标即重新被监禁的范围则比重新被判入监的范围要宽，重新被监禁除了包括因为新的犯罪而再次被判入监服刑（重新被判入监），还包括假释罪犯只因假释违规、并非一项新的犯罪而再次入监服刑。与此相对应，重新犯罪率可以用重新被逮捕率、重新被定罪率、重新被判入监率和重新被监禁率 4 项指标来加以说明。也就是说，重新被逮捕率、重新被定罪率、重新被判入监率和重新被监禁率均可在一定程度上作为重新犯罪率的指标来使用。因此，在解读和比较重新犯罪率有关数

---

〔1〕 参见周勇：《美国重新犯罪率调查统计的方法与结果及其借鉴》，载《犯罪改造与研究》2005 年第 12 期。

〔2〕 参见［德］汉斯·约阿希姆·施奈德：《犯罪学》，吴鑫涛、马君玉译，中国人民公安大学出版社 1990 年版，第 188 页。

据时,一定要弄清楚该数据指标背后所采用的究竟是哪一类测量指标,明白其真实含义,否则就会出现较大的差错。例如,美国 1994 年释放罪犯的重新被逮捕率、重新被定罪率、重新被判入监率、重新被监禁率分别为 67.5%、46.9%、25.4% 和 51.8%。[1] 重新犯罪率若采用重新被逮捕率,则高达 67.5%,若采用重新被判入监率,则只有 25.4%。可见,同样都是重新犯罪率的测量指标,重新被逮捕率与重新被判入监率两者就相去甚远,前者往往要比后者高许多。

误区四:忽略重新犯罪率背后隐含的间隔期限

谈论和解读重新犯罪率时易陷入的另一个误区就是忽略或注意不到重新犯罪率背后隐含的时间间隔期限,即不关心、不清楚在该重新犯罪率中,受到刑罚处罚的犯罪行为人从刑罚执行完毕后到发生再犯罪时究竟间隔了多长时间。我们认为,时间间隔期限对重新犯罪率而言至关重要。一方面,任何重新犯罪率数据背后都隐含着一定的间隔期限。关于重新犯罪率的具体间隔期限,境内外尚未统一的固定标准。在境外,这个间隔期限通常可以规定为半年、一年、二年、三年和五年,其中规定为三年的较多,如美国、英国、日本等。在我国,1985 年经由中央政法委员会批准的司法部《关于刑满释放、解除劳教人员重新犯罪、违法问题的几点意见》将重新犯罪率的间隔期限定为三年。我国官员和学者通常引用的中国的重新犯罪率为 6% ~8% 的数据也是采用三年的间隔期限。[2] 考虑到 1997 年《刑法》已经将累犯的期限由三年修改为五年,目前再沿用 1985 年司法部制定的重新犯罪三年期限标准可能不太妥当。当然是不是也要将重新犯罪的间隔期限修改为五年还有待进一步的研究。这里要着重指出的是,重新犯罪率总是以一定的间隔期限为标准来统计的。

另一方面,重新犯罪率指标的高低与间隔期限的长短之间具有非常密切的关系。一般而言,间隔期限越长,重新犯罪率就越高。比如,美国"1994 年释放罪犯的重新犯罪"的研究报告[3]表明(见表 1),1994 年释放的罪犯在六个月、一年内、二年内、三年内的重新被逮捕率分别为 29.9%、44.1%、59.2% 和

---

〔1〕 See P. A. Langan & D. J. Levin, *Recidivism of Prisoners Released in* 1994, 2006/02 NCJ 193427, p. 7.

〔2〕 参见国务院新闻办公室:《中国改造罪犯的状况》,法律出版社 1992 年版。

〔3〕 See P. A. Langan & D. J. Levin, *Recidivism of Prisoners Released in* 1994, 2006/02 NCJ 193427, p. 3.

67.5%；六个月、一年内、二年内、三年内的重新被定罪率分别为10.6%、21.5%、36.4%和46.9%；六个月、一年内、二年内、三年内的重新被判入监率分别为5.0%、10.4%、18.8%和25.4%。由此可见，采用的间隔期限不同，重新犯罪率指标数值就大不一样。

表1　美国1994年释放的罪犯不同期限下的重新犯罪率

释放后不同期限	重新被逮捕率/%	重新被定罪率/%	重新被判入监率/%
六个月	29.9	10.6	5.0
一年	44.1	21.5	10.4
二年	59.2	36.4	18.8
三年	67.5	46.9	25.4

总之，当谈论或者解读某项重新犯罪率指标时，一定要准确把握其背后隐含的时间间隔期限，弄清楚其中到底是按多长时间的间隔期限来统计的。只有准确把握这一点，才能理解该项重新犯罪率指标的真实含义。

误区五：重新犯罪率的调查统计方法不够科学

一般而言，重新犯罪率数据指标是否可靠、准确，在很大程度上取决于所采用的调查统计方法是否科学、有效。在理论上，重新犯罪率的调查统计原理比较简单。举例来说，假设2000年度全国有30万人刑罚执行完毕被释放，经调查统计发现，这30万人中在刑满释放后一年内有12,000人重新犯罪，二年内有21,000人（包括一年内重新犯罪的那12,000人，以下类同）重新犯罪，三年内有27,000人重新犯罪，五年内有30,000人重新犯罪，那么2000年度全国释放罪犯中，一年内重新犯罪率为4.0%（12,000/300,000×100%），二年内重新犯罪率、三年内重新犯罪率和五年内重新犯罪率依次为7.0%（21,000/300,000×100%）、9.0%（27,000/300,000×100%）和10.0%（30,000/300,000×100%）。然而，按上述原理实际操作起来却非常困难。其中的最大问题就是很难从刑满释放人员总数中调查出重新犯罪的准确人数。以上面的例子来说，只有通过全员追踪调查查实2000年度刑满释放的全部30万人的情况，才能确切知道其中究竟有多少人重新犯罪，才能进一步统计出重新犯罪率。在实际工作中，为了减少工作量，提高工作效率，可以采取抽样调查的变通方法。但其中的抽样方法是否科学以及抽取的样本是否具有足够的代表性，又成为影响调查统计结果可靠性的关键因素。

在实践中,重新犯罪率调查统计方法常常存在一些不够科学、规范的情形。例如,某省监狱局2002年下半年组织干警到所在辖区14个区县市对1997~2002年释放的899名刑释人员回归社会后的情况进行了抽样跟踪调查。调查采取发函和实地考察两种方式(其中后者占70%),结果发现71人重新犯罪,得出了重新犯罪率为7.9%的结论。[1] 通过对该项重新犯罪率调查统计方法的分析,可以发现其中存在以下两方面问题:一是该项调查采取了发函和实地考察两种方式,而在实际操作中会存在没有查实(尤其是没有回函)的情况,对于没有查实情况的刑释人员,该项调查的做法是都假定为没有重新犯罪,这样做势必会造成所获得的重新犯罪率数值要比真实数值偏低。而且,一旦没有查实情况的比例比较大的话,那么将会严重影响到重新犯罪率的真实可靠性。二是该项调查将不同年度刑释人员混在一起计算,因此很难把握所得出的重新犯罪率的真实含义,因为既不清楚这究竟算是哪一段时间或哪一个年度的重新犯罪率,也不清楚其中重新犯罪的间隔期限究竟是多长(对于1997年刑释的人员属于五年内,而对于2002年上半年刑释的人员还不够一年)。

需要指出的是,上述第二方面的问题在近些年关于社区服刑人员重新犯罪率的调查统计中屡见不鲜。许多地区调查统计社区服刑人员重新犯罪率的做法通常是,先统计总共接受了多少名社区服刑人员,然后统计其中有多少名社区服刑人员发生了又犯罪行为,最后以前者为分母、后者为分子便计算出重新犯罪率。这样得出来的重新犯罪率其实是不够严谨、科学的。首先,重新犯罪率的时间或年度不明。因为将不同时间、不同年度接收的社区服刑人员混在一起计算,不清楚这究竟算是哪一段时间或哪一个年度的重新犯罪率。其次,重新犯罪率的间隔期限比较杂乱、不统一,弄不清楚其中的重新犯罪究竟以多长时间为间隔期限标准(对于一部分很早进入社区矫正的社区服刑人员来说,间隔期限较长,而对于另一部分刚进入社区矫正的社区服刑人员来说,间隔期限太短)。最后,社区服刑人员重新犯罪率的内涵不够清晰。从所使用的调查统计方法上来看,这样获得的重新犯罪率实际上是指社区服刑人员在社区矫正期间的重新犯罪率,它与通常所说的在刑罚执行完毕后的重新犯罪率其实并不一样。如果做一个对比的话,它有点类似于监狱罪犯服刑期间的重新犯罪率(通常称狱内犯罪率)。因此,为了使社区服刑人员重新犯罪率的内涵更加清晰、明

---

〔1〕 参见司法部监狱管理局:《监狱工作简报》(17),2003年6月16日。

确,建议直接使用“社区服刑人员在社区矫正期间的重新犯罪率”这样一种表述,而不主张使用比较模糊的“社区服刑人员重新犯罪率”的提法。

误区六:在重新犯罪率的应用方面不够严谨

在重新犯罪率的应用方面,经常听到的一种说法是,我国的罪犯改造质量要明显高于国外。笔者认为,我国和国外在构成犯罪的概念与标准、重新犯罪的外延、间隔期限以及调查统计方法等方面存在一定的差异,各自所持的重新犯罪概念的真实含义不太一样,因此我国和国外的重新犯罪率之间可能并不具有可比性。以犯罪的外延为例,国外明显较我们要宽泛一些。其一,我国刑法中对犯罪有定量规定,某种行为如果在数量上没有达到一定的标准就构不成犯罪,如偷窃一元钱,在我国构不成犯罪,但在国外常常构成了犯罪。其二,我国规定的许多违法行为在国外就是犯罪。基于这两点,在我国不构成犯罪但属于违法的行为实际上在国外往往属于犯罪的范畴。因此,单从犯罪的外延的角度来说,完全有理由认为国外的重新犯罪的范围比我国要大。例如,同样是从监狱释放的盗窃犯,同样都是再偷窃了一元钱,如果在国外,则属于重新犯罪,但在我国由于只偷窃了一元钱还不属于犯罪,因此也就不属于重新犯罪。这可能是国外重新犯罪率比我国高得多的部分原因。此外,重新犯罪率的间隔期限和调查统计方法不统一也会在一定程度上造成不同国家重新犯罪率之间的差异。可见,在解读、比较和应用重新犯罪率时,必须先弄清楚不同重新犯罪率的真实含义,彼此之间有没有可比性。只有在具有可比性前提下进行的比较才具有价值和意义,从中获得的结论才是客观的,才具有较强的说服力。

社区矫正是近些年我国开展的一种与监禁矫正相对应的非监禁的刑罚执行方式。许多关于社区矫正的文献资料都明确指出,社区服刑人员的重新犯罪率处于很低的水平(如不足1%),并将其作为证明社区矫正工作成效的一个有力依据。笔者认为上述表述和结论也不够严谨和准确,容易让人产生一些误解或者错误认识。比如,容易让人拿社区服刑人员不足1%的重新犯罪率与刑满释放罪犯8%左右的重新犯罪率进行比较,进而得出社区矫正的质量优于监狱矫正的结论。这其中显然是有问题的。其一,正如前面所指出的,通常所说的社区服刑人员的重新犯罪率实际上指的是社区服刑人员在社区矫正期间的重新犯罪率,它相当于监狱犯罪人员在监狱服刑期间的重新犯罪率(通常称狱内犯罪率)。因此,拿它与监狱刑释罪犯在释放后一定期限内的重新犯罪率来进行比较可能就不太对等,同时两者在又犯罪的间隔时限上也不一致。其二,从考查和评估两种不同矫正方式矫正效果的角度出发,应当先调查统计出社区服刑人员在矫正期满后一定期限内的重新犯罪率,然后再拿它与监狱刑释罪犯在释放后一定期限内的重新犯罪率进行比较。只有这样去比较,才有可能在一定程度上得出哪种矫正方式改造质量较高的结论。此外,即使社区服刑人员在社区矫正期间的重新犯罪率水平很低,恐怕也不能全部将其归结为社区矫正工作所致。理由是,被适用社区矫正的 5 种对象(被判处管制、被宣告缓刑、被暂予监外执行、被裁定假释、被剥夺政治权利并在社会上服刑)本身在相当程度上就具备了在社区服刑不致危害社会(重新犯罪)的特征。也就是说,如果发现罪犯主观恶性深、社会危害性大,那么通常是不会将其放到社会上去服刑的。在法律规定上,适用社区服刑不致危害社会(重新犯罪)正是被宣告缓刑、被暂予监外执行、被裁定假释必须具备的重要条件之一。从这个意义上来看,社区服刑人员在社区矫正期间的重新犯罪率理所当然就应该比较低。因此,社区服刑人员在社区矫正期间的重新犯罪率低,并不必然说明社区矫正工作成效好。这与我们不能将重点中学升学率高全部归结为重点中学的教学质量高是同一个道理。事实上,重点中学的生源质量上乘往往是其升学率高的一个重要原因。需要指出的是,上述观点并不是要否定社区矫正工作的成效,而只是想要阐明这样一点,当我们在应用重新犯罪率数据指标时,应当对其中的内涵和原理有比较准确的把握,尽可能科学、严谨地去应用,这样才会得出令人信服的结论。

监狱行刑社会化之重新犯罪治理功能分析

陈宝友　陈宏健*

刑满释放人员重新犯罪严重影响了社会安定，令人警醒。重新犯罪人主观心态多为故意，犯罪的技能、手段比初次犯罪更加熟练，反侦查意识更强。如不能给予足够的重视，重新犯罪问题将会成为法治建设和社会治理的“短板”。预防和减少重新犯罪问题实质是罪犯的重新社会化相关治理问题。

一、监狱行刑社会化与重新犯罪治理的关系

监狱行刑社会化是指基于犯罪现象与社会整体关系的规律性，一方面要充分发挥社会支撑作用，最大限度地消除监禁带来的负面效果，培养守法公民，预防和减少重新犯罪；另一方面要充分发挥监狱在社会治理中的“透视镜”“反馈系”“政策参照系”等作用，最大限度地提升整体社会治理水平，构建相应的理念、体制、机制和制度、措施体系。

（一）监狱行刑社会化与重新犯罪治理的内在关系

1. 监狱对社会矛盾和社会治理具有能动作用。主要包括两个方面：一方面，监狱是承载、转化社会矛盾的载体，其效果又与社会环境支持息息相关。犯罪是社会的产物，其随着社会的发展而变化，带有时代印记和地区特点，是社会矛盾的集中体现。在监狱中重新犯罪治理就是对这些社会矛盾以服刑人员个体为对象进行承载和转化。社会环境的改善一定以监狱功能的完善为条件，监狱功能不健全的社会无法保持稳定。监狱对罪犯的改造是要帮助其形成回归社会的能力，是对犯罪破坏的社会关系的修复。另一方面，监狱是“透视、反馈”

---

* 陈宝友，司法部预防犯罪研究所研究员、博士；陈宏健，北京物资学院。原文载《中国司法》2018 年第 11 期。

社会矛盾的镜子,是审视社会政策的“参照系”。监狱在承载和转化社会矛盾的同时,能够从罪犯主体特点和犯罪行为特点以及犯罪原因中总结和反映出社会治理中存在的问题。

2. 社会环境对监狱具有系统性支持和制约作用。主要包括两个方面:一方面是系统性的支持作用,即罪犯与社会有各种各样、千丝万缕的联系,其改造离不开社会环境,尤其是与罪犯有密切关联的家庭和社会方面的支持。罪犯中的绝大多数要重新回归社会,这个回归过程的基础要在监狱内完成,需要全社会的关注和支持。从这个角度来看,这属于社会对自身破损的社会关系的一种修复,是社会通过监狱这一特殊机构实现的一种自我修复,可以说社会环境对监狱工作的系统性支持有多强,监狱发挥社会关系修复和预防重新犯罪的功能就多大。另一方面是系统性的制约作用,即监狱作为社会整体的一部分,其形态和模式受社会发展影响,其功能发挥既受到社会支持情况的影响,也受到社会整体治理水平的制约。

3. 监狱和社会的关系在重新犯罪治理方面,具有衔接性、条件性、有效性和有限性特点。衔接性是指监狱工作和外部社会环境之间应进行有机衔接和密切互动才能有效治理重新犯罪。这种衔接和互动是针对犯罪原因和根源,根植于整个社会环境的,是遵循重新犯罪治理规律的内在要求。条件性既指监狱应为服刑人员重新回归社会提供基本的改造条件,包括开展各类基本的教育,促进服刑人员最大限度地重新社会化(而不意味着能保证绝对不发生重新犯罪),同时又指社会应为监狱行刑社会化尽可能地提供各种支持条件,减少制约,这样才能使监狱行刑发挥其应有的功能。有效性和有限性是指监狱行刑社会化需要在监狱与社会关系的衔接性和条件性的基础上,能够发挥在治理重新犯罪中的有效作用,应在这方面加以提升;但同时其效果和程度又受到衔接性和条件性具体情况的限制,应在这方面加以改进和克服。

(二)监狱行刑社会化具体功能与重新犯罪治理

如果把审判机关刑事裁判生效后罪犯入狱服刑作为其重新社会化进程的起点,那么其是否能够成功地重新社会化,不再重新犯罪,主要取决于监狱的两方面功能,即监狱的安全维护功能与监狱的改造功能。监狱行刑社会化也包括这两个方面,这两个方面对服刑人员重新社会化、预防重新犯罪具有重要作用。

1. 监狱安全维护功能与重新犯罪治理。监狱安全既是整个社会安全的基础,也是罪犯重新社会化的前提。监狱安全主要涉及罪犯个体因素、监狱方面因素以及执法环境综合因素 3 个方面。

第一,罪犯个体因素是监狱安全的内在因素,蕴含着罪犯重新社会化的内在驱动力。罪犯个体因素包括个体生理、心理、性格、行为习惯、学历、技能等方面,是罪犯个别化管理教育的内在依据。而这些因素都是罪犯在社会生活中(当然也包括罪犯在监狱中的生活)形成的,往往根深蒂固,既有正面的,也有负面的。应该注意的是,在监狱这个特殊环境中,罪犯的这些在社会上形成的个体因素特征常常是被掩盖、忽视的。因为在监狱不仅没有使罪犯彰显个性的必要和条件,相反却以行为规范和生活规范来使每个罪犯个体的特点归于"整齐划一"。而罪犯是否在出狱后重新违法犯罪,其内在的个体因素并不必然受到这种带有"管制性"的措施影响而变得更少或更弱,甚至有的在一定程度或一定条件下会令人感觉如同"犯罪个体因素的基因突变",有的罪犯在监狱改造中表现很好且经过几次减刑出狱,却出乎意料地重新犯罪了,甚至是变本加厉地重新犯罪。上述特点和情况表明罪犯的个体因素对于监狱的安全维护功能乃至重新犯罪治理方面的内在影响,同时,提醒我们注意监狱在安全防范工作中,应如何深入、准确而全面地认识罪犯个体因素的作用。

第二,监狱方面因素是监狱安全的主体因素,蕴含着罪犯重新社会化的平台整合力。这关系到罪犯日常改造生活的方方面面,包括改造与生产之间的关系、警察队伍素质、监狱制度是否完善等内容,是罪犯改造的平台。在监狱这个特殊的社会环境中,集合着罪犯这样一个特殊的群体。这个群体又与监狱警察群体、监狱各方面的制度集合、监狱的高墙电网铁栏杆等设施,以及特定的监狱生产、罪犯活动场地等环境,共同形成一个特定的场域。这个场域的安全是以"典型的体制性"的机构性运转来保证的,尤其是以"规范化、标准化、流程化、重复化"的生活模式来保证。这种模式相较于罪犯在出狱后将要面对的种种不可预知的、难以避免的、无法抗拒的违法犯罪诱惑,能否持久有效地使其保持不再犯罪的"免疫力",或者说能够起到多大作用?这个矛盾不难理解,以监狱这种封闭性的机构具有的"先天不足"的社会化,来使社会化失败的罪犯实现重新社会化,需要什么样的社会支持系统才可能实现?

第三,执法环境综合因素是监狱安全的外在因素,蕴含着罪犯重新社会化的综合保障力,包括国家立法、刑事司法、具体的减刑假释政策、财政保障状况、社会支持力度等多个方面。这方面因素对于预防罪犯重新违法犯罪具有基础性的保障作用。从其作用机理来看,国家立法往往决定犯罪圈的大小,决定什么样的人、有什么样的行为会被认定为犯罪;刑事司法既使犯罪人在侦查、起诉、审判乃至刑罚执行的过程中,切身体会到因犯罪而受到处罚的切肤之痛,形成法律震慑,又使其因减刑假释制度的适用产生重新社会化的希望和动力;财政保障状况在相当程度上甚至在根本上影响着监狱各项功能的发挥;社会环境的支持力度影响着监狱获得外部支持、罪犯获得接触社会机会和就业机会的情况,等等。

监狱是一个小社会,在这个特殊的社会环境中,上述三方面因素并非互不影响,而是紧密交织、相互作用。这既是监狱行刑社会化的一个特点,又是监狱行刑社会化在安全维护方面的一个规律。任何监狱安全事故的发生都与这些因素相关,只是可能各方面因素的作用影响程度不同,并且每个监狱因为这三个方面因素的不同,其发生安全事故的原因,既有共同性又有差异性。这些表明监狱行刑社会化在规律性中又蕴含复杂性,值得深入研究。

2. 监狱改造功能与重新犯罪治理

监狱方面因素,即监狱对罪犯重新社会化"再造"功能的作用因素,监狱通过教育改造促使罪犯实现重新社会化,这个过程既要克服"监狱人格""交叉感染"等易发、多发的监狱亚文化的逆向社会化影响,更要契合社会发展形势,紧跟时代创造性地进行改造工作,突出改造的实用性和有效性,达到罪犯认罪、悔罪、建立健康人格、获得一定的谋生能力的目的,从而为最大限度降低重新犯罪率奠定基础。在这个过程中,监狱如何发挥职能作用,聚合社会各方面资源,结合罪犯群体和个体实际,实现管理和教育目标是非常重要的。

监狱的外部综合因素,即整个社会环境对罪犯重新社会化的"全面帮教"的功能因素,包括罪犯家庭、社会、政府各个方面对监狱工作的支持和对罪犯的综合帮教,可以使服刑人员感受温暖、去除标签、远离诱惑、获得立足社会的帮助、增加"免疫力",这比前述影响监狱安全的执法环境综合因素应该更为广泛。如果说犯罪是社会成员社会化失败的体现,而以重新社会化来预防重新犯罪,需要社会各个方面的有力支持,这是巩固其重新社会化成果的过程。现实中相当多的罪犯犯罪是其社会支持系统薄弱造成的,所以预防其重新犯罪更加需要有力的社会保障措施。现实中因为刑满释放无人接纳、无处安身、无力就业而重新犯罪的并不鲜见,这也反映了社会治理的短板。

罪犯个体因素,即在监狱教育改造中,罪犯个体的关键性反应在于罪犯是否"真正悔改",是否深刻认罪悔罪,内心与过去失败的社会化真正决裂,实现价值观重树,人格重塑,行为再造,这是内在重新社会化的基础。这要求包括个别教育在内的种种教育要深化,要到达罪犯的内心、触及罪犯灵魂,并且为其出狱后可能面对的种种考验提供内在支持。多年来实行的罪犯心理矫治和近年来探索的“正念”教育，对于引导、激励罪犯内在积极因素促进自我改造具有积极作用。同时，对罪犯进行的政治、文化、技术教育是使其掌握和提高就业生存能力的重要内容，可帮助罪犯个体在回归社会后，找到自身的社会位置，减少重新违法犯罪的可能。罪犯个体因素的差异性、犯罪动力形成的顽固性和社会外部环境的复杂性等，都是考验其能否成功社会化的关键。

二、重新犯罪治理中监狱工作社会化功能的不足

（一）监狱安全维护功能在重新犯罪治理方面社会化不足的表现——以一个狱内重新犯罪案例作简要分析

案例1：

某监狱发生一起A罪犯行凶致其他罪犯死亡的严重案件。后调查查明，该案发生的主要原因：一是该罪犯在个体因素方面存在间歇性精神疾病，事发突然。二是监狱的监管制度存在漏洞，包括罪犯互相监督制度、警察现场管理制度、心理咨询制度等未全面落实，使A罪犯有了单独活动乃至行凶的机会。三是在宏观政策方面，尤其是国家调整减刑假释政策，A罪犯作为长刑犯，感觉减刑无望，产生的悲观和压抑情绪无法有效解决。

在上述3方面原因中：第一，罪犯个体因素是内在因素，属于“内因”，是罪犯是否重新犯罪的决定性因素。个体因素千差万别，且我国监狱押犯数量庞大，监狱超规模关押的情况并不鲜见，管理教育难度非常大。即使在主观上能够重视管理教育罪犯个别化的重要性，也常常受制于各方条件无法真正持久地落实有效措施。第二，监狱方面因素属于关键性因素。监狱作为改造与生产、罪犯群体与警察队伍、激励与约束制度的集合体，在形成平台整合力上如果没有有力的制度和物质保障，协调难度会非常大。如改造和生产的矛盾一直是困扰许多监狱行刑的关键问题，而监狱发生各类安全事故绝大多数是因为有关制度没有落实，甚至数项制度都未落实。第三，在执法环境综合因素方面，影响监狱执法和罪犯改造的政策方方面面，包括刑事立法和司法政策、财政保障政策、就业政策、社会保障政策等，都对罪犯改造和监狱安全有直接或间接的影响。对此监狱乃至监狱管理部门都无力短期改善。

一叶知秋，虽然这是个案，但有代表性，能够从中看到监狱安全是一个由立体交织的多方面因素复合发生作用并相互影响的系统工程。在实践中许多监狱安全事故是这几个方面因素叠加、共振作用综合造成的。而每个地区甚至每个监狱之间押犯数量、构成情况、警力情况、地理环境及基础设施情况都不相

同,各省份之间在押犯数量、财政保障等方面差别也很大,导致虽然在同一部《监狱法》规范之下,但各地区、各监狱在减刑假释、暂予监外执行、罪犯权利保障以及警察执法规范性等方面都存在一定的差别。所以,如何统筹考虑和解决这些问题值得重视。

(二)监狱改造功能在重新犯罪治理方面社会化不足的表现——以罪犯回归社会后重新犯罪相关调研情况和相关案例为基础简要分析

1. 根据北京市监狱管理局课题组调研的一项重新犯罪课题,罪犯重新犯罪的原因主要有社会原因和个体原因两个方面。[1]

在社会原因方面。(1)社会转型期的矛盾冲突和文化失范带来冲击。调查显示,在北京市监狱管理局所有在押的重新犯罪的罪犯之中,无论是男犯还是女犯,50%左右的罪犯认为“我之所以重新犯罪,社会风气对我的影响最大”。(2)刑释人员回归社会存在障碍与困难。就业安置不落实容易造成刑释人员与社会的“经济隔离”。调查发现,64.2%的重新犯罪罪犯没有稳定收入,78.4%没有工作或者工作不稳定。(3)社会歧视与社会不良“标签”容易造成刑释人员与社会之间出现“精神隔离”。

在个体原因方面。(1)罪犯个体享乐思想严重,缺乏谋生能力。重新犯罪罪犯无论是道德素质、文化水平还是谋生技能、心理健康素质,都处于偏低的状态。(2)犯罪个体心理扭曲,人格变异。通过心理咨询和问卷调查,发现重新犯罪的罪犯心理极端不正常,有的甚至达到病态的程度,他们一般具有蔑视法律制度的心理、经济上的补亏心理、强烈的反社会心理和逃避惩罚的侥幸心理。这种扭曲的心理又会导致他们出现人格障碍。北京市监狱管理局90%左右的重新犯罪罪犯认为自己人格存在障碍,甚至有18%的罪犯承认自己有“变态心理”。

上述原因分析是有相当代表性的。监狱的管理和教育功能上的缺陷限于各方面条件是难以完全克服的,所以要有效提升监狱的改造效果,必须从整体上制定政策措施。否则,即使监狱自身工作做得很好了,也无法填平监狱与社会之间存在的“预防重新犯罪的鸿沟”,无法“单丝成网”有效地织起“预防重新犯罪的法网”。

---

〔1〕 参见北京市监狱管理局“重新犯罪”课题组:《北京市在押犯重新犯罪情况的调查分析》,载《中国司法》2005年第6期。

2. 相关案例分析

案例 2:

罪犯 B,二次犯罪,第一次犯绑架罪、非法持有枪支罪,第二次犯运输毒品罪,被判处无期徒刑,其不承认犯运输毒品罪,说是应该认定为非法持有毒品罪。对于长期监禁,他表示具有威慑力,因为不论谁被关押数年也怕再进监狱,同时表示监狱的管理教育没有什么用处,还说犯人之间都交流犯罪的事,吹牛炫耀个人的犯罪经历。

案例 3:

罪犯 C,三次犯罪,都是犯盗窃罪。其父自小就不顾家,他小学辍学,第二次犯罪是结伙作案。第一次出狱后在一个酒厂打工,三个月后未被告诉理由就被辞退,自己认为是因为有犯罪前科,他对自己未来出狱后的生活没有信心。

以上案例虽然是个案,但在监狱押犯中是有相当代表性的。应当看到,当今社会经济飞速发展,社会结构不断变化,就业竞争形势严峻,不确定性增强。罪犯因其心理、精神、谋生能力、社会接受程度、价值观等各个方面的特点,其从监狱刑满释放后将面临诸多引发重新犯罪的压力挑战,主要包括五点:一是回归社会后,生存的客观需要在无法通过合法途径满足时可能形成重新犯罪的原始动力。二是之前犯罪时不良社会关系的影响,如共犯、负能量朋友圈可能形成的重新犯罪牵引力。三是之前的犯罪心理倾向和行为惯性在一定条件下可能形成的重新犯罪的内驱力。四是因长期脱离社会,面对可能发生的陌生场景和状况不知如何处理危险形成的冲击力。五是长期监禁使其人格变异、心理变态、"交叉感染"等可能形成的重新犯罪反弹力,等等。这几种可能造成重新犯罪的"负作用力",很可能在一定条件下形成叠加效应。如果没有有力的反制力,重新犯罪率将难以得到有效控制,势必形成社会顽疾和"短板效应",严重影响社会治理整体水平。

三、监狱工作社会化功能不足的分析

(一)监狱行刑社会支持系统不健全的相关分析

监狱是社会矛盾的特殊容器和转换器。人们对待监狱工作的态度实质反映出对犯罪预防和社会治理的态度。比如,对全国关押的罪犯,近年来虽然犯罪形势发生了很大变化,但没有对重新犯罪数据进行全面统计,没有对不同犯罪类型、不同犯罪主体(男、女、老、少、外国籍、少数民族等)的犯罪和重新犯罪特点及规律进行系统的统计和研究,没有确定和完善预防各类罪犯重新犯罪的针对性政策,包括监狱具体政策措施、社会帮教和整体社会政策等,各个方面都亟待完善。又如,罪犯是通过侦查、起诉、审判等环节进入监狱执行刑罚的,而执行环节对前述环节制约不够,既影响了监狱功能的发挥,又影响了刑事司法系统整体预防重新犯罪功能的发挥。

监狱具有政治性和法律性,但在实践中可能受到各种因素影响和制约。从当前存在的问题来看,一些监狱的财政保障不充分;以完成生产任务为中心的劳动考核和一般性课堂式"三课教育"也存在,对于罪犯而言难以深入内心,更多的是服从管理和参加教育活动的表面化,其效果有待评估;相当数量的罪犯罪责感弱化问题突出,难以真正认罪悔罪,尤其是二次以上犯罪的罪犯、相当数量的短刑犯和组织、利用邪教组织破坏法律实施类犯罪等罪犯,这是刑满释放人员重新违法犯罪的一个内在因素,等等。这些问题除了罪犯个体因素原因,更主要的是与飞速发展的经济社会形势相比,监狱在管理理念、政策保障和制度手段上没有与时俱进,存在重视不够,投入不足,协调不充分的情况。

社会公众,甚至有关部门在相当程度上是以罪犯的重新犯罪率来评价监狱工作效果的,所以分析刑满释放人员群体的社会地位及其对重新犯罪的影响,有利于更加清晰地认识到监狱工作所受到的制约和影响。而从就业能力、社会评价、社会支持系统、受教育程度等多个方面进行分析,刑满释放人员作为一个特殊的社会群体,在整个社会中处于一个比较低的层级。在监狱押犯中老、病、残、女性、未成年人、无业、失业人员、农民工等人员的比例相当大,他们选择犯罪与其经济社会地位、接受教育程度、社会支持系统状况等密切相关。而这些情况是由其本人所处的社会环境造成的,对于其犯罪具有重要甚至关键性影响。监狱受法定职能和实际能力限制,在这方面无法发挥更多作用。改变这样的状况是国家和全社会的长期责任,而监狱在罪犯管理教育中能够为国家和社会治理该特殊群体,预防其重新犯罪,在犯罪原因、特点、规律和应对战略等方面提供数据和实证支持。这也是监狱行刑社会化的一个重要方面,这方面还没有得到充分的重视。

(二)监狱行刑内部社会化不足的分析

1. 监狱是否有能力破解导致罪犯回归社会后可能重新犯罪的前述几方面的负作用力?

监狱布局调整后,取消了外劳外役,监狱罪犯全部在狱内劳动。监舍车间长年的"两点一线",使罪犯很难接触到大自然和外部社会环境,更多地受限于大墙,形成"信息孤岛",心理问题增多,危险加大,也使警察管理难度加大,警察在这种受限环境中也容易产生消极和压抑情绪。

减刑、假释和暂予监外执行制度相较于飞速发展和日新月异的社会环境，多年来没有太大的改进，尤其是假释制度适用率低，在一些监狱相当程度上处于"休眠状态"，[1]暂予监外执行制度的适用也没有发挥应有作用，没有成为监狱社会化的日常有效手段。

监狱延续几十年的管理模式难以使服刑人员在若干年的服刑生活中获得有效的重新社会化训练，也无法使罪犯在回归社会之前获得各种适应社会条件的过渡性安排。许多罪犯刑满释放后不知道智能手机为何物，不懂得如何在网上购物、买车票，等等，在生活和就业上面临巨大挑战。

2. 监狱是否有能力独自承担起服刑人员所有的教育改造任务?

教育矫治罪犯需要投入的人力资源几乎是无限的，因为人的思想和行为矫正本身就难度极大、成本极高、标准难以确定、容易反复多变。许多监狱安全事故的发生，以及罪犯出狱后重新犯罪都与其心理或精神问题密切相关，但许多监狱警力不足，尤其在这方面的教育矫治力量更是匮乏。监狱存在科技手段、先进技术投入不足，科学化、专业化程度不高的情况，虽然也有心理咨询、个别教育，但难以深入开展有效的心理、精神诊断和治疗。监狱更没有能力解决罪犯出狱后的生活和工作等问题，即使想向社会延伸改造工作巩固教育成果，也难以成体系和长期坚持。

3. 罪犯劳动改造的定位与实际，是否符合预防和减少重新犯罪的需要?

劳动改造的主要手段在监狱工作社会化和罪犯再次社会化中的作用存在不足。主要是一些监狱限于条件，对经济效益的追求强于社会效益、法律效益；一些监狱罪犯劳动技能培训针对性不强，对其回归社会后就业保障作用不大；罪犯劳动报酬偏低也是普遍性问题。这些导致罪犯在出狱时既没有足够的资金实现平稳过渡，也没有过硬的劳动技能安身立命，重新犯罪风险加大。

4. 对罪犯的"三课"教育是否能够满足其重新社会化的要求?

政治、文化、技术的"三课"学习，应该是教育服刑人员认罪悔罪和获得知识

---

[1] 通过全国的数据来看，减刑案件的数量和适用率较高，案件数量每年在40万件以上，适用率基本在25%左右。而假释案件的数量和适用率则十分低，案件数量每年在2万多件，适用率仅为1%～2%。而且各省份的假释适用也非常不平衡，比如2009年假释适用率达到5%的省份有3个，假释适用率达到2%的省份有2个，假释适用率达到1%的省份有12个，近半数省份的假释适用率在1%以下。参见黄永维：《中国减刑假释制度的改革与发展》，法律出版社2012年版，第69～70页。

技能的最基本途径,但在相当程度上一些监狱的罪犯"三课"教育流于形式,个体针对性差,思想教育和法制教育深入罪犯内心不够,难以真正触及罪犯灵魂,达到使罪犯痛改前非的程度。特别是认罪悔罪教育效果的真实性和持久性需要提升。比如,在"三课"学习中表现良好,劳动改造也积极,获得过几次减刑的罪犯重新犯罪并非个例,"三课"教育对于激励罪犯真正认罪悔罪能起到多大作用值得思考。认罪悔罪是预防服刑人员重新犯罪的前提,这个问题如果不能很好地解决,将成为其重新社会化的障碍。

5. 监狱警察和服刑人员方面的相关情况,对治理重新犯罪影响如何?

一是监狱警察是罪犯能否成功重新社会化的主力推手,其作用如何能更好地发挥?由于服刑人员权利意识高涨,有的过多强调权利保障和人性化执法,加之监狱立法精细化不足,狱情犯情越来越复杂,造成警察不愿管、不想管、不敢管。有的警察只是无奈于发生监狱事故要追究执法过错责任才盯岗到位,其工作积极性和主动性受到了影响,对其发挥帮助罪犯重新社会化作用形成阻碍,对此如何应对?二是罪犯相关情况对预防重新犯罪影响如何?目前罪犯滥用权利问题比较突出,如罪犯在正常死亡后,其亲属无理上访,以取得监狱赔偿。有的监狱要为罪犯办理暂予监外执行,罪犯向监狱提条件,否则不配合。这其中既反映了罪犯权利意识的变化,也反映了监狱立法存在的不足,对于权力与权利的关系规定不尽明确。又比如,在监狱警察执法中,罪犯为逃避劳动或者达到个人目的,无理顶撞,甚至辱骂警察,或者没有根据地举报警察。对此,出于种种原因,有时会以牺牲警察利益求得监狱稳定,这在相当程度上会影响执法工作严肃性,损害法律权威,也不利于罪犯认罪服法和重新社会化。

四、完善监狱工作社会化功能的对策建议

我国社会主要矛盾的变化,要求将监狱工作、预防重新犯罪工作纳入社会治理大格局,补齐治理短板,提高治理犯罪水平。为此,应着力解决制约监狱行刑社会化的重点问题,重点落实党的十八届四中全会《中共中央关于全面推进依法治国若干重大问题的决定》有关"完善刑罚执行制度,统一刑罚执行体制"等精神,使监禁刑与非监禁刑科学衔接、财产刑在监狱行刑中更加合理地执行,促进监禁刑、非监禁刑、财产刑等各种刑罚执行的统一协调高效,完善监狱与其他司法机关及社会的关系,解决制约监狱行刑安全保障和教育改造方面的种种桎梏,充分发挥其在治理重新犯罪方面的功能。建议充分发挥全面依法治国委员会办公室职能,统筹研究解决涉及监狱行刑及相关重新犯罪治理的重大事项

和重大问题。前文所述的各方面问题和不足在根本上都涉及监狱、刑事司法及社会治理的重大事项和问题，带有深层次、系统性、复杂性的特点，是监狱改革的深水区和硬骨头，必须通过顶层设计统筹解决。

对此，要充分发挥监狱行刑对社会治理问题的“透视镜”、“反馈系”和“政策参照系”等作用，贯彻预防为主的理念和方针，制定完善重新犯罪治理策略。

一是在治理主体上，从国家单一治理主体向“国家 + 社会公众 + 社会专业机构 + 服刑人员适当自治”的共治主体转变。加强政府的主导作用，对监狱罪犯生产和劳动产品进行政府指导和政府采购；针对罪犯心理矫治、行为习惯养成、健全人格培养等专业性需求，从社会上以政府采购方式提升治理综合能力；同时加强对服刑人员的教育引导，激发和培养其改造主体意识，挖掘其人性中的善，抑制和消除其人性的恶。

二是在治理方式上，从传统经验型管理教育方式向现代科学化、专业化、职业化方式转变。建立完善公、检、法、司及各相关部门数据共享系统，摸清犯罪和重新犯罪底数，包括犯罪和重新犯罪的各种数据、规律、趋势等；鼓励支持建立和发展专业智囊机构、重新犯罪预防机构，政府购买专业咨询服务；大力推行分工科学细致的监狱警察专业队伍建设，培养和造就监管、教育、心理矫治、外籍犯、艾滋病犯等特殊罪犯管理的改造专家型人才，并在待遇上给予充分保障，激发其工作积极性，以体现对知识和专业的尊重，实现从经验式粗放式向科学精细式的转变，提高治理水平。

三是在治理理念和模式上，从单一、综合治理向融合治理转变。随着我国全面依法治国和全面提升社会治理能力水平的推进，以及以物联网、大数据、云计算、人工智能等高科技为依托，融合治理的格局将会逐步形成。各司法机关和有关部门在不同角度和程度上或承担着治理重新犯罪的职能或发挥着一定作用，但职能分割、协调不够、合力不足是一个需要解决的问题。因此应更新治理理念，融合社会治理系统、刑事司法系统、专业机构、社会公众各方面资源和各种治理手段，以理念、系统和手段的融合性来治理犯罪和重新犯罪的复杂性；针对社会治理需要，结合重新犯罪治理规律，加快制定出台完善“犯罪预防法”、“统一刑罚执行法”、《社区矫正法》（现已出台）、“出狱人保护法”等法律，明确权力与权利范围、内容及程序保障，依法融合各方面治理资源，促进监狱行刑社会化在重新犯罪治理上共建、共治、共享格局的形成。

四是在治理具体路径上，宏观和微观结合推进。在上述宏观推进的同时，积极推进监狱和司法系统相关工作，打造适合罪犯从监狱顺利回归社会的阶梯。包括:激活监狱行刑社会化的制度优势,依法适当扩大假释的范围,使其更好地发挥激发罪犯人性善、抑制人性恶作用,缓解其回归社会的种种不适,真正成为社会治理、预防重新犯罪的重要手段;完善分类监管教育,形成“监禁—半监禁—自由”路径,[1]实现服刑人员“梯次式、渐进式回归社会”,避免“断崖式、冲击式回归社会”,减少“监狱人格”等社会不适应症的形成和不利影响;进一步提升监狱分级、罪犯分类的科学化程度,建设完善不同戒备度监狱和不同类型专业监管区,最大限度降低罪犯间犯罪思想和技能的“交叉感染”,提升专业矫正能力;加强政治改造的统领作用和文化改造的深化作用,大力弘扬社会主义核心价值观,针对罪犯道德建设这个关键点,结合不同类型罪犯的心理、情感、人格、行为特点和规律,研究和推进监狱文化的生产、管理、引导和传播,让罪犯知善恶、明荣辱、懂责任、有担当、能守法,真正认罪服法,真诚悔罪,为其回归社会重新社会化,预防和减少重新犯罪奠定内在基础。

---

[1] 参见翟中东:《国际视域下的重新犯罪防治政策》,北京大学出版社 2010 年版,第 422 页。

大数据背景下的重新犯罪统计分析与预测研究

马国富　李天发　汪玉红*

2018年9月26日，司法部召开的重新犯罪问题调查领导小组第一次会议指出，组织开展重新犯罪问题调查有助于推进全面依法治国、维护国家安全和社会稳定、提升罪犯改造效果、推进打击犯罪国际交流合作，对于增强防控重新犯罪、维护社会稳定的主动性、预见性、精准性，落实总体国家安全观，促进国家治理体系和治理能力现代化，推进全面依法治国，具有基础性作用和深远意义。重新犯罪问题调查是一项综合性、系统性工程，要充分运用大数据、智能化等信息化手段，做好信息资料采集和数据共享交换，获得全面准确的重新犯罪数据，为制定完善国家刑事政策和社会政策、谋划完善全面依法治国顶层设计提供建设性意见和决策参考。

一、重新犯罪概述

科学、准确地界定重新犯罪概念的内涵与外延，是研究重新犯罪统计分析与预测的基本前提。反思与重构重新犯罪的概念，首先需要对已有的概念界定作出系统而全面的梳理。界定重新犯罪的目的是构建重新犯罪的统计分析、预测、预警机制，健全完善刑事执行体制，建立重新犯罪监测防控长效机制，提高刑事执行工作水平，有效减少、预防和控制重新犯罪的发生，切实提高罪犯的改造质量。在对重新犯罪概念进行界定之前，我们先要明确犯罪的定义。《刑法》(2017年)第13条明确规定："一切危害国家主权、领土完整和安全，分裂国家、颠覆人民民主专政的政权和推翻社会主义制度，破坏社会秩序和经济秩序，侵

---

* 马国富，中央司法警官学院教授；李天发，中央司法警官学院副教授；汪玉红，中央司法警官学院副教授。原文载《河南司法警官职业学院学报》2018年第1期。

犯国有财产或者劳动群众集体所有的财产,侵犯公民私人所有的财产,侵犯公民的人身权利、民主权利和其他权利,以及其他危害社会的行为,依照法律应当受刑罚处罚的,都是犯罪,但是情节显著轻微危害不大的,不认为是犯罪。"在学术界,普遍认为有广义和狭义两种重新犯罪定义,而通常研究的是狭义重新犯罪定义,本文研究的也是狭义重新犯罪。广义重新犯罪是指:任何在第一次实施犯罪行为之后再一次实施犯罪行为应当都属于重新犯罪,又称为又犯罪或再犯罪。狭义重新犯罪是指:因实施犯罪行为而受到刑罚处罚的人在刑罚执行完毕后一定期限内再一次实施犯罪行为。[1] 狭义重新犯罪概念包含如下3层内涵。

(一)行为主体必须实施犯罪行为并受到刑罚处罚才属于重新犯罪

这里所说的犯罪行为是指我国《刑法》规定的10种犯罪行为,即危害国家安全罪、危害公共安全罪、破坏社会主义市场经济秩序罪、侵犯公民人身权利和民主权利罪、侵犯财产罪、妨害社会管理秩序罪、危害国防利益罪、贪污贿赂罪、渎职罪、军人违反职责罪;刑罚处罚是指我国《刑法》规定的5种主刑和3种附加刑,即管制、拘役、有期徒刑、无期徒刑、死刑和罚金、剥夺政治权利、没收财产,这些刑罚处罚分别由公安机关、法院、司法行政机关执行。从上可以看出,实施犯罪行为和受到刑罚处罚两者按照先后顺序都要发生,是"与"的关系;如果实施了犯罪行为而没有受到刑罚处罚,那么再一次实施犯罪行为就不是重新犯罪。

(二)"刑罚执行完毕后一定期限内"包括3个方面内容

一方面刑法学界通常认为刑罚执行完毕指的是5种主刑执行完毕,不包括3种附加刑在内;[2]另一方面说明了罪犯在刑罚执行期间实施犯罪行为不属于重新犯罪的内涵,例如,罪犯在监狱实施的犯罪行为以及社区服刑人员矫正期间再犯罪等;再一方面说明了重新犯罪的计量是有时间限制的,如果超过了这个期限,则不能算作重新犯罪。不同国家和地区的官方机构和研究者往往根据自己工作和研究需要,确定一个具体的期限。可以设定为一年、二年、三年、五年等,其中美国、英国、日本等都设定为三年。[3] 在中国内地,1979年《刑法》规定一般累犯的时间为三年,1997年《刑法》将时间限定为五年。1985年1月,中

---

〔1〕 参见周勇:《重新犯罪率调查统计和应用中常见的几个误区》,载《中国监狱学刊》2009年第4期。

〔2〕 参见李领臣:《累犯中时间条件的认定》,载《中国检察官》2011年第4期。

〔3〕 参见周勇:《美国重新犯罪率调查统计的方法与结果及其借鉴》,载《犯罪与改造研究》2005年第12期。

央政法委批准的司法部《关于调查刑满释放、解除劳教人员重新犯罪、违法问题的几点意见》中将重新犯罪界定为:原犯普通罪的,刑满释放或者赦免以后,在三年以内再犯应判处刑罚的为重新犯罪;原犯反革命罪刑罚执行完毕或者赦免以后,在任何时候再犯反革命罪的,或者三年以内再犯其他普通刑事罪而被判处刑罚的都是重新犯罪。1997 年后的刑法都将累犯限定为五年,因此对重新犯罪的期限也应该限定为五年。当然,这个期限越长,重新犯罪率就越高。也可以按照期限的长短设定一年内、二年内、三年内、五年内重新犯罪率,便于进行横向和纵向比较。

(三)重新犯罪人不等于累犯

重新犯罪是研究者和行业机构基于研究目的提出的一个犯罪学概念,而累犯是刑法中定义的法律术语,是犯罪行为主体。2017 年 11 月 4 日第十二届全国人民代表大会常务委员会第三十次会议通过了《中华人民共和国刑法修正案(十)》,《刑法》(2017 年)第 65 条一般累犯规定:"被判处有期徒刑以上刑罚的犯罪分子,刑罚执行完毕或者赦免以后,在五年以内再犯应当判处有期徒刑以上刑罚之罪的,是累犯,应当从重处罚,但是过失犯罪和不满十八周岁的人犯罪的除外。前款规定的期限,对于被假释的犯罪分子,从假释期满之日起计算。"第 66 条特别累犯规定:"危害国家安全犯罪、恐怖活动犯罪、黑社会性质的组织犯罪的犯罪分子,在刑罚执行完毕或者赦免以后,在任何时候再犯上述任一类罪的,都以累犯论处。"综上所述,累犯是前后犯罪行为比较严重的 5 年内重新犯罪人或者是危害国家安全犯罪、恐怖活动犯罪、黑社会性质的组织犯罪的同罪重新犯罪人,重新犯罪人比累犯的外延要宽。因此,不能将累犯等同于重新犯罪人。

二、重新犯罪统计分析指标体系

(一)国外重新犯罪统计分析指标

在不同的国家,重新犯罪统计分析指标也不同。美国主要采用 3 项指标来度量罪犯的犯罪程度[1]:一是重新被逮捕,即罪犯释放后三年内因犯罪或违反缓刑和假释又被逮捕。二是重新被定罪,即罪犯释放后三年内至少有一项犯罪指控被法院定罪。三是重新被监禁,即罪犯被释放后三年内再次被定罪或违反

〔1〕 参见安文霞、周勇:《美国量刑委员会重新犯罪研究项目及思考借鉴》,载《犯罪与改造研究》2019 年第 6 期。

缓刑和假释相关规定进入监狱服刑。

上述3项指标按照数量关系大致为：

重新被逮捕 > 重新被定罪 > 重新被监禁

由此，重新犯罪率在一定程度上可以使用上述3项指标中任何一个，即重新被逮捕率、重新被定罪率、重新被监禁率。然而这3项指标互不相同，因此在使用指标进行比较时为避免造成较大误差，一定要明白是用哪一项指标进行比较。例如，美国马萨诸塞州惩教署在其州政府网站上发布了2007～2014年释放罪犯后的三年期重新犯罪率报告，[1]该报告分别用重新被监禁率和重新被定罪率来对重新犯罪率进行统计分析；美国司法部司法统计局2018年5月发布的罪犯统计报告对2005～2014年释放的罪犯的重新犯罪进行了统计分析，使用的是重新被逮捕。[2] 重新被逮捕、重新被定罪、重新被监禁是在侦查、审判、执行3个不同刑事司法阶段中重新犯罪的体现，全面、细致地反映出重新犯罪的真实情况。

（二）国内重新犯罪统计分析指标

1.重新监禁率

重新监禁率（Re-Incarceration Rate，RIR）是指在监狱服刑的罪犯某一年度从监狱释放后一定期限内因重新犯罪再次进入监狱服刑的概率。它通常用某一年度监狱释放之后一定期限内因重新犯罪再次入监狱服刑的人数占同一年度监狱释放人员总数的百分比来表示，则n（1、2、3、5）年内监狱重新监禁率（RIRn）的计算公式为：

公式一：

$$\text{RIRn} = \frac{\text{某一年度监狱释放之后 n 年内因重新犯罪再次入监服刑的人数}}{\text{同一年度监狱释放人员总数}} \times 100\%$$

重新监禁率可以由各省、自治区、直辖市的监狱或监狱管理局等司法行政机关对某一时间节点或某一年度监狱释放后一定期限内的因重新犯罪再次入监狱的罪犯人数进行统计。然而罪犯被监狱释放后可能由于种种原因离开其被释放的监狱所在的省、自治区、直辖市，这样统计的数据就不全面，通常公式一中的分母和分子不能采用实际数据，会造成重新监禁率和实际值存在误差。例如，在浙江省乔司监狱对2012～2017年刑满释放人员重新犯罪

---

〔1〕 See *Three Year Recidivism Rates*, Mass(October 30, 2019), https://www.mass.gov/lists/three-year-recidivism-rates.

〔2〕 See 2018 *Update on Prisoner Recidivism: A 9-Year Follow-up Period*(2005-2014), 网站名称(October. 31, 2019), https://www.bjs.gov/content/pub/pdf/18upr9yfup0514.pdf.

的调查统计[1]中,使用的词语是"在被调查的9647名浙江省籍刑满释放人员"而不是"2011年度释放的浙江省籍释放人员总人数为9647"。这可能是因为一些罪犯释放后由于某种原因后续没有及时跟踪上,也有可能一些罪犯去了外地犯罪被判进入其他省份监狱,由于全国监狱信息系统还没有实现所有监狱服刑人员数据的集中存储,因此无法方便地获得其他省份监狱罪犯数据。另外,监狱释放不等于刑满释放,监狱释放包括刑满释放、减刑释放和假释3种情况。从上可以得出,要想获得全国监狱的重新监禁率,就必须实现全国各监狱罪犯数据的集中存储,建立全国监狱重新犯罪罪犯信息库,这样才能获得全面、客观、准确的重新监禁率。

2. 重新逮捕率

重新逮捕率(Re-Arrest Rate,RAR)是指某一年度刑罚执行完毕后在一定期限内因犯罪又被重新逮捕人数占同一年度刑罚执行完毕人员总数的百分比。重新逮捕率的计算公式为:

公式二:

$$RAR=\frac{\text{某一年度刑罚执行完毕后在一定期限内因犯罪又被重新逮捕人数}}{\text{同一年度刑罚执行完毕人员总数}}\times 100\%$$

重新逮捕率数据通常由执行逮捕的公安机关提供,在某种程度上反映了一个国家的刑事执行情况。

3. 重新犯罪罪犯比重

重新犯罪罪犯比重(Percentage of Recidivism,PR)是指某一时间节点监狱内被判处2次以上刑罚罪犯人数占同一时间节点监狱内所有罪犯人数的百分比。重新犯罪罪犯比重的计算公式为:

公式三:

$$PR=\frac{\text{某一时间节点监狱内被判处 2 次以上刑罚罪犯人数}}{\text{同一时间节点监狱内所有罪犯人数}}\times 100\%$$

在监狱系统,通常会看到很多监狱相关人员把重新犯罪罪犯比重当作重新犯罪率。司法部预防犯罪研究所和司法部监狱管理局1996年组织全国部分省市的重新犯罪调查研究使用的就是该指标。[2] 尽管重新犯罪罪犯比重和重新犯罪率在某种程度上存在一定关系,但这是两个不同的概念,具有不同的含义。

---

[1] 参见浙江省乔司监狱课题组:《乔司监狱近五年重新犯罪问题调查研究》,载《犯罪与改造研究》2018年第6期。

[2] 参见周勇:《开展重新犯罪问题调查研究的价值意义与思路构想》,载《犯罪与改造研究》2019年第7期。

一所监狱的重新犯罪罪犯比重除了和重新犯罪率有一定关系，还受到该监狱的关押罪犯的总人数、监狱性质和关押的罪犯类型及某一时期国家刑事政策及地区差异等多种因素影响。

4. 重新定罪率

重新定罪率（Re-Conviction Rate，RCR）是指某一年度刑罚执行完毕后在一定期限内因重新犯罪又被法院定罪的人数占同一年度刑罚执行完毕人员总数的百分比。重新定罪率的计算公式为：

公式四：

$$RCR=\frac{\text{某一年度刑罚执行完毕后在一定期限内重新犯罪又被法院定罪的人数}}{\text{同一年度刑罚执行完毕人员总数}}\times 100\%$$

5. 重新犯罪率

重新犯罪率（Recidivism Rate，RR）是指某一年度刑罚执行完毕后在一定期限内重新犯罪人数占同一年度刑罚执行完毕人员总数的百分比。重新犯罪率的计算公式为：

公式五：

$$RR=\frac{\text{某一年度刑罚执行完毕后在一定期限内重新犯罪人数}}{\text{同一年度刑罚执行完毕人员总数}}\times 100\%$$

国外通常使用三年期重新犯罪率（Three-Year Recidivism Rates），在我国可以使用三年期、五年期重新犯罪率。从中国知网查询到的最新的我国对重新犯罪率的研究是司法部预防犯罪研究所周勇等对全国 1997 ~ 2001 年监狱释放罪犯重新犯罪的考察。[1] 该研究受限于调查条件和调查能力，调查的对象主要是从监狱释放的罪犯，对于不是从监狱释放的罪犯没有计算在内，如管制、拘役、缓刑、判决时余刑不足一年而在看守所服刑的罪犯。另外，该调查用监狱重新监禁率和调整系数测算出重新犯罪率，这个调整系数是一个推算值。并且，该调查统计数据来自法院的判决文书，可能存在由于公安机关和法院未能掌握罪犯的犯罪前科而没有记录的情况。因此，该调查从某种程度上和我国实际的重新犯罪率还是有差异的。重新犯罪率调查统计中刑罚执行完毕的人员中的"刑罚"，是指我国《刑法》规定中的 5 种主刑和 3 种附加刑，这些刑罚处罚分别由法院、社区矫正机构、看守所和监狱执行，因此要想获得准确的重新犯罪率就必须将刑罚执行（法院、社区矫正机构、看守所、监狱）系统中刑罚执行完毕的罪

〔1〕 参见司法部预防犯罪研究所课题组、周勇：《关于监狱释放罪犯重新犯罪问题的调查报告——对全国 1997 年 - 2001 年监狱释放罪犯重新犯罪的考察》，载《犯罪与改造研究》2019 年第 5 期。

犯信息、监禁记录和公安机关、检察院的逮捕记录、法院的判决记录进行数据互通共享，并进行数据一致性比对和融合，进而获得全国的刑罚执行数据，在此基础上才能客观、准确、全面地统计分析重新犯罪率。

为了避免公安机关使用重新逮捕率、法院使用重新定罪率、监狱使用重新监禁率带来的对重新犯罪统计分析的单一性和局限性，又鉴于当前我国公安机关、法院和监狱系统罪犯数据的互连互通刚刚开始的实际情况，参照国际上重新犯罪统计的通用做法，可以在侦查、审判、执行 3 个不同的刑事司法阶段分别使用重新逮捕率、重新定罪率、重新监禁率来统计分析重新犯罪率。

（三）重新犯罪统计分析特征

重新犯罪统计分析是一个体系，除了重新犯罪率基础指标，还包括其他横向和纵向统计分析特征。横向统计分析特征主要包括地域（不同省、自治区、直辖市）、性别（男、女）、释放类型（监狱释放、社区服刑等）、释放机构的安全等级（高、中、低）、风险评估（高、中、低）、年龄段（25 岁及以下、26 ~ 34 岁、35 ~ 54 岁、55 岁及以上）、文化程度（文盲、半文盲、小学、初中、高中、大学及以上）、民族、职业状况、婚姻状况、居住类型、释放后重新犯罪的时间间隔、罪犯类型（《刑法》规定的 10 种类型：危害国家安全罪、危害公共安全罪、破坏社会主义市场经济秩序罪、侵犯公民人身权利和民主权利罪、侵犯财产罪、妨害社会管理秩序罪、危害国防利益罪、贪污贿赂罪、渎职罪、军人违反职责罪）、刑期（1 年 6 个月以下、1 年 6 个月 ~ 3 年、3 ~ 5 年、5 ~ 10 年、10 ~ 15 年、15 年以上至死缓）、前后犯罪罪名是否相同等特征。纵向统计分析特征主要包括：不同期限（1 年内、2 年内、3 年内、4 年内、5 年内）、年增长率（值为正表示正向增长，值为负表示负向增长）等特征。

三、重新犯罪大数据分析应用和工作流程

（一）重新犯罪大数据分析应用

重新犯罪大数据分析按照数据分析应用深入程度的不同，可分为 3 个层次：

第一层，描述性统计分析。从公安机关、检察院、法院、社区矫正机构、看守所和监狱的各个信息系统中抽取、整合数据，再以统计图表等可视化形式呈现，并将侦查、审判、执行三个不同的刑事司法阶段数据所蕴含的重新犯罪信息推送给不同的工作人员，以便更好地了解重新犯罪现状，进而作出判断和决策。

第二层，预测性分析应用。通过收集、分析公安机关、检察院、法院、社区矫正

机构、看守所和监狱各系统中数据，发现事物之间的关联关系、改造规律、重新犯罪模式，进而用数据进行模拟，建立重新犯罪预测模型，对重新犯罪进行预测。

第三层，指导性分析应用。这是指在前两个层次的基础上，分析不同决策将导致的后果，并对决策进展指导和优化。例如，社区矫正机构和监狱利用智能化的可穿戴设备和视频监控对不同改造方案的后果进行预判，并据此指导服刑人员的个性化、精细化改造。

当前，在我国政法系统大数据应用实践中，主要还是使用描述性统计分析，而预测性分析应用和决策指导性分析应用对服刑人员的改造更有帮助。

（二）重新犯罪大数据分析工作流程

工作流程中，在需求层，主要是对重新犯罪的统计指标进行确定。目标定下来后，在数据层就要去收集获取数据，针对源数据，要进行数据清洗、数据集成、数据脱敏、数据变换、数据规约等数据预处理，然后进行多源数据融合，生成下一步数据分析建模需要的数据格式。描述性分析是最基本的数据分析统计方向，可分为数据描述（包括时间跨度、分布等）和指标统计；之后对重新犯罪大数据进行分析，建立模型，并对模型的准确性进行评估，根据评估结果修正模型参数，不断迭代优化，直到满足要求，再将模型部署在实际场景中，并进行预测性分析。根据前面的描述性统计分析和预测性分析，撰写数据分析报告。

四、基于大数据的重新犯罪统计分析与预测

（一）大数据质量维度与度量指标

重新犯罪数据统计分析涉及公安机关、检察院、法院、看守所、社区矫正机构、监狱各个业务信息系统中的数据。通过对历年来的数据进行集成、融合，将产生海量数据，也就是大数据。在这个过程中，由于不同机关与机构的业务信息系统中的数据编码不一、接口不一，将会产生数据质量问题。在大数据领域，有个说法“垃圾进，垃圾出”，意思是如果使用的输入数据是垃圾数据，那么不论模型怎么繁多复杂，输出的也是垃圾结果。2016 年 12 月 15 日，国务院印发《“十三五”国家信息化规划》，指出：“加强数据资源目录管理、整合管理、质量管理、安全管理，提高数据准确性、可用性、可靠性。”我们从影响重新犯罪统计分析可用性的角度，基于细数据粒度，得出经典的数据质量维度与度量指标。[1]（见表 1）

---

〔1〕 参见李晓彤、翟军、郑贵福：《我国地方政府开放数据的数据质量评价研究：以北京、广州和哈尔滨为例》，载《情报杂志》2018 年第 6 期。

表1 数据质量维度与度量指标

维度	粒度	描述	度量指标	计算公式(D为数据集)	取值域
完整性 Completeness	记录(行)	一条记录不能有空的数据单元	完整比	$\mathrm{Com(D)}=\frac{\text{完整记录数}}{\text{总记录数}}$	〔0,1〕
准确性 Accuracy	记录(行)	一条记录的所有数据单元都准确	是否符合准确性要求	$\mathrm{Acc(D)}=\begin{cases}1,\text{都准确}\\0,\text{有不准确}\end{cases}$	{0,1}
一致性 Consistency	字段(列)	一列数据的格式是一致的	是否符合一致性要求	$\mathrm{Con(D)}=\begin{cases}1,\text{都一致}\\0,\text{有不一致}\end{cases}$	{0,1}
时效性 Currency	数据集	所有数据记录都反映实体时间窗口值	是否符合时效性要求	$\mathrm{Cur(D)}=\begin{cases}1,\text{不过期}\\0,\text{有过期}\end{cases}$	{0,1}
唯一性 Uniqueness	记录(行)	数据记录不重复,是唯一的	是否符合唯一性要求	$\mathrm{Uni(D)}=\begin{cases}1,\text{没有重复记录}\\0,\text{存在重复记录}\end{cases}$	{0,1}
可理解性 Understandability	文件	每一列数据的含义清晰,数值有单位	数据是否可理解	$\mathrm{Und(D)}=\begin{cases}1,\text{可理解}\\0,\text{有不理解}\end{cases}$	{0,1}

为了更客观、准确地评价数据质量,在对数据质量指标进行评价时,通常采用平均值和标准差。标准差越大,表明各刑罚执行机构重新犯罪数据集在质量特性上的差异越大;标准差越小,表明各刑罚执行机构重新犯罪数据集在质量维度上的整体表现越一致。

(二)基于大数据的重新犯罪统计分析与预测架构

在借鉴相关大数据分析架构的基础上,[1][2]基于大数据进行的重新犯罪统计分析与预测架构显示,利用公安机关和检察院逮捕记录可以计算重新逮捕

〔1〕 参见赵方霞等:《高速铁路灾害监测系统大数据分析》,载《铁路计算机应用》2018年第10期。

〔2〕 参见马国富、王子贤、马胜利:《基于大数据的服刑人员危险性预测》,载《河北大学学报(自然科学版)》2016年第6期。

率;利用法院判决记录可以计算重新定罪率;利用看守所、社区矫正机构和监狱刑罚执行数据可以计算重新监禁率。将这些多源数据进行预处理,根据数据类型的不同使用不同的存储和计算方式,然后可以根据统计指标进行数据分析,并依据数据特征和目的,进行数据展示。对重新犯罪大数据进行量化分析,可以从多个角度、多个维度分析和评估各个监狱在某个时间截面上的改造效果,发现改造规律,并定期向监狱发送反馈分析评估报告。监狱根据报告中所反映的问题及时发现内部的改造管理问题,并由此出台相关规范性指导意见,从而用数据反哺改造实践,实现决策科学化、改造精准化和智慧化。基于大数据的重新犯罪预测模型可对服刑人员重新犯罪进行预测,发现时空维度上的重新犯罪演变规律及发展趋势、重新犯罪与改造的相关性和同步性,进而有针对性地采取监管措施,减少狱内安全事故和重新犯罪的发生;并能对重新犯罪引发的社会安全风险进行预测、预警和防范,在犯罪治理方面掌握先机、打好主动仗。通过对重新犯罪重大典型案件进行系统调查、分析原因,找出社会管理各方面各环节的漏洞和薄弱点,为政府有关职能部门和基层组织加强管理提出建议,可以更好地排查隐患,防控风险,保障社会安全稳定。

五、结论

当前,我国应建立各政法部门(公安机关、检察院、法院、看守所、社区矫正机构、监狱)的刑罚执行数据联通、共享长效机制,实现刑罚执行数据的动态更新和汇聚,对多源的重新犯罪数据进行标准化处理,建立重新犯罪统计分析数据库,并存储在重新犯罪统计分析私有云上。客观、全面、高质量的重新犯罪数据是进行重新犯罪统计分析与预测的基础,由此进行的重新犯罪统计分析才可能客观、真实地揭示重新犯罪的原因、模式和规律,从而完善国家的刑事政策和社会政策,促进国家治理体系和治理能力的现代化。

我国重新犯罪研究的内容分析

——以期刊论文为样本

张崇脉*

重新犯罪是一个复杂的世界性难题。国务院新闻办公室于1992年发布的《中国改造罪犯的状况》白皮书指出:中国是世界上重新犯罪率最低的国家之一,多年来一直保持在6%~8%的水平;而西方一些发达国家的重新犯罪率,少则20%,有些高达50%以上。[1] 这一数据表明中国改造罪犯的实践取得了显著成就。值得注意的是,司法部监狱管理局的统计资料显示:自1984年以来,全国监狱押犯中曾被判刑者的比重由1984年的6.34%逐步上升至1996年的11.1%。[2] 2006年,这一比重已经达到14.8%。[3] 浙江省S监狱2011年重新犯罪人员占全年入监人数的比例高达29.3%。[4] 皮艺军教授指出:"现有重新犯罪的研究成果远远不能满足国家制止和预防犯罪高峰的急迫需要。"[5]本文采用内容分析法,深入解读20世纪80年代以来423篇重新犯罪期

---

* 张崇脉,浙江警官职业学院教授,本文为司法部预防犯罪研究所2014年度重点课题"我国重新犯罪研究的元分析"(项目编号:SYFFZ201402)的研究成果。文献搜集得到浙江警官职业学院刑事司法系主任周雨臣教授的鼎力相助;浙江警官职业学院刑事执行专业负责人陈鹏忠教授参与了本文分析类目表的前测编码工作,特此致谢! 原文载《预防青少年犯罪研究》2015年第6期。

〔1〕 参见国务院新闻办公室:《中国改造罪犯的状况》,法律出版社1992年版,第2页。

〔2〕 参见李均仁等:《转换观念预防控制重新犯罪的上升趋势——1996年"严打"期间新收押罪犯中重新犯罪情况抽样调查的综合报告(上)》,载《犯罪与改造研究》1998年第5期。

〔3〕 参见江伟人:《关于监管改造工作首要标准的思考》,载《中国监狱学刊》2009年第3期。

〔4〕 参见周根杨、姜文水、张爽:《近三年来重新犯罪原因的实证研究》,载《犯罪与改造研究》2013年第4期。

〔5〕 皮艺军:《共生与调控——读丛梅〈重新犯罪实证研究〉》,载《江苏警官学院学报》2012年第3期。

刊论文,凭借统计数据,揭示我国重新犯罪研究的状况与不足,为未来研究提供可行思路。

一、资料与方法

(一)样本采集

本文选择重新犯罪期刊论文作为分析样本。在各种社会科学研究成果的知识载体中,期刊是极为重要的信息资源。系统研究期刊论文,在相当程度上可以了解一个学科或者一个领域的研究动态与研究水平。[1] 本文分析样本的第一个来源是期刊论文收录比较完备的中国知网数据库。检索策略是,依次以重新犯罪、重新犯罪率、再犯罪、再犯为篇名在中国知网的期刊库、特色期刊库、学术辑刊库进行跨库检索,分别获得 210 条、8 条、55 条、93 条检索结果(检索日期截至 2015 年 2 月 12 日)。第二个样本来源是中国知网收录年份不全或未收录的 4 种犯罪学主要期刊[2]:《青少年犯罪研究》[3]、《青少年犯罪问题》、《中国监狱学刊》、《犯罪与改造研究》,以重新犯罪、重新犯罪率、再犯罪、再犯为篇名进行人工检索,检索年份为创刊以来至 2014 年年末,分别获得 46 条、8 条、47 条、63 条检索结果。[4] 逐一筛选两个样本来源共计 530 条检索结果,剔除通知、书评、文摘、短论、会议信息等非学术性文章,排除重复发表以及单纯翻译国外作者的论文,最终采用期刊论文 423 篇作为分析样本。本文分析单位是每篇期刊论文的全文。

(二)研究方法

本文采用内容分析法。"内容分析是一种对具有明确特性的传播内容进行的客观、系统和定量的描述的研究技术。"[5]它通过对文献内容进行"量"的分析,找出能够反映文献内容本质的、便于统计的数量特征,达到对文献内容"质"的深刻认识,努力避免定性研究的主观性以及不确定性的缺陷。内容分析的关键在于建立分析类目系统,即确定分析单位的归类标准。本文首先通过文献分

---

〔1〕 参见金武刚:《定量研究中国社会科学:一项来自 3199 篇论文的内容分析》,载《情报资料工作》2002 年第 4 期。

〔2〕 关于犯罪学主要期刊的评介,请参见于阳:《犯罪学相关期刊及犯罪学论文介评》,载《预防青少年犯罪研究》2012 年第 6 期。

〔3〕 《青少年犯罪研究》于 2011 年更名为《预防青少年犯罪研究》。

〔4〕 以"上篇""下篇"在同一期刊连续发表的论文,计为 1 条检索结果。

〔5〕 卜卫:《试论内容分析方法》,载《国际新闻界》1997 年第 4 期。

析初步制定了用于内容分析的类目系统，然后参考借鉴赵军博士关于犯罪预测文献的分类指标，[1]咨询专家意见，经过数次修订，确定了最终内容分析类目表，具有较高的效度。分析类目表涵盖重新犯罪期刊论文的发表时间、刊物类型、刊物级别、作者类型、研究对象、研究主题、数据运用、数据来源、调查地域、研究方法等10个维度，覆盖了重新犯罪研究的主要特征。

在确定分析类目后，本文随机抽取10%的样本，邀请另外一位犯罪学授课教师进行前测编码。根据霍尔斯蒂（Holsti）的一致性百分比公式：CR = 2M/(N1 + N2)，[2]计算得出分析类目表的编码者间信度为0.917，说明分析类目表具有较高的信度。笔者仔细核查全部样本后，根据分析类目表进行编码，输入计算机，用SPSS19.0软件对各类目进行统计分析。分析类型主要为单变量的描述统计和双变量的交互分类统计。

二、结果与分析

（一）论文数量变化

样本论文的发表时间范围是1981年至2015年。1992年4月，中国犯罪学研究会在北京成立，标志着我国犯罪学学术共同体的形成。这一年可以视为中国犯罪学发展的一个新起点。2002年，中国犯罪学研究会加入中国法学会，在倡导科学发展观与构建和谐社会的时代背景下，犯罪学研究进入了新的时期。据此，发表时间变量在本文被分为3个历史时期：1981～1991年、1992～2002年、2003～2015年，以下分别简称为20世纪80年代、90年代、21世纪。3个历史时期论文发表的数量分别为（见表1）：66篇（15.6%）、97篇（22.9%）、260篇（61.5%）。80年代重新犯罪论文数量偏少。这可能与当时学术期刊的数量少、研究人员的规模小有关。1992年，中国犯罪学研究会成立后，犯罪学研究进入发展期。但90年代重新犯罪论文数量增长缓慢，表明犯罪学学术共同体没有普遍关注这一研究领域。近年来，重新犯罪率逐年递增，局部地区达到20%以上，引起政法部门以及学者的高度重视。21世纪的论文数量呈现跨越式增长。尤其是2008年以后论文数量呈现井喷态势（见图1）。当时中央政法部门

---

[1] 参见赵军：《我国犯罪预测及其研究的现状、问题与发展趋势——对“中国知网”的内容分析》，载《湖南大学学报（社会科学版）》2011年第3期。

[2] 该公式中，M代表两个编码者一致的编码数，N1和N2分别代表第一个和第二个编码员的编码总数。

提出“要把刑释解教人员重新违法犯罪率作为衡量监管改造工作的首要标准”[1]与此密切相关。

表1　三个历史时期学术期刊发表的重新犯罪论文数量变化

发表时间	频数/篇	百分比/%	有效百分比/%	累积百分比/%
20世纪80年代	66	15.6	15.6	15.6
20世纪90年代	97	22.9	22.9	38.5
21世纪	260	61.5	61.5	100.0
合计	423	100.0	100.0	

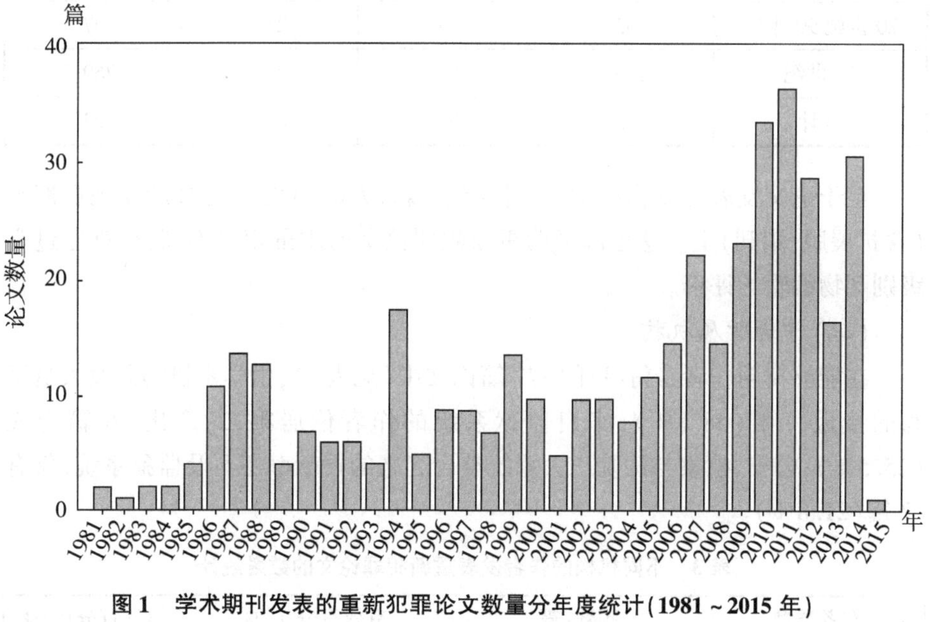

图1　学术期刊发表的重新犯罪论文数量分年度统计(1981～2015年)

就论文发表的刊物类型而言,超过半数的论文(242篇、57.2%)发表在公安司法专业期刊[2]上;非法学期刊与普通法学期刊刊登的论文数量分别是:100篇(23.6%)、81篇(19.1%)。统计数据表明公安司法专业期刊是发表重新犯罪论文的主要阵地。对刊物类型与论文发表时期进行交互分类统计发现(见

〔1〕参见章恩友:《关于监狱工作“首要标准”的思考》,载《中国监狱学刊》2009年第2期。

〔2〕公安司法类专业期刊包括公安司法类院校的学报、公安司法机关所办刊物等。

表2),随着历史时期的更替,公安司法专业期刊与非法学期刊的重新犯罪论文数量均呈现大幅度增长,而普通法学期刊20世纪90年代相关论文数量不增反减。进入21世纪,在重新犯罪论文数量跨越式增长的态势下,普通法学期刊的相关论文数量仍然增幅偏小。这从一个侧面反映了犯罪学研究共同体处于法学圈的边缘。

表2 三个历史时期不同类型刊物发表的重新犯罪论文数量统计

单位:篇

发表时间	刊物类型			合计
	公安司法专业期刊	普通法学类期刊	非法学期刊	
20世纪80年代	47	16	3	66
20世纪90年代	62	14	21	97
21世纪	133	51	76	260
合计	242	81	100	423

至于论文发表的刊物级别[1],仅有32篇(7.6%)发表在CSSCI来源期刊(含扩展版、集刊)上。这足以说明重新犯罪论文的质量相对不高,很难通过高级别刊物编辑的评审。

(二)作者所属机构

在能够辨明作者身份[2]的377篇论文中(见表3),由学术机构研究人员撰写的接近一半(48.8%);来自监狱系统的作者位居第二,产出96篇论文(25.5%);公安、检察与法院三大系统整合起来的贡献率还不及监狱系统,仅有82篇(21.8%)。

表3 不同机构的作者发表重新犯罪论文的数量统计

作者类型	频数/篇	有效百分比/%	累计百分比/%
学术机构	184	48.8	48.8
公安系统	18	4.8	53.6

---

〔1〕“刊物级别”变量的评判以“中文社会科学引文索引来源期刊CSSCI历年目录”为标准,基本可以反映刊物的学术水平与学术地位。南京大学中国社会科学研究评价中心只公布了1998年以来的CSSCI来源期刊目录。1998年以前发表的论文,刊物级别以1998年CSSCI来源期刊目录为标准进行评判。

〔2〕多位作者的以第一作者为准。

续表

作者类型	频数/篇	有效百分比/%	累计百分比/%
检察系统	44	11.7	65.3
法院系统	20	5.3	70.6
监狱系统	96	25.5	96.0
有关部门	15	4.0	100.0
合计	377	100.0	—

注:423 篇论文中有 46 篇论文(10.9%)没有注明第一作者的身份。

对作者所属机构与论文发表时期进行交互分类统计发现(见表4),监狱系统作者对 20 世纪 80 年代、90 年代重新犯罪论文的贡献率分别为 53.3%、43.8%。数据表明:2002 年以前,监狱系统是重新犯罪研究的主力军。这与 80 年代、90 年代司法部两次组织全国范围内大规模的重新犯罪调查研究密切相关。[1] 监狱系统在完成调查之后撰写了大量论文,从而成为这两个时期重新犯罪研究的主力军。2003 年以来,学术机构研究人员异军突起。他们产出了 157 篇论文,占新世纪论文总量的 60.6%。这可能与犯罪学在高等院校的地位逐步提升有关。20 世纪 80 年代至 90 年代,部分大学法学院系为本科生开设了犯罪学课程。90 年代以后,北京大学、中国政法大学、华东政法大学等校法学院系逐步设置了犯罪学的硕士点、博士点或博士后流动站。[2] 进入 21 世纪,随着教学与研究的不断深入,高等院校师生撰写重新犯罪论文的数量也大幅度增加。

表 4 三个历史时期不同机构作者发表重新犯罪论文的数量与贡献度统计

作者机构	发表时期					
	20 世纪 80 年代		20 世纪 90 年代		21 世纪	
	论文数量/篇	贡献度/%	论文数量/篇	贡献度/%	论文数量/篇	贡献度/%
学术机构	8	17.8	19	26.0	157	60.6
公安系统	4	8.9	8	11.0	6	2.3

〔1〕 详情请参见李均仁主编:《中国重新犯罪研究》,法律出版社 1992 年版,“前言”第 1 页;李均仁、朱洪德等编著:《在社会主义市场经济条件下预防重新犯罪方略》,中国农业出版社 1998 年版,“前言”第 1 页。

〔2〕 参见靳高风:《犯罪学的发展与中国犯罪学学科建设》,中国人民公安大学出版社 2013 年版,第 212 ~ 213 页。

续表

作者机构	发表时期					
	20 世纪 80 年代		20 世纪 90 年代		21 世纪	
	论文数量/篇	贡献度/%	论文数量/篇	贡献度/%	论文数量/篇	贡献度/%
检察系统	4	8.9	5	6.8	35	13.5
法院系统	5	11.1	6	8.2	9	3.5
监狱系统	24	53.3	32	43.8	40	15.4
有关部门	0	0	3	4.1	12	4.6
合计	45	100	73	100	259	100

与公安系统、法院系统相比，检察系统在 21 世纪加强了对重新犯罪的研究，论文数量增长迅速，贡献率也有一定程度的提升；而前两者的贡献率不但没有上升，反而急剧下降。总体而言，公安、检察、法院三大系统掌握了犯罪以及重新犯罪的大量数据，目前的论文数量与其所拥有的资源不相称。这是对资源的一种浪费。

(三)研究对象与主题

超过一半(52.2%)的论文以刑释解教人员总体为研究对象。研究青少年重新犯罪的论文 60 篇(14.2%)，其中包含以未成年人为研究对象的 32 篇(7.6%)；研究社区矫正对象重新犯罪的论文占 10.9%(46 篇)；42 篇论文(9.9%)研究成年男犯重新犯罪；22 篇论文(5.2%)研究毒品犯罪的再犯现象。上述论文累计百分比已达 92.4%。研究暴力犯、性犯罪人重新犯罪的论文屈指可数，分别仅有 3 篇、2 篇。[1] 这与国外主要研究暴力犯、未成年犯、性犯罪人的重新犯罪有重大差异。

研究主题(见表 5)主要集中在重新犯罪特征、原因与对策方面。对这一主题的 281 篇论文(66.4%)进一步细分(见表 6)，我们发现以重新犯罪特征、重新犯罪原因、预防重新犯罪对策为主题进行单项内容研究的论文分别占 3.2%、6.1%、20.6%。这 3 个单项主题的论文合计约占 30%。以重新犯罪特征与对策、重新犯罪原因与对策，重新犯罪特征、原因与对策为主题，进行多项内容研究的论文分别占 8.9%、22.4%、34.5%。这 3 类研究多项内容的论文合计比率

[1] 其余数量较少的研究对象分别是：女犯(5 篇，1.2%)，短刑犯(4 篇，0.9%)，流动人员(3 篇，1.2%)，盗窃犯(1 篇，0.2%)，城市无业闲散人员(2 篇，0.2%)，狱内服刑人员(9 篇，2.1%)。

为 65.8%。这在很大程度上反映了我国犯罪学研究的传统逻辑:描述犯罪特征—探究犯罪原因—寻求预防对策。在研究主题为重新犯罪特征原因对策的 281 篇论文中,86.4%的作者探讨了预防重新犯罪的对策。这是“犯罪学研究犯罪对策是其必然的逻辑要求”[1]论断的必然结果。数据显示,有关重新犯罪数据库建设、国外重新犯罪研究译介、重新犯罪心理及其预防、重新犯罪风险评估等方面的研究明显缺乏。

表 5 学术期刊发表的重新犯罪论文研究主题的分类统计

研究主题	频数/篇	有效百分比/%	累计百分比/%
重新犯罪特征、原因与对策	281	66.4	66.4
重新犯罪预测或风险评估	32	7.6	74.0
重新犯罪心理与预防	25	5.9	79.9
重新犯罪法律适用	49	11.6	91.5
监管改造与重新犯罪	17	4.0	95.5
重新犯罪率计算(数据库)	7	1.7	97.2
国外重新犯罪研究译介	12	2.8	100.0
合计	423	100.0	

表 6 研究主题为“重新犯罪特征—原因—对策”的论文数量统计

研究主题	频数/篇	有效百分比/%	累计百分比/%
重新犯罪特征	9	3.2	3.2
重新犯罪原因	17	6.1	9.3
预防重新犯罪对策	58	20.6	29.9
重新犯罪特征与原因	12	4.3	34.2
重新犯罪特征与对策	25	8.9	43.1
重新犯罪原因与对策	63	22.4	65.5
重新犯罪特征、原因与对策	97	34.5	100.0
合计	281	100.0	

---

[1] 王牧:《新犯罪学》(第 2 版),高等教育出版社 2010 年版,第 279 页。

进一步对研究对象与研究主题进行交互统计,我们发现以毒品犯罪为调查对象的22篇论文中,21篇论文都以涉毒罪犯重新犯罪的法律适用为主题展开研究,即研究涉毒罪犯重新犯罪后的司法认定以及从重处罚等问题。这与境外一些国家和地区以预防吸毒罪犯复吸为研究主题存在较大差异。主要原因在于我国毒品犯罪主要包括走私、贩卖、运输、制造、非法持有毒品等行为,吸毒行为在我国被纳入行政处罚的范畴;而境外一些国家和地区亦将吸毒行为犯罪化。

对发表时期与研究主题进行交互统计发现(见表7),重新犯罪预测或风险评估、国外重新犯罪研究译介这两个研究主题的论文具有总量偏少而且绝大多数都出现在2003年以来的21世纪这一特征。国外重新犯罪研究的译介论文共计12篇,其中11篇都是2003~2015年发表的。这充分说明长期以来国内犯罪学学术共同体对国际同行在重新犯罪领域的研究关注不够。正是由于缺乏对国际同行的关注,才出现目前这样一个局面:在欧美等犯罪学研究比较繁荣的国家大量存在关于暴力犯以及性犯罪人的重新犯罪风险评估研究,而在我国这方面的研究较匮乏。

表7 三个历史时期不同研究主题的重新犯罪论文数量统计

单位:篇

发表时间	研究主题							合计
	重新犯罪特征、原因与对策	重新犯罪预测或风险评估	重新犯罪心理特征及其预防	重新犯罪法律适用	监管改造与重新犯罪	重新犯罪率计算(数据库)	国外重新犯罪研究译介	
1981~1991年	50	1	4	6	3	2	0	66
1992~2002年	70	3	6	10	6	1	1	97
2003~2015年	161	28	15	33	8	4	11	260
合计	281	32	25	49	17	7	12	423

(四)数据运用与方法

423篇论文中,近30%(125篇,29.6%)的论文没有使用数据。这些论文的作者基本上以单纯思辨的方式阐述重新犯罪的原因、心理特征、预防对策或法律适用等问题。在使用数据的298篇论文中(见表8),超过半数的论文(52.4%)仅使用百分比数据描述犯罪与重新犯罪的状况。这些论文一般都是通过列举某年度的重新犯罪率,计算重新犯罪人员的学历结构比率、年龄分段比率、婚姻状况比率、犯罪类型比率等。近10%的论文作者运用百分比数据剖析重新犯罪原因。还有部分作者(22.8%)使用百分比数据描述犯罪状况并解释重新犯罪原因。使用概率数据或者个案数据的论文数量偏少,比率都在10%以下。

表8 使用不同类型数据的重新犯罪论文数量统计

数据使用	频数/篇	有效百分比/%
使用百分比数据描述犯罪状况	156	52.4
使用百分比数据解释重新犯罪原因	29	9.7
使用百分比数据描述犯罪状况并解释重新犯罪原因	68	22.8
使用概率数据	27	9.1
使用个案数据	18	6.0
合计	298	100.0

关于数据来源(见表9),在使用数据的298篇论文中,4.4%的论文作者没有说明数据来自何处。这一现象反映了这些作者遵守写作规范的意识不强。在可以辨明数据来源的285篇论文中,超过1/3(33.7%)的论文使用了官方内部数据;20%的论文作者引用了同行文献中的数据;不到半数的作者(46.0%)通过实地调查的方式获取数据;仅有1篇文献使用了官方公开数据。数据来源与作者所属机构的交互分类统计显示,使用官方内部数据的作者一般来自公安、检察、法院、监狱或者政府有关部门,学术机构的作者很少(仅有8篇论文)能够使用官方内部数据开展研究。仅有1篇论文使用了官方公开数据,作者来自我国台湾地区。由此可见,我国可供学者研究使用的官方公开犯罪数据较为稀缺。

表9 重新犯罪论文作者使用数据的来源分类统计

数据来源		频数/篇	百分比/%	有效百分比/%
有效	官方内部数据	96	32.2	33.7
	官方公开数据	1	0.3	0.4
	引用同行文献	57	19.1	20.0
	自行调查数据	131	44.0	46.0
	合计	285	95.6	100.0
缺失未注明数据来源		13	4.4	
合计		298	100.0	

涉及我国各省、直辖市、自治区重新犯罪的论文共计222篇，调查地域主要集中在东部沿海发达省市，排在前3位的分别是浙江(35篇)、上海(33篇)、天津(22篇)；然后依次是山东(16篇)、河北(14篇)、北京(13篇)、福建(10篇)、江苏(8篇)。上述省市的论文共计151篇，表明近70%的论文研究东部沿海地区的重新犯罪问题。这可能与东部沿海地区重新犯罪现象较为严重有关，但更为重要的原因是这些省市拥有稳定的研究团队、良好的研究基础。上海的重新犯罪论文基本上由上海市犯罪改造研究所的江伟人先生等撰写；天津社会科学院的丛梅研究员等人完成了天津的绝大多数论文；浙江30%以上的论文出自浙江警官职业学院犯罪与矫正研究所团队成员之手。数据使用与数据来源在很大程度上也决定了论文的研究方法。近90%(373篇，88.2%)的论文使用定性方法，仅有50篇论文(11.8%)进行定量研究。[1] 这与西方发达国家的同行普遍运用定量方法从事犯罪学研究存在明显差异。数据使用、研究方法等方面的缺陷导致研究成果质量不高，刊登在CSSCI来源期刊的论文数量有限。这也能够较好地解释，为什么我们一直强调犯罪对策研究，而且对策研究的成果大量存在，但是我国的犯罪率以及重新犯罪率却在节节攀升。因为数据使用水平不高、不够严谨科学的论证方法所获得的预防对策的正确性和有效性有限，被政府采纳的可能性很小，所能发挥的作用可想而知。

三、结论与探讨

(一)基本结论

系统梳理1981～2015年国内发表的423篇重新犯罪期刊论文，利用内容分析法进行编码和统计分析，可以得出以下基本结论：

第一，论文数量不断增加，但缺乏学术影响力。随着历史时期的演进，重新犯罪期刊论文数量不断增加，2003年以来，更是呈现跨越式增长。但是论文缺乏学术影响力，主要表现为：普通法学期刊登载的论文数量偏少，3个历史时期

---

[1] 本文以下列教科书界定的定性研究、定量研究为标准对423篇重新犯罪论文进行研究方法的评判。参见陆益龙：《定性社会研究方法》，商务印书馆2011年版；蓝石编著：《社会科学定量研究的变量类型、方法选择及范例解析》，重庆大学出版社2011年版；[美]约翰·W.克雷斯威尔：《研究设计与写作指导：定性、定量与混合研究的路径》，崔延强译，重庆大学出版社2007年版。需要指出的是，使用了数据的论文在研究方法上不一定属于定量研究，定性研究也可以使用数据。因此，样本中定性研究、定量研究的论文数量与是否使用数据的论文数量并不一致。

共计 81 篇;发表在 CSSCI 来源期刊的论文更少,35 年来仅有 32 篇;大量论文(243 篇,57.5%)所探讨的预防重新犯罪对策的成效有限,因为重新犯罪率在逐年增长。这也在一定程度上验证了张荆教授的判断:“我们的对策研究对中国治理犯罪的影响力很小。”[1]这种情形下的论文数量增加表明很多作者在进行低水平重复研究。

第二,公安、检察、法院等实务部门没有发挥资源优势,学术贡献不够。公安、检察、法院等实务部门在侦查、起诉、判决等刑事司法环节中掌握了大量的犯罪数据,拥有丰富的研究素材,三大系统也有各自的研究机构,但是统计数据显示他们对重新犯罪研究的学术贡献度低。公安、检察、法院三大系统 35 年共撰写 82 篇论文,总量尚不及监狱系统一家的 96 篇。这表明公安、检察、法院三大系统没有充分发挥各自拥有的犯罪数据的学术研究价值。

第三,研究对象偏重整体,研究主题比较宏观。超过一半的论文调查研究刑释解教人员整体,暴力犯、性犯罪人等高风险群体重新犯罪的研究乏人问津。35 年间,暴力犯重新犯罪论文只有 3 篇,性犯罪人重新犯罪论文仅 2 篇。对未成年人以及社区矫正对象的重新犯罪研究也不够重视,论文所占比重均在 10%左右。研究对象偏重整体的一个结果就是研究主题倾向于宏观。66.4%的论文研究重新犯罪的特征、原因以及预防对策,仅有比较少的作者关注监管改造、重新犯罪心理以及风险评估等相对微观具体的问题。

第四,数据使用过于简单,研究方法相对滞后。将近 30%的重新犯罪论文没有使用数据。在使用数据的 298 篇论文中,84.9%的论文使用百分比数据描述犯罪状况或解释重新犯罪原因,仅有 9.1%的论文使用了概率数据。有论者将统计分析分为简单、中级、高级 3 个等级。中、高级统计分析的运用情况往往是考察学科科学化、专业化水平的重要指标。[2] 百分比数据属于简单的统计分析。与这种数据使用状况紧密相连的是研究方法相对滞后。大多数作者运用百分比数据进行统计分析,涉及相关分析、回归分析、双变量分析、多变量分析、数学建模等复杂数据使用的定量研究自然就为数不多了。

(二)相关探讨

通过本次研究,笔者认为以下 3 个方面值得进一步探讨:

---

〔1〕 张荆:《中国犯罪学研究历程中的庆幸与遗憾》,载《青少年犯罪问题》2013 年第 3 期。

〔2〕 参见林彬、王文韬:《对当代中国社会学经验研究及研究方法的分析与反思—— 90 年代社会学经验研究论文的内容分析》,载《社会学研究》2000 年第 6 期。

第一,公开犯罪数据,联合建立数据库,为重新犯罪研究提供必要的素材。由于官方公开的犯罪数据稀缺,近 30% 的论文没有使用数据;在使用数据的 298 篇论文中,20% 的论文引用同行文献中的数据。中国犯罪学会名誉会长王牧先生曾经呼吁:“犯罪的发生与社会制度没有必然联系,既然我们强调制度自信,那么就应当如实地向社会全面公布我国的犯罪状况。”[1]

在犯罪数据公开之日尚未到来之前,学术机构与相关实务部门联合建立犯罪研究数据库是获得研究资料的可行路径。天津市建立犯罪调查科研数据库的成功经验值得借鉴。天津市社会科学院周路先生的研究团队,联合天津市综治办、天津市监狱管理局,从 1990 年开始,每 3 年一次,在天津持续进行了 5 次大型犯罪调查,累计 20,105 名罪犯,倾注十余年的精力建立该数据库。[2] 上海市也有类似经验。自 1986 年之后,上海市监狱管理局每年与市公安局联合对本市籍刑释人员进行调查,从而掌握了 20 多年上海刑释人员重新犯罪的基本数据。[3] 上海以及天津的论文数量能够位列全国前 3 与他们拥有客观且充分的数据密不可分。

刘立霞教授等认为,一般的社会调查是小数据时代的产物,并且主要采取主观经验的分析方法。大数据时代要求收集与研究对象相关的所有数据,通过数据处理技术进行客观地分析,得出科学的结论。[4] “我国没有全面开展重新被捕率、重新被定罪率、重新被判刑率的统计,从而无从发现定罪政策、量刑政策与重新犯罪的关系,因而使立法者、司法者很难有目的地利用定罪政策、量刑政策防治重新犯罪。”[5]由此,我们需要在更大范围内将公安、检察、法院、监狱等各部门所独有的重新犯罪数据整合起来,形成大数据库,发挥其重要的学术研究与政策制定价值。

第二,聚焦重新犯罪高风险群体,研究预防重新犯罪的干预措施。20 世纪 60 年代,美国著名犯罪学家沃尔夫冈(Marvin E. Wolfgang)的研究团队就发现了“多数刑事案件由少数人所为”这一重要犯罪现象。1964 年,他们调查了费

---

〔1〕 王牧:《王牧:我国犯罪统计须早日公开》,载《法人》2013 年第 3 期。

〔2〕 参见周路主编:《当代实证犯罪学新编——犯罪规律研究》,人民法院出版社 2004 年版,序第 1 页、前言第 1 页。

〔3〕 参见江伟人:《关于监管改造工作首要标准的思考》,载《中国监狱学刊》2009 年第 3 期。

〔4〕 参见刘立霞、李晓南:《运用大数据理论完善未成年人社会调查制度》,载《法学杂志》2015 年第 1 期。

〔5〕 翟中东:《关于完善重新犯罪防治政策出台机制的思考》,载《犯罪研究》2010 年第 5 期。

城1945年出生的9945名男性青少年。统计结果显示,6.3%(627名)的长期惯犯实施了5305起案件,占调查对象所犯案件总量(10,214起)的51.9%。[1] 英国著名犯罪学家法林顿(David P. Farrington)主持的剑桥犯罪生涯研究也获得基本相同的结论。从1961年开始,法林顿等研究人员对伦敦411名男性未成年人进行了长达40多年的追踪,有罪记录追踪到56岁,相关访谈从8岁持续到48岁。结果表明,官方记录的411名研究对象所犯案件中,超过半数的案件由7%的研究对象负责。[2] 国内学者李玫瑾教授于2007年对江苏、新疆两所监狱的调查研究,也在一定程度上支持了“多数刑事案件由少数人所为”的结论。[3] 由此可知,重新犯罪研究需要重点关注那些实施了多数刑事案件的少数犯罪人,即重新犯罪高风险群体。这也符合“只要能够控制关键少数即能控制全局”的帕累托原则。[4]

自1981年起,35年来,重新犯罪率不断攀升与对策研究得过于宏观、缺乏针对性与可操作性不无关系。大多数作者都提出提高改造质量、做好接茬帮教、妥善安置就业、强化综合治理等对策建议,至于这些对策建议是否能够降低重新犯罪率或者在多大程度上降低了重新犯罪率则无人验证。1974年,马丁森(Robert Martinson)在对关于纽约州罪犯改造的231项评价性研究进行重新检验时提出了“矫正无效”的结论。[5] 此后,欧美等地非常重视罪犯矫正项目效果的评估研究。例如,麦肯齐(Doris L. MacKenzie)关于军事化矫正训练营(Boot Camps)项目对降低重新犯罪率的效果评估研究;[6]美国华盛顿州对罪犯职业教育、罪犯参加劳动、性犯罪人治疗、认知行为疗法等众多监狱干预项目

---

[1] See Marvin E. Wolfgang, Robert M. Figlio & ThorstenSellin, Delinquency in a Birth Cohort, Chicago: The University of Chicago Press, 1972, p. 27 – 38, 88 – 89.

[2] See David P. Farrington, Alex R. Piquero & Wesley G. Jennings, *Offending from Childhood to Late Middle Age: Recent Results from the Cambridge Study in Delinquent Development*, NewYork: Springer, 2013, p. 61.

[3] 参见李玫瑾:《犯罪心理研究——在犯罪防控中的作用》,中国人民公安大学出版社2010年版,第21~22页。

[4] 帕累托原则,请参见[美]朱兰等主编:《质量控制手册》,质量控制手册编译组译,上海科技文献出版社1987年版,第18页。

[5] See Robert Martinson, *What Works? – Questions and Answers about Prison Reform*, The Public Interest, Vol. 35, p. 22 – 54(1974).

[6] See Doris L. MacKenzie, *Boot Camp Prisons: Components, Evaluations, and Empirical Issues*, Federal Probation, Vol. 54, p. 44 – 52(1990).

的评估研究;[1]莱特萨(Edward J. Latessa)等人关于项目干预时间长度对于预防高度风险罪犯、中度风险罪犯重新犯罪的效果比较研究等。[2] 这些微观的评估研究为欧美国家监狱开展循证矫正提供了科学依据。能够降低重新犯罪率的有效干预项目将会被推广,而无效的干预项目则被废止,以提高行刑效率,节约刑事司法资源。就此而论,我国重新犯罪研究主题需要聚焦狱内职业技术教育、文化教育、罪犯劳动等监管改造措施的有效性问题。[3]

第三,改进研究方法,提高论文质量,提升重新犯罪研究的学术影响力。一般来说,经验研究的质量和水平取决于资料、理论、方法 3 个方面。犯罪学学术共同体必须在资料的客观性与充分性、理论的系统性与承续性、方法的科学性与恰当性等方面深下功夫,才能提高论文品质。

如何获得客观而又充分的资料,上文已经详论,不再赘述。理论的系统性与承续性意味着什么?英国著名犯罪学家赫尔曼·曼海姆(Hermann Mannheim, 1889～1974)根据理论假设的有无、理论假设的清晰程度将犯罪学研究的历史发展划分为前科学、准科学、科学 3 个阶段。[4] 严格来讲,我国的犯罪学研究尚未进入曼海姆所划分的科学阶段。一项重新犯罪研究是否有理论前提或基本假设至关重要。基本假设可以来自我们的直觉。如果直觉经得起检验,那么基本假设就被证成。如果被证成的各个基本假设之间紧密相连,那么它们可以形成一个相对系统的理论。基本假设也可以是对前人理论的进一步发展。这是避免低水平重复研究的重要方法,同时也体现了学术研究的传承与超越。

在研究方法的科学性与恰当性方面,我们需要遵循科学研究的一般规范。"为了保证科学研究的结论是有效的,科研人员就要采用一个大家公认的、客观的步骤来进行研究。这样后人可以重复这个步骤来验证前人的结果。"[5]犯罪学定量研究的一般步骤为:确定研究主题并提出基本假设、设计变量并将其操

---

[1] See Washington State Institute for Public Policy, *Evidence-Based Public Policy Options to Reduce Future Prison Construction, Criminal Justice Costs, and Crime Rates*, Federal Sentencing Reporter, Vol. 19, p. 275 - 290 (2007).

[2] See Kimberly G. Sperber, Edward J. Latessa & Matthew D. Makarios, *Examining the Interaction Between Level of Risk and Dosage of Treatment*, Criminal Justice and Behavior, Vol. 40, p. 338 - 348 (2013).

[3] 参见张崇脉:《当代美国循证矫正及其启示》,载《中国刑事法杂志》2013 年第 6 期。

[4] See Hermann Mannheim, *Comparative Criminology: A Text Book*, Volume 1, London, Routledge & Kegan Paul, 1965, p. 84 - 86.

[5] 徐云杰:《社会调查设计与数据分析——从立题到发表》,重庆大学出版社 2011 年版,"导论"第 5 页。

作化、收集资料、整理资料并进行统计分析、假设检验并撰写报告。科研人员需要在报告中清晰解说每一个研究步骤，便于同行开展可重复的验证性研究，以保证所发现的知识的效度。如果定量研究难以实施，从研究方法的恰当性来说，我们可以选择个案研究。423 篇样本论文，仅有 18 篇论文使用了个案数据。在无法进行大规模犯罪调查的情况下，未来我们可以多开展个案研究。从大量分析到位的个案中，我们也能归纳和寻找出中国犯罪问题的独特规律。[1]

（三）相关建议

由于时间与其他条件的限制，本文没有纳入发表在未被中国知网收录的相关警官院校学报以及其他刊物上的重新犯罪论文。为了便于分类与统计分析，本文排除了重新犯罪研究的相关著作与学位论文。上述局限可能会在一定程度上影响研究结论，希望有条件能在后续研究中加以完善。

[1] 参见张荆：《中国犯罪学研究历程中的庆幸与遗憾》，载《青少年犯罪问题》2013 年第 3 期。

论累犯矫正制度的完善

杨木高*

一、法律关于累犯服刑期间处遇的特别规定

(一)不得假释

假释是对被判处有期徒刑、无期徒刑的犯罪分子,在执行一定刑期之后,因其遵守监规,接受教育和改造,确有悔改表现,不致再危害社会,而附条件地将其予以提前释放并交由社区进行矫正的制度。被假释的犯罪分子,在假释考验期间再犯新罪的,不构成累犯。假释是我国一项重要的刑罚执行制度,正确地运用假释,把经过一定服刑时间、确有悔改表现、没有必要继续关押改造的罪犯置于社区进行矫正,有助于化消极因素为积极因素。对累犯而言,由于其恶习深、难改造,且具有较大的社会危险性,如果给予假释,可能会对社会治安构成新的威胁。因此,法律明确规定累犯不适用假释。我国《刑法》第 81 条第 2 款规定:"对累犯以及因故意杀人、强奸、抢劫、绑架、放火、爆炸、投放危险物质或者有组织的暴力性犯罪被判处十年以上有期徒刑、无期徒刑的犯罪分子,不得假释。"

(二)犯罪性质严重的累犯可能会被限制减刑

《刑法》第 50 条第 2 款规定:"对被判处死刑缓期执行的累犯以及因故意杀人、强奸、抢劫、绑架、放火、爆炸、投放危险物质或者有组织的暴力性犯罪被判处死刑缓期执行的犯罪分子,人民法院根据犯罪情节等情况可以同时决定对其限制减刑。"限制减刑是针对判处死缓的罪犯在减为无期徒刑或者有期徒刑之后,在减刑幅度或者间隔期上给予限制的刑罚执行制度。死缓限制减刑只是"限制",而不是"禁止"。被判处死刑缓期 2 年执行并被限制减刑的累犯,至少

---

* 杨木高,江苏省监狱管理局副研究员、二级调研员。原文载《江苏警官学院学报》2021 年第 2 期。

应在监狱服刑22年,个别的甚至可能超过30年。这充分体现了我国法律对罪行严重的累犯的从严惩处。

(三)减刑受到严格控制

最高人民法院于2010年2月印发的《关于贯彻宽严相济刑事政策的若干意见》第34条明确要求"对累犯减刑时,应当从严掌握"。2016年11月,最高人民法院发布《关于办理减刑、假释案件具体应用法律的规定》,正式提出了累犯减刑从严掌握的具体标准,即累犯被判处10年以下有期徒刑的,执行2年以上方可减刑,减刑幅度从严掌握,一次不得超过1年,两次减刑之间应当间隔1年以上;被判处10年以上有期徒刑的,执行2年以上方可减刑,减刑幅度从严掌握,一次不得超过1年,两次减刑之间应当间隔1年6个月以上;被判处无期徒刑和死刑缓期执行的,执行3年以上方可减刑,减刑幅度从严掌握,一次不得超过1年,两次减刑之间应当间隔2年以上。这些规定分别从执行时间、减刑幅度和间隔期等方面对累犯减刑作出了从严控制。

二、累犯矫正制度存在的主要问题

(一)没有建立规范的累犯统计制度

累犯统计制度是指人民法院以及监狱机关对每年审判和关押的累犯进行统计的一项制度,建立这项制度对于正确适用刑罚,调整刑事政策以及科学矫正累犯具有重要意义。目前,在《中国法律年鉴》按年度发布的审判工作统计数据中,没有关于人民法院每年审判累犯的具体数据。同时,监狱机关的统计数据一般不对外公开,社会公众和法学研究者也无法由此了解监狱在押的累犯数量。在监狱系统的统计报表中虽然列出了"判刑两次以上"的栏目,但因统计口径不明确,故仍不能据此来判断在押累犯的数量。比如,第一次判刑是被处以管制、拘役或者缓刑,第二次被判处有期徒刑并在监狱服刑,这是否属于判刑两次以上?况且,被两次以上判刑的罪犯并不一定就是累犯。所以,目前对于监狱在押累犯情况的了解主要是借助于一些学术文献。[1]

(二)没有对累犯实施分类关押

《监狱法》第39条规定:"监狱对成年男犯、女犯和未成年犯实行分开关押

〔1〕 这方面的文献可参见潘开元、李仲林:《北京市监狱管理局在押累犯犯罪原因及矫正对策》,载《中国司法》2006年第4期;上海市提篮桥监狱课题组等:《暴力犯重大违纪的机制分析和监狱应对——基于总体国家安全观视野下对T监狱三年违纪数据的研究》,载《中国监狱学刊》2020年第2期。

和管理，对未成年犯和女犯的改造，应当照顾其生理、心理特点。监狱根据罪犯的犯罪类型、刑罚种类、刑期、改造表现等情况，对罪犯实行分别关押，采取不同方式管理。”这一条款明确了应根据年龄和性别对罪犯实行分类关押的要求，但没有提出对累犯也要实施分类关押。因此，在目前监狱工作实践中，累犯都是和其他罪犯混合关押。这种关押模式很容易导致罪犯之间的“交叉感染”，使一些罪犯习得新的犯罪伎俩。有研究者指出，“重新犯罪人群体对犯罪行为的选择并非杂乱、恣意与随机，而是受到前序犯罪的较大影响，其中盗窃罪在前后罪的关联性上表现最为突出（占比53%），抢劫罪次之。习惯成自然，人们有理由怀疑有盗窃前科的犯罪人再次作案时很可能还是选择盗窃，贩卖毒品的人出狱后还可能继续贩毒。前罪行为记忆的延续性、继承性使犯罪人在后续犯罪中更容易故技重施，也更能令其发展成为职业犯罪中的惯犯”〔1〕。有调查表明，某些犯罪技术正是犯罪分子在服刑期间习得的。“在强制条件下，罪犯的人身自由被剥夺，其行为受到限制，除了规定的劳动学习和文体活动，个性不可能任意发挥，狱内生活相对单调乏味，空闲时间难以排遣，代之以吹牛谈天的有毒的‘精神会餐’。”〔2〕这种罪犯之间的聊天往往会涉及个人的犯罪史，并由此对其他罪犯造成一定的影响。

（三）累犯的教育矫正缺少针对性

由于没有对累犯实施分类关押，因而也就无法进行有针对性的教育改造。在混押模式下，罪犯接受教育的时间、内容、形式等都由监狱统一安排，可以自由安排的教育形式主要是讲评教育和个别教育。由于累犯的教育改造难度大、要求高，因此管教民警需要具备一定的教育能力和水平，并要加大教育时间的投入。但目前，罪犯教育基本采用的是“5+1+1”模式，即每周安排1天时间集中开展教育，其余的教育时间只能安排在晚上。对累犯的教育更多是依靠分管民警的个别教育，且没有专门的教材，也没有适用于累犯的矫正项目，最终的效果明显受到分管民警个人的教育能力和水平的限制。

（四）累犯假释制度的设计不符合行刑实践

在假释制度的设计上，我国现行法律明确规定累犯不适用假释。从立法原意上看，这似乎是为了控制再犯罪行为，表明了立法者严厉打击累犯的决心。

---

〔1〕 浙江省乔司监狱课题组：《乔司监狱近五年重新犯罪问题调查研究》，载《犯罪与改造研究》2018年第6期。

〔2〕 姚红梅：《狱内罪犯交叉感染与重新犯罪》，载《湖北警官学院学报》2012年第2期。

但是,累犯不得假释的规定也明显存在有失科学、合理之处。首先,该规定违背了刑罚执行中假释制度创制和发展的本意。判断是否适用假释的关键应在于实质性条件,即服刑人员假释后是否会再危害社会。我国1997年《刑法》仅因为构成累犯时的主观恶性和人身危险性比较大,就否定了所有累犯的假释机会,这显然与假释制度的创制精神相悖。其次,累犯不得假释也不利于累犯的教育改造和重新回归社会。"累犯制度设计的目的并非仅为了给予累犯较重的处罚,更重要的是促进累犯的教育改造和矫正、向善。而我国《刑法》却规定累犯不得假释,剥夺了累犯通过积极改造,争取提前出狱的希望,这必然损伤其改造的积极性,其后果自然也违背了假释制度促进改造的目的。"[1]最后,累犯不得假释,与世界刑事立法的潮流不相吻合。假释制度以其所包含的鼓励犯罪人悔过自新、弥补长期徒刑不足和作为犯罪人回归社会的桥梁等诸多功能,在犯罪人改造中具有不可替代的重要意义。《联合国囚犯待遇最低限度标准规则》第87条规定:"刑期完毕以前,宜采取必要步骤,确保囚犯逐渐恢复正常社会生活。按具体情形,可在同一监狱或另一适当监所内制定出狱前的办法,亦可在某种监督下实行假释,来达到此目的。"因此,从刑事司法的角度来看,应该对累犯的假释制度作出立法上的调整。

(五)缺少对累犯人身危险性和再犯可能性的科学评估

累犯系两次以上犯罪,其犯罪心理与初犯、偶犯有很大的差别,在服刑期间其人身危险性较大,是重点管控的对象。评估累犯的人身危险性,需要采用科学的方法和评估工具进行,尤其是要对其自杀、行凶、袭警、脱逃等可能的危险行为和危险程度作出正确的评估和认定,以便采取有效的管控和矫正措施。对累犯刑满释放后的再犯可能性也要作出科学的评估,以利于地方公安机关加强管理以及司法行政部门落实安置帮教措施,从而预防和减少重新犯罪。司法部监狱管理局在罪犯危险性评估工作中,将罪犯的危险性确定为6个危险类型(脱逃、行凶、暴狱、抗改、自杀和再犯罪)和4个危险等级(极高危险、高度危险、中度危险和低度危险)。在危险性评估工作中,各地结合实际开发出危险性评估量表,并把"犯罪史"作为一个重要的维度纳入评估。然而,到目前为止,全国通用的罪犯危险性评估量表尚未成形。大多数监狱民警仍依据工作经验对累犯的人身危险性进行主观判断。同时,无论是在对罪犯服刑期间危险性的评估

[1] 王宏玉主编:《刑事政策学》,中国人民公安大学出版社2011年版,第282页。

中还是在对其释放后发生再犯危险性的评估中,都缺少科学有效的评估工具。

(六)对累犯矫正的研究没有得到应有的重视

司法部预防犯罪研究所的一项调查表明,1997~2001年服刑人员释放后在半年内、一年内、二年内、三年内、四年内和五年内重新犯罪率分别为2.28%、3.94%、6.46%、8.15%、9.44%和10.32%。[1] 这些数据基本上也反映了监狱在押累犯的比例,并且近年来相应的数值还在继续上升。这意味着,在监狱在押罪犯中,累犯的数量已占在押犯总数的10%以上。因此,深入研究刑满释放人员再犯罪的原因,寻求有效改造累犯的对策,以便更好地调整有关累犯的刑事政策,推进相关立法,便显得十分重要。

然而,国内有关累犯矫正的研究成果却是凤毛麟角。笔者在中国知网以"累犯矫正"为主题进行查询,在检索出的119篇文章中,涉及监狱累犯矫正的文献只有2篇,绝大多数研究者都是从刑法学的角度来研究有关累犯法律制度的。在监狱学领域,对累犯矫正的研究往往是从"重新犯罪"角度入手的,然而"重新犯罪"与"累犯"并不是相同的概念,前者的外延范围要大于后者。况且,"重新犯罪"是一个犯罪学的概念,其内涵和外延具有不确定性;"累犯"则是一个法学概念,具有严格的内涵和外延。由于缺少对累犯矫正制度的研究,导致在监狱工作实践中,对累犯的管理、教育以及释放后再犯罪可能性的评估等均缺乏理论指导,以至于有效控制累犯数量的目标成为一种不切实际的期待和梦想。

三、完善累犯矫正制度的对策建议

(一)建立完善的累犯统计制度

准确、完整的统计数据是有效开展累犯矫正工作的重要前提。一方面,最高人民法院可通过《中国法律年鉴》向社会公布每年审判累犯的情况,或通过官网上的"司法数据"平台,定期发布累犯审判数据并进行定量分析;另一方面,司法部可建立"全国在押罪犯数据库",运用信息化手段统计在押罪犯中的累犯数据。在数据库建成之前,可以先采取人工方法开展定期统计。要制定完整、统一的累犯统计标准,包括累犯类型(一般累犯、特殊累犯)、累犯犯罪类型(前罪和后罪的罪名)、刑期(前罪和后罪的具体刑罚)、性别等。要对统计人员进行必

---

[1] 参见司法部预防犯罪研究所课题组、周勇:《关于监狱释放罪犯重新犯罪问题的调查报告——对全国1997年-2001年监狱释放罪犯重新犯罪的考察》,载《犯罪与改造研究》2019年第5期。

要的业务培训,切实掌握统计标准和统计口径,提高统计质量,为领导决策提供参考。

(二)落实累犯的分类关押

根据前述的司法部预防犯罪研究所的调查报告,累犯中前后所犯罪行属相同罪名的大约有半数以上。"本次调查将前后犯罪罪名相同的重新犯罪称为同罪名重新犯罪。结果显示,属于同罪名重新犯罪的一年内、二年内、三年内、四年内和五年内重新犯罪率依次为2.32%、3.77%、4.49%、5.07%和5.48%,占总体重新犯罪率的53%~59%。这表明,在超过一半(53%~59%)的重新犯罪中,罪犯前后实施了相同罪名的犯罪。"[1]由此可以推断,至少有40%的累犯实施的是与前次不同罪名的犯罪。笔者通过个别访谈得知,有相当一部分累犯的新犯罪技能是在服刑期间经相互交流而获得的。从目前在押累犯的数量来看,一个关押2000名犯人的监狱,累犯的数量在200~300人。若对他们进行分类关押,则足够组建一个独立的监区。当然,对评估为高度危险的累犯还应转送到更高戒备等级的监狱进行关押。实施分类关押后,还可以根据具体情况,如盗窃累犯、毒品累犯等,进一步将累犯细化为不同的小组进行关押,以解决横向交叉感染问题。此外,还需要通过视频监控、设立信息员等途径来预防相互间的深度感染。

(三)创新累犯教育改造措施

在教育内容上,要做到"三个深化":一是深化法律常识教育。累犯之所以再次犯罪,与其法律意识淡漠有很大的关系。绝大多数累犯并没有从前次犯罪中吸取教训,增强法律意识,对法律心存敬畏,反而公然藐视法律,再次实施犯罪。因此,在教育改造累犯的过程中,要加大法制教育的力度,尤其是强化《刑法》、《监狱法》以及监规纪律的教育,使其逐步增强法律意识。二是深化职业技能培训。很多累犯再次走上犯罪道路,与其没有一技之长、释放后找不到工作有密切的关系。在现行监狱工作实践中,罪犯职业技能培训没有摆上重要的议事日程。罪犯的劳动项目大多是服装加工业和电子加工业的生产,其获取的劳动技能与释放后再就业没有关联。由于没有适应社会需求的职业技能,部分释放人员为了生存,便再次走上犯罪道路。三是深化分类教育。要根据累犯的不同犯罪类型,开展深度的有针对性的教育。组织有一定理论知识和实践经验的

---

[1] 司法部预防犯罪研究所课题组、周勇:《关于监狱释放罪犯重新犯罪问题的调查报告——对全国1997年-2001年监狱释放罪犯重新犯罪的考察》,载《犯罪与改造研究》2019年第5期。

监狱民警,编写累犯分类教育教材,开发累犯矫正项目,有计划有步骤地开展分类教育。

在教育方法上,要做到“三个突出”:一是突出个别教育。累犯恶习深,危险性大,难改造,需要加大教育投入。在目前的教育改造体制机制下,必须将个别教育放在更加突出的位置来抓。个别教育并不是简单地找罪犯谈话、聊天,而是一个丰富的、充满智慧的教育矫正过程。对累犯的教育改造需要安排有丰富管教经验的监狱民警作为分管民警,原则上新参加工作的民警两年内不分管改造累犯。二是突出心理矫治。从对累犯的心理评估情况来看,绝大多数累犯具有典型的犯罪心理特征,具有严重的心理问题,甚至部分累犯具有严重的人格障碍。教育改造累犯需要把心理矫治放在突出的位置。需要强调的是,对累犯的心理矫治是一项挑战性很强的工作,需要监狱的专职心理矫治人员制定系统的心理矫治方案并付诸实施,必要时还要聘请心理学专家参与矫治。三是突出亲情教育。“调查发现,累犯中未婚者占被调查累犯总数的56.63%,离婚者占10.37%,丧偶者占1.36%,这3类群体共占总数的68.36%;13.17%的累犯属于单亲家庭,16.75%的人认为自己的家庭不和睦。这些刑释人员回归社会后,由于缺少家庭的关心和约束,完全没有家庭责任感,更容易重新犯罪。”[1]可以看出,社会支持系统的缺失是导致刑释人员再次犯罪的重要原因,教育改造累犯需要罪犯亲属的支持和协助。相当一部分累犯亲属在其再次犯罪后失去希望,将其抛弃,不到监狱会见,不写信,不通电话。累犯在这种状况下更加灰心丧气,破罐子破摔,以致形成恶性循环,造成“多进宫”的结果。因此,监狱在改造累犯的过程中,要注意修复被累犯破坏的社会支持系统,通过家访以及动员地方政府参与、社会帮教等形式,提升累犯改造信心。

(四)改革累犯的假释制度

“假释以激励罪犯改造为出发点,以具有悔改表现和人身危险性消失为标准。故罪犯应否假释,其根据只能是执行一定期间刑罚后的悔改表现和人身危险性状况,而不能是其犯罪时的身份和犯罪性质及罪行的严重程度。”[2]随着行刑社会化的发展,假释在西方许多国家的适用范围和适用比例都稳步扩大。相比之下,我国《刑法》禁止累犯假释的规定是需要改进的。一方面,应在坚持

---

〔1〕 潘开元、李仲林:《北京市监狱管理局在押累犯犯罪原因及矫正对策》,载《中国司法》2006年第4期。

〔2〕 王宏玉主编:《刑事政策学》,中国人民公安大学出版社2011年版,第284页。

从严原则的基础上规定一般累犯可以假释。一般累犯的假释应以执行了一定时限的刑期为先决条件:判处10年以下有期徒刑的,需要实际执行原判刑期的2/3,方可提请假释;判处10年以上有期徒刑的,必须实际执行原判刑期的4/5,方可提请假释;判处无期徒刑或者死刑缓期两年执行的,必须在实际执行有期徒刑15年以后方可提请假释。同时,对一般累犯的假释还必须对其是否存在"再犯危险性"进行评估。只有"再犯危险性"比较低的,确实能改造好的,方可给予假释。另一方面,对于特别累犯应该禁止假释。《刑法》第66条规定:"危害国家安全犯罪、恐怖活动犯罪、黑社会性质的组织犯罪的犯罪分子,在刑罚执行完毕或者赦免以后,在任何时候再犯上述任一类罪的,都以累犯论处。"这3类特别累犯,由于其社会危害性大,再犯的可能性大,应该通过立法明确规定禁止假释。

(五)建立科学的累犯危险性评估制度

一是要提高累犯危险性评估的科学性。累犯的危险性评估是一项科学性很强的工作,既要靠民警的实践经验,更需要开发科学的评估工具。就评估工具的发展而言,国外在这方面的探索已有近百年的历史。我国目前还处于初级阶段,尽管在罪犯危险性评估试点过程中开发了一些评估工具,但总体上看,具有全国常模、信效度高的评估工具还很缺乏。对此,司法主管部门应组织有关专业人员在充分调查研究的基础上,按照量表开发的科学要求,研制具有全国常模的危险性评估工具,供基层监狱评估实践运用。二是要注重评估结果的有效运用。对累犯在服刑期间危险性的评估结果,要与累犯的管理和教育紧密结合起来,不能评估与运用"两张皮"。对评估为高度以上危险的累犯必须升级管理强度,严格落实从严管控措施,必要时转送更高戒备级别监狱关押。对高度危险以上等级累犯的教育改造,必须落实责任制,明确由专业水平和综合素质高的民警负责教育转化,并实施项目化矫正。此外,对评估为高度以上危险等级的累犯,不得呈报假释。在释放前,要将评估结论寄送累犯原籍所在地的公安机关和司法行政机关,切实加强释后管理和安置帮教。三是要加强评估员队伍的专业化建设。必须对评估人员进行专业培训,做到持证上岗,这是确保评估科学化的重要前提。如果评估质量较差,特别是危险性大的或者再犯风险比较大的累犯没有被评估出来,一旦其被释放后很快再次作案,甚至制造出惊天动地的大要案,都将给监狱管理和社会治理造成难以挽回的损害和影响。因此,评估员队伍的专业化建设不容忽视。

(六)加强对累犯矫正的理论研究

尽管目前监狱学的理论研究一片繁荣,每年都有监狱学的专著问世,相关的学术论文也在大量发表,但是对累犯矫正制度的研究却相对很少。目前,监狱在押罪犯中累犯的比例已超过10%,迫切需要研究人员对这一群体的矫正工作进行深入研究,以揭示累犯矫正的科学规律,为监管安全和提高矫正质量服务,预防累犯再犯"多进宫"。为此,笔者提出如下3点建议。一是开展全国性重新犯罪(累犯)调查。可由司法部牵头组织各省(直辖市、自治区)开展全国性的调查,摸清在押累犯数量、犯罪基本情况,分析犯罪原因,研讨改造需求等,从而提出累犯矫正工作建议。二是监狱科研部门要将累犯的矫正纳入课题研究规划。司法部预防犯罪研究所、中国监狱工作协会及其各专业委员会在每年编制和下达课题研究计划时要将累犯的矫正问题列入其中,通过组建课题组进行集体攻关,寻求矫正对策,并将科研成果积极应用于监狱工作实践中。三是建立罪犯改造质量调查制度。监狱应当对每年新收押罪犯中的累犯进行调查统计分析,通过问卷调查、个别访谈、心理评估等途径,找准累犯再犯的原因,总结教育改造的经验教训,调整针对累犯的管理和教育措施。

论再犯风险评估体系的重构

张庆斌　彭元春*

再犯风险评估是现代矫正的核心技术。再犯风险评估是开展有效矫正的逻辑起点,能够锁定矫正对象,摸准矫正需求,优化监狱管理,精细罪犯服刑计划,有助刑罚执行,提升监狱改造罪犯的质量。

一、再犯风险评估的概述

风险(risk)一词源于意大利词根 risco 和法语 risque,产生于早期航海贸易和保险业中。Risco 的意思是撕破(rips)源于暗礁(reef)或礁石(rock),指在深海中运行的货船所具有的危险性。[1]《现代汉语词典》对风险的解释为:可能发生的危险。中国国家标准和国际标准中均明确规定风险是不确定性对目标的影响。在矫正的语境中,把罪犯再次犯罪的可能性作为再犯风险。我们认为再犯风险就是罪犯在服满法律判决或裁定的刑期后重新犯罪的可能性,再犯风险的大小往往取决于静态因素、动态因素、环境因素三者间的相互作用。

罪犯现实危险与再犯风险存在显著差异。罪犯现实危险是指罪犯在服刑过程中发生破坏监狱安全和监管秩序等方面的事件的危险,它更侧重当下,关注罪犯对监狱安全、监管秩序造成的冲击和损害,聚焦于现实,包括罪犯自杀、自残、脱逃、严重违反监规纪律等。而再犯风险更侧重于回归后的行为表现,它指向未来。所有矫正工作的展开必须以再犯风险评估为基础,否则,矫正就不能准确地锁定矫正对象,使矫正资源投放混乱,甚至浪费,使矫正失去目标导

---

* 张庆斌单位:江苏省监狱管理局;彭元春单位:江苏省彭城监狱。原文载《犯罪与改造研究》2020年第5期。

〔1〕 参见周成超:《当代风险社会理论研究引论》,载薛晓源、成超主编:《全球化与风险社会》,社会科学文献出版社2005年版,第5页。

向,无的放矢,走入歧途。再犯风险评估是监狱基于相关科学原理和规律,运用科学的方法、技术和工具,对罪犯重新犯罪可能性的综合预测与研判。再犯风险评估具有以下特点:

一是风险评估的循证性。对再犯进行风险评估始终都必须遵循基于证据进行评估的循证思想,体现在:研发评估工具时,样本的选择、项目的筛选、试测的环境、统计数据的数理分析等必须符合标准化的要求;确定的再犯预测因子尽量基于有效的证据,并必须经过统计分析和数理检验,具有与重新犯罪较高的相关性,具有直接的因果逻辑关系;评估的结论要经得起实践的检验,并可以作为矫正的有效证据。

二是评估目标的特定性。再犯风险评估的主要目标是锁定矫正对象,并为选择矫正项目提供实证性科学依据。矫正的一个基本原则是风险原则,要"针对不同再犯风险者实施不同的治疗措施"[1]。"研究证实,把矫正资源重点针对低风险罪犯,对预防其重新犯罪的作用不大,而集中使用在高风险罪犯,能够明显减少再犯罪,维护公共安全,因为这些高风险罪犯更需要改变其社会化技能和价值观。"[2]

三是评估内涵的特定性。在风险评估中并不是把罪犯所有的相关风险因素全部囊括,而是框定与犯因性相关的因子,进行识别、筛选、统计、分析,寻找相关性和差异性。事实上,我们难以穷尽和全部掌控罪犯所有的相关风险因素。

四是评估过程的贯通性。再犯风险评估贯通罪犯矫正的始终:罪犯入监初期,通过各种风险评估的方法和工具,初步确认罪犯的危险程度、再犯风险大小等,提出罪犯分流建议;罪犯服刑期间,通过风险评估检验和修正矫正的计划、方案,检验目标的适应性情况以及矫正效果等;罪犯刑满出狱前,通过风险综合评估,界定罪犯社会危害性、重新犯罪可能性的大小,为安置帮教提供有效建议。

五是风险评估的发展性。随着对再犯风险评估认识的深入,风险评估始终处于一个动态的发展过程中,这种发展不仅体现在评估的范围、内容、技术、方法、工具等,不断从简单到复杂,由单一、少数到综合、系统发展,而且评估逐渐

---

〔1〕 黄兴瑞、曾赟:《如何科学评估监狱对罪犯的教育改造质量》,载江苏省监狱管理局编:《循证矫正的理论与实践资料汇编》,第88页。

〔2〕 张庆斌:《循证矫正与矫正质量评估比较研究》,载《犯罪与改造研究》2012年第12期。

从静态评估到动态评估,再到静态评估与动态评估相结合。另外,评估的因子从注重罪犯的经历、环境等外在因素,向注重罪犯的认知、情绪情感、个性、思维等内在因素,并关注狱内现实表现因素、监狱管理因素、执法因素等动态因素变化。

二、再犯风险评估的现实需要

(一)重新犯罪率不断攀升

新刑法学的主张为:如果能够标定出这些罪犯,并将他们隔离于社会,犯罪将会得到有效的控制,犯罪控制成本将大大降低,社会安全程度将得到极大提高。[1] 换言之,为有效控制重新犯罪,必须锁定重新犯罪的高危群体,这就需要对罪犯开展再犯风险评估。

"目前我国没有发布重新犯罪率的平台,重新犯罪统计内容、重新犯罪统计标准等没有达成共识,但不同的研究机构和研究者所做的调查能够较好地说明问题。"[2]根据司法部预防犯罪研究所1986～1990年对1982～1986年刑满释放人员连续5年的调查,平均重新犯罪率为5.19%。[3] 然而,1984年以来罪犯重新犯罪率逐年递增。[4] 1984～1990年重新犯罪率增长了2.21个百分点,1990～1996年重新犯罪率增长了4.76个百分点,平均每年递增率为5.16%。1996年重新犯罪率为11.10%。根据北京市监狱局2003年12月的调查,累犯在押犯比例达20.11%。[5] "据上海市监狱管理局统计,截至2003年12月31日,上海市监狱系统在押犯中,在押的重新犯罪人数有4017人,占押犯的18.53%。"[6]有研究者在浙江省监狱押犯中抽取了2011年4月～2012年8月2886个样本,罪犯入监时的总体再犯率为24%。[7] 2013年江苏省监狱管理局

---

[1] 参见翟中东:《危险管理:当代西方国家维护监管安全的基本实践》,载《犯罪与改造研究》2010年第2期。

[2] 翟中东:《关于重新犯罪防治政策调整的思考》,载《法学家》2009年第2期。

[3] 参见李均仁主编:《中国重新犯罪研究》,法律出版社1992年版,第40页。

[4] 参见王喜文主编:《刑满释放回归社会理论研讨会文集》,中国监狱协会2000年版,第28～29页。

[5] 参见翟中东:《关于重新犯罪防治政策调整的思考》,载《法学家》2009年第2期。

[6] 秦卫国:《关于监狱构建罪犯出狱后重新犯罪可能性评估体系的探索与思考》,载《中国监狱学刊》2010年第3期。

[7] 参见黄兴瑞、曾赟:《如何科学评估监狱对罪犯的教育改造质量——基于循证矫正实践的视角》,载《循证矫正的理论与实践资料汇编》,江苏省监狱管理局2013年编印。

课题组在全国9个省市调查的结果显示,具有2次以上服刑经历的罪犯为样本总数的18.21%,其中成年男犯高达25.49%。显然,从监内在押犯中具有2次以上服刑经历的罪犯的所占比例的变化来推论,我国的重新犯罪率不仅持续攀升,而且攀升的幅度不断加大。

(二)押犯结构呈现新特点

通过对广东、江苏等9省市40所监狱进行的随机抽样调查,[1]监狱押犯构成呈现"三高三低"的特点和态势。"三高"表现为:一是经济发达地区外省籍犯比例不断攀高。"犯罪所在地不在户口所在地"的押犯占47.50%。二是2次以上犯罪人数比例不断攀高。2次以上犯罪的男犯比例高达25.49%,综合所有押犯数据,2次以上犯罪的也达到了18.21%的较高比例。三是严重犯罪、涉财犯罪和危害人身犯罪比例不断攀高。被人民法院判处10年以上有期徒刑、死缓和无期徒刑的罪犯占52.86%,本次犯罪比上次犯罪所判刑罚重的押犯占65.83%,危害人身权利的犯罪占17.15%。"三低"表现为:一是职业层次低。调查数据表明,"犯罪前没有加入任何正式组织"的占71.45%,"本次犯罪前无业"的男犯、女犯分别占32.23%和35.19%,"认为本次犯罪的直接原因是失业(失学)或没有事情做"的男犯、女犯和未成年犯分别占22.18%、17.99%和28.85%。二是经济收入低。监狱押犯中,没有稳定月收入和月收入不足1000元的占60.54%,犯罪前家庭年经济纯收入在5000元以下的占45.18%,甚至有18.64%的家庭还欠外债。三是素质低下。监狱押犯中,犯罪时为初中及初中以下文化程度的占76.12%,从未受过专业技术培训的占62.64%,从未接受过就业或创业培训的占71.48%,认为不懂法导致犯罪的占58.12%,因无一技之长找不到工作导致家庭经济困难的占24.61%。另外,押犯对政府的不满有所增长。

(三)新增犯罪群体带来的新挑战

1.边缘化群体陡增。边缘化人员的核心特征是组织资源匮乏,具体体现在个人缺乏国家组织、社会组织和家庭组织的依托和支持,处于无业失业半失业状况之中,游离于各种社会制度空间之外。大多数犯罪者游离于社会组织之

---

[1] 课题组从2012年3月到2012年12月,先后在江苏、广东、云南、贵州、北京、辽宁、河南、青海和新疆9个地区进行了调研。罪犯样本总数为7300人,具体分为男性、女性和未成年人三组进行问卷调查。其中男性罪犯4400人,回收有效问卷4386份;女性罪犯1900人,回收有效问卷1864份;未成年犯1000人,回收有效问卷983份。经检验,问卷调查数据符合信度和效度要求,具有统计学意义。

外,处于一种没人管、没人问、没人可求助的状态,缺乏自我约束感,极易以一些不良兴趣爱好为日常活动方式和消磨时间方式。押犯中缺乏自我约束感的占58.18%,以赌博、去歌厅夜总会、喝酒等不良行为为兴趣爱好的占57.08%。犯罪前正在进行吸毒、赌博等不良行为的占57.08%。女犯中在洗浴、歌厅、夜总会等场所工作过的占27.47%。另外调查数据表明,本次犯罪前从事服务业的男犯、女犯和未成年犯分别占18.60%、18.79%和12.05%,认为自己因交友不慎、受不良朋友影响而犯罪的占38.92%,交往最多的人有违法记录的占33.00%,同时还有63.14%的罪犯犯罪前与1个以上的异性(配偶除外)发生过性关系。

2. 低收入群体剧增。低收入表明了一个人经济资源拥有量的匮乏和不足。经济资源的有限影响了低收入群体对于文化资源的占有,也成为低收入群体难以融入社会主流生活方式和获得城市居民资格的最大门槛。同时,低收入导致经济诱因成为行为人的重要犯罪动机。调查数据表明,以财产为动机或目的的犯罪占42.07%。本次刑满释放后最希望经商的男犯、女犯和未成年犯分别占37.65%、46.29%和32.71%。

3. 低素质犯罪群体膨胀。低素质罪犯群体不断膨胀,初中及初中以下文化程度的占76.12%,从未受过专业技术培训的占62.64%,从未接受过就业或创业培训的占71.48%。一般认为,文化程度较低,难以接受正规的职业技术教育和职业技能培训,进而失去了改变家庭经济条件和自己社会地位的智力支持和文化条件,极易从事违法犯罪活动。特别是低文化所导致的低认知能力,更容易促使该类人员在不良因素的影响下走上犯罪道路。

此外,《刑法修正案(八)》扩大了累犯的范围,并规定累犯不适用缓刑、不得假释、限制减刑,这使监狱内累犯的数量不断叠加。

三、再犯风险评估的研究现状

(一)国外再犯风险评估的历史回溯

再犯风险评估发端于美英。纵观美英等西方发达国家再犯风险评估的代际发展和技术进化不难发现,对再犯风险评估的认识和实践是一个由浅入深的过程。一是对罪犯风险评估的范围、内容、技术、方法、工具等由简单到复杂,由单一、少数到综合、系统。二是由定性到定量,再到定性与定量相结合,自第二代开始使用定量的方法,自第三代普遍使用定性与定量相结合的方法。三是从静态评估到动态评估,在第二代以前的风险评估以静态为主,自第三代起发生了质的飞跃,呈现出静态评估与动态评估相结合的发展态势,罪犯风险评估开始向更高层次发展。

学界一般将西方的再犯风险评估大致划分为四个发展代际。

第一代专业评估阶段。在 1950 ~ 1970 年,其主要特点是依靠预测者的主观印象、经验来研判。这种评估结果与评估者的专业水平、生活背景、个体阅历、主观经验等密切相关,同一个评估对象在不同的评估者笔下可能会有不同的评估结论。这样的风险评估往往带有个性化的主观色彩,容易出现偏差和误差。

第二代静态评估阶段。在 1970 ~ 1980 年,以量化为主要特征,这些工具维度、因子和项目均是来源于数理统计结果,并经过测试检验其效度和信度,所以被称为精算评估,也被称为统计性预测。比较有代表性的人物有:昆西(Quinsey),哈里斯(Harris,Rice),科米尔(Cormier),加拿大总检察院的卡尔·汉森(R. Karl Hanson)博士和英格兰监狱局的 David Thormton 博士。比较有代表性的精算工具主要有:暴力风险评估指引(Violence Risk Appraisal Guide,VRAG),重犯总体统计信息(The General Statistical Information for Recidivism,GSIR),静态 - 99(The Static 99)等。精算评估通过数理统计,寻求相关性和差异性,并进行相关检验,显著提高了预测的准确性,并且数据采集比较方便,得到广泛的应用。但是,由于能够量化的只能是已经发生的静态因素,如民族、年龄、学历、犯罪经历等,而对于评估对象未来要遭遇和面临的各种环境、情境、变数等无法进行穷尽和量化,对预测对象的情绪、情感、思维、心理、思想的变化等也无法进行量化和评估。并且,"使用这种工具所得到的结果也无法告诉评估者需要矫治的问题是什么、治疗可能发展的效果、再犯原因、矫治的顽固程度及罪犯当前的功能等。"[1]

第三代动态评估阶段。在 1990 ~ 2000 年,其主要特点在于增加了动态风险的因素,如物质滥用、人际冲突和反社会态度等。主要代表人物有:加拿大的唐·安德鲁斯(Don Andrews)博士和詹姆斯·邦塔(James Bonta)博士,多伦多大学的韦伯斯特(Webster)、道格拉斯(Douglas)、伊夫斯(Eaves)和哈特(Hart)。第三代比较有代表性的评估工具主要有:监管水平评估修订版(LSI-R,Level of Service Inventory-Revised)和成长史—临床—风险管理暴力风险评

---

〔1〕 Wong, S. C. P. & A. Gordon, *The Validity and Reliability of the Violence Risk Scale; A Treatment-friendly Violence Risk Assessment Tool*, Psychology, Public Policy, and Law, Vol. 12:3, p. 279 - 309 (2006).

估范式(HCR－20,Historical-Clinical-Risk Management－20)。

从效度上看,虽然第三代风险评估并没有显著增加再犯预测的效力,但是,再犯预测的目的却发生了重要变化,即从预测取向发展为矫正服务的取向。动态风险因素评估为矫正提供信息支持,并且能够评估矫正的成效,即矫正后罪犯再犯风险水平的变化。[1]

第四代现代评估阶段。大致从2000年开始,其主要特点有:多次施测,以干预和矫正为核心,致力于全面评估个体罪犯需要矫正且可以矫正的区域,并提供具有实证效度的个别化矫正建议或方案,能够在司法环境中评估矫正的进展。主要代表人物有:安德鲁斯(Andrews),邦塔(Bonta)和沃米特(Wormith),王(Wong)和戈登(Gordon)。有代表性的评估工具主要有:暴力危险表(VRS,Violence Risk Scale)、水平测量/个案量表(LS/CMI,Level of Service/Case Management Inventory)。

"第四代工具的核心已经不在预测,而在系统性的评估和指导矫正。第四代工具特别设计用来整合风险管理的过程、干预模型和目标的选择、进行治疗进程的评估。与其说第四代工具是再犯预测工具,不如说是降低再犯风险的指南。"[2]

(二)我国再犯风险评估的现状

我国对罪犯再犯风险评估的研究和运用目前尚处于积极探索阶段,先后提出了罪犯改造质量评估、再犯可能性评估、重新犯罪预测等相关概念。比较有代表性的有:部分研究者自2004年开始,以浙江省715名在押罪犯为样本,统计出影响罪犯再犯的12项社会和心理因素,并分别制定了判刑前、入狱前、服刑中和释放前四种再犯预测量表;[3]有学者对再犯预测的基本概念进行了辨析,提出再犯预测的选样方式,以列表对比的方式总结出各国再犯预测研究检选出的再犯罪的预测因子,并据预测因子出现的频次进行了排序;上海市再犯预测量表研究课题组在1999年以刑释3年内曾经狱内服刑者的违规行为为校标,运用回归分析的方法,建立了一个12个因素的再犯预测量表。[4]

---

〔1〕 参见陈伟民:《对我国再犯罪预测的思考》,载《中国监狱学刊》2010年第3期。

〔2〕 陈伟民:《对我国再犯罪预测的思考》,载《中国监狱学刊》2010年第3期。

〔3〕 参见黄兴瑞、孔一:《再犯预测研究——对浙江罪犯再犯可能性的实证分析》,载《犯罪与改造研究》2004年第8期。

〔4〕 参见上海市再犯预测量表研究课题组:《刑释人员再犯预测量表的研制》,载《福建公安高等专科学校学报——社会公共安全研究》1999年第4期。

江苏自2004年开始开发出心理认知行为量表(XRX)、人身危险性评价表(RW)、罪犯刑罚体验量表(XT)和重新犯罪简评表(CX)4个量表,[1]这4个量表相互衔接、相互补充、相互印证,可以对罪犯的基本状况作出一个定量的评判。

XRX量表主要用以测查罪犯的犯因性问题,该量表由心理、认知、行为3个模块构成。心理模块主要有罪犯情绪易变性、罪犯的焦虑抑郁症状、罪犯的适应性、罪犯的精神异常症状和罪犯的心理偏执状况5个维度。认知模块由情感、意识和能力3个维度构成。对罪犯而言,导致其犯罪,并制约其矫正成效的认知能力主要有:知识能力、意志力、自控力和自我调适能力。罪犯行为模块由2个维度构成,一是测量罪犯的复发性越轨性质的不良行为。二是测量罪犯的初始越轨行为和早期的不良环境、学习对其的影响。这些行为均是罪犯过去已经发生的客观事实,不会因矫正而发生改变,在量表中作为效度题。

RW评价表,建立在调查统计和测量分析的基础上,以罪犯过去的事实为基础,并赋予相应分值,对罪犯的人身危险性作出评价。该量表由预测因子和数理解释表2个模块构成。预测因子模块分为6个系列25项,涵盖了罪犯的生活、犯罪、交往历史和现实情况。6个系列分别是涉毒系列(D列)、恶习状况系列(E列)、犯罪形态系列(F列)、心理和生理状态系列(X列)、犯罪归因系列(Y列)和自然状况系列(Z列)。RW的第二个模块是数字元素与分数解释,数值是基于平均数、区位数、标准差等计算而得,并对不同的数值区间赋予定性判断。

XT简评表,主要适用于即将出狱的罪犯,主要目的是通过了解罪犯接受刑罚的心理体验,包括对定罪量刑的态度,接受刑罚和矫正的态度,对矫正生活的适应与体验,以及在服刑过程中的心理状态,由此推论出罪犯刑罚体验与罪犯重新犯罪的关联性。

CX简评表,共由25个客观评价题组成,涵盖了罪犯犯罪时的居住和受教育情况、就业和就业能力状况、社会交往情况、物质依赖和越轨行为倾向、矫正表现和矫正目标的实现情况等,对罪犯刑满后的重新犯罪的可能性作出预测。

尽管国内专家、学者和实践者对再犯风险评估进行了有益探索,但是这些探索有一个共同的特点,即往往侧重于或聚焦于一点,尚没有形成系统体系,没有开发出统一的系统序列预测工具。从探索的内容、范围、方法、技术、工具、总体水平上综合分析,我国目前仍处在风险评估的第二代向第三代转变的层次

---

〔1〕 各量表的具体内容可参见于爱荣主编:《罪犯改造质量评估》,法律出版社2004年版,书中详细论述了罪犯改造质量评估的体系和标准问题,在我国属首次。

上,尚没有形成经过严格的科学验证、被学界和业界公认的权威风险评估体系和量表工具。

四、再犯风险评估的体系构建

构建我国罪犯再犯风险评估体系必须与我国国情相契合,充分考虑我国罪犯实况,辩证地认识诱发重新犯罪因素和抑制重新犯罪的各种因素。换言之,在再犯风险评估体系的内容上必须有显著的中国特色;必须与我国监管改造、教育矫正、刑务工作等相关系统,与监狱体制和运行机制相兼容和切合;要有必要的组织机构和相关制度要求;可以借鉴西方在再犯风险评估方面的实用技术、实证方法、数理统计运用、基本原则和经验教训等,规制明晰的评估规范、操作标准和顺畅的工作流程。

(一)搭建再犯风险评估的组织机构

再犯风险评估的组织机构是罪犯风险评估体系的有机组成部分,是搭建评估体系的一个重要基石,是风险评估工作得以顺利进行的必要保障。搭建再犯风险评估机构,可分为专家指导层、行政管理层和实务操作层 3 个梯度层面。第一个层次是专家指导层。主要任务是构建基础理论,探索评估规律;提出政策制定建议,提供指导、咨询、规划;对监控风险评估偏差和误区特定问题进行专题攻关和调研;负责消化、转化、普及风险评估最新研究成果,引进、借鉴、吸收先进的理论、技术成果;研发、推广风险评估工具;对重大课题调研;解决行政管理层和实务操作层在罪犯风险评估过程中的困惑、困境和困难等。可由高等院校、科研院所的专家、学者等人员组成。第二个层次是行政管理层。行政管理层主要功能在于推动罪犯风险评估工作,调动并整合相关资源,提供实施环境;制定相关政策、制度、评估实施指南。第三个层次是实务操作层。实务操作层面的组织机构在具体押犯监狱,指导、检查和监督各监区的风险评估工作;审核和确定矫正对象;参与监区矫正个案的设计以及在矫正过程中跟踪跟进、调整和改进;进行相关工作调研;建立风险评估档案,进行有关司法统计等工作。

(二)构建再犯风险评估的标准化体系

国家标准 GB/T 3935.1 - 83 对标准的定义是:标准是对重复性事物和概念所做的统一规定,它以科学、技术和实践经验的综合为基础,经过有关方面协商一致,由主管机构批准,以特定的形式发布,作为共同遵守的准则和依据。再犯风险评估必须要遵循统一的标准和依据,这些标准和依据主要体现在研发评估工具的过程标准化、评估工具标准化、评估过程标准化等几个方面。

研发风险评估工具的过程标准化。在确定风险评估的目标、任务、样本总体后，研发风险评估工具的过程标准化首先体现在确定试测抽样的标准化。从统计学的角度看，抽样的方法一般有随机抽样和非随机抽样两种基本方法。随机抽样就是从样本主体中取样时，所取样本不是由人的主观决定的，每个样本被抽取的机会是均等的。可以简单随机抽样、[1]系统抽样、[2]分组抽样[3]和分层抽样。[4] 其次运用数理统计的原理、方法和计算公式确定预测因子并对预测因子进行赋值。在确定预测因子和相应的权重数值后，进行试测并对结果进行效度和信度检验，对项目的难度、区分度、关联性进行统计分析。评估工具标准化。有相关信度、效度、相关性的检验数据、常模、使用说明书或指导手册，对工具的使用目的和功能、适用范围、理论背景统计指标、使用的方法和步骤等做相关说明。评估过程标准化。在评估过程中坚持4个统一标准，使用统一的评估工具，使用统一标准化的指导语，使用工具进行检测时要规定统一的答题时间，在统一的标准化环境下进行评估。

（三）规范再犯风险评估体系的基本环节

国际标准化组织（International Organization for Standardization，ISO）于2009年12月在数年的大量实证研究和诸多国家在各个领域的风险管理经验教训的基础上颁行了风险管理的基本规范（ISO 3100）。其中关于风险评估的规范和程序主要有5个环节，分别是建立风险评估基础、目标设置与分解、风险识别、风险分析和风险评价。我国于2009年发布了国内风险管理制度，包括两部分内容，一是基本术语，二是风险管理的原则与实施指南（GB/T 24353—2009）。在风险管理的实施指南中关于风险评估的规范和程序主要有风险识别、风险分析与风险评价3个环节。这为我们开展再犯风险评估提供了可贵的借鉴。尽

---

〔1〕 简单随机抽样通常将抽样范围内的每个人进行编号，再随机选择，可以避免由于标记、姓名、性别或其他社会赞许性偏见而造成抽样误差。

〔2〕 系统抽样是在总体数目为N的情况下，如要选择K分之一的被试作为样本，则可以在抽样范围内选择每个第K个人来构成样本。这种抽样方法要求目标总体无序可排，也无等级机构存在，内部没有循环规律。

〔3〕 分组抽样是在样本总数较大，无法进行编号，而且群体又有多样性时，先将群体进行分组，再在组内进行随机抽样。

〔4〕 分层抽样是先将目标总体按照某种变量（如年龄、文化、犯罪次数等）分成若干层次，再从各个层次中随机抽取若干样本。

管再犯风险评估有其自身属性和特殊矛盾性，在目标、任务和内容上有别于其他领域的风险评估，但在评估的技术方法和主要的程序、环节上并没有本质的区别。据此，构建再犯风险评估体系的基本环节我们主张参照风险管理的国家标准（GB/T 24353—2009），将再犯风险评估的基本环节框定为风险识别、风险分析与风险评价三大步骤。

风险识别是指对在押罪犯的重新犯罪可能性以及回归后的社会危险性和危害性运用各种技术、方法和工具进行系统、全面、连续的认知、甄别和研判。它是整个风险评估的基本环节。风险识别实际上就是收集在押罪犯的各种风险因素、风险迹象、风险暴露和对教育矫正目标的偏离程度等信息。对罪犯风险因素，国内外学者进行了大量的实证研究，并根据数理统计结果确定了罪犯再犯罪的预测因子。我国学者翟中东教授借鉴国际流行的犯罪生涯理论的视角认识和研究了罪犯再犯罪机制，从犯罪人过去的行为、经验或者说经历来考察，[1]得出了有关罪犯再犯罪可能性的四个基本命题，可以作为罪犯风险识别的重要内容。这四个基本命题是：有违法犯罪前科者容易延续过去的行为；[2]违法犯罪生涯越长越容易犯罪或者再犯罪；[3]违法犯罪的起始年龄越早，违法犯罪次数越多，犯罪持久性越长；[4]违法犯罪的次数多少与犯罪可能性大小、施害程度成正比关系。[5] 另外，在押罪犯在实际服刑过程中的实际表现、各个服刑阶段矫正目标的实现程度、直接负责管理和教育的矫正警官对罪犯的认知

---

〔1〕 参见翟中东：《关于重新犯罪防治政策调整的思考》，载《法学家》2009 年第 2 期。

〔2〕 Barnett 等人于 1987 年曾经对定罪与重新犯罪之间的关系做过专门的研究。这项成果是使用很复杂的数学模型完成的。根据他们的研究，对于经常的犯罪者而言，其重新犯罪的可能性达到 0.9，而对于偶然犯罪者而言，其重新犯罪可能性则是 0.67。

〔3〕 Loeber 和 Leblanc 曾说，一个人反社会行为越早意味他的反社会生涯越长，越严重。Reitsma-Street 等人发现，在加拿大安大略省，有反社会倾向的未成年人与他们的没有反社会倾向的兄弟姐妹相比只是在吸烟、酗酒、性生活方面早 2 年。

〔4〕 Tolan 1987 年的研究成果表明：犯罪起始年龄的早晚与其后来的犯罪频率有关，犯罪人初次犯罪时的犯罪年龄越小，其后来的犯罪频率越高。相关部门 1987 年的报告指出：对于犯夜盗罪与盗窃罪的人而言，犯罪起始年龄越早，意味着他们的犯罪持久性越长。因而，行为人第一次被捕或者被判刑的年龄可以用以判定其行为取向。根据 Farrington 1981 年的调查，大多数惯犯早在 12 岁就有了犯罪经历，仅 35% 的惯犯在 15 岁以后开始犯罪生涯。

〔5〕 根据 Wolfgang 等人在美国费城 1972 年的研究，犯罪人每一次犯罪的成功都将增加犯罪人再次犯罪的可能性。第一次犯罪成功后的再次犯罪可能性是 0.54，第二次犯罪成功后的再次犯罪可能性是 0.65，第三次是 0.72，六次以后达到 0.8。Trach 等人在 1990 年发表的对费城犯罪团体的研究结果中指出：随着犯罪分子年龄的增长，犯罪的成功，犯罪分子所实施的犯罪会越来越严重。

和判断等均是识别罪犯风险的重要内容。在进行调查和寻找罪犯风险因素的同时,还要识别和寻找抑制罪犯风险的因素,或减少风险因素增加的条件。风险识别的方法主要有:结构面谈法、问卷调查法、查阅档案法、现场观察法、专题分析法、标准化工具检测法等。

风险分析是在风险识别的基础上,对再犯风险的属性、类别、方向、严重程度、大小进行析解和研判,对收集和调查到的各种数据进行数理统计分析,从而充分透析再犯可能性以及各种负面影响。风险分析的方法一般有问卷调查表法和头脑风暴法。问卷调查表法主要是结合风险评估实际设计问卷,按照风险评估标准,结合收集信息,分析再犯风险的大小、影响方面、影响程度等。头脑风暴法是风险评估主体依据自身的知识背景、专业技术、阅历经验等,充分利用已经收集到的罪犯风险信息,结合监管改造、教育矫正效果,共同讨论分析罪犯的人身危险性和社会危害性的程度高低,以及其再次犯罪的可能性。

风险评价是指在风险识别和风险分析的基础上,把罪犯再犯罪的可能性、回归后的社会危险性与危害性以及其他相关因素综合考量,分析再犯风险的影响,并对再犯风险专门进行综合评价。再犯风险评价的基本内容和任务是确认罪犯再犯可能性、人身危险性和社会危害性,确认再犯风险性质、高低程度等。再犯风险评价的方法常见风险图示法和程度分级法。风险图是最实用和最广泛地运用于风险识别和优先排序的工具。风险图示是根据再犯风险的严重程度和发生的可能性来绘制的。严重程度是风险评估主体根据其能理解和接受的标准来确定再犯风险对于其矫正的重要性;可能性是指再犯发生风险事件的可能性大小。严重程度和可能性大小的取值可根据标准化工具测量数值和各个预测因子得分来确定。

浅议我国未成年累犯的豁免制度

张　婧*

一、我国未成年累犯豁免制度的规定及其内在精神

《刑法修正案(八)》将《刑法》(2009)第65条第1款修改为:“被判处有期徒刑以上刑罚的犯罪分子,刑罚执行完毕或者赦免以后,在五年以内再犯应当判处有期徒刑以上刑罚之罪的,是累犯,应当从重处罚,但是过失犯罪和不满十八周岁的人犯罪的除外。”这一修正确立了不满18周岁的未成年人犯罪不构成一般累犯。未成年累犯豁免制度的确立及其相关刑事政策理念的彰显,是我国少年司法制度改革浓墨重彩的一笔。

(一)基于累犯制度设立之多元性需求

累犯制度设立之多元性需求是指累犯制度设置的依据不应是一元的,而必须兼顾各种刑罚目的需要。从刑罚目的演进脉络来看,刑事古典学派报应主义认为刑罚是对已然之罪的回应,强调“以行为为科刑依据”。累犯之所以特殊是因为再犯行为罪行更重,而累犯作为犯罪人本身与其他犯罪人并无二致。近代学派的理论基于功利主义,开始将关注点从犯罪行为转到犯罪人,导致累犯制度从行为中心论转向行为人中心论。根据近代刑法理论,累犯之所以特殊不在于其实施重新犯罪行为,而在于累犯人身危险性更大。上述学说均为累犯制度提供了可能的理论支持,但纯粹的一元论具有较为明显的缺陷。如行为中心论的理论可能扩大打击面,导致重刑主义。而行为人中心论过于强调罪犯人格,极易突破报应主义的限制,从而造成侵害犯罪人人权的危险。因此,从多元立场来论证累犯正当性为学界所普遍接受。目前,学界的主流观点是,累犯制度

---

* 张婧,时任司法部预防犯罪研究所预防犯罪工作研究室副研究员、博士。原文载《犯罪与改造研究》2020年第9期。

的理论依据是社会危害性与再犯人身危险性的紧密结合。

我国刑法也采取了累犯目的多元论,通过较为严厉的刑罚打击那些主观恶性深、人身危险性大的再犯,并预防其重新犯罪。必须承认未成年人身心发育、社会认知尚不成熟,他们是自由意志受到不同程度限制的特殊群体,其不符合独立判断是非、准确衡量得失的“理性人”标准。这决定了他们与成年人的人身危险性存在差别。立法充分考虑未成年累犯人身危险性的差异,将其作为累犯豁免的构成条件之一,符合我国累犯制度设立的初衷,有利于进一步完善我国刑罚体系和刑法措施,从而更有效地服务于刑罚目的。

(二)遵循未成年人优先保护的司法理念

发展心理学认为,未成年人并不是小版的成人,他们与成年人有着生物学上的差异。未成年人具有的不同于成年人的特殊性,决定了未成年人犯罪与成年人犯罪具有较多不同点。成年人犯罪往往是基于理性选择而对社会的“自觉性反抗”,而未成年人犯罪是其成长过程中伴随性的“自然现象”,是未成年人在不良生活环境和尚未发育成熟的身心条件的双重影响下的被动选择。[1] 因此未成年人犯罪更多的是一种“错”,而非“罪”。

正是出于对未成年人生理特点以及犯罪特点的考虑,我国采取了对未成年人优先保护的司法理念。《未成年人保护法》第113条规定,对违法犯罪的未成年人,实行教育、感化、挽救的方针,坚持教育为主、惩罚为辅的原则。《预防未成年人犯罪法》第2条规定,预防未成年人犯罪,立足于教育和保护未成年人相结合,坚持预防为主、提前干预,对未成年人的不良行为和严重不良行为及时进行分级预防、干预和矫治。我国现行《刑法》中也体现了充分保护未成年人的立法精神,如未成年人犯罪的,应当从轻或者减轻处罚,对未成年人不适用死刑等。从这一系列的立法可以看出,对未成年人的保护是处在核心地位的。未成年累犯豁免制度对再犯罪的未成年人加以适当的宽容,并将未成年人排除出累犯之列,体现了我们一贯的保护精神。

(三)符合未成年人复归社会的需要

未成年人不构成累犯符合未成年人复归社会的需求。首先,能够有效避免监禁刑的弊端。从现行法律对累犯的后果规定看,被认定为累犯后,将不再适用缓刑、假释制度。这意味着只能对累犯采取监禁刑的方式行刑。而监禁刑可

---

〔1〕 参见张蓉:《未成年人犯罪刑事政策研究》,中国人民公安大学出版社2011年版,第27页。

能会阻碍未成年人再社会化进程,增加其被深度污染的风险。龙勃罗梭认为:"监禁是强迫未成年人承认自己是犯罪人身份的机制,其改造未成年罪犯的同时也在制造老练的罪犯。"[1]因此,对未成年人,应首先采取非监禁化、非刑罚化的方法,监禁只是迫不得已的最后手段。未成年累犯豁免制度显然有利于罪错未成年回归社会,是尊重未成年成长规律,避免人为制造罪犯的明智选择。

其次,有助于消除"前科污点"。长期以来,由于我国前科报告制度的存在,刑满释放的未成年人终身有污点而难以得到社会的认可和接纳,在重返社会的道路上困难重重。所以理论上主张消灭前科的呼声一直不断。《刑法修正案(八)》在确立未成年累犯豁免的同时,充分考虑了刑满释放的未成年人在入伍、就业中面临的现实问题,进一步免除了犯轻罪未成年人的前科报告义务,从法律层面保障刑满释放的未成年人在回归社会过程中不受前科的影响,帮助其融入社会。

(四)体现刑法谦抑性,顺应国际刑罚发展趋势

从国外的立法情况来看,很多国家规定了未成年人不构成累犯。其立法模式主要有两种。第一,前罪发生时犯罪人未成年的,不构成犯罪。例如,《俄罗斯联邦刑法典》第18条第4款规定:"一个人在年满18岁之前实施犯罪的前科,以及其前科依照本法典第86条规定的程序被撤销时,在认定累犯时不得计算在内。"第二,规定一定年龄的人不构成累犯。例如,埃及刑法规定不满15周岁的人不构成累犯,英国刑法规定不满22周岁的人不构成累犯。[2] 由此可见,尽管累犯的立法模式存在差异,但是未成年人不构成累犯已经被世界主要国家立法所确立。我国的这一规定也与世界主要国家立法保持一致,体现了我国在刑法上符合世界潮流,顺应国际人权保护的刑事司法趋势。

二、现行未成年累犯豁免制度的不足与缺陷

(一)"一刀切"的立法模式与刑罚个别化理念相悖

《刑法修正案(八)》规定未成年人不适用累犯制度,却未区分未成年犯的犯罪性质和严重程度。此规定虽然有利于实现对未成年人的特殊保护,但是将所有未成年再犯都排除在累犯适用之外却存在一定问题。从整体上看,未成年人实施的犯罪无论是社会危害性还是人身危险性都低于成年人犯罪,但随着未

---

〔1〕[意]加罗法洛:《犯罪学》,耿伟、王新译,中国大百科全书出版社1996年版,第68页。

〔2〕参见苏彩霞:《累犯制度比较研究》,中国人民公安大学出版社2002年版,第97页。

成年人犯罪的低龄化、暴力化发展,以及我国未成年人犯罪恶性事件增多,未成年人人身危险性出现了趋强的态势。我国宽严相济的刑事政策要求对刑事犯罪分清轻重、区别对待,做到该严则严、该宽当宽、宽中有严、严中有宽。一方面,对未成年人进行教育、感化与挽救是宽大的故有内容;另一方面,根据不同的犯罪情况分别予以处理也是宽严相济的基本精神。我国未成年累犯豁免制度充分重视了对未成年依法从宽的一面,但未考虑不同累犯人身危险性的差异,而"一刀切"地采取同样的措施,有违于刑罚个别化的理念,与宽严相济的刑事政策要求还存在一定差距。

(二)以前罪为时间基准与累犯立法精神不符

《刑法修正案(八)》规定凡是不满 18 周岁不构成累犯,但对犯前罪还是犯后罪时不满 18 周岁并未作出明确界定。最高人民法院司法解释将其确定为"前罪实施时不满 18 周岁",这意味着后罪发生在成年时期与未成年时期的罪犯均被排除在累犯之外。笔者认为,该司法解释有待商榷。《刑法》中累犯制度与其从重处罚的重点并不在于前罪,而在于后罪。不满 18 周岁的人不构成累犯,因此也应当以后罪为基点。并且累犯制度的理论依据,"还在于累犯的出现会削弱国家法律的权威,是对潜在犯罪人的鼓励,使其进一步产生藐视国家法律的心理而将犯罪的倾向逐步变为犯罪的行为"[1]。现实中,未成年人重新犯罪的可能性并不低于成年人,若因为前罪是在行为人未成年时所犯,就让其在成年后再犯罪的行为不断地得到宽宥,这种豁免可能会导致对其再犯罪行为的放纵,变相地鼓励行为人在一定程度上逃避所需承担的法律责任。这与我国刑法惩罚犯罪、保护人民的立法目的相违背,并不是对未成年人的合理保护。

(三)过度"恤幼"与保护社会理念相冲突

1985 年联合国《少年司法最低限度标准准则》(以下简称《北京规则》)确立了双向保护原则,要求"对未成年选用刑法要兼顾保护社会利益与保护违法犯罪未成年人利益"。我国是《北京规则》的缔约国,有将上述基本精神国内化,实现未成年人刑事司法制度与国际规范接轨的任务。从当前我国关于未成年累犯制度的规定来看,整体上秉持了少年利益和社会利益相互平衡的精神。但是也存在制度规定较为粗疏,单一化的立法模式不利于贯彻双向保护原则的问题。特别是将未成年利益保护等同于对未成年免罚,是将未成年保护绝对化、

---

〔1〕 高铭暄主编:《刑法学原理》(第 3 卷),北京大学出版社 1994 年版,第 243 页。

陷入一味从宽误区的表现。笔者认为,对未成年人的保护与惩罚都是为了最大限度促进未成年人健康成长,两者之间不应有所偏废。适当的惩罚有助于帮助未成年人认识行为的性质,树立对社会负责的观念。从当前犯罪整体发展情况看,未成年人重新犯罪率高也是不容忽视的基本现状,究竟是对未成年人采取保护性原则并贯彻到底,还是在妥协中认可有一定的例外,是未来刑法修订和完善时应有的考虑。

(四)封存前科记录不具有普遍适用性和彻底性

累犯本质上是对前科制度的取舍,即累犯的成立须以前科的存在为前提,故而累犯豁免制度需要与未成年前科制度相匹配。因此,大多实行未成年豁免的国家都把未成年人前科消灭制度设置于立法之中,如《俄罗斯联邦刑法典》对未成年人犯罪前科及其消灭用专门条款加以特别规定,此外,瑞士、德国都有类似的规定。《刑法修正案(八)》规定,犯罪时候不满十八周岁被判处五年有期徒刑以下刑罚的人,免除前款规定的报告义务。可见,该规定只是免除前科报告义务,上述人员在入伍、就业时,征兵部门和招录单位依照有关规定仍然可对其进行考察。同时,这些被免除前科报告义务的人,司法机关只是对这些记录予以封存,而不是彻底地消灭这些前科记录。可以说,我国只对未成年人的前科报告义务作了一定的限制,并不具有普遍适用性和彻底性,这需要立法上的改进。

三、未成年累犯豁免制度的完善建议

(一)采取“原则+例外”的立法模式

未成年人作为区别于成年人而存在的特殊主体类群,在刑罚适用层面需格外谨慎。对于未成年累犯而言,如果把成年人犯罪的普通法律规范不加区别地适用于未成年人,容易形成立法或司法的不公正。但对于千差万别的个案情况一律从宽,也是立法过于机械和缺乏灵活性的表现。因此,笔者认为对未成年是否适用累犯规定,应采取“原则+例外”的立法模式。首先,原则上,应规定未成年人再犯不构成累犯,以体现对未成年人的合理宽宥。其次,为了避免因对未成年人的保护而轻纵犯罪,在其犯罪符合相应条件的基础上,也可确定累犯的成立。对未成年犯罪人进行有区别的审视和处遇,同样是我们在对未成年保护和矫正原则适用下应有的思考,是遵循宽严相济刑事政策的自然要求。

(二)增补未成年人身危险性评价机制

在累犯的构成要件之中,人身危险性处在首要的位置,是设立累犯制度和从重处罚的根本依据。因此,笔者认为在有关累犯相关法律修订时,应考虑增补人身危险性评价因素,并将其运用于未成年累犯的判断中。在实践中,法官应结合未成年人犯罪特点和犯罪原因对其人身危险性作出综合评判,必要时可以对未成年人成长经历、犯罪原因、监护情况进行社会调查。对于评估显示主观恶性较轻的重新犯罪未成年人,应当排除累犯适用;而对于其中犯重罪的、犯罪手段残忍、屡教不改的未成年人也可以不排除累犯的适用。将人身危险性评估机制引入累犯制度,能更好地考虑到未成年人排除累犯适用的常态情形,同时又能兼顾其构成累犯的特殊情形。相较于一刀切的方式,更符合对未成年人个别化处遇的初衷。

(三)重构未成年人排除累犯适用时间标准

犯后罪时不满18周岁的人,辨认、控制能力不足以与成年人匹敌,其刑事责任能力和人身危险性相对较弱。出于对未成年人特殊保护的需要而将其排除到累犯之外是无可厚非的。但对于犯前罪时为未成年人而犯后罪时为成年的人而言,其人身危险性已经达到完全的程度,对其再犯罪行为适当加重惩处力度,并不会违背未成年人保护精神。并且对累犯的行刑并非单纯地对行为人进行关押和监管,累犯行刑处遇是实现对累犯教育矫治的重要环节。从这个意义上讲,对犯后罪时已成年的罪犯适用累犯制度,能够更加合理有度地对其进行教育、感化和挽救,并对其再犯行为起到威慑和警戒的作用。因此,笔者认为未成年排除累犯的认定应当以后罪为时间基点,这是基于我国司法实践和利益保护平衡的现实选择,是正确适用累犯制度并对未成年犯不枉不纵的体现。

(四)严格未成年人构成特殊累犯条件

《刑法修正案(八)》仅将未成年人犯罪排除在普通累犯之外,而未在特殊累犯条款予以排除,这并不是立法者的疏忽,而是进一步表明立法者严厉打击危害国家安全犯罪、恐怖活动犯罪、黑社会性质组织犯罪的决心。此规定虽然有利于实现对公共安全的特殊保护,但是也存在立法较为粗疏的问题。实践中,上述三种犯罪的复杂性也决定了未成年参与的概率较低,未成年除少数积极分子外,在犯罪过程中大多是作为从犯或胁从犯参与犯罪,他们或为生活所迫,或缺乏经验为他人所误导,主观恶性往往不大。这种主体上的差异也使未成年的改造难度并不如其他危害国家安全犯罪及恐怖活动犯罪罪犯那么高。而可塑性较强应该作为对累犯适用的抗辩理由。基于此,笔者认为,在未成年人是否构成特殊累犯的问题上,同样应予以区别处理。可以借鉴国外立法通例,通过犯罪次数或犯罪严重程度对累犯的成立予以一定的限制,使特殊累犯范围进一步缩小,进而将刑罚的负面效应降至最低。

（五）建立未成年人前科消灭制度

“国家不能仅满足于对违法者的处罚,而且必须考虑到刑罚执行完毕后,他能够在社会上找到一个适当的位置”〔1〕。对于受过刑罚的犯罪未成年人,国家更负有如何使他重新回归社会的义务。根据《刑法修正案(八)》的规定,免除前科报告义务只适用于“犯罪的时候不满十八周岁被判处五年有期徒刑以下刑罚的人”,未成年人被封存的犯罪记录虽然可以部分降低司法系统对犯罪反应的后遗效果,但终归具有不彻底性,也无法有效防止对未成年人的二次不利评价。因此,我国也应当构建适用于所有刑满释放未成年人的前科消灭制度,充分实现刑罚预防再犯、促进犯罪人回归社会的功能。同时为了体现双向保护的原则,有必要从适用内容、考验期限,完善监督和救济等方面建立相关制度机制,抑制前科消灭制度的可能风险,最终实现未成年人前科消灭制度的体系化构建。

（六）正确处理未成年人保护与惩罚的关系

我国未成年刑事司法的实践证明,在预防、惩治未成年人犯罪上,刑罚的规避、退让绝非问题解决之道,需要我们做好保护与惩治之间的平衡。未成年累犯豁免制度的设立并不排斥对未成年再犯行为予以适度惩戒,只是反对苛责未成年人而予以严厉惩罚或者对未成年人不加区分地严惩。所谓的“交叉感染”“自暴自弃”“脱离社会”等绝非否定未成年人适用累犯合理性的充分理由,良好的矫正效果需要刑罚以及后续措施的结合。因此,对于再犯罪的未成年人,应该在强调未成年人保护的同时,适当强化刑罚惩罚的功效,以合理的刑罚制裁规制重新犯罪的未成年人,并及时采取相关措施对其进行教育和帮扶,形成与之相适应的未成年社会帮教体系。唯有此,才能真正发挥未成年累犯豁免制度的功效,使未成年人犯罪的刑事政策精神得以贯彻实现。

---

〔1〕［德］汉斯·海因里希·耶赛克、［德］托马斯·魏根特:《德国刑法教科书总论》,徐久生译,中国法制出版社2001年版,第1097页。

关于在我国建立前科消灭制度的若干思考

张 婧 闫 佳*

一、我国前科制度现状评析

(一)前科制度释义

关于前科的定义,无论是在已经建立前科消灭制度的国家,还是在如我国这样对前科消灭制度没有明确规定的国家,都没有统一的界定。学界关于"前科"的定义,主要有"定罪说"、"定罪处刑说"和"法律地位说"三种观点。"定罪处刑说"即指行为人违法犯罪后,被科以刑罚;而"定罪说"则不包括被处罚,仅定罪即成为前科;"法律地位说",包含被判有罪与被处以刑罚,且对犯罪人造成了某种法律状态。〔1〕

纵观上述三种观点,"法律地位说"将凡是受过法律上处罚的行为人都列入前科的适用范围中,使前科的范围过于宽泛,增添了行政法的色彩。"定罪处刑说"虽然缩小了前科的范围,但也将定罪免罚的人排除出前科消灭的范围,不利于其重返社会,也有违公平正义的理念。笔者认为前科存在的原因是行为人曾实施过犯罪行为,其人身危害性相比于一般人要严重。犯罪是前科成立的前提,而刑罚只是行为人犯罪后应当承担的不利后果。因此,应采纳"定罪说"的观点,前科是指行为人由于犯罪行为而被法院宣告为有罪或被法院判处一定的刑事处罚的事实。

(二)前科制度的效应

前科的效应也可以称为前科的后果,是指行为人由于自身前科的限制给其

---

* 张婧,时任司法部预防犯罪研究所预防犯罪工作研究室副研究员、博士;闫佳,司法部预防犯罪研究所戒毒工作研究室主任、副研究员、博士。原文载《犯罪与改造研究》2022 年第 12 期。

〔1〕 参见彭新林:《中国特色前科消灭制度构建研究》,人民法院出版社 2019 年版,第 33 ~ 34 页;付强:《前科消灭的概念研析》,载《当代法学》2011 年第 2 期。

带来的一系列影响。作为我国刑事政策的重要组成部分,前科制度具有其积极价值:从立法上讲,可以给予屡次犯罪的犯罪人及再次犯罪行为更为严厉的刑法打击,实现刑罚的特殊预防效应;从司法上讲,能够在刑罚消灭之后继续发挥着刑罚预防再犯、威慑和对犯罪人的规制等作用;从社会秩序价值上讲,能够将受刑罚者排除在某些领域和行业之外,具有服务社会管控、保障社会秩序等功能。可以说,前科制度的存在具有一定合理性。但经过长时间的司法实践,前科制度开始慢慢展现出弊端,主要体现在以下几个方面:

1. 扩大刑罚报应后果,使“轻罪不轻”

对具有犯罪前科的人设置一定的从业限制,是各国的通行做法。我国因没有前科消灭制度,现实中因有犯罪前科被限制或者剥夺从业资格的事项和领域非常广泛。目前,我国的《公务员法》《法官法》《检察官法》《教师法》等,均设立有关于职业禁止的条款;《公司法》《商业银行法》《保险法》等法律,设立有不得担任特定职位的条款。[1] 如《公务员法》规定因犯罪受过刑事处罚的人不能担任公务员;《医师法》规定限制受到刑事处罚的人刑罚执行完毕 2 年内从事医师职业;《注册会计师法》规定限制受到刑事处罚的人刑罚执行完毕 5 年内注册会计师资格等。

此外,实践中存在大量的、隐形的如就业歧视、荣誉限制、社会评价减损、义务负担增加等非规范性的评价后果,给前科人员回归社会带来不小的阻力。有学者对 2014 ~2018 年的制度性规定进行了研究,通过“北大法宝网”的法律法规数据库对法律、行政法规、部门规章、行业规定有关内容进行检索,统计发现,2014 ~2018 年,因“受过刑事处罚”等刑罚附随性制裁的规定从 642 个增加到 880 个,不仅数量增多并呈明显的逐年扩张趋势(见表 1)。[2]

表 1　2014 ~2018 年“受过刑事处罚”人员行业禁止规定

年份	法律/个	行政法规/个	部门规章/个	行业规定/个	合计/个
2014	40	33	477	93	643
2015	50	35	502	104	691

〔1〕 据统计,当前我国受过刑事处罚的人不能从事的职业有 21 种。参见叶庚清:《受过刑事处罚的人不能从事哪职业?》,载找法网 2022 年 7 月 3 日,http://china.findlaw.cn/lawyers/article/d489134.html。

〔2〕 参见王瑞君:《“刑罚附随性制裁”的功能与边界》,载《法学》2021 年第 4 期。

续表

年份	法律/个	行政法规/个	部门规章/个	行业规定/个	合计/个
2016	53	37	547	116	753
2017	63	40	577	136	816
2018	69	50	603	158	880

这种对受过刑事处罚人员的从业禁止和资格限制是与过去造成严重危害的犯罪形势相匹配的。然而,我国已经进入轻罪时代,轻罪化的刑事立法和以轻罪为主体的刑事司法已然成为我国目前刑事法治的重要面向。“轻罪化量刑”体系下的刑事犯罪活动必将增多,尤其是危险驾驶、高空抛物等高发型轻微罪入刑,可能导致越来越多的人背负犯罪前科。而前科制度的存在大大加强了刑罚所实现的制裁程度,对于轻微罪犯罪者的报应力度远远超出了《刑法》所设定的个人责任程度。事实上,如今一些学者们已经意识到,“即使某些非刑罚处罚方法轻于行政责任、民事责任的实现方式,但从实质上看,其给犯罪人在社会生活上所造成的不利影响更为严重”〔1〕,这显然与我国轻罪化刑事立法宗旨相违背。

2. 带来株连效应,违反罪刑自负的法治精神

“刑事责任是一种严格的个人责任,只能由犯罪分子负担,具有人身专属性,不可移转,不能替代。”〔2〕当下的前科规定,违反罪责自负理念的现象并不鲜见。例如,《征兵政治审查工作规定》第9条规定,家庭主要成员、直接抚养人、主要社会关系成员或者对本人影响较大的其他亲属被刑事处罚的,不得征集为对政治条件有特别要求的单位的新兵;《公安机关人民警察录用办法》则规定,直系血亲和对本人有重大影响的旁系血亲中有被判处死刑或者正在服刑的,本人不得报考人民警察。此外,“有配偶、直系亲属被判处死刑或正在服刑”被视为公务员政审不合格的情形之一。甚至,实践中政法机关招收公务员,在政审环节普遍要求出具父母无犯罪记录证明,父母存在犯罪前科也会影响到子女的“仕途”〔3〕。还有的地方将父母犯罪记录作为扣减子女入学积分的重要情形。现实中,一些犯罪人最为担心的并不是自己面临的刑罚,而是可能会连累

〔1〕 张明楷:《刑法学》(第4版),法律出版社2011年版,第560页。

〔2〕 高铭暄主编:《刑法学原理》(第1卷),中国人民大学出版社1993年版,第418页。

〔3〕 参见王瑞君:《“刑罚附随性制裁”的功能与边界》,载《法学》2021年第4期。

到子女。此类前科规定虽然并没有直接违反罪责自负原则，但实际造成“一人犯罪，全家遭殃”的法律后果，显然不符合刑事法治基本理念。

3. 阻碍犯罪人回归社会，激发重新犯罪可能

许多人认为，前科制度的适用，可以进一步强化刑罚的威慑效果，进而有效降低犯罪者的再犯可能。但众多学者在实证研究的基础上提出，对于部分罪犯不宜进行“矫枉过正”式的再犯预防，特别是对于主观恶性小和人身危险性小的轻微犯罪、过失犯等，利用前科制度增加刑罚的威慑效果可能是无效的。依据西方犯罪学的标签理论，制造犯罪人的过程就是一个贴上标签、下定义、认同、隔离、强调以及形成自我意识的过程。一旦个人被贴上标签，社会公众就会用所贴上的标签来看待这个人，被贴上标签的人也可能会把这种标签当作自我同一性的一部分。前科人员因其存在前科，不仅行使正常享有的法律权利会受到阻碍，还同时受到了来自社会各界的歧视和不平等待遇，使其在工作、婚恋、生活中都会遭受重重阻碍。事实上，前科所带来的附随性制裁已经成为当前刑满释放人员回归社会的重要障碍。在现阶段政府尚无法依靠有效手段来完成刑满释放人员复归社会的任务时，前科制度的存在不仅不是合理的犯罪预防措施，反而堵住犯罪人的所有希望和出路，增加犯罪人“铤而走险”再犯罪的风险。

二、当前在我国建立前科消灭制度的必要性

2013 年 11 月，中国共产党第十八届中央委员会第三次全体会议通过了《中共中央关于全面深化改革若干重大问题的决定》，首次提出了“推进国家治理体系和治理能力现代化”的重大命题。犯罪治理和刑事执行是国家治理体系的重要组成部分，其运作的效果直接体现国家的社会治理能力。作为预防重新犯罪的重要手段，推动并实现前科消灭制度的建立不仅对于前科人员成功实现再社会化具有不可替代的意义，而且也是我国贯彻落实宽严相济刑事政策，推进犯罪治理体系和能力现代化的内在要求，是国家长治久安的法律大计。

第一，建立前科消灭制度是应对犯罪结构发生重大变化的迫切需求。随着改革开放深入推进，经济发展带来了利益格局的深刻变化，新的矛盾凸显，我国犯罪结构发生了重大变化。一方面，在积极刑法观的影响下，一些常见的以前用行政法律规制的行为被纳入刑法打击的范畴，危险驾驶、高空抛物等轻微犯罪成为犯罪结构的组成部分，重大恶性案件占极少数。自 2011 年以来，我国刑事案件的基本样态呈现一种全新的发展趋势，即重罪案件（10 年以上有期徒刑、无期徒刑、死刑）占比持续下降，量刑较轻的犯罪案件（3 年有期徒刑以下）

占比较大(见图1)。[1]

图1　2011～2019年重罪轻微罪比例

根据2020年和2021年《最高人民检察院工作报告》,判处不满3年有期徒刑及以下刑罚案件从2000年占全部案件的53.9%上升至2020年的77.4%,其中最高刑只有拘役的醉驾案件占近20%。[2] 另一方面,随着犯罪类型的变化,在我国司法实践中,刑事司法制度处理的部分犯罪人已经不再是具有社会恶性或反社会人格的"犯罪分子"。[3] 与传统的恶性犯罪相比,此类犯罪行为人的行为尽管触犯刑法而构成犯罪,但就其人身危险性而言,却不具有明显的反社会人格,其实质意义上的人身危险性和再犯可能性都已大大降低。统计数字表明,2021年全国群众安全感达98.6%,中国已经成为世界上公认的最安全的国家之一。[4]

在重罪案件比例下降、轻罪案件数量迅速增加、社会危险性较小的犯罪行为占多数的犯罪结构下,为犯罪人加上前科烙印,使其为从前所犯下的过错而终生承担谴责的前科制度已经不适应新的犯罪结构的情势,前科制度作为最严厉的威慑措施理应受到必要限制。适时构建前科消灭制度,尽最大可能减少前

---

〔1〕 根据2011～2019年《中国法律年鉴》公布数据整理。

〔2〕 参见2020年、2021年《最高人民检察院工作报告》。在"醉驾入刑"后,近10年的时间早已累积出了的庞大醉酒型危险驾驶罪犯罪人群体。截至2020年12月31日中国裁判文书网上该年度的危险驾驶罪裁判文书约28.8万份,稳居我国《刑法》规定的诸罪之首。

〔3〕 参见吴宏耀:《轻罪治理与刑事检察制度的时代转型》,载《国家检察官学报》2021年第1期。

〔4〕 数据来源于中共中央宣传部于2022年4月22日举行的"中国这十年"系列主题新闻发布会上中央政法委员会副秘书长景汉朝的介绍。

科制度带来的社会负效应,是对轻罪治理时代罪刑结构的适时纠偏,是正视犯罪治理对策与犯罪增长关系的理性回应,与当前全面推进依法治国和刑事政策轻缓化的步调相一致,是刑事立法更趋理性化和科学化的体现。

第二,建立前科消灭制度是深化落实宽严相济刑事政策的必然要求。在严打的理念下,作为社会对立面的犯罪者,基于意志自由而选择实行犯罪行为,产生的不利后果理应由行为人自行承担,前科的不良记录也就将伴随犯罪人终生,这种前科永续存在制度是与严打的方针相适应的。随着社会经济的不断发展,我国的刑事政策也在不断变化。为了与新时期现代社会经济发展相适应,自2005年起,我国开始实施宽严相济的刑事政策。宽严相济的基本内容是"该宽则宽,当严则严,宽严有度,宽严适当",核心是"区别对待""惩办少数""改造多数"。宽严相济的政策是让公民对法治抱有敬畏的心理,从而不敢触碰法律红线,同时给大多数改过自新的犯罪人以出路,使其顺利复归社会。前科消灭制度的建立,可以使那些能够悔过自新、弃恶从善的犯罪人通过法定程序消灭前科,恢复其与普通人相同的社会权利和法律地位,为其回归社会消除障碍。可以说,前科消灭制度的建立是宽严相济刑事政策在刑事处遇领域的重要体现,是深化落实宽严相济刑事政策的必然要求。

第三,建立前科消灭制度是促进罪犯回归社会,维护社会和谐安定的有利因素。前科消灭对社会具有维护稳定的功能。若前科永续存在,必然会对前科人员造成长久而深重的打击,使"罪犯"的标签永远贴在他们身上无法撕除。长期被社会所排斥的人,必然不会对社会产生出亲近感,还可能会漠视社会、憎恶社会甚至是反抗社会,这些都会给社会增加诸多不安定因素,提高重新犯罪率。此外,这种紧张而分裂的矛盾不仅体现在前科人员身上,同时也深刻地影响着前科人员亲属的心理。前科人员的亲属同样承担着巨大的社会压力和精神压力,有的甚至在前科人员无法就业的情况下迫不得已地支付他们的生活开销,为此苦不堪言。如果放任这种尖锐的社会矛盾被激化,那么这些潜在威胁将会影响社会稳定与和谐。前科消灭制度的存在,可以顺遂前科人员对犯罪标签化的"意难平",有利于保障人权和有效缓解社会对立情绪,消除社会的潜在隐患,实现良好的社会治理效果。

第四,建立前科消灭制度是提升我国犯罪治理和国际人权话语影响力的需要。人权是法治的基本价值,法治是人权的根本保障。[1] 前科消灭作为兼具

---

〔1〕 参见《开启中国人权法治化的新时代》,载《人民日报》2017年12月16日,第2版。

规训性和柔悯性双重功效的特殊刑事制度,以消灭前科记录为手段、帮助前科人员平稳复归社会为目的,科学有效地完成了刑事司法程序的最后一环。前科消灭所具备的功能绝不是单一化的犯罪后遗效果的消除作用,更是代表了国家法治人性化的一面,同时也体现了国家犯罪治理体系的进步,是我国不断推进司法人权保护的典型应用。除此之外,我国深入开展国际方面的人权交流与司法合作,贯彻履行国际方面的人权义务提出具有中国特色的前科消灭制度的构建思路,不仅可以提升我国人权话语的影响力,更多地参与到国际规则制定中,还可为推动世界人权事业发展和重新犯罪治理贡献出中国智慧和中国方案。

三、前科消灭制度的域外考察

(一)域外前科消灭制度立法简介

当前,世界上已有超过30个国家和地区建立起了前科消灭制度。虽然各国对此制度称谓各有不同,有“前科消灭”“犯罪记录的撤销”“刑罚失效”“刑罚的消灭”“复权”等提法,但是其实质和内涵都是相同的,都是指将前科者的前科记录消除,使其能够顺利重返社会。

美国前科消灭立法及实践影响较大,也具有代表性。尽管美国联邦和各州关于犯罪记录消灭的内容不尽相同,但大都对犯罪记录消灭规定了限制条件,一般要求行为人有实质性的改过迁善表现。此外,美国联邦和各州大都允许消灭未成年人犯罪记录、未以判决结案的被告人的犯罪记录、错判案件被告人的犯罪记录。[1]

法国是前科消灭制度的起源地。法国1994年《刑法典》专门以特定的章节对前科消灭制度作出规定。比如该法典第133条规定,以法院判处行为人刑罚的轻重作为此制度的判断标准,也即前科消灭制度只针对法院判处刑罚较轻的犯罪人。相反,若对犯罪人所处刑罚较重则不能适用该项制度。而且法国也对前科消灭制度的后果作出了相应的规定,即无论是法定还是裁定上的复权制度,都会使法院曾对当事人作出过的有罪判决归于消灭,任何人都不能再次提出此判决。若当事人在服刑完毕后再次实施犯罪行为,法院在裁量行为人的量刑时,不得参考之前由于复权而消失的判决。[2]

《俄罗斯联邦刑法典》是世界各国中规定此制度最全面的国家。由于《俄罗

---

〔1〕 参见彭新林:《立足现实构建犯罪记录消灭制度》,载《检察日报》2021年11月2日,第3版。

〔2〕 参见朱琳译:《最新法国刑法典》,法律出版社2016年版,第101页。

斯联邦刑法典》是以其宪法为依据制定的,而宪法以人道主义作为最高的原则,因此,《俄罗斯联邦刑法典》在其条文中规定任何人都有可能消除其前科记录,[1]俄罗斯的前科消灭制度被公认为最彻底的一种制度。

日本是1947年在对《刑法典》修订时增加的关于前科消灭制度的规定,其法典第34条规定"行为人在一定时间段后如果没有被处以罚金以上的刑罚处罚,才可以适用前科消灭制度"[2]。韩国《刑法典》第81条规定,"如果行为人被判处劳役或者有期徒刑的刑罚,在服刑结束后,要将被害人的损失予以弥补,在7年之后,法院可以宣告原来的判决不再发生效力"[3]。

(二)域外前科消灭制度的共性及特点

域外很多国家在20世纪就已制定了前科消灭制度,无论基于何种价值理念、采用哪种制度模式,都具有一些共同的特征:

第一,适用对象的特定性。在适用对象上,大部分国家的要求是表现良好,没有再次触犯刑法,真诚悔罪,经过评估人身危险性已经降低。除了以立法方式明确规定适用前科消灭制度的条件,还有的国家对前科消灭制度的适用对象作出了限制性规定。比如,加拿大规定性犯罪的行为人不能适用前科消灭制度。英国规定如果一个人被法院判处30个月以上的刑事处罚或者被判处终身监禁,不能适用前科消灭制度。[4]

第二,适用条件的法定性。在罪名条件上,仅有少数国家将所有罪名都纳入前科消灭的范围里,多数国家则是根据罪刑等条件划分出可消灭的前科和不可消灭的前科。在适用方式上,有的国家根据刑罚的轻重设定不同的考察期限,有的国家则采取"一刀切"的方式,但基本所有规定前科消灭制度的国家都规定了前科消灭的考验期,犯罪人只有经过了法律规定的考验期,才可以消灭其犯罪前科记录。

第三,适用程序的严格性。大多数国家采用申请消灭的方式。申请消灭一般情况下都会设置一定的条件和程序,行为人在符合法定的条件或者时间后,

---

[1] 参见黄道秀译:《俄罗斯联邦刑法典》,北京大学出版社2008年版,第25页。

[2] 张明楷译:《日本刑法典》,法律出版社2006年版,第47页。

[3] 全国人民代表大会常务委员会法律室编:《刑法总则分解资料汇编》,法律出版社1957年版,第68页。

[4] 参见全国人民代表大会常务委员会法律室编:《刑法总则分解资料汇编》,法律出版社1957年版,第52页。

经过法定程序提出申请,并由法定的机关进行审核和决定。

四、在我国建立前科消灭制度的具体建议

前科消灭制度是指曾受过有罪宣告或被判处刑罚的人在具备法定条件时,经过法定程序,宣告注销犯罪记录,恢复正常法律地位的制度。[1] 我国现在的法律体系没有关于前科消灭制度的具体设计,只有《刑法》第100条第2款规定:"犯罪的时候不满十八周岁被判处五年有期徒刑以下刑罚的人,免除前款规定的报告义务。"此外,2012年《刑事诉讼法》在"未成年人刑事案件诉讼程序"一章中规定了犯罪记录封存制度。2022年5月30日,最高人民法院、最高人民检察院、公安部、司法部印发了《关于未成年人犯罪记录封存的实施办法》等规范性文件对这一制度进行了细化。但该制度仍存在较大局限性,其效力依旧无法与前科消灭制度相比拟。我国应在现有未成年人犯罪记录封存的基础上逐步扩大封存制度适用范围,并进一步探索构建适合我国国情和满足重新犯罪治理需要的前科消灭制度。

(一)合理确立前科消灭制度条件

前科消灭需要满足诸多条件,包括适用对象、主体要件、实质要件等。我国前科消灭制度设定至少应满足5个条件:其一,前科消灭制度应适用于宣告有罪的所有情形,包括判处刑罚、非刑罚处理方法、刑罚后被赦免以及单纯宣告有罪等,这是与前科概念保持一致的需要,也是多数国家的做法。其二,前科消灭制度的适用对象范围宜限于轻微犯罪和未成年人犯罪。轻微犯罪的具体范围限制于被判处5年以下有期徒刑、拘役、管制、附加刑以及免予刑事处罚比较合理。其三,适用前科消灭应设定必要的时间间隔,即在行为人有罪宣告、服刑完毕、被赦免后经过一定的时间才能适用。其四,前科消灭只有在法定的期限内具备法律规定的个人表现条件时才能适用。法定条件和考验期的设置应当与罪名的种类、严重性,刑罚的轻重相关。其五,前科消灭的例外。对社会危害性严重的犯罪应当保有更谨慎的态度,暂不列入前科消灭的范围。例如,危害国家安全犯罪、严重的暴力犯罪、性犯罪、累犯等。这几类罪犯人身危险性较高,改造难度大,仍需要通过前科报告义务等方式对犯罪人进行防卫和考察(见表2)。

---

[1] 参见彭新林:《中国特色前科消灭制度构建研究》,人民法院出版社2019年版,第15页。

表 2 前科消灭条件

主体要件	适用对象	时间要件
主体要件	仅进行有罪宣告但未被判处刑罚,或虽被判刑但因被赦免或免于处罚而未被实际执行的	考验期为 1 年
	单处剥夺政治权利或罚金、没收财产	考验期为 2 年
	轻微犯罪(被判处管制、拘役、3 年以下有期徒刑)	考验期为 3 年
	犯罪时未满 18 周岁	考验期为 1 ~ 3 年
实质条件	考验期间未再犯新罪、表现良好	
例外情形	危害国家安全犯罪、严重暴力犯罪、性犯罪、累犯	

(二)设置前科消灭适用程序

比较其他国家立法,前科消灭的方式主要有法律明确规定、法院具体裁定以及依犯罪人申请三种。建议我国采取依申请消灭的方式,由有权利申请的人直接向法院提起前科消灭申请。法院应该设专人审理前科消灭申请案件,法官依职权调取相关的资料,包括前罪的判决情况、前科者在前科期间表现情况等,然后依法作出是否允许前科消灭的裁决。这也是为保护社会利益所设置的一道"安全阀",以避免前科消灭后前科消灭者再次实施犯罪危害社会。关于法院审查的程序,应该在现有的《刑事诉讼法》的基础上,分别设置针对成年犯罪人和未成年犯罪人的特别程序,专门审查前科消灭的申请。此外,人民法院作出的是否消灭前科的裁决,应当报送检察机关备案,以接受检察机关的法律监督,充分保障前科人员利益。

(三)明确前科消灭法律后果

前科消灭的效力是前科消灭制度的关键。为使我国的前科消灭发挥其应有的制度效应,建议立法上应明确以下内容:其一,注销犯罪记录。这是前科消灭最先涉及的法律效果。注销犯罪记录是指在前科者的档案中删除犯罪记录并封存相关材料。它与我国现行的犯罪记录封存的区别在于其能够永久消灭犯罪记录,彻底消除犯罪记录日后被查询和引用的可能,最终确定犯罪人在法律上的正常人地位。其二,免除前科报告义务。这是前科消灭题中应有之义,因为在注销犯罪记录的情况下,已无前科可供报告。其三,恢复被限制、剥夺的资格与权利。其中包括恢复从事特定职业的资格、监护权,解除禁止令、禁治产等。但是在我国,即使消灭前科,恢复其他权利与资格,法律是否会允许前科者从事法官、检察官、警察、教师等特定职业,仍是一个需要探讨的问题。其四,允许权利救济。

如果他人恶意获取、使用、披露或者散布已消灭的犯罪记录信息造成行为人名誉受损,应当允许前科者提起隐私权侵权之诉,并有权请求损害赔偿。

(四)完善前科消灭配套措施

前科消灭制度的构建必然不能单纯依靠刑法,而是需要宏观地把控我国现行各项相关法律制度,统筹举措,协同协调,使前科消灭制度能够成功地与我国整体法律环境无缝切合、顺利推行。

第一,社区矫正、社会帮教制度的配合。未来前科消灭的对象对社区矫正的适用率较高,因此,应该用社区矫正期间和必要的时间间隔期限来考察行为人的表现。社会帮教制度是为了帮助刑满释放人员回归社会而设置的制度。我们建立前科消灭制度,不仅要在法律上规定其效果,还要在实践中帮助前科消灭者切实解决实际困难,这样才能真正实现前科消灭者的再社会化。实际上,很多国家基本已经形成比较完善的出狱人保护制度,包括住宿场所的提供、医疗及保健的提供、生活辅导、就业就学辅导、金钱的资助等方面。为促使犯罪人顺利回归社会,我们需要吸收已有制度经验,同时将前科消灭制度的制定与现有刑罚执行制度、帮教制度衔接起来,从而构建一体化的罪犯改造回归之路。

第二,户籍、人事档案、政审等制度的改革。我国的户籍制度不仅包括政治、经济与文化教育背景,同时也包含了犯罪前科背景。前科消灭制度的建立势必与该制度形成冲突。因此,我们需要剥离户籍制度中的前科记载事项,一方面恢复户籍的原始记载功能;另一方面也为有前科人员的再社会化卸下一部分包袱。此外,人事档案中也包含了有前科人员的犯罪记录,对其就业等再社会化过程形成了阻碍,也需要作出调整。"任何人不因他人犯罪受到法律处罚",但由于我国建立了政审制度,前科的株连效应会对前科人员亲属的政治状况评价产生不利影响,使其无法通过政审从事特定工作。这不仅不利于家庭的和谐与发展,还与罪责自负原则相违背,建议予以全面清理。

第三,建立犯罪记录登记与查询制度。前科消灭制度的核心在于当有前科人员满足法定的前科消灭条件时,应消除其犯罪记录的记载载体,使其恢复到正常人的法律评价地位。当前,我国公安机关、国家安全机关、人民检察院、司法行政机关分别建立有犯罪记录信息库,但缺少有效的犯罪记录信息互联共享机制。因此,消灭犯罪记录时,还需要处理好各机关建立的有关记录信息库之间的关系,统筹衔接相关犯罪记录信息的消灭,并在时机成熟时,建立统一的犯罪记录登记制度和严格规范的犯罪记录查询制度,为未来构建前科消灭制度提供先决条件。

域外考察篇

本篇主要考察了国外在重新犯罪研究和实践领域的进展与成效，并进行了比较分析与思考。在国际社会层面，对联合国预防犯罪和刑事司法大会预防和减少再犯非正式专家组会议进行了综述，梳理归纳了联合国关于减少重新犯罪的标准和规范、全球关于有效减少重新犯罪的主流观点、方法策略等经验。在国别层面，主要介绍了美国、英国、日本等国家在重新犯罪调查研究、重新犯罪矫正项目干预、重新犯罪预防法律政策方面的新模式、新措施、新进展、新成果，对中外重新犯罪研究状况和重新犯罪率数据结果进行了比较研究。

有效减少重新犯罪的全球经验及启示

周　勇*

减少重新犯罪是国际社会共同面临的问题和挑战，也是世界各国犯罪治理的重要方面和国家刑事司法系统的一项重要职责。减少重新犯罪是2021年3月召开的第14届联合国预防犯罪和刑事司法大会(以下简称联合国预防犯罪大会)及其通过的《关于推进预防犯罪、刑事司法和法治：努力实现〈2030年可持续发展议程〉的京都宣言》(以下简称《京都宣言》)关注的热点话题之一，会上还专门举办了题为“减少重新犯罪：查明风险和制定解决办法”的讲习班。本文拟根据第14届联合国预防犯罪大会研讨、讲习班内容和《京都宣言》等有关材料，对国际社会关于减少重新犯罪的意义、联合国相关标准和规范、有效减少重新犯罪的主流观点和方法策略等的经验进行梳理和解读，并就有关启示和借鉴进行思考，以期为提升我国重新犯罪治理能力、建设更高水平的平安中国和法治中国提供参考。

一、关于减少重新犯罪的意义

一般认为，重新犯罪是指已经成为刑事司法干预对象的人实施新的刑事犯罪。尽管目前还没有关于重新犯罪率的可靠的全球统计数据，但发达国家和发展中国家都存在重新犯罪现象。从数量比例上看，较高的重新犯罪率(国外二年内重新犯罪率为27%～59%，[1]我国20世纪八九十年代三年内重新犯罪率为6%～8%[2])意味着相当多的因之前实施犯罪行为受到过刑罚处罚的刑满

---

* 周勇，时任司法部预防犯罪研究所副所长、研究员、博士。原文载《中国司法》2021年第8期。

〔1〕 See Seena Fazel & Achim Wolf, *A Systematic Review of Criminal Recidivism Rates Worldwide: Current Difficulties and Recommendations for Best Practice*, PLoS One, 2015, 10(6): e0130390.

〔2〕 参见国务院新闻办公室：《中国改造罪犯的状况》，法律出版社1992年版。

释放人员会再次走上犯罪道路。从严重程度上看，由于重新犯罪人员具有报复、仇恨、补偿等心理特征，重新犯罪对社会的危害往往较初次犯罪更为严重，不少系列抢劫杀人案、极端案件等系刑满释放人员所为[1]。从司法成本上看，由于重新犯罪数量较多、程度偏重，势必会占用、耗费更多的刑事司法资源。

减少重新犯罪的价值意义不言而喻。一方面，减少重新犯罪能够使犯罪的受害者人数下降，让社区变得更加安全；另一方面也能够减轻因犯罪案件数量居高不下而带来的令刑事司法系统不堪重负的压力，降低刑事司法系统的财政和人力资源成本。而从更宏远、更广泛的社会经济可持续发展的视野和背景来看，减少再次犯罪对于建立联合国《2030 年可持续发展议程》所设想的和平、包容、可持续的社会至关重要。因此，如何有效减少重新犯罪受到国际社会的广泛关注，并成为各个国家刑事司法系统亟待解决和应对的问题与挑战。

二、关于减少重新犯罪的联合国标准和规范

联合国对减少重新犯罪高度重视，联合国出台的相关国际标准和规范均包含有通过罪犯改造和重新融入社会以减少重新犯罪的内容。《联合国囚犯待遇最低限度标准规则》（以下简称《纳尔逊·曼德拉规则》）强调“判处监禁或剥夺人的自由的类似措施的目的主要是保护社会避免受犯罪之害并减少再犯。唯有利用监禁期间在可能范围内确保犯人释放后重新融入社会，从而能够遵守法律、自食其力，才能达到这一目的”（规则 4 第 1 款），指出“监狱管理部门和其他主管机关应提供教育、职业培训和工作，以及适当可用的其他帮助形式，包括具有改造、道德、精神、社会、健康和体育性质的帮助形式。所有此类方案、活动和服务均应按照囚犯所需的个性化待遇来提供”（规则 4 第 2 款）。对于有特殊需要的女性罪犯和未成年罪犯，《联合国关于女性囚犯待遇和女性罪犯非拘禁措施的规则》（以下简称《曼谷规则》）和《联合国保护被剥夺自由少年规则》强调，在考虑到这些需要的情况下仔细进行个别评估，并制定具体的改造和重新融入社会方案。《联合国非拘禁措施最低限度标准规则》（以下简称《东京规则》）提倡采用非拘禁措施，如缓刑、假释和罚款，并强调一定要让志愿人员和其他社区资源参与到罪犯改造和重新融入社会的进程中。2002 年联合国经济及社会理事会通过的《犯罪预防准

---

[1] 在我国，曾经发生的张某团伙特大系列抢劫杀人案、靳某超石家庄特大爆炸案、杨某海系列杀人案、韩某大兴摔婴案、刘某龙昆山宝马男被反杀案、阳某云湖南衡东故意驾车伤人案等均系刑满释放人员所为。

则》倡导“通过帮助罪犯融入社会和其他预防机制来预防重新犯罪”。

21世纪以来召开的历届联合国预防犯罪大会通过的宣言,包括《关于犯罪与司法:迎接二十一世纪的挑战的维也纳宣言》(2000)、《关于协作与对策:建立预防犯罪和刑事司法战略联盟的曼谷宣言》(2005)、《关于应对全球挑战的综合战略:预防犯罪和刑事司法系统及其在变化世界中的发展的萨尔瓦多宣言》(2010)、《关于将预防犯罪和刑事司法纳入更广泛的联合国议程以应对社会和经济挑战并促进国内和国际法治及公众参与的多哈宣言》(2015)以及在第14届联合国预防犯罪大会上通过的《京都宣言》(2021)均将预防和减少重新犯罪列为重点关注的一项内容。这里仅以《京都宣言》为例作一说明。

《京都宣言》全文共10,000余字,97条。其中涉及减少重新犯罪的条款共有10条(见表1)。具体内容包括:解决监狱问题,改善监狱条件,提高整体效力(第35条、第36条);促进在监狱形成有利于改造的环境(第37条);促进在社区形成有利于改造的环境(第38条);促进建立减少再次犯罪的多利益相关方合作伙伴关系(第39条);提高公众对罪犯重新融入社会的重要性的认识(第40条);促成被判刑人移管(第41条);促进恢复性司法程序的运用(第42条);倡导建设有效、负责、公正、包容的刑事司法机构(第51条、第52条)。

表1 《京都宣言》关于减少重新犯罪的条款和内容

条款	内 容
35	改善审前和审后被拘留者的拘留条件以及监狱、惩教人员和其他相关官员在这方面的能力,包括促进实际适用《联合国囚犯待遇最低限度标准规则》(《纳尔逊·曼德拉规则》)和《联合国关于女性囚犯待遇和女性罪犯非拘禁措施的规则》(《曼谷规则》)的相关规定
36	采取措施解决拘留设施人满为患的问题,提高刑事司法系统的整体效力和能力,包括考虑使用审前拘留和监禁刑罚的替代办法,同时适当考虑《联合国非拘禁措施最低限度标准规则》(《东京规则》)
37	在监狱促进形成有利于改造的环境,包括根据对罪犯的需要和风险的个人评估,设计和实施有效的对待方案,并向罪犯提供职业和技术培训和教育方案,帮助他们掌握重返社会所需的技能
38	在社区促进形成有利于改造的环境,促进罪犯在当地社区的积极参与下重新融入社会,同时适当考虑到保护社会和个人的必要性以及受害人和罪犯的权利
39	促进多利益攸关方伙伴关系以减少再次犯罪,为此促进就业和社会福利机构和地方政府等相关政府机关之间的机构间协调,以及这些机关与社区之间的公私伙伴关系,后者包括支持罪犯长期重新融入社会的合作雇主和社区志愿者

续表

条款	内　　容
40	宣传公众接受罪犯成为社区一员的重要性以及社区参与帮助他们长期重新融入社会的重要性
41	酌情促进移交被判刑人员回本国继续服刑方面的合作,必要时在这方面缔结双边或多边协定或安排,同时考虑到被判刑人员的权利并酌情考虑与同意、改过自新和重新融入社会有关的问题,并使这些囚犯更多了解此类措施的提供情况
42	根据国内法律框架,酌情促进刑事诉讼相关阶段的恢复性司法程序,以帮助受害人恢复,帮助罪犯重新融入社会,防止犯罪和累犯,并且评估恢复性司法程序在这方面的效用
51	确保组成刑事司法系统的执法机构和其他机构的廉正和公正以及独立,并确保公平、有效、问责、透明和适当的司法管理和司法执行,同时考虑到大会和经济及社会理事会的相关决议提到的文件
52	采取有效的立法措施、行政措施、司法措施或其他相关措施,防止、调查、起诉和惩治一切形式的酷刑,结束这方面有罪不罚的现象,并防止其他残忍、不人道或有辱人格的待遇或处罚

三、关于有效减少重新犯罪的主流观点

从联合国有关标准和规范以及通过实践获得的专业知识来看,目前关于有效减少重新犯罪的主流观点主要有以下几方面。

(一)监禁对减少重新犯罪存在正反两方面的影响作用

一方面,监禁对减少重新犯罪存在不利影响。众所周知,仅靠监禁不足以防止重新犯罪,而且由于污名化、限制与外部世界(包括罪犯的家人)的联系以及因监禁带来的风险(人们在监狱中度过太长时间而缺乏社交和生活技能的风险和形成“监狱化人格”的风险)等,监禁对罪犯重新融入社会有很大的不利影响。在某种意义上可以说,监禁带来的不利影响与罪犯重新融入社会、不再重新犯罪的目的之间存在一种悖论。同时,将监禁作为“默认选项”(监禁为中等程度和更严重罪行的主要惩罚措施)的做法势必会导致监狱过度拥挤,不利于维持正常的监狱管理秩序,从而对监狱中改造项目和干预措施的质量和数量产生负面影响。因此,在不损害罚当其罪原则、对社会的保护以及受害者权利的情况下,监禁应作为最后手段来使用。另一方面,监禁对减少重新犯罪存在有利影响。如果监狱管理部门能够采取有利于罪犯改造的管理办法,监禁就会对

减少重新犯罪产生积极的影响，引导罪犯不再实施犯罪行为，因为监禁是让罪犯产生警醒进而改变生活的重要“转折点”。

(二)社区矫正对减少重新犯罪存在正反两方面的影响作用

一方面，社区矫正对减少重新犯罪具有优势。与监禁相比，社区矫正更具成本效益，更有助于罪犯重新融入社会，因为社区矫正既能让罪犯接受必要的干预和支持，同时也能维持他们在社区的生活，进而避免了因监禁带来的障碍。另一方面，社区矫正也存在一些不利之处，如过度使用非拘禁措施，以及在没有适当的社区支持的情况下使用社区矫正，可能会导致大规模监督，从而增加受刑事司法系统控制的人数。同时在社区矫正下，对低风险罪犯过度使用监督可能会因不必要的干预而增加重新犯罪的风险。[1]

(三)良好的监狱环境是改造罪犯的重要条件

要成功改造被监禁罪犯并使其重新融入社会就必须创造有利于改造的监狱环境。被监禁在受严重暴力、吸毒猖獗、有组织犯罪和侵犯人权行为与暴力极端主义意识形态影响的监狱中，罪犯显然难以开启终止犯罪和改造之路。同时，过度拥挤和腐败现象泛滥的监狱环境也不利于罪犯的改造。在过度拥挤的监狱中，由于空间容纳力、基础设施和人力资源不足，无法为罪犯提供量身定制的干预措施、待遇和支持。监狱中发生的腐败现象容易使罪犯对刑事司法系统的公平、正义产生强烈质疑，进一步加剧罪犯的犯罪倾向，增加他们获释后重新犯罪的风险。

(四)有效的改造项目和干预措施是改造罪犯的“利器”

罪犯往往面临一系列社会、经济和个人方面的挑战，例如，曾被社会孤立和边缘化、遭受身体和情感上的创伤或虐待、身体或精神残疾、人际交往能力差或受教育水平低等，这些往往会使他们更加难以重新融入社会。仅仅把罪犯关进监狱并不能防止他们重新犯罪，也不会促进他们改造。如果没有有效的改造方案和干预措施帮助罪犯应对上述多重挑战，他们成功重新融入社会的可能性就会非常低。这些旨在帮助罪犯为重新融入社会做好准备的改造项目和干预措施包括量身定制的身心健康干预措施，如戒毒项目、教育和职业培训课程、心理咨询和治疗、社会心理支持、体育活动、文化创意活动、工作机会和定期使用藏

---

〔1〕 See James Bonta, Suzanne Wallace-Capretta & Jennifer Rooney, *A Quasiexperimental Evaluation of An Intensive Rehabilitation Supervision Program*, Criminal Justice and Behavior, Vol. 27:3, p. 312 – 314 (2000).

书丰富的图书馆设施等。监狱改造罪犯的基本目标是使他们能够在具备有助于防止重新犯罪的技能和态度的情况下重返其社区。改造项目和干预措施旨在通过重点改变罪犯的态度和行为,提高其社会适应性进而使其不再重新犯罪。认知行为疗法是改变罪犯态度和行为的有效方法。教育、职业培训和工作项目使罪犯能够从事建设性的活动,同时获得适用于其未来潜在工作的新技能。研究表明,监禁期间接受教育和职业培训的罪犯与那些没有获得这种机会的罪犯相比,更加不可能重新犯罪,且更有可能找到工作。监狱应努力将职业培训方案与狱外劳动力市场的实际需求紧密联系起来,并与狱外社区的职业培训提供方密切合作。此外,罪犯所处的监狱环境越是与世隔绝和封闭,罪犯就越是难以成功重返自由生活。因此,现代监狱工作的一个重要理念就是,坚持"正常化"(normalization)原则(即狱中生活应尽可能接近社区生活),在监狱内提供尽可能与社会一样的医疗、教育、就业、文员或图书馆服务,以便罪犯释放后重新融入社会。

(五)开展罪犯风险和需求评估是改造罪犯的关键

针对罪犯的改造项目和干预措施需要根据罪犯的风险和需求评估进行量身定做。只有这样,罪犯的改造项目和干预措施才会有针对性、最为有效。在开展风险和需求评估时,除了关注罪犯刑事罪行,还要充分考虑罪犯犯罪史、亲犯罪的态度、亲犯罪的同伴、反社会的人格模式、家庭和婚姻关系、学校或工作关系和表现、药物滥用情况和休闲娱乐活动等风险和需求因素。按照风险—需求—响应性(Risr-Need-Responsivity,RNR)模型,这些与重新犯罪相关的动态风险因素可以帮助预测未来的犯罪,理应成为改造项目和干预措施的靶标。罪犯风险和需求评估还应注意可能影响到狱警等监狱工作人员与罪犯发生联系及监督案件的响应性方面的因素,如动力方面的障碍、否认或弱化罪行、人际焦虑、针对特定性别的文化或族裔问题、沟通障碍、精神残疾或精神障碍和精神病等。此外,当改造项目和干预措施采取"基于能力"(strength-based)的办法来增强罪犯"人力资本"(human capital)(指个人作出改变和实现目标的能力)和"社会资本"(social capital)(指帮助罪犯应对个人挑战以确保其成功重新融入社会的资本,如就业和家庭支助)时,更有可能取得积极成果,降低其获释后参与犯罪行为的可能性。

(六)监狱工作人员素质是改造罪犯的重要保障

在监狱服刑期间,为实现有效干预,需要监狱工作人员训练有素且具备管理和提供干预措施所需的技能和专门知识。监狱工作人员可以在罪犯改造过程中发挥关键作用，鼓励罪犯参加教育和培训活动，并提供其他支持。罪犯与工作人员之间积极的亲社会关系对于成功改造罪犯也至关重要。这一点体现在动态安保的概念中，它侧重于由工作人员基于职业道德创建并维持与罪犯的日常沟通和互动。通常，工作人员与罪犯建立良好的治疗同盟是有效干预的关键组成部分。工作人员与罪犯共同制定改造目标，工作人员表现出的同理心和热情，以及对罪犯的进步给予鼓励和奖励，都能促进罪犯们改过自新。此外，监狱工作人员公开与罪犯沟通的能力和意愿、使用非专制方式以及坚定、公平地对待罪犯应是适当的监狱管理之要素。在社区矫正期间，如果工作人员对社区矫正对象的监督建立在对罪犯的需求、动机和状况的充分评估以及健全的案件管理办法的基础上，就会有助于减少重新犯罪。其中，工作人员与罪犯建立并维持基于信任的人际关系发挥着重要作用。因此，这方面的人员培训和指导对于参与监督的工作人员和志愿人员而言尤为重要。

（七）恢复性司法的作用亟待发挥

在适当考虑到罪犯和受害者的权利和需求并按照恢复性程序严格执行的情况下，恢复性司法方案有助于减少重新犯罪。恢复性司法方案作为处理犯罪的一种灵活办法，可以在刑事司法程序的任何阶段执行，甚至可以独立于刑事司法程序执行。恢复性司法方案通过让罪犯有机会充分了解和认识到其行为的后果，以及这些行为对受害者及其家人和社区成员造成的影响，可以使罪犯更可能对其行为负责并终止犯罪，从而有助于减少重新犯罪。恢复性司法方案采取的灵活的参与式问题解决办法有助于罪犯培养亲社会态度，从而可以减少重新犯罪。当社区成员参与到恢复性司法程序中时，他们的非正式支持可以帮助罪犯学到亲社会行为，从而激励罪犯作出改变。

（八）在改造罪犯并促使罪犯重新融入社会、减少重新犯罪的过程中，各利益相关方的参与不可或缺

罪犯改造和重新融入社会涉及各个方面，仅靠刑事司法机关可能无法完成。被监禁的罪犯获释后重返社会时经常会遇到各种障碍（如就业、住房、吸毒病患者治疗和亲社会支持方面的挑战），这使他们重新开始生活并不容易。利益相关方的参与对于改造罪犯增强其社会适应力，开展社区监督和其他干预措施，协调解决刑满释放罪犯就业、住房、教育、社会福利、保健、家庭和同伴支持等方面的问题发挥着至关重要的作用。利益相关方包括公共部门（国家和地方

各级，以及国际性或区域性机构）、私营部门（包括非政府组织、雇主和同伴支持小组）和个人（家庭成员、专家、志愿人员或社区成员）等。此外，社区和广大公众的理解与合作也是罪犯改造和重新融入社会的关键因素。刑事执行机关，特别是监狱和社区矫正机构，必须让这些利益相关方积极参与罪犯改造和重新融入社会进程，并建立职责明确、强有力的合作伙伴关系。

（九）为罪犯改造和重新融入社会提供持续的支持和服务应关注就业、住房、教育、家庭关系和同伴支持等领域的措施

就业是罪犯成功重新融入社会的一个关键因素，因为就业不仅为罪犯提供收入渠道，还有助于罪犯与社区重新建立联系，并有助于增强他们的自尊、自信和自我效能感。应通过实施职业培训，教授职位申请和面试技能，提供就业安置和职业咨询服务，向雇佣刑满释放罪犯的雇主提供公共补贴，损害赔偿，公共采购优惠以及税款抵免或扣减等措施来解决罪犯的就业问题。缺少合适的住房会带来重新犯罪的风险。许多出狱的罪犯本来就无家可归或出狱后变得无家可归，且面临严重的污名化，包括来自自己家人的污名化，这使他们难以回去与家人一起生活。如果没有适当的住所，就难以维持就业和独立生活。因此，应与社区发展机构、住房主管机关以及非营利性组织合作，向刑满释放罪犯提供住房支助，为其重返社会作好准备。实用读写能力和中学文凭或较高的学位有助于刑满释放罪犯就业和提高社会适应性，需要与公立和私立教育机构建立牢固、持续的伙伴关系，增加罪犯接受教育和培训的机会。罪犯的家人通常是其成功重新融入社会的最重要的利益相关方，因为他们为罪犯提供社会、经济和精神上的支持。因此，必须尽可能地让家庭成员参与罪犯改造过程，在罪犯监禁期间促进他们与罪犯持续联系，及时通知罪犯的获释情况，并在情感、经济和人际关系方面向罪犯的家庭成员提供帮助。同伴支持和指导对罪犯重新融入社会很重要，因为指导者会与罪犯产生同理心，并且他们的意见不太可能遭到质疑。同伴支持的重点在于有利于改善罪犯重新融入社会的态度、精神等因素。

四、关于有效减少重新犯罪的方法策略

为了有效减少重新犯罪，刑事司法系统应将罪犯的改造和重新融入社会问题作为优先关注事项，在罪犯成功重新融入社会的所有阶段和全过程中努力建立有利于罪犯改造的进程和环境。

(一)创造有利于改造罪犯的监狱环境

主要包括:(1)确保监狱管理和案件管理适当,消除监狱中的腐败、过度拥挤和暴力问题;(2)基于风险和需求评估量身定制改造方案和干预措施;(3)提供改造项目、干预措施、教育、职业培训和工作机会,以帮助罪犯发展各项技能,过上遵纪守法的生活;(4)使罪犯能够维持其与社区和家庭的联系;(5)确保罪犯受到公平待遇和尊重,维护其作为人的固有尊严;(6)加强狱警和工作人员能力建设,提高他们在案件管理、改造项目和干预措施实施、与罪犯沟通交流等方面的能力。

(二)采用以社区为基础的促进减少重新犯罪的方法

主要包括:(1)根据《东京规则》和《曼谷规则》,尽可能适用非拘禁措施;(2)开展社会调查和加强法官对监狱的了解,以在审前或量刑过程中充分考虑到罪犯改造问题;(3)采用恢复性司法的程序和方案;(4)基于风险和需求评估量身定制以社区为基础的改造干预措施,充分考虑罪犯和社区的个别情况;(5)通过指导和培训提高社区矫正工作人员和志愿者在人际交往、情感支持、动机改变、行为矫正等方面的专业能力。

(三)采取为罪犯改造和重新融入社会提供持续支持和服务的涉及多利益相关方的多方面方法

主要包括:(1)建立刑事执行机关和公私部门等各方职责明确的合作伙伴关系;(2)在整个过程中,特别是从监狱到社区的过程中,持续提供干预措施和支持;(3)注重解决就业、住房、教育、社会福利、保健、家庭和同伴支持等与罪犯重新融入社会密切相关的问题;(4)充分发挥志愿者及组织的作用;(5)提高公众、私营部门、非政府组织、志愿者、雇主和罪犯家人等利益相关方对罪犯重新融入社会的理解、认可和支持度,营造良好社会氛围。

五、关于我国对有效减少重新犯罪的全球经验的借鉴思考

习近平总书记指出,要借鉴国外法治有益成果。研究国际社会在有效减少重新犯罪领域的成功做法和有益经验,无疑对于进一步提高我国重新犯罪治理效能具有参考借鉴价值。

(一)要充分认识有效减少重新犯罪的重要性

从联合国出台的预防犯罪与刑事司法领域的国际标准和规范以及近些年召开的历届联合国预防犯罪大会通过的宣言来看,有效减少重新犯罪是世界各

国共同面临的问题和挑战，日益受到国际社会广泛关注。在我国，党的十九大和“十四五”规划提出了建设更高水平平安中国的发展目标。预防和减少重新犯罪是建设更高水平平安中国不可或缺的重要组成部分。科学有效地减少重新犯罪是推进平安中国建设高质量发展的必然要求。这就要求我们必须进一步提高认识，高度重视重新犯罪的预防问题，加大研究、立法与实务工作力度，努力探索形成有效减少重新犯罪的思路和举措，不断提高国家重新犯罪治理的效能和有效性，为推进法治中国、平安中国建设作出贡献。

（二）要着力提高减少重新犯罪工作的科学性

有效减少重新犯罪，遵循客观规律是前提。为此，对于重新犯罪及其预防的内在规律，必须要有比较科学准确的认识和把握。在这方面，国外的一些有益观点和做法值得借鉴。例如，应全面认识监禁对减少重新犯罪存在的正反两方面影响，既要看到监狱的改造作用，也要充分认识监禁带来的标签效应、监狱化人格等对减少重新犯罪造成的不利影响。又如，应大力开展罪犯风险和需求评估，这是考察罪犯的改造项目和干预措施是否具有针对性的思路和举措，是不断提高国家重新犯罪治理的有效性的关键。自2016年起，我国监狱系统已部署开展罪犯风险（危险性）评估，但尚未开展罪犯需求评估。一般地，风险评估主要用作关押决策的依据（如高度戒备、中度戒备或低度戒备），同时也为改造提供一定的参考，而需求评估主要用于设立具体的改造靶标（指改造什么），两者对于监狱如何监管和改造罪犯甚为重要。鉴于此，我国监狱系统应在研究论证的基础上尽快开展罪犯需求评估。再如，旨在通过重点改变罪犯的态度和行为，提高其社会适应性进而不再重新犯罪的改造项目和干预措施被公认为改造罪犯的“利器”，是监狱提高罪犯改造质量的重要抓手。尽管我国自2012年启动循证矫正[1]以来，已陆续研发了一些改造项目，但离推广应用还有一定的差距。未来应加大力度，重视并加强改造项目的实践应用，为切实增强改造的科学性、有效性提供有力支撑。

（三）要注重形成减少重新犯罪的合力

减少重新犯罪是一项涉及社会各领域和各方面的系统工程。不论是罪犯改造还是罪犯释放后重新融入社会，仅靠刑事司法系统“单打独斗”很难完成并取得实效。国际经验明确指出，减少重新犯罪的利益相关方，包括公共部门（国

---

〔1〕 参见张苏军：《在循证矫正研究与实践科研项目领导小组第一次会议上的讲话》，载《犯罪与改造研究》2013年第6期。

家和地方各级，以及代表国际或区域的机构）、私营部门（包括非政府组织、雇主和同伴支持小组）和个人（家庭成员、专家、志愿人员或社区成员）等，均应积极参与罪犯改造和重新融入社会进程，建立职责明确、强有力的合作伙伴关系，共同解决罪犯服刑期间和刑满释放后就业、住房、教育、社会福利、保健、家庭和同伴支持等问题，帮助和促进罪犯成为守法公民。面对复杂艰巨的重新犯罪问题，我们一定要树立系统观念，将重新犯罪治理纳入国家经济社会发展和法治中国、平安中国建设全局中进行整体谋划，坚持系统治理、依法治理、综合治理、源头治理和专项治理，注重系统性、整体性、协同性，充分调动各部门、各方面积极性，加强协调配合，努力发挥各自在减少重新犯罪中的应有作用，进而形成有效减少重新犯罪的合力。

联合国预防犯罪和刑事司法大会预防和减少再犯非正式专家组会议综述

张 婧*

2022 年 4 月 6 ~ 8 日，联合国毒品和犯罪问题办公室（The United Nations Office on Drugs and Crime，UNODC）关于“预防和减少再犯罪”专家组会议在奥地利维也纳召开，来自加拿大、意大利、墨西哥、巴西、日本、韩国、泰国、印度、肯尼亚等 27 个国家的司法部门、监狱系统、惩教机构以及国际刑法改革和刑事司法政策中心、联合国亚洲和远东地区预防犯罪和罪犯待遇研究所、欧洲犯罪预防和控制研究所、罗尔·瓦伦堡人权与人道法研究所等国际非政府机构的专家、学者和官员以线上方式参加了会议。中国司法部派员出席会议。会议主要内容为审议讨论《减少再犯示范战略的关键要素清单（草案）》（以下简称《要素清单草案》）。

一、会议概况

预防和减少再犯是 2021 年 3 月召开的第 14 届联合国预防犯罪和刑事司法大会及其通过的《关于推进预防犯罪、刑事司法和法治：努力实现〈2030 年可持续发展议程〉的京都宣言》（以下简称《京都宣言》）关注的重点议题之一。会后，在题为“通过改造和重返社会减少再犯罪”的第 76/182 号决议中，要求联合国毒品和犯罪问题办公室召开专家组会议，讨论减少再犯罪的可行做法，以期制定减少再犯罪的示范战略。为了贯彻落实相关工作，联合国毒品与犯罪问题办公室组织了此次专家组会议，在前期撰写《要素清单草案》的基础上，特邀请

---

* 张婧，时任司法部预防犯罪研究所预防犯罪工作研究室副研究员、博士。原文载《犯罪与改造研究》2022 年第 10 期。

本次会议代表结合各成员国预防再犯实践、相关国际标准及司法实例等，对《要素清单草案》提出修改意见和建议，并在2023年前出台正式文件提交联合国预防犯罪与刑事司法委员会审议。

《要素清单草案》是在综合考虑《联合国囚犯待遇最低限度标准规则》（以下简称《纳尔逊·曼德拉规则》）、《联合国关于女性囚犯待遇和女性罪犯非拘禁措施的规则》（以下简称《曼谷规则》）和《联合国非拘禁措施最低限度标准规则》（以下简称《东京规则》）等相关国际文件的基础上形成的，旨在为各国刑事司法系统提供关于减少重新犯罪的实用指导和应当遵守的联合国标准规范。《要素清单草案》包括引言、关键要素和定义三部分。其中引言和定义主要涉及了预防再犯在刑事司法系统中的意义，示范战略的重点，特殊群体的处遇规则，概念指南等。正文分为6个部分（议题），包括：(1)有效利用刑事司法程序之外的替代办法；(2)有效利用非监禁性措施；(3)改善监禁环境，促进罪犯康复；(4)对罪犯的个性化评估和分类；(5)有效监督和支持社区内的罪犯；(6)评估预防再犯策略的影响。

在为期3天的会议上，各国重点围绕《要素清单草案》上述6个议题进行了充分地讨论和交流，介绍了本国的相关法律和实践，提出了数十项具体规则建议。

二、主要审议意见

（一）对《要素清单草案》的总体评价

与会各国普遍认可制定减少再犯罪的示范战略倡议的必要性，对联合国毒品和犯罪问题办公室的工作表示赞赏。专家们一致认为新战略的制定过程应采取促进国家、地区平等的办法，并充分考虑到各国有效解决再犯问题的资源、体制和基础设施水平的差异。与会专家称，示范战略作为联合国预防犯罪和刑事司法标准的规范之一，应向会员国提供切实和有效的指导。有专家指出，各国定义和衡量再犯罪的方法存在较大差异，这给《要素清单草案》的制定带来了较大挑战。还有专家表示，由于各国在预防犯罪方面面临着各种各样的困难和问题，所以《要素清单草案》通过后的贯彻落实工作依然任重道远。

（二）关于有效利用司法程序外的替代方案

《要素清单草案》指出监狱过度拥挤是当前阻碍创造有利于改造的监狱环境的最大挑战之一。相关资料显示，2019年，全球监狱关押了1100多万人，比

2000 年增加了 25%。[1] 2000～2014 年，被判处无期徒刑的人数增加了近 84%。据估计，全世界目前有 479,000 人正在正式服无期徒刑，121 个国家的囚犯人数超过了官方规定的监狱容纳力。这导致了罪犯的待遇和改造前景出现根本问题，也给管理和照料在监狱中老去和生命垂危的人带来了挑战。在此背景下，《要素清单草案》将制定综合性战略和行动计划，促进各国适用司法程序的替代措施，从而将减少重新犯罪作为优先关注事项。

1. 关于未成年刑事司法替代措施。会上无论是欧美等西方国家还是亚非洲国家都赞成将庭外处置作为少年刑事司法支持体系的核心环节。专家一致认为庭外处置能够避免未成年罪犯进入刑事司法程序，减少污名化和社会排斥等问题。有专家指出与其通过犯罪记录封存制度避免犯罪记录影响罪犯的未来发展，不如通过审前转处使其彻底摆脱犯罪标签的影响，并通过警察、检察官与社会支持机构、社区之间的合作实现对其的保护和教育。还有专家指出当务之急是建立多机构合作的社会支持体系，为审前转处提供足够的支持和服务。

2. 关于转处的适用范围。转处是指将违法者从刑事司法系统转出，以非刑事司法方法处理违法者的措施。有专家指出，转处可以为犯罪人积极改变创造机会，减少未来从事犯罪行为的可能性，但前提是应当谨慎选择适用目标，以便既满足改造犯罪人的需要，也满足保障被害人和公共安全的需要。而有专家认为转处措施的范围不应该仅限定在较轻微的犯罪，立法者应扩大适用转处措施的犯罪类型和犯罪人种类，比如，毒品相关犯罪、无被害人犯罪以及因为精神和身体健康问题直接导致的罪行，均可以考虑将犯罪人从刑事司法领域转处到民事领域。

3. 关于恢复性司法。会上重申了恢复性司法方案在减少再犯罪方面的有效性，认为这既是一种转处，也是对刑事司法程序所有阶段现有干预措施的替代或补充。有专家指出，由于目前许多国家恢复性司法方案普遍由法官和治安法院提出，难以解决在提高此类方案可适用性方面的关切。还有专家指出恢复性司法方案应该适用于刑事司法以外的其他情况，如在学校和社区开展，恢复性司法在处理校园里的打架、小偷小摸、损害公物等方面也能发挥重要作用。

（三）关于有效适用非监禁性措施

1. 关于如何减少监禁。会议主席回顾了数年来制定的各种联合国标准和

---

[1] 参见周勇：《联合国在监禁问题上的立场与观点》，载《犯罪与改造研究》2022 年第 5 期。

规范以及在促进非监禁措施适用方面的最新国际动态，指出决策者和司法部门应积极采取措施将《东京规则》、《曼谷规则》和《曼德拉规则》的规定以及国际和区域标准纳入国内法，以确保非监禁措施得到充分执行。对此，有学者提出不同意见。例如，欧洲犯罪预防和控制研究所前主任莫里指出，拘留设施和监狱人满为患对被拘禁者的福祉造成了严重的负面影响，但监狱过度拥挤并不一定是对司法系统过度依赖导致的，在非监禁措施不太发达或资源稀缺的国家，落实非监禁处遇存在较大困难。许多国家专家指出，各国社区组织的发展差异较大，在《要素清单草案》的制定过程中，应充分考虑到各国刑事司法工作发展的不平衡性。

2. 关于防止歧视问题。受歧视（污名化）是罪犯获释后面临的最直接的问题之一，也是罪犯成功重返社会的最大障碍。专家们一致认为各国应积极制定政策改善出狱人的境况，并强调需要采取全面综合的方法，辅之以包括社区在内的所有利益攸关方参与的战略。有专家指出应着重保障弱势群体的需要，比如，妇女、儿童、精神病人、残疾人等，通常他们再犯罪的可能很小，可以更多地适用转处措施使他们免遭被监禁后的歧视。其他专家指出公众对非监禁措施的原则和效益的认识是关键，所以应加强宣传，提升公众对于加强实施非监禁措施的接受度。

3. 关于能力建设。《要素清单草案》规定“为实现有效干预，监狱必须确保工作人员训练有素且具备管理和提供干预措施所需的技能和专门知识”。专家们一致认为负责监督的工作人员与罪犯之间的关系对罪犯成功改过自新和重新融入社会有显著影响，因此有必要对工作人员进行强有力的培训。专家们强调，示范战略应体现出狱警公开与囚犯沟通的能力和意愿、使用非专制方式以及坚定、公平地对囚犯作出回应等监狱管理应有之要素。会上分享了联合国毒品和犯罪问题办公室帮助某些国家监狱机关加强狱警能力建设，使其能与暴力极端主义囚犯建立亲社会关系的案例。

4. 关于跨部门合作。专家们一致赞同多机构合作对于预防再犯的重要性，呼吁各国政府应承担起责任，促进和鼓励多机构支持的恢复性监禁处置，确保在进行犯罪控制的同时，实现帮助罪犯重新回归社会的目标。多位专家指出，罪犯重新融入社会需要刑事司法系统内外的各利益攸关方建立起伙伴关系，特别是建立刑事司法机构与其他社会机构，包括就业、住房、教育、社会福利机构之间的合作机制，以便罪犯在释放后持续获得必要的支持。有专家指出应通过立法和制定机构间的协定书促进系统的一体化。还有专家提出应特别重视监狱管理部门和缓刑机关之间的合作。

（四）关于监禁环境下的有效康复

1. 关于改善监狱环境。针对《要素清单草案》规定要创造有利于改造罪犯的监狱环境，专家指出，应首先确保安全和体面的监狱条件，并由执业工作人员按照基本人权标准、《纳尔逊·曼德拉规则》和《曼谷规则》为罪犯提供人道待遇。为了实现上述目标，有专家提出，重返社会的准备工作应在监禁后就立即开始，应提供尽可能接近社会的监禁条件，通过监狱外的工作机会或提供社区内的保健和教育服务，帮助罪犯从监狱顺利过渡到社会。还有专家提到应该把犯罪人经历刑事体系的过程当成一次帮助犯罪人的机会，给予他们一定的支持而不是一味地惩罚他们，这样才能使他们产生积极的变化，预防其将来再犯。

2. 关于监禁期间的处遇方案。专家们就如何设计有效地康复和重返社会的方案进行了交流。几位专家反思了世界各地监狱中罪犯的境况以及他们在社会、经济和个人交往等方面面临的挑战，包括被社会孤立和边缘化、身体或精神残疾、人际交往能力差低等，强调仅仅把罪犯关进监狱而不去解决他们的需求，并不能防止他们再次犯罪。针对如何帮助罪犯重新融入社会，专家们指出应量身定制体制性方案和干预措施，包括治疗吸毒病症的方案、体育活动、咨询、社会心理支持、教育和职业培训课程、文化创意活动、工作机会和定期使用藏书丰富的图书馆设施。还有专家指出，应采取为囚犯提供资源和动力的干预措施与服务办法，通过提高“人力资本”（促使个人作出改变和实现目标的能力）和“社会资本”（帮助罪犯应对个人挑战以确保其重新融入社会，如就业和家庭支持），降低他们在获释后参与犯罪行为的机会。

3. 关于监禁期间的家庭联系。对于在监禁期间保持家庭联系的重要性，与会者达成了共识。专家们强调面谈是罪犯与外界社会联系的比书信和电话交流更有效的媒介，应当允许具有亲切感的亲情会见，取消对探视不必要的限制。专家们还交流了关于促进家庭联系的各种措施，例如，将公开联系作为默认的探亲方式、不禁止儿童探视、灵活安排电话探访和探视的日数和时间以满足家庭需求、对负有父母责任的罪犯提供支持、为药物滥用障碍罪犯的家庭成员举办见面会等。专家们还指出，有必要赋予罪犯拒绝某些人探视的权利。

4. 关于监狱的职业培训和改造方案。专家们指出，罪犯改造工作的基本目标是使罪犯能够在具备有助于防止再次犯罪的技能和态度的情况下重返其社区，而教育、职业培训和工作方案在罪犯获取知识和提高罪犯获释后的就业能力以及促进罪犯与社区的积极联系方面都发挥了作用。多位专家强调对关押女性罪犯制定培训方案时,应努力满足妇女重新融入社会的特殊要求,确保女性罪犯有机会参与均衡、全面的活动方案,与保障其未成年子女的最佳利益,并希望联合国能制定相关的操作指南。还有专家指出监狱职业培训和方案的制定必须与国家或劳动力市场的需要一致,并采取防止剥削或虐待的保障措施。

5. 关于加强监狱和社区的联系。专家们强调了从拘禁环境无缝过渡到社区的重要性。多位专家指出,重新融入社会的准备工作应从监狱开始,要确保所有干预措施和支持的连续性和一致性。在这方面,专家们强调了机构间合作沟通的重要性,例如,监狱和监督机构之间就罪犯的医疗和心理健康需求进行合作和沟通。专家们还指出,我们应对被剥夺自由的儿童在释放之前和之后向其提供支助、方案和服务,以促进他们的改造和重返社会。

(五)关于对罪犯的有效评估

1. 关于评估工具。与会专家就罪犯的评估问题进行了深入讨论。专家们普遍认为,完全根据罪犯的罪行进行评估是不够的,基于风险—需求—响应性框架的特定风险和需求因素,包括犯罪史、亲犯罪的态度、亲犯罪的同伴、反社会的人格模式、家庭和婚姻关系、学校或工作关系和表现、药物滥用情况和休闲娱乐活动,可以帮助预测未来的犯罪,应该成为罪犯评估的主要内容。还有专家指出,加强对罪犯重返社会保护性因素的评估具有特别重要的意义。例如,对暴力罪犯再犯罪的评估,不仅要考虑到可能导致再犯罪的个人和环境情况,还要评估帮助罪犯脱离暴力和成功地重新融入社会的弹性因素和干预措施的影响。

2. 关于评估的时间和主体。专家们指出,对罪犯的评估必须是循证的,并且在评估过程中不断加以调整以适应具体需要。关于评估的时间,专家们强调对罪犯的评估应该在罪犯入狱后尽快开展,并覆盖罪犯服刑与社区矫正的全时段。包括:(1)在正式判决或决定对犯罪嫌疑人进行转处决定时;(2)在监督管理开始时;(3)罪犯生活发生重大变化时;(4)提前释放前;(5)在监督措施结束时。各国罪犯评估的主体存在差异,有专家指出,对罪犯评估在本国是由直接管理罪犯的国家工作人员或是矫正机构的专门人员负责。也有一些国家的发言者指出,罪犯的风险评估是主要由社会工作者和心理专家主导进行,但由于在一些国家,没有进行风险评估的主管机构,因此再次强调了机构间合作的必要性。

(六)关于有效监管和支持社区内的罪犯

1. 关于社区监督和不合规情况的处理。专家们一致认为,社区监督不仅是控制和管理监督罪犯,而且包含了管理罪犯带来的风险,获取和安排资源,提供处遇方案以满足矫正罪犯需要,以及发展和维持与罪犯的人际关系等一系列目标。由此专家建议,监督计划应按照经济、相称和合法性这三项关键原则来实施。针对保释监督令、缓刑判决、假释和有条件释放中的法定条件,专家强调这些条件应与罪犯的风险、需要和个人情况相符合,切合实际,因人而异,例如,应考虑到罪犯的工作安排或育儿责任。还有专家指出,这些条件应该规定清楚,避免含混不清,以确保可操作性。并且,应当根据罪犯个人情况的变化和进展,及时审查和修改条件。针对罪犯不遵守非拘禁措施条件的问题,专家们指出,必须通过程序来公平和有效的处理,并考虑罪犯不遵守某些条件的原因,而不是当然地将其视为故意违规行为。

2. 关于电子监控的使用。电子监控给社区执法和人权保障带来的挑战受到了各国的重视。总体上,各国都认为电子监测装置是达到目的的一种手段,在使用电子监测装置时,必须遵守人权标准、比例原则、必要原则和不歧视原则等。专家们强调,在使用电子监控时,应遵守明确的立法和政策规则,以确保这种做法尊重有关人员的权利。此外,与会者分享了各国在使用这些技术时面临的问题,比如对窜改的担忧、覆盖范围不规则、网络监控扩大的风险、技术的资源供应不均、法院和公众缺乏了解以及如何使用这些技术缺乏明确性等问题。会议指出需要制定关于使用电子监测装置的准则或一般规则。

3. 关于社区组织和志愿者的作用。《要素清单草案》和第 14 届联合国预防犯罪和刑事司法大会及其通过的《京都宣言》都强调了公私伙伴关系和社会成员参与追求可持续社会的重要性。专家们指出,仅靠刑事司法机关无法完成罪犯改造和重新融入社会的任务,社会各阶层都需要参与到罪犯重新融入社会的所有阶段。公私伙伴关系和社区的积极参与在协调就业、住房、教育、社会福利、保健、家庭和同伴支持,加强罪犯的人力和社会资本、社区监督和其他干预措施,以及提高认识和技术援助方面发挥着至关重要的作用。多个国家代表强调,各国应积极支持并公开宣传社区组织和志愿人员在执行社区措施方面的贡献。还有专家指出志愿人员应在提高公众对罪犯重返社会重要性的认识方面发挥积极影响,应利用他们在所服务地区的社会、宗教和文化背景方面的专长、技能和知识,开展工作,并提供其必要的财政和人力资源的支持。

(七)关于衡量预防再犯策略的影响

与会专家们就预防再犯的国家战略进行了大量技术性交流,讨论聚焦于再犯数据收集、研究和评价。专家们普遍认为,重新犯罪数据收集和研究是预防再犯罪战略的重要组成部分，各国在此方面已经迈出了相当的步伐。许多专家指出再犯数据在刑事司法决策中变得越来越重要，因此减少再犯罪的长期战略必须包括定期和持续的收集与分析再犯数据，以获得可靠的经验证据基础。专家们指出，可能存在特定国家的再犯罪模式和体制偏见使再犯罪率评估出现偏差，如对少数群体的歧视性待遇，所以对累犯的评估应考虑到这些因素。

专家们还对再犯罪率定义、名词术语、测量方法等方面的规范及配套等问题进行了讨论。有专家强调改进数据和研究的重要性，指出不应仅将再犯罪率作为评价犯罪治理成效的唯一衡量标准，而应该把罪犯在重新融入社会方面取得的积极进展作为评估的重点，例如，将个人在就业、住房、教育、健康和福利等方面取得进展的指标纳入评估体系。有专家强调罪犯的自我报告是衡量再犯罪率的一种有效方式，但也存在效率低、获取难度大等问题，应当引起重视。专家们还强调应充分认识各国在数据收集、研究和评估方面信息共享和国际技术援助的重要性，进一步加强沟通和交流。

专家们一致认为，减少再犯罪的工作需要采取全面和多部门的办法，不仅包括刑事司法系统内部的措施，还包括刑事司法系统外部的措施。许多专家指出，解决犯罪的现有社会根源对于减少累犯十分重要，例如，消除贫困、社会不平等和歧视，呼吁通过示范战略促进相关问题得以解决，这应成为《要素清单草案》的实际举措和价值体现。

三、沟通与交流

会上，多个国家的代表介绍了本国在采取有效措施推动减少再犯方面的国内实例。加拿大介绍了加强现有社区资源及其在管理、监督和支持社区罪犯的特别方案。日本介绍了其加强支援人员和社区组织的力量为从审前拘留中释放的个人提供援助的实践。韩国介绍了出狱人社会保护组织，特别是民间机构和非专门组织发展的现状。肯尼亚介绍了针对女性罪犯社区服刑和帮助其重返社会的做法。

司法部预防犯罪研究所张婧副研究员作为中国司法部推荐专家在会上做了讨论发言。主要内容为：一是围绕“有效利用刑事司法程序之外的替代方法”专题，报告了党的十八大以来，以习近平同志为核心的党中央按照法治方式推进国家犯罪治理体系和治理能力现代化而呈现的新局面，特别是重点介绍了我国持续贯彻宽严相济刑事政策理念，推动少捕慎诉慎押刑事司法政策、认罪认罚从宽制度方面的成绩和经验；二是围绕“有效利用非监禁措施”专题，介绍了我国《社区矫正法》的颁布实施及重要意义，以及近年来中国鼓励和引导社会组织和社会力量广泛参与，努力赢得广大人民群众大力支持，促使社区矫正对象顺利回归社会的进展成效；三是围绕“衡量预防再犯策略的影响”，指出开展重新犯罪问题调查研究，摸清重新犯罪的底数，是科学有效预防重新犯罪的基础性工作，具有十分重要的价值意义，呼吁各国均应建立重新犯罪调查检测长效机制，加强重新犯罪调查统计技术方面的国际交流。会议主席高度评价了中国在重新犯罪治理领域的地位和成就，表示联合国毒品与犯罪问题办公室愿意继续与中国司法部加强合作，共同促进国际重新犯罪治理体系的发展。

重新犯罪研究的中外比较与借鉴

——以英美国家再犯影响因素的研究和实践为参照

张　婧　周　勇*

重新犯罪问题是世界各国共同面临的一个社会问题，是长期困扰刑罚学、犯罪学、社会学的一个理论难题。纵观国内外研究，研究重新犯罪人的发展轨迹，发现导致重新犯罪的相关因素是重新犯罪研究中的一种主流趋势。19世纪中叶国外就开始了这方面的研究，我国对这一课题研究起步较晚，近年来也在国内引起了各界的重视。本文通过对现有文献的回顾和总结，系统介绍了国内外关于再犯因素的主要观点及相关研究进展，以期为进一步开展重新犯罪调查实证研究，建构具有中国特色的重新犯罪理论体系提供参考。

一、英美国家关于再犯影响因素的理论

(一)犯罪生物学理论

犯罪生物学理论是研究犯罪人的生物学特征与犯罪之间关系的理论学说的统称。现代犯罪生物学研究主要有犯罪遗传生物学和犯罪体质生物学。犯罪遗传生物学认为，若干遗传负因使犯罪人形成反社会人格而实施犯罪。如美国社会学家达格代尔对朱克"犯罪家族"的调查、英国学雅各布斯对性染色体异常与犯罪关系的"卡斯泰尔斯研究"等。犯罪体质生物学则从犯罪人的身体结构或功能方面探讨犯罪成因，这方面的研究主要有美国学者伯曼对内分泌异常与犯罪关系的研究、克罗兹和罗斯对睾丸酮水平与犯罪关系的研究、美国学者格卢克夫妇等对体形与犯罪关系的研究等。在犯罪生物学看来，生物学因素是导致重新犯罪的原因所在。

---

* 张婧，时任司法部预防犯罪研究所预防犯罪工作研究室副研究员、博士；周勇，时任司法部预防犯罪研究所副所长、研究员、博士。原文载《河南司法警官职业学院学报》2019年第3期。

(二)标签理论

标签理论是社会反应理论的一个重要分支。该理论认为犯罪是社会互动的产物,国家对犯罪的反应会对犯罪态势造成影响。美国犯罪学家埃德温·利默特开创性的提出了初次越轨行为和继发越轨行为。利默特认为,当初次越轨行为被发现后,犯罪者因为接受了正式的惩罚而被贴上标签,贴上的标签不但不会制止这些行为,反而会增加或扩大这些行为的发生概率。犯罪人觉得自己被主流社会孤立,他们可能去找跟他们同病相怜的人形成亚文化或小团体,导致他们的犯罪行为继续增多,进而成为一名累犯。[1] 标签理论对于解释部分刑满释放人员因为被贴上犯罪人标签进而自暴自弃再次违法犯罪的现象具有较强的说服力。

(三)生命历程理论

生命历程理论自20世纪八九十年代开始应用到犯罪学领域当中。与传统犯罪学理论相比,生命历程理论是以动态的视角研究个体犯罪行为。该理论指出个体犯罪行为的稳定性源于多种危险因素在生命过程中的积累和叠加。比如,少年时期被监禁的经历、教育的中断、社会纽带的断裂、就业的困难以及与越轨或犯罪团体联系的增强等,而这些因素最终导致了犯罪行为从儿童到成年时期的持续性。[2] 生命历程理论视角强调各个生命历史阶段的重要性,以及如何全面地看待不同生命历史阶段之间犯罪行为的联系,因此它对于了解和分析惯犯、累犯和犯罪职业人的形成原因和规律无疑具有重要价值。

(四)危险性和保护性因素理论

危险性和保护性因素理论认为,犯罪是危险性和保护性因素相互作用的结果。所谓危险性因素,是指存在于个人、家庭、学校和社会环境中可能导致或加剧犯罪行为的各种生理、心理及社会等前置性因素。[3] 危险性因素的概念最早源于流行病学研究,指那些增加人们不期望的消极结果发生可能性的相关变量,后被犯罪学领域广泛接受。所谓保护性因素,是指存在于个人、家庭、学校和社会环境中可以抵消危险性因素不良影响,或即使在危急状态下也可以抑制犯罪行为发生的各种生理、心理及社会因素。[4] 保护性因素的引入解释了为

---

〔1〕 See Lemert, Edwin M., Social Pathology: Systematic Approaehes to the Study of Sociopathic Behavior, New York; McGraw-Hill, 1951, p. 134.

〔2〕 See Elder, Glen, H., Jr., *Perspectives on the life course*, in Elder, G., H., Life Course Dymamics; Trajecttories and Transtions, New York; Cornell University Press, 1985.

〔3〕 See Farrington, D. P., *Explaining and preventing Crime: The globalization of knowledge the American Society of Criminology* 1999 *presidential address*, Criminology, 2000, 38(1).

〔4〕 See Walker, H. M. et al., *Integrated Approaches to Preventing Antisocial Behavior Patterns Among School-age Children and Youth*, Journal of Emotional and Behavioral Disorders, Vol. 4:4, p. 194 - 209(1996).

什么一些暴露在多种危险性因素之下的个体并没有发生犯罪行为，这是因为在这些个体周围还存在某些保护性因素，它们能够调节、缓和危险性因素的影响，进而降低了个体犯罪行为发生的可能性。在危险性和保护性因素理论看来，预防和干预再犯应当采用减少危险性因素和强化保护性因素的双重策略。

（五）犯罪整合理论

21世纪以来，西方犯罪学研究向着综合化方向发展。不少学者通过将社会学因素、心理学因素和生物学因素相整合的方式以解释犯罪，创立了多种新的理论。例如，戴尔伯特·埃里奥特将紧张理论、社会学习理论与社会控制理论整合提出合成理论，赫希与瓦特弗雷德森将“低自我控制”与“犯罪机会”两个原因要素结合，提出了一般犯罪理论。这些理论关注同样犯罪现象的不同方面，理论经由整合后，可以构建解释犯罪行为的现实模型。迄今为止，较为全面的模型是法林顿（Farrington）发展的整合理论的模型（见图1）。[1]

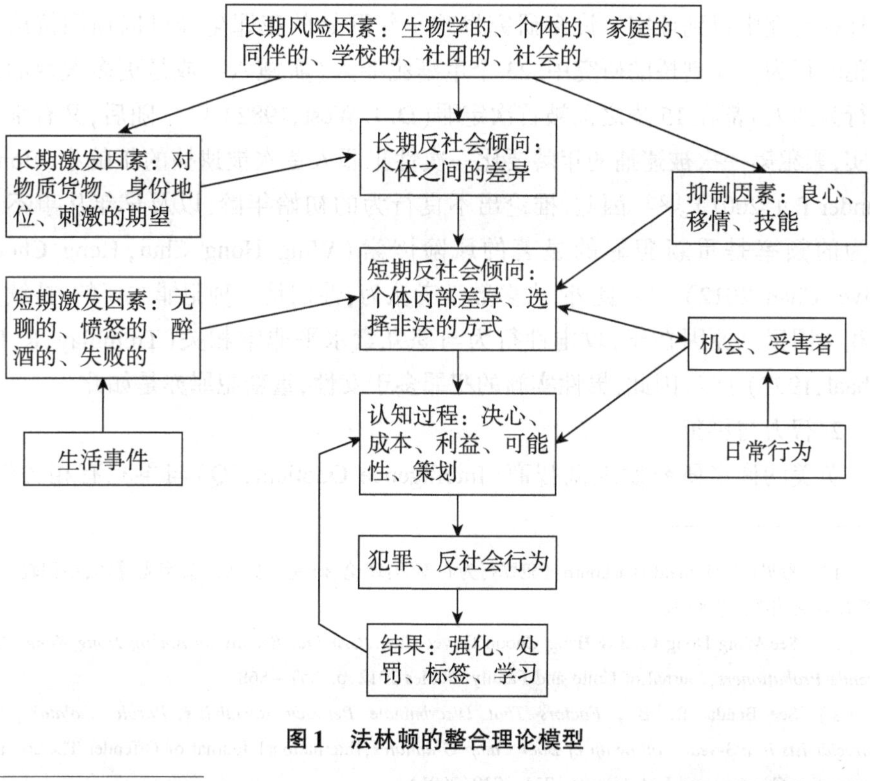

图1　法林顿的整合理论模型

〔1〕 参见[英]詹姆斯·马吉尔：《解读心理学与犯罪——透视理论与实践》，张广宇等译，中国人民公安大学出版社2009年版，第159页。

二、英美国家关于再犯影响因素的研究

犯罪因素是犯罪原因抽象理论的具体化。现代犯罪学一般认为,犯罪原因是一个多质、多层次、多变量的错综复杂的原因系统,其中既有社会、经济、文化等社会因素,又有心理、生理和行为等个体因素。为了更加深入地揭示重新犯罪的生成机制,西方国家的研究者很早就开始了对再犯影响因素的评估研究,由此遴选出了一些重要的致罪因素。

(一)个体、生物学因素

1. 年龄、性别、种族等因素与再犯

个体因素大致可分为人口学变量、生理和心理因素以及个体行为特征。在西方研究中,人口学变量多被视为危险性因素或者需要控制的因素。这些人口学变量包括性别、种族、民族、年龄等。初次犯罪的年龄与再犯的关系已最先在国外的研究中得到证实。许多研究发现早年开始的犯罪生涯可以预测持续性的犯罪行为。在剑桥的研究中,23 个生涯犯罪人(实施六次或是更多次数的犯罪行为的人)都在 15 岁之前被首次定罪(D. J. West,1982)。[1] 随后,又有学者证实,累犯第一次被逮捕的年龄要比一次性犯罪人首次被逮捕的年龄小(Bonta Vander Put,2001)。[2] 因此,推论出不良行为的初始年龄,以及早年从事不良行为的频率是重新犯罪的显著的风险因素(Wing Hong Chui,Heng Choon Oliver Chan,2012)。[3] 此外,大多数学者认为,性别是一种犯罪主要的、持续性的相关因素。原因在于,攻击性行为与睾丸素水平非常相关(Tremblay,R. E. Schaal,1997)。[4] 因此,男性实施的犯罪多于女性,重新犯罪亦是如此。

2. 智力与再犯

英美的许多研究发现低智商(Intelligence Quotient,IQ)与再犯有相关性。

---

〔1〕 参见[英]Ronald Blackburn:《犯罪行为心理学:理论、研究和实践》,吴宗宪等译,中国轻工业出版社 2000 年版,第 89 页。

〔2〕 See Wing Hong Chui & Heng Choon Oliver Chan, *Criminal Recidivism Among Hong Kong Male Juvenile Probationers*, Journal of Child and Family Studies 2012, p. 857 – 868.

〔3〕 See Benda, B. B., *Factors That Discriminate Between Recidivists, Parole Violators, and Nonrecidivists in a 3-year Follow-up of Boot Camp Graduates*, International Journal of Offender Therapy and Comparative Criminology, Vol. 45:6, p. 711 – 729(2001).

〔4〕 参见[美]迈克尔·戈特弗里德森、[美]特拉维斯·赫希:《犯罪的一般理论》,吴宗宪、苏明月译,中国人民公安大学出版社 2009 年版,第 78 页。

如有学者发现：IQ<90 的人中有 20% 成为累犯，IQ 在 91～98 的人中有 9%，IQ 在 99～109 的人中有 5%，IQ>110 的人中只有 2% 成为累犯（West，1973）。[1] 有学者进一步研究了智商与犯罪的关系，发现低智商会影响罪犯对行为的理解和认知，以及应对人际关系和处理问题的能力，从而继续从事反社会行为。[2]

3. 基因与再犯

早期大量的遗传学研究证明，反社会行为在很大程度上受到遗传因素的影响。随着神经生物学的发展，人们越来越多发现犯罪行为与遗传因素存在联系的基因学证据。例如，许多证据显示，自身的基因、染色体等遗传因素对重新犯罪有特异性作用。脑结构、神经递质、激素水平与犯罪具有密切关系（Lewis，1977；Rutttin，1983；Walsh A.，BOLEN J. D.，2012）。[3] 此外，随着脑磁图的运用，最近的研究发现罪犯中存在高比率的异常皮层部位和脑功能障碍，由此削弱了具有暴力行为倾向的个人的控制力，而导致其多次犯罪。[4]

4. 人格与再犯

心理学界普遍认为罪犯的个性倾向、人格特质决定了个体对犯罪的态度和认识，并导致了犯罪行为的发生。有学者用明尼苏达多项个性调查表（Minnesota Multiphasic Personality Inventory，MMPT）对犯罪少年的个性进行测查，发现神经症性得分与精神病性得分差异大的少年成为累犯的可能性大。同时还发现认知差异大的易成为累犯，说明了人格和认知发育的不平衡是许多犯罪少年存在的问题，它可能限制了少年与环境的适应能力，导致其多次犯罪（Lynam D. R.，1996）。[5] 此外，还有不少研究表明冲动性会引起犯罪频率的变化。[6] 例如，有学者发现，累犯比初犯在冲动性量表上得分更高（Como，1977），[7] 与没

---

〔1〕 See Mofllt T. E. & Sllva P. A.，*IQ and Delinquency：A Direct Test of the Differential Detection Hypothesis*，J. Abnomral Psychology，Vol. 97：3，p. 330－333（1988）.

〔2〕 参见［英］乔治·B. 沃尔德等：《理论犯罪学》，方鹏译，中国政法大学出版社 2005 年版。

〔3〕 参见杨波主编：《犯罪心理学》，高等教育出版社 2015 年版，第 63～65 页。

〔4〕 参见刘宗粤：《国外犯罪行为生物因素研究进展》，载《人民检察》2002 年第 11 期。

〔5〕 See Lynam，D. R.，*Early Identification of Chronic Offenders：Who is the Fledgling Psychopath*，Psychological Bulletin，Vol. 120：2，p. 209－234（1996）.

〔6〕 参见［英］Ronald Blackburn：《犯罪行为心理学：理论、研究和实践》，吴宗宪等译，中国轻工业出版社 2000 年版，第 33 页。

〔7〕 参见杨波、张卓主编：《犯罪心理学》，开明出版社 2012 年版，第 27 页。

有假释的罪犯相比,违反假释规定的罪犯在冲动性上得分更高(Cough et al.,1965)。[1]

(二)家庭因素

1.原生家庭与再犯

家庭是社会的基本单位,是人赖以发育成长的环境,家庭对犯罪的作用影响较大(见表1)。国外大量长期研究充分说明,违法犯罪行为通常来源于儿童少年时期,与少年犯罪行为关系密切的家庭因素包括不完整的家庭结构、亲情淡薄家庭、对孩子管教不当、双亲的违法犯罪、家庭矛盾冲突等。[2] 例如,有学者发现在父母离异、分居或者亡故的单亲家庭成长起来的青少年更容易走上犯罪道路(Demuth, Stephen, 2004)。[3] 但进一步的研究表明,不和睦家庭比破裂家庭对犯罪的影响更为显著。例如,有学者通过研究罪犯的童年时代,发现累犯生活在完整但有问题的家庭比生活在破裂家庭中的情况更为多见(Leschied et al.,2008)。[4] 此外,错误的教养方式是导致青少年形成犯罪行为的重要原因。错误的教养方式,特别是经常性的打骂和体罚,对孩子攻击性行为倾向的养成具有不可否认的促进和强化作用(Widom, Cathy S.,1994)(见表1)。[5]

表1 与家庭有关的再犯因素

家庭结构与功能	家庭结构不完整、单亲抚养、家庭经济收入不稳定、家庭功能失调、家庭气氛紧张、亲子关系对立、家庭过度监控、亲子关系疏离、家庭中重大压力事件等因素

---

[1] 参见[英]Ronald Blackburn:《犯罪行为心理学:理论、研究和实践》,吴宗宪等译,中国轻工业出版社2000年版,第159~160页。

[2] 参见杨放如等:《青少年犯罪危险因素、保护因素及其社会生态学预防模式的探讨》,载《实用预防医学》2009年第1期。

[3] See Demuth, S. & Brown, S. L., *Family Structure, Family Processes, and Adolescent Delinquency: The Significance of Parental Absence Versus Parental Gender*, Journal of Research in Crime and Delinquency, Vol. 41:1, p. 58-81(2004).

[4] See Leschied, A. W., Chiodo, D., Nowicki, E. & Rodger, S., *Childhood Predictors of Adult Criminality: A Meta Analysis Drawn from the Prospective Longitudinal Literature*, Canadian Journal of Criminology and Criminal Justice, 2008, p. 435-468.

[5] See Widom, Cathy S., *Childhood Victimization and Adolescent Problem Behaviors*, in Adolescent Problem Behaviors, edited by Robert D. Ketterlinus and Micheal E. Lamb. Hillsdale, NJ: Lawrence Erlbaum, 1994, p. 88.

续表

家庭关系	亲属具有相同或其他危险行为，在此环境下学会吸毒等危险行为；以吵架、打架的方式，暴力解决不愉快事件；亲属关系疏离、不睦、易起纷争，手足关系不良，受家庭暴力影响而"以暴还暴"；家庭中情感联系薄弱，缺乏亲情，对亲属纷争反感，不想回家，更愿意在外流浪等
教养方式	以极端、严厉的打骂为主要管教方式，相处易起争执；家庭未阻止其子女从事危险行为或虽阻止但缺乏有效约束力；父母管教方式不一致，父母未制止其子女从事违反校规或法律之事；父母吸毒、吸烟等不良行为的示范作用，其子女对父母自身危险行为的学习与模仿

注：本表内容参考 Farrington et al.（2009）；Mecord（1979）；Robins（1979）等人的研究。

2. 婚姻与再犯

研究表明，结婚会对犯罪人产生明显的直接影响。例如，有学者发现，当一些男性变为丈夫和父亲时，他们很有可能结束他们的犯罪生涯，从而在婚姻与犯罪之间出现一种负向的因果联系，同时也在丈夫或父亲身份与犯罪之间呈现出一种负向的因果联系。[1] 有学者对此进行了更深入的研究，认为婚恋对象及其配偶是根据能够相容的兴趣、行为和生活方式而相互选择的。选择与不犯罪妻子结婚的男性在追踪研究期间较少再去犯罪。[2]

（三）学校与社会因素

1. 同伴因素与再犯

同伴，是指在年龄、地位、兴趣方面与自己相近的平辈。研究发现，有违法的同伴对青少年犯罪行为而言是一项重要的风险因素。同伴影响犯罪发生的行为有：吸烟吸毒、出入不良场所、加入帮派、酗酒、群殴抢劫等（Elliot，2004；Thornberry，1998）。[3] 其中，青少年加入犯罪团伙则会明显增加其犯罪量，而且其犯罪活动的严重程度也会大大升级。[4] 因为，团伙中同伴的交流和影响会使违法犯罪人形成某种犯罪行为的偏好，如吸毒、攻击性的暴力行为、盗窃等，并使其无论是在观念上还是在行为上都很难再融入其他群体中（Gorden，

〔1〕 参见［英］Ronald Blackburn：《犯罪行为心理学：理论、研究和实践》，吴宗宪等译，中国轻工业出版社2000年版，第179页。

〔2〕 参见［美］迈克尔·戈特弗里德森、［美］特拉维斯·赫希：《犯罪的一般理论》，吴宗宪、苏明月译，中国人民公安大学出版社2009年版，第96页。

〔3〕 参见［英］菲德律·罗塞尔：《儿童和青年的严重暴力反社会行为的危险因素》。转引自刘建宏主编：《国际犯罪学大师论：犯罪控制科学1》，人民出版社2012年版。

〔4〕 参见李崇：《青少年犯罪的危险因素》，载《犯罪研究》2017年第1期。

Rachel A. ,2004)。[1]

2. 学校因素与再犯

学校因素包括学业成绩和品格培养、教师给予的支持和指导、学校氛围和校园环境的安全性、父母对成绩的态度、校园暴力等(Hawkins et al. ,1998; Mccord and Ensminger,1997;Moffitt et al. ,1996)。[2] 学校因素会增加青少年再犯的风险,对此,有学者提出了犯罪的发展路径:例如,Elliot 提出了"家庭关系或学校关系紧张——家庭和学校的联系减弱——与不良同伴的联系增强——学习不良行为——犯罪"的发展路径。[3]

3. 社会因素与再犯

社会因素涵盖了社会经济地位、参与社会活动与工作的机会及其回报、邻里关系、社区整体环境等(Stouthamer-Loeber,2002;Lober et al. , 2008)(见表2)。[4] 英国的许多研究均表明累犯的形成与其社会经济地位有一定的相关性(Rutter et al. ,1979; West,Ouston,1983)。[5] 贫穷的犯罪人更容易继续犯罪。但也有学者认为这种预测作用是间接的,社会经济地位作为一个单独因素,其影响力较小。犯罪的发生是多种生理、心理的和社会环境因素共同作用的结果。这些因素的大量累积激化了问题行为,使其发生连锁反应(Losel, 2001)(见表2)。[6]

---

〔1〕 See Gorden Rachel A. Benjamin B. Lahey Eriko Kawai,Rolf Loeber,Magda Stouthamer Loeber, and David P. Farrington, *Antisocial Behavior and Youth Gang Membership: Selection and Socialization*, Criminology,Vol. 42:1,p. 55 -88(2004).

〔2〕 参见杨放如等:《青少年犯罪的危险因素、保护因素及社会生态学预防模式的探讨》,载《实用预防医学》2009 年第 1 期。

〔3〕 See Ronaldi A. , *Criminological Theories Introduction,Evaluation,and Application*,Los Angeles, CA:Roxbury Publication,2004.

〔4〕 参见[美]大卫・P 法林顿:《违法的风险因素和保护性因素》。转引自刘建宏:《国际犯罪学大师论:犯罪控制科学 1》,人民出版社 2012 年版,第 61 ~64 页。

〔5〕 See Farrington,D. P. ,*Explaining and Preventing Crime: The Globalization of Knowledge.* The American Society of Criminology, 1999.

〔6〕 See Lösel, F. , Bliesener, T. & Bender, D. , *Social Information Processing, Experiences of Aggression in Social Contexts,and Aggressive Behavior in Adolescents*,Criminal Justice and Behavior,Vol. 34: 3,p. 330 -347(2007).

表2 与社会有关的再犯因素

危险领域	相关因素
同伴因素	结交行为不端的群体、犯罪团伙
学校因素	旷课、辍学、不满足毕业资格、父母不关心学业、不良的学校风气
社会因素	娱乐活动,大众媒体的暴力信息,职业困难、就业困难,无秩序社区、已获得武器、暴力和毒品的环境

注:本表内容参考 Hawkins er al. ,1998;Mcord and Ensminger,1997;Moffittet al. ,1996;Elliot,2004;Reiss and Farrington,1991;Thornberry,1998。

(四)监禁因素

监狱的价值之一在于控制服刑人员再次犯罪。然而研究发现,监禁可能强化了罪犯的监狱人格,给服刑人员的重新社会化带来了消极影响(见表3)。多数研究认为,有违法犯罪前科者更容易延续过去的行为,违法犯罪起始年龄越早,违法犯罪次数越多,犯罪持久性越长。[1] 这是因为一个人的反社会风险蕴含在他的经历和遭遇之中,是一种劣势积累和负向强化的过程。[2] 多次犯罪或身处犯罪圈内会增强罪犯对犯罪的认同感和对刑罚后果的钝感,从而强化犯罪模式。出监狱后不可避免地面临社会孤立、社会歧视和社会技能丧失的情况更加强化了罪犯的反社会交往和反社会行为(见表3)。[3]

表3 与监禁有关的再犯因素

影响因素	监狱对服刑人员的消极影响
教育	使服刑人员原来所受教育落伍,强化其消极观点
就业	使服刑人员失去现有的工作岗位;强化服刑人员对劳动"无聊、收入低的看法";逐步使服刑人员劳动技能落伍
毒品与酒精使用	可能使服刑人员在监禁期间少用毒品或者不用毒品,但也可能使服刑人员出狱后"使毒补偿"
精神与心理	可能使服刑人员产生精神疾病,或者加重其精神疾病

---

〔1〕 See Farrington,D. P. ,*Human Development and criminal Careers*,in(ed.) Crime,Deviance and Society,Greenwich University Press,1996,p. 238.

〔2〕 参见[美]艾德温·萨瑟兰、[美]唐纳德·克雷西、[美]戴维·卢肯比尔:《犯罪学原理》(第11版),吴宗宪等译,中国人民公安大学出版社2009年版,第176页。

〔3〕 参见[美]罗伯特·J.桑普森、[美]约翰·H.劳布:《犯罪之形成——人生道路及其转折点》,汪明亮等译,北京大学出版社2006年版,第16~18页。

续表

影响因素	监狱对服刑人员的消极影响
社会态度与自我控制	强化服刑人员对社会与被害人的消极态度
监狱化	严格的纪律与单调的交往可能损害服刑人员的思考能力,使服刑人员之间的关系密切
生活技能	使服刑人员个人生活能力下降
住所	可能使服刑人员丧失住房
经济	使服刑人员经济能力受到极大的影响
家庭关系	使服刑人员家庭关系紧张,甚至破裂

(五)保护性因素

研究发现,通过增强特定的保护因素或者采取相应的干预措施,能够消除特定的危险因素或者抵消其带来的负面影响,从而阻断犯罪的发生。例如,有学者认为,即使是最顽固的罪犯也是会改变的。在成年时期发生的某些事件,例如,参军、恋爱、结婚以及找到一个稳固的工作,都会成为罪犯生命中的转折点,改变短期犯罪者甚至是长期犯罪者的生活轨迹。[1] 从已有研究来看,犯罪的保护性因素主要包括:乐观进取、自控力、高家庭亲密度、积极邻里影响和同伴榜样、稳定的就业、较多的亲社会参与机会、有效的社会规则和扶助政策等(见表4)。[2]

表4　关于再犯罪行为的保护性因素

生物/个体	没有行为异常的亲属、没有基因易损倾向、神经正常和荷尔蒙功能正常
家庭	收入稳定、家庭和睦、被家人认可、父母监督到位、具备连贯性、正面的学习榜样、关怀持续、受到家庭支持
学校	团结,有侵犯性行为的学生数量少,有完善的接纳体制
同伴	无行为不端的同伴,有来自亲社会的朋友的支持
社区	不被边缘化,生活在融合的、无暴力的社区环境,有专业人员援助

---

〔1〕 参见[美]罗伯特·J.桑普森、[美]约翰·H.劳布:《犯罪之形成——人生道路及其转折点》,汪明亮等译,北京大学出版社2006年版,第19页。

〔2〕 参见金灿灿等:《青少年的社会适应:保护性和危险性因素及其累积效应》,载《北京师范大学学报(社会科学版)》2011年第1期。

续表

生物/个体	没有行为异常的亲属、没有基因易损倾向、神经正常和荷尔蒙功能正常
环境	保护目标强化、被害人援助服务、社会控制
法律	有效的枪支、毒品管理政策,有效的刑事司法干预措施
文化	低暴力、传统的道德价值认同、羞耻—负罪感指向、媒体暴力信息少

注:本表内容参考 Friedrich Losel 的研究。

三、国内关于再犯影响因素的研究

近年来,我国也开始重视对刑满释放人员再犯因素的研究。许多监狱部门和理论工作者针对我国的国情、犯情,对影响再犯罪的可能因素作出了一些初步探索。其中具有实践意义的研究主要有以下两类。一是专家学者运用定量分析方法开展的重新犯罪实证研究。例如,天津社会科学院周路、从梅教授主持的重新犯罪的调查研究;浙江警官职业学院黄兴瑞、孔一对刑释人员再犯风险评估量表(RRAI)的研制进行了深入的探讨。二是在我国部分省市监狱系统对刑事人员再犯预测量表的研制的研究,以上海、江苏最有代表性。[1]

尽管我国学者的探索存在地域的差异、视角的不同,但仍揭示了共同的影响重新犯罪的因素,主要集中在以下几方面(见表5):

(一)犯罪和服刑经历

犯罪和服刑经历主要是指罪犯过去的犯罪前科和服刑经历对其重新犯罪的影响。许多学者认为重新犯罪是犯罪积累导致的,他们确定了8个预测重新犯罪的风险因素:第一次犯罪情况,第一次受刑情况,出狱一年内越轨情况,第一次出狱情况,其他相关因素(早年家庭情况、早年行为等)(黄兴瑞等,2004)。[2] 有学者根据有关犯罪生涯的研究结果指出,成年早期遭受的行政处罚的强度、第一次犯罪类型、手段迷乱强度等因素对于持续犯罪来说具有重要

---

〔1〕 上海市预测量表包括14项预测因子,具体涉及案由、刑期、文化程度、学习表现、婚姻情况、出狱年龄、出狱后再犯罪时间、是否团伙犯罪、前科劣迹、是否异地改造、监管机构内表现、就业情况、帮教情况、是否涉毒等因子。江苏省预测量表将因子选定为9大类69项,9大类是:自然情况、犯罪和刑罚情况、犯罪前个人经历和社会生活状况、家庭状态、生物生理状况、精神心理状态、成瘾状况、狱内认知、服刑状态和现实表现。

〔2〕 参见黄兴瑞等:《再犯预测研究——对浙江罪犯再犯可能性的实证分析》,载《犯罪与改造研究》2004年第8期。

的指标意义(曾赟,2011)。[1] 有学者认为过度的国家社会控制和社会剥夺是导致重新犯罪的重要变量,重新犯罪导致了回归控制,回归控制制造了新的犯罪,新的犯罪又强化了回归控制(孔一,2002)。[2]

(二)早期不良行为和交往

早期不良行为和交往主要指罪犯早年的不良的品行表现、学业表现和不良交往等。许多研究发现,绝大多数持续终生的罪犯在早期就表现出不良的行为问题。学者们认为,未成年人违法犯罪的发展轨迹以"离校或辍学"为分界点(曾天德等,2009);[3]小学四五年级进入青春期后,不良行为开始出现;13岁、14岁、15岁是不良行为的爆发阶段;16岁是被司法机关绳之以法的高峰年龄(屈智勇,2007)。[4] 从罪犯的犯罪发展事件的平均发生年龄来看,罪犯的人生轨迹是7.4岁入学、14.9岁退学、16.5岁就业、18岁初犯、20岁重犯(周路,2003)。[5] 有学者进一步指出犯罪发展轨迹的八个源头,即过度追求兴趣爱好、沉迷网络、崇尚哥们"义气"、家庭破裂、父母冲突、教养方式不一致、养父母家庭以及与学校联系减弱(赵景欣等,2012)。[6]

(三)家庭影响与支持

家庭影响与支持主要指罪犯的家庭教养方式以及出监后的家庭状况和接纳程度。调查发现,有56.1%的重新犯罪人是未婚,较非重新犯罪人高出5.9%;还有13.6%的重新犯罪人是离婚和再婚。婚姻状况的不稳定直接影响刑释人员的心理、情绪和生活态度,而且较高的未婚率使得这些刑释人员缺乏来自家庭的约束力。另外,在重新犯罪人家庭环境中存在父母离异和家庭成员之间冷漠不和睦的现象,甚至57.0%的重新犯罪人员回归社会后没有受到家庭的教育(从梅,2011);刑释后,罪犯父母不知道子女在外行踪的比例高达57.1%(曾赟,2011)。家庭对罪犯失去了约束力和亲和力,对罪犯重新犯罪有着直接

---

[1] 参见曾赟:《服刑人员刑满释放前重新犯罪风险预测研究》,载《法学评论》2011年第6期。

[2] 参见孔一:《重新犯罪社会原因检讨》,载《中国刑事法杂志》2002年第5期。

[3] 参见曾天德、龚瑛、何燕平:《未成年人犯罪发展轨迹及其形成机制的实证研究》,载《青少年犯罪问题》2009年第5期。

[4] 参见屈智勇、邹泓:《青少年犯罪的基本特点及发展轨迹研究》,载《中国青年研究》2007年第1期。

[5] 参见周路:《青少年罪犯群体人生轨迹实证研究》,载《青年研究》2003年第11期。

[6] 参见赵景欣、杨菲菲、张文新:《青少年犯罪的发展轨迹和狱内改造的保护因素》,载《中国特殊教育》2012年第9期。

的影响。

(四)社会适应方面

社会适应方面主要包括罪犯的社会认知能力、合法的谋生技能及社区帮教等。研究表明,重新犯罪人群中初中以下文化程度的占84.1%,其中包括6.4%的文盲。64.2%的重新犯罪罪犯没有稳定的收入,78.4%的重新犯罪罪犯没有工作或工作不稳定(从梅,2011)。[1] 刑释人员普遍文化程度偏低,缺少谋生能力和竞争力。罪犯的文化程度、有无职业和职业的稳定性是重新犯罪人走上犯罪道路不可忽视的重要因素(王志强,2010)。[2] 出狱后家庭经济窘迫、就业困难、受原不良朋友和其他刑释人员影响是罪犯刑释后影响其再犯的主要原因(广州市监狱课题组,2009)。[3] 还有学者指出,帮教安置工作难以真正落实,给刑释人员重新回归社会带来很多困难(郑祥,2008)。[4]

(五)人格和心理方面

人格和心理方面主要包括罪犯的冲动性和反社会性的人格特征。调查显示,青少年重新犯罪群体存在不关心别人、缺乏同情心、是非感弱、罪恶感差等特征(郭开元,2013)。[5] 有学者指出罪犯的特定人格特征、犯罪风险知觉、敌意态度是评估和预测重新犯罪的较好指标(宋胜尊、章恩友、傅小兰,2006)。[6] 还有学者认为,服刑人员隐重新犯罪态度与其重新犯罪风险呈显著正相关(王品卿,2015)。[7]

---

[1] 参见从梅:《重新犯罪实证研究》,天津社会科学院出版社2011年版,第69页。

[2] 参见王志强:《重新犯罪实证研究》,载《中国人民公安大学学报(社会科学版)》2010年第5期。

[3] 参见广州监狱课题组、黄冬荣:《对250名重新违法犯罪人员的调查报告》,载《犯罪与改造研究》2009年第8期。

[4] 参见郑祥:《论扼制重新犯罪与刑罚执行改革》,载《犯罪与改造研究》2008年第6期。

[5] 参见郭开元主编:《预防青少年重新犯罪研究报告》,中国人民公安大学出版社2013年版,第33~37页。

[6] 参见宋胜尊、章恩友、傅小兰:《重新犯罪风险评估的理论与方法》,载《河南司法警官职业学院学报》2006年第4期。

[7] 参见王品卿:《重新犯罪风险评估量表的编制及其影响因素的实证研究》,闽南师范大学2015年硕士学位论文,第56页。

表 5　国内研究中筛选出的预测再犯因子

预测因子	因子出现频率
1. 犯罪和服刑经历(犯罪累积次数、释放到重新犯罪的时间等)	高
2. 犯罪前不良交往和行为问题	高
3. 家庭状态与家庭联系(父母、配偶等)	高
4. 反社会人格和心理	高
5. 成瘾状况	高
6. 职业技能和工作	高
7. 年龄	高

四、国外再犯影响因素研究对我国的借鉴意义

(一)加强基础理论研究,构建自主、独立的犯罪理论体系

犯罪学的理论体系,关系到犯罪学的成熟和发展,关系到犯罪学的学术价值和实践意义。[1] 实践证明,即使是注重经验的犯罪实证研究,也离不开犯罪理论做支撑,而研究成果的应用和转化也必须经过理性经验的总结才能上升为犯罪学理论。国外关于重新犯罪原因的学派及理论有很多,如犯罪心理学派、犯罪社会学派、犯罪生物学派,可谓学派林立;各种犯罪学理论,如社会结构理论、社会化过程理论、社会冲突理论等,其内容非常丰富。这些理论在反复的检验中不断修正发展,为研究重新犯罪因素提供了有力的理论支撑,也极大地丰富了重新犯罪因素研究的视野和内涵。而我国关于重新犯罪理论的研究发展相对滞后,大多数实证研究未做到去伪存真、综合吸纳和革新创造,致使犯罪原因研究的基础并未夯实,难以对实证研究工作加以指导。

中国关于重新犯罪研究的基础理论必然要求具有本土化特征,包括本土性的概念范畴、理论框架等。因此,在未来的研究中,要大力提倡和推进对我国重新犯罪原因的探讨。在借鉴国外理论时,要对国外的观点和其提出的各类影响重新犯罪的因素在我国现实中进行验证,并在此前提下对其修正、丰富和完善,形成更贴近我国实际的、更加精确的犯罪学原因理论,为构建自主、独立的中国犯罪学理论体系打下基础。

(二)多层面、多维度考察犯罪相关因素,拓展重新犯罪的研究视域

影响重新犯罪的因素是多方面的,这决定了我们应当从法学、社会学、教育

[1] 参见康树华:《论中国犯罪学研究现状》,载《法学论坛》1997 年第 3 期。

学、经济学、生物学等多学科的角度进行综合研究。现代科学的研究趋势是提倡自然科学和人文科学的理论和方法的整合,提倡多元的研究视角,这样才能开阔研究的范围和内容,拓展研究的深度,更好地解决实际问题。目前,我国研究重新犯罪的影响因素时,大体上局限于法学、社会学等人文科学的视角上,缺少西方那样关于生理、生物等自然科学方面因素和相关保护性因素的探讨,研究内容上存在偏狭。当前,脑科学、医学还有心理学研究都取得了很大的进展,我们在研究重新犯罪影响因素的时候,必须关注这些领域的新进展,不断吸纳其他学科的新知识,为犯罪因素的研究提供多元化的理论支撑,从而保障我国犯罪解释理论的科学性、前沿性。

(三)提升实证研究水平,形成科学化的重新犯罪实证研究机制

犯罪因素是一种微观规律,而微观犯罪规律的发现必须依赖于实证研究。西方国家的再犯因素研究先是提出理论假设,然后创设调查问卷与测量工具进行调查研究,再运用成熟的科学统计软件进行分析,最后得出结论对理论加以验证,这是一个完整的实证分析研究范式。当前我国的犯罪实证研究方法已经受到了肯定和重视,但是在重新犯罪的研究中,还很少有研究者能够自觉地去运用规范的实证研究方法,大部分研究将实证等同于问卷调查和简单的统计描述。对于研究结论,既缺少长期的跟踪调查,也较少对各因素的科学性进行严谨的验证分析,使得许多对于重新犯罪有价值的内容未能充分展现,对犯罪治理的贡献有限。

因此,未来的重新犯罪因素研究在强调实证研究方法的必要性与重要性的基础上,要更加注重实证研究方法的普及,加强实证方法操作、技能、运用的专门训练,力求以缜密、严格的精神探究其可能的影响因素,并能综合运用实验、档案研究、个案访谈等方法,更加全面、系统地进行实证检验,促进重新犯罪因素研究朝科学化方向发展。

(四)开展重新犯罪问题调查,建立国家统一的重新犯罪数据库

官方的犯罪调查与统计是揭示犯罪现象规律的重要方法,客观、全面的犯罪统计体系能够为政府和研究者提供较为可靠和全面的犯罪数据。在西方社会,尤其是美国、德国、英国、加拿大这些西方国家,其犯罪研究的发达与其官方犯罪统计数据的公开具有直接关系,如美国的《统一犯罪报告》(Uniform Crime Reports)和《国家犯罪被害人调查》(National Crime Victimization Survey)。这些国家的犯罪调查统计实践,对于研究重新犯罪问题起到了重要的借鉴和参考

作用,大大提高了研究的效率和科学性,发挥了有效预防和控制犯罪的作用。与国外相比,我国的重新犯罪统计分析制度和相关工作相对滞后。目前,我国还没有建立关于重新犯罪的有效的资源整合和发布平台。公、检、法、司等部门虽各有一套犯罪统计制度,但在统计指标上不够规范和统一,缺乏与国际社会所使用数值进行直接对接和比较的基础。而关于全国性的重新犯罪问题调查和有关数据还停留在早期,无法为当前实证理论研究提供有效依据,导致我国的重新犯罪研究水平有待提升。

未来研究中,一方面要开展全国性的重新犯罪问题调查,更加全面、系统地认识我国重新犯罪现象,揭示重新犯罪的原因和规律;另一方面,要建立国家统一的重新犯罪数据库及监测分析制度,动态监测重新犯罪数据,填补我国近年来在重新犯罪统计方面的空白,为制定未来的国家犯罪治理战略、改革完善相关政策制度和相关理论研究提供支撑。

成年犯矫正项目循证研究

——如何有效降低重新犯罪率

葛向伟*

循证刑事司法项目的目标类似于循证医疗，为通过执行有效的项目和政策来改善刑事司法制度。循证研究成果的一个重要功能就是淘汰那些无法达到预期效果的项目。成功的矫正政策应当把主要矫正资源集中投入到经过循证研究被证明是有效的项目中，同时还应当避免无效项目的实施。

为了评估美国华盛顿州罪犯责任法案(Washington's Offender Accountability Act，OAA)，华盛顿州公共政策研究所于2006年对成年罪犯循证矫正项目进行了一次全面研究。OAA于1999年通过，规定了如何对重罪成年犯进行社区监管。在广义形式上，OAA对华盛顿州矫正部门的两项工作进行指导：一是根据再犯风险和犯罪行为造成的社会危害，对重罪罪犯进行分类。二是对高风险罪犯的矫正分配更多的人力资源和改造资源，相应地缩减低风险罪犯的矫正资源。立法机关批准OAA实施时，对其提出的目标是：降低社区罪犯的再犯风险。为了确定OAA是否起到了降低成年罪犯重新犯罪率的作用，立法机关要求华盛顿州公共政策研究所对OAA的作用进行评估，最终目的是确认在众多的循证项目中哪些项目能够有效降低成年犯的重新犯罪率，帮助华盛顿州的决策者完善该州成年人刑事司法制度。

一、研究对象

华盛顿州公共政策研究所对40年来在美国和其他英语系国家实行的成年

---

* 葛向伟，时任司法部预防犯罪研究所国外犯罪与刑事司法研究室助理研究员。原文载《犯罪与改造研究》2012年第9期。

犯矫正项目的评估资料进行了一次综合的统计学审查,具体研究对象具体涉及多个类别的 291 个成年犯矫正项目,包括毒品法庭、训练营、性犯罪人治疗项目、矫正企业就职项目等。需要指出的是,在 291 个项目中,只有少数几个是华盛顿州实施的成年犯矫正项目,而且几乎所有项目都是美国其他各州正在实施的。

二、研究方法

本研究采用了"系统评价"(systematic review)的研究方法,对经过严格评估的研究成果进行元分析(meta-analysis),并与未经治疗的对照组的罪犯情况进行比较,确认作为研究对象的项目是否能够降低成年犯的重新犯罪率。系统评价是相对于对文献资料的狭义审查而言的,后者指作者选择引用相关研究成果对主题进行描述。这两种审查方法在研究中均有其独立地位,但普遍认为系统审查更为严格,因为该方法对现有的全部研究成果进行评估并采用统计假设测试方法,因此系统审查更有可能获得公正、精确的结论。系统审查方法在医学、教育、刑事司法和很多其他的政策领域得到越来越广泛的应用。

三、研究成果概述

研究发现,大量成年犯矫正项目能够达到降低重新犯罪率的效果,同时,也有一些项目没有起到降低再犯的作用。比如,本研究分析了 25 个成年犯认知—行为治疗项目的评估成果,结果表明,这些项目能够将重新犯罪率平均降低 8.2%,换言之,如果没有实施认知—行为治疗项目,49% 的参加该项目的罪犯会在 8 年之后再犯重罪,实施认知—行为治疗项目后,罪犯的再犯可能性将下降 4 个百分点,达到 45%,由此得出,重新犯罪率降低了 8.2%。值得注意的是,即使是较小幅度的再犯率的降低,也能带来较高的成本效益。例如,高风险罪犯的再犯率下降 5%,能给纳税人和受害人带来较高的效益。而且,一个在统计意义上不能降低重新犯罪率的项目,如果实施该项目的成本低于其他替代措施的成本,该项目也可能会带来成本效益,监狱分流项目就是这种情况,即使研究表明监狱分流项目不能降低再犯率,如果其成本小于监禁成本,该项目也具有经济上的优势和适用理由。

四、各类项目研究成果评述

本次研究审查了 8 类成年犯循证矫正项目,下面是各类项目研究成果的简要评述。

(一)涉毒罪犯矫正项目

本次研究涵盖了92个经过严格评估的毒品治疗项目,这些项目适用于各监狱和社区中服刑的成年犯,包括成年犯毒品法庭、狱内治疗社区和其他形式的毒品治疗项目。研究发现,毒品治疗在统计学意义上能够明显降低成年犯的重新犯罪率。

1. 成年犯毒品法庭。美国针对涉毒成年犯的专门法庭迅速增加,在华盛顿州就有几家成年犯毒品法庭。本研究审查了56个经过严格评估的毒品法庭项目,结果表明,毒品法庭项目能在统计学意义上将项目参与者的再犯率降低10.7%。

2. 狱内治疗社区。监狱内设立毒品犯独立居住区,区内活动的组织和运行遵循集体原则。在本次研究中,对有些狱内治疗社区项目的有效性评估还考虑到了罪犯释放后的社区照管因素。对项目评估资料的分析表明,狱内治疗社区项目平均能够将重新犯罪率降低了5.3%。但是,释放后的社区照管因素仅仅能够在此基础上将再犯率稍微再降低一点儿,达到6.9%。因此,这类罪犯重新犯罪率降低的绝大部分效果来自狱内社区治疗经历。

3. 其他形式的毒品治疗。此外,这些项目还研究了3种毒品治疗模式,分别是狱内使用认知行为疗法的毒品治疗、社区一般毒品治疗方法、地方监狱的普通毒品治疗项目。总的来说,这三种形式都能够达到统计学意义上降低重新犯罪率的效果。

(二)精神病罪犯的监狱分流项目

对精神病罪犯和并发精神疾病和药物滥用疾病罪犯的监狱分流项目的效果的测试和研究还处于起步发展阶段。这类项目的实施,有的由警察决定,有的由法官决定,比如精神病法庭。本研究对11种经过充分严格评估的项目进行了审查,其中8个项目由联邦资助。总体来说,这些项目没有显示出统计学意义上降低重新犯罪率的效果。但是,这个结果并不意味着这些项目没有价值,由于这些项目把犯罪人从运营成本较高的地方监狱的服刑项目中分流出来,其可能会更节约项目成本。

(三)普通罪犯群体的认知—行为治疗

认知—行为治疗项目的目的是解决导致罪犯反社会行为的非理性思想和信仰,帮助罪犯纠正其思维方式并让其模仿和实践解决问题的方法,以及融入社会的技能。本研究审查了 25 个适用于普通罪犯群体的认知—行为治疗项目,结果表明,认知—行为项目能够将重新犯罪率降低了 8.2%。

(四)家庭暴力犯项目

教育/认知—行为治疗。家庭暴力犯的治疗项目通常涉及传统上妇女遭受压迫的教育内容,还包括强调暴力替代措施的认知—行为治疗。项目实施通常由法院决定。根据对 9 个项目的研究发现,家庭暴力治疗项目目前还没有达到降低重新犯罪率的效果。

(五)性犯罪人项目

这里的研究对象涉及对性犯罪人治疗的经过严格评估的 18 个项目,既有监狱中执行的项目,也有在社区实施的项目。研究表明,认知—行为治疗总体上能够降低性犯罪人的再犯率,其他性犯罪人治疗方案没有显示出降低再犯的效果。

1. 性犯罪人心理疗法/咨询。该项目涉及对性犯罪人进行个别或群体的心理治疗或咨询服务。通过对 3 个项目的研究发现其没有起到降低重新犯罪率的作用。

2. 狱内性犯罪人的认知—行为治疗。这次审查了 5 个项目,其中包括防止异常行为的行为修复项目和预防再犯的行为模式项目。总体来说,认知—行为疗法能够将性犯罪人的再犯率降低了 14.9%。

3. 低风险缓刑性犯罪人的认知—行为治疗。该类罪犯比被判处监禁刑的罪犯的罪行轻得多,但其行为治疗类似于狱内的行为治疗项目,也包括行为修复和再犯预防。通过对 6 个严格评估的项目进行审查发现,低风险缓刑性犯罪人适用的认知—行为治疗项目能够大大降低重新犯罪率,甚至达到 31.2%,是本次研究中发现的最有效的治疗项目。

4. 性犯罪人的行为治疗。行为治疗的内容主要包括对异常行为动因的防止和提高性犯罪人与其年龄相适应的必要的社会交往技能。通过对该项治疗中的 2 个项目的研究发现,仅仅使用行为治疗的方法很难降低重新犯罪率。

(六)中间制裁

从二十世纪八九十年代开始,美国就开始适用大量的制裁和判决替代措施,对这些项目进行了评估,并且一直关注如何开发更多的替代措施。本次研究审查了 5 类中间制裁措施。

1. 治疗型强化监督和无治疗型强化监督。本次研究审查了 24 个无治疗型强化监督项目的评估资料,这些项目重点对犯罪人进行管理和监督,结果表明,这种罪犯的管理方式不能在统计学意义上降低重新犯罪率。但是,为罪犯提供治疗服务的强化监督项目却能够大大降低再犯率。通过审查10个伴有治疗服务的强化监督项目的评估资料发现,该类项目能够将再犯率降低了21.9%。因此,我们可以认为,正是治疗因素而非强化监督因素起到了降低重新犯罪率的作用。

2. 成年犯训练营。训练营为罪犯提供集中培训、操练和矫正治疗。本次研究审查了24个训练营项目的评估资料,结果表明训练营项目不能在统计学意义上降低再犯率。但是,类似于之前对于监狱分流项目的评述,训练营项目如果比其他替代措施更为节约成本,可以考虑其适用性。

3. 电子监控。该项目利用电子监控设施对社区罪犯进行监督。通过审查12个电子监控项目的评估资料发现,电子监控项目不能降低重新犯罪率。

4. 低风险成年犯的恢复性司法项目。恢复性司法程序既适用于青少年罪犯,也适用于成年犯。适用恢复性司法程序的罪犯与适用普通审理程序的罪犯相比,通常危险性较低。恢复性司法程序的内容包括被害人—犯罪人和解、家庭小组会议、对被害人的赔偿。本研究审查了6个项目的严格评估资料发现,恢复性司法程序总体不能降低成年犯的再犯率。但是前几年的研究表明,恢复性司法程序对于降低青少年罪犯的重新犯罪率具有重要意义。

(七)普通罪犯的工作和教育项目

本次研究审查了30个经过严格评估的加强成年犯教育、提高工作技能的项目,其中有狱内项目和社区项目,总体来说,这类项目能够较为明显地降低成年犯重新犯罪率。

1. 狱内矫正企业项目。美国有多个州都在经营狱内矫正企业,但是只有少数几个项目得到过严格的评估。本次研究对4个项目的评估结果审查发现,该类项目能够在统计学意义上将重新犯罪率平均降低7.8个百分点。

2. 狱内成年犯基础教育项目。对狱内成年犯教育技能补习的7个项目的严格评估资料审查后发现,其总体能够降低再犯率,达到5.1%。

3. 社区职业培训和职业推介项目。通过对16个社区成年犯职业培训、求职和职业推介项目的严格评估资料研究发现,该类项目能够将重新犯罪率平均降低4.8%。

4. 狱内职业教育项目。本次研究仅审查了3个项目,初步认定其能够将再犯率降低21.6个百分点,但是该结论还需要进一步测试。

(八)有待进一步研究的项目

本次研究力量有限,不可能对所有的项目都作出明确的结论,以下项目虽然已经得出了初步结论,但是还需要进一步的论证。

1. 社区毒品罪犯的案件管理。这类项目涉及第三方机构进行案件协调和毒品测试,目的是为罪犯在社区接受的其他监督管理和治疗提供协调服务。本次研究审查了12个经过严格测试的项目评估,尽管结果显示有的项目有效,有的项目无效,但总体上该类项目没有降低再犯的效果。因此,需要进一步研究案件管理项目中的哪些因素能够促进再犯率的降低,哪些因素是无效因素。换言之,需要确定什么样的案件管理模式能够降低重新犯罪率。

2. 精神病罪犯的治疗社区项目。该项目对毒品罪犯治疗社区项目进行调整后适用于精神病罪犯,是一种比较新型的方案设计,能够降低重新犯罪率,甚至达到27.4%,具有发展前景。但是,该结论是在仅仅研究了两项评估资料后得出的,涉及的罪犯也很少,因此需要进一步探讨。

3. 宗教项目。宗教项目中设立宗教部门,为狱内或重返社会的罪犯提供圣经学习机会。目前关于宗教项目的严格评估还很罕见,只有5个彻底评估项目,这些项目还没有达到降低重新犯罪率的效果,或许今后的研究能够发现其积极作用。

4. 家庭暴力法庭。家庭暴力法庭是为应对家庭暴力案件而为其提供有效协调服务的专门法庭,通常将刑事司法部门和社会服务机构组织起来协调处理家庭暴力案件,还可能对罪犯判处矫正治疗。这里研究了两种不同的家庭暴力法庭,一种审理重罪案件,另一种审理轻罪案件。轻罪案件家庭暴力法庭具有降低再犯率的效果,相反,重罪犯家庭暴力法庭项目却提高了重新犯罪率。

5. 社区性犯罪人的强化监督。该项目针对缓刑犯实施,内容是定期召开面对面会议、家庭访问和检查。这里的研究对象是伊利诺伊州的项目,其中各城市的项目内容也不同。由于在4个城市中实施该项目的效果各不相同,有的有效,有的无效,因此需要更深入的研究以便确认项目效果。

6. 性犯罪人医疗项目。对性犯罪人使用的医疗方法包括阉割和两种荷尔蒙治疗。由于考虑到道德方面的因素,很难对这类治疗作出评估。我们对自愿阉割并实施手术的罪犯和自愿阉割但未实施手术的罪犯进行了比较分析,结果表明,实施阉割手术的罪犯的重新犯罪率明显低于另一组罪犯。

7. 支持圈和责任。这个项目源于加拿大的基督教堂。支持圈由五个层面的志愿者组成,包括社区专家、心理学家、执法人员、矫正官员和社会工作者,为监狱释放的性犯罪人提供支持,每周访问罪犯或者通过其他方式与其联系。支持圈的成员每周相聚一次。本次研究对 1 个该类项目评估发现,其能够将重新犯罪率降低 31.6 个百分点。

8. 定期假释监督与无监督释放。华盛顿州的城市研究所对于假释罪犯和普通刑满释放罪犯的重新犯罪率进行了研究,研究中使用了 15 个州的大量数据。结果表明,假释对于降低重新犯罪率没有效果。这个结论与我们之前对于强化监督项目研究得出的结论是一致的。我们认为,在得出确切的结论前,还需要对假释治疗组的罪犯和普通刑满释放的罪犯的重新犯罪率进行对比研究。

9. 日罚金。罚金由法官根据罪犯支付能力和罪行严重程度判处,在欧洲比美国更为普遍适用。通过对 1 个低风险重罪罪犯的日罚金项目的研究发现,与缓刑对比,其没有降低重新犯罪率的效果,但是该项目将罪犯从定期假释监督项目分流出来,因此今后还需要研究项目的成本效益情况。

10. 工作释放项目。本次研究对 4 个工作释放项目进行评估发现,该项目能够将成年犯的重新犯罪率降低 5.6 个百分点,但还需要对其进行更加深入细致的研究和分析。

美国量刑委员会重新犯罪研究项目及思考借鉴

安文霞　周　勇*

重新犯罪通常是指一个人在前一罪行接受制裁或干预后再次实施犯罪的行为。重新犯罪信息是评估公共安全政策在剥夺犯罪能力、改造罪犯以及预防犯罪等方面有效性的重要指标,不仅可为审前羁押、罪犯分类和项目实施、社区罪犯监管等领域提供实践指导,还可为政策制定者提供重要参考。本文在阐述美国量刑委员会于2014年启动的一项针对联邦罪犯重新犯罪问题的多年度研究项目[1](以下统称为美国量刑委员会重新犯罪研究项目)方法与结论的基础上,就我国重新犯罪研究提出了思考与提供了借鉴。

一、美国量刑委员会重新犯罪研究项目的方法

(一)研究对象群体

美国量刑委员会重新犯罪研究项目以2005年度获释(直接从监狱获释或被置于缓刑之下)且满足以下条件的联邦罪犯为研究对象:(1)系美国公民;(2)服完监禁刑后于2005年重返社会或于2005年开始服缓刑;(3)拥有散见于犯罪历史档案库(美国50个州中至少一个州的、哥伦比亚特区的或联邦政府的档案库)的正式FBI编号;(4)尚无死亡、逃跑或拘留报告;(5)拥有提交给美国量刑委员会的量刑前调查报告,且当前仍有未撤销联邦判决。最后有效的研究对象群体由25,431名联邦罪犯组成。

1.研究对象群体的人口统计学特征。在美国量刑委员会重新犯罪研究项

---

* 安文霞,司法部预防犯罪研究所国外犯罪与刑事司法研究室副研究员;周勇,时任司法部预防犯罪研究所副所长、研究员、博士。原文载《犯罪改造与研究》2019年第6期。

[1] 资料来源:美国量刑委员会官网,https://www.vssc.gov/sites/default/files/pdf/research-and-publications/research-publications/2016/reciaivism_overview.pdf。

目的调查对象群体中,在种族或民族方面,白人数量最多(43.7%),其次分别为黑人(33.9%)、西班牙裔美国人(17.8%)和其他种族(4.6%);[1]在性别方面,男性罪犯占4/5以上(81.7%);在接受教育方面,约1/3(34.3%)的罪犯没有完成高中学业,而大多数罪犯(65.7%)至少完成了高中及以上学业,其中还包括一些完成了大学学业的罪犯(7.5%);在年龄方面,罪犯被判刑时的平均年龄为33岁,获释时的平均年龄为36岁。但是,超过4%的罪犯获释时已经在60岁以上。

2. 研究对象群体的犯罪类型和犯罪史。在美国量刑委员会重新犯罪研究项目的调查对象群体中,在犯罪类型方面,超过2/5的人(41.7%)是因贩毒这一联邦罪行而被定罪的;其他比较普遍的联邦罪行包括诈骗(13.6%),非法获得、持有或运输枪械(12.8%),抢劫(4.3%),盗窃(3.9%)和非法移民(3.5%)等;剩下的20.2%包含了其他所有罪行。

在量刑时,罪犯的历史犯罪记录是一项重要考量因素。在联邦司法体系下被判刑的罪犯通常会因其每一历史判决,得到一定的犯罪史分数,而每一历史判决分数的多少则取决于相关犯罪行为的数量和严重程度。除历史判决相关分数外,如被告在接受任何刑事处罚如缓刑期间再次实施联邦罪行,则将另加2分。由于年代久远、性质轻微或其他原因,一些历史判决并没有被纳入计算范围。罪犯的犯罪史总分将决定其被赋予的犯罪史等级(Ⅰ—Ⅵ级),而其犯罪史等级又将决定其适用的量刑指南范围。

在美国量刑委员会重新犯罪研究项目的调查对象群体中,有53.6%的罪犯属于犯罪史等级Ⅰ。这一等级的犯罪史分数为零分或1分,意味着罪犯以往犯罪行为的严重程度最低。与此相对比,有7.6%的罪犯属于犯罪史等级Ⅵ(犯罪史分数为13分或13分以上),意味着罪犯以往犯罪行为的严重程度最高。

3. 研究对象群体的原判刑罚。美国量刑委员会重新犯罪研究项目中的罪犯都是1990年至2005年因联邦罪行而被判刑的。约1/4的罪犯是在2002年之前被判刑的,而约3/4的罪犯是在2005年之前被判刑的。在所有罪犯中,超过3/4的罪犯(77.8%)是在美国最高法院2005年1月12日就"美国诉Booker一案"作出裁决之前被判刑的。在"美国诉Booker一案"中,美国最高法院裁决称,量刑指南仅作参考用途。正如美国量刑委员会在《关于"美国诉Booker一

---

[1] 资料来源:美国量刑委员会2005年重新犯罪信息发布队列数据档案(RECID05)。在25,431名作为研究对象的罪犯中,美国量刑委员会未将缺乏必要信息的罪犯纳入本项分析范围。

案”对联邦法院量刑的持续影响的报告》中所述，这一裁决的影响是，“非政府支持的且低于量刑范围的判决比率在大多数地区都提高了”。

在因联邦罪行而被量刑时，研究对象群体中有14.1%的罪犯被判纯粹缓刑（无禁闭期缓刑）；4.7%的罪犯被判有禁闭期缓刑；3.9%的罪犯被判监禁加非监禁另类禁闭措施的“分段”刑；77.3%的罪犯被判纯粹监禁。由于绝大多数被判处有禁闭期缓刑的罪犯都是在家里或中途之家而不是监狱或拘留所度过该禁闭期的，因此，这类罪犯将与被判无禁闭期缓刑的罪犯一起进行分析。此外，由于被判“分段”刑罪犯的平均监禁期为5个月，因此，这类罪犯将与被判纯粹监禁的罪犯一起进行分析。

任何监禁刑之后都可能有一个监管释放期，而如果法律有要求，则必须有一个这样的监管期。就本研究涉及的罪犯而言，其量刑时判处的监管释放期最普遍的期限为3年，约1/4罪犯（25.2%）监管释放期为5年或5年以上，而0.6%的罪犯监管释放期为10年或10年以上。由于本研究的跟踪考察期为8年（从2005年到2013年），而监管期限通常不超过3年。因此，大多数罪犯在跟踪考察期内都结束了他们的监管期，并在大部分跟踪考察期内不再处于监管状态。

（二）重新犯罪的衡量指标

再犯通常以特定时期内导致罪犯重新被捕、重新被定罪和/或重新被监禁的犯罪行为作为其衡量依据。美国量刑委员会重新犯罪研究项目采用上述三方面作为再犯衡量指标。[1]

1.再次被捕指标。根据这一指标，如罪犯被判处缓刑或服刑一段时间后被直接释放，然后又因一项新罪被逮捕，该罪犯即被归入再犯类型。再次被捕这一指标还包括因涉嫌违反监管条件、缓刑或州假释而被逮捕的情形。在美国量刑委员会的研究中，再次被捕次数是根据逮捕日期确定的，不论单一逮捕事件产生了多少项具体指控。因此，如果一名罪犯同时因酒驾和持有可卡因两项罪行被逮捕，则以逮捕日期为依据，这次逮捕将构成一次再次被捕事件。

2.再次被定罪指标。根据这一指标，如罪犯再次被捕并导致再次被法院定罪，该罪犯即被归入再犯类型。因为并没有正式的检控行为发生，监管违规和监管撤销不包括在再次被定罪范围之内。

---

〔1〕 MALTZ, supra note 18, at 20 - 21, 28 - 29, 55 - 58; Improving Recidivism as a Performance Measure, supra note 19.

3. 再次被监禁指标。根据这一指标,如罪犯因再次被定罪或监管撤销再次被判监禁或拘留,该罪犯即被归入再犯类型。再次被监禁这一指标衡量的是当局报告的、被联邦监狱管理局、各州监狱或地方拘留所重新收监的罪犯数量,不论再次被监禁的期限有多长。

(三)研究数据的收集、处理与标准化

在美国量刑委员会以往的再犯研究中,主要以手动方式对来自联邦和各州犯罪历史档案(RAP 表)的犯罪记录进行处理。本项目利用了先进技术即电子手段对 RAP 表格进行收集。技术进步使美国量刑委员会得以对所有符合其研究标准、于 2005 年获释且属于美国公民的联邦罪犯进行考察,从而极大地增加了作为研究对象的联邦罪犯档案的数量。

1. 犯罪记录的收集。根据美国司法部司法统计局先行先试的一种做法,美国量刑委员会与 FBI 的刑事司法信息服务部(Criminal Justice Information Services Division, CJISD)和美国法院行政管理办公室达成了一个数据共享协议。根据这一协议,美国量刑委员会可通过刑事司法信息服务部的州际身份识别索引(Interstate Identification Index, III)和国际司法与公共安全网络(International Justiceand Public Safety Network, IJPSN)在线查阅罪犯的犯罪历史记录(RAP 表)。刑事司法信息服务部的州际身份识别索引允许获得授权的机构确定任一数据库是否存在个人的犯罪历史记录。

通过美国量刑委员会、联邦监狱管理局和美国法院行政管理办公室等来源,可系统搜索到美国各州、哥伦比亚特区和联邦机构保存的关于个人的所有犯罪记录。对于从监狱获释的罪犯,联邦监狱管理局提供了他们的释放日期、身份信息、一些再次监禁信息及一些使美国量刑委员会得以识别那些无法进行可靠研究的罪犯(如监禁期间死亡的罪犯)的其他相关信息。对于缓刑犯,美国法院行政管理办公室提供了他们的身份信息、一些缓刑撤销信息及其他信息(如监管期间的死亡案例)。

2. 犯罪记录的处理。当罪犯犯罪记录被找到后,所有犯罪记录中央数据库都将应刑事司法信息服务部通过国际司法与公共安全网络提出的申请,通过美国法院行政管理办公室执法查询系统(Accessto Law Enforcement System, ALES)的安全界面向美国量刑委员会提供记录。这样,罪犯犯罪历史记录就可从保存该记录的所有联邦和州机构的数据库中顺利收集到。

美国法院行政管理办公室的执法查询系统将以原始记录的形式返回 RAP 表格中的文本信息,如刑事司法体系采取行动(如逮捕)的日期、以相关机构自身术语(如文本串、数字等)表述的指控及犯罪类型、与指控相关的后续行动(如检方立案、法院作出有罪判决等)、量刑和矫正相关信息等。所有这些信息都取决于原机构是否能够提供相关记录。

美国法院行政管理办公室的执法查询系统还对从各州、哥伦比亚特区和联邦机构收集到的RAP表格中的记录进行了分析。记录分析就是要对关键数据要素进行组织整理,使其形成逻辑化组件,具体操作包括:将刑事司法体系采取的行动归入各个阶段(逮捕、法院审理和矫正等阶段);按日期对所有记录进行分类整理;将相关要素(如法院就逮捕事件所采取的行动)进行串联,使其形成一个完整的事件周期。关键数据要素包括罪犯编号、关键行动(如逮捕和定罪)的日期、犯罪指控、定罪结果和量刑信息等。无论记录的原始形式如何,分析过程将各州记录整合进了一个统一的框架,从而生成了一个在全国一个或多个数据库中拥有有效FBI编号的所有罪犯的数据库。

初步的数据提取始于2014年9月,终于2015年4月。美国量刑委员会的工作人员对提取到的RAP表格中的原始信息进行了检查,并将其与经过上述分析后形成的记录进行了比对,以找出从原始形式转化为分析记录这一过程中出现的遗漏或错误。这一步骤非常重要,因为犯罪历史记录数据库都在不断更新并对其信息系统进行改进。而这种更新和改进的结果,便是关键文本串位置或格式的变更,而这种变更又会导致早期计算机平台开发的软件过时,无法以预定的格式和详尽程度对数据进行准确分析。

3. 犯罪记录的标准化。收集了研究对象的RAP表格记录后,美国量刑委员会与国民舆论研究中心签订了合同,要求后者将每一罪犯的所有记录按时间顺序组织起来,并将重复或多余的资料删除。在这一过程中,轻微交通肇事罪(如超速行驶)被删除了,但交通相关严重犯罪(如酒驾)则没有被排除在分析范围之外。经过这些初步程序步骤后,国民舆论研究中心又对联邦和各州的刑法及数据库数据的定义进行了研究,并将每一独特州级罪行及其处置的描述纳入相应的统一描述之下。这个步骤是必要的,因为联邦和各州犯罪记录数据库的设计准确地反映了联邦和各州数据库在储存记录方面的要求(如相关辖区刑法的要求)。因此,在任何两个数据库之间,指示刑事指控性质及其相应应对措施的文本串都可能互不相同。所以,国民舆论研究中心对每一辖区的信息进行了标准化处理,以便体现共同定义并进行全国层面的分析。

根据对每一数据库进行的研究,国民舆论研究中心为每个州和哥伦比亚特区创设了单独的罪行"置换通道",并为联邦数据库记录创设了单独的"转化通道”。这些通道能够将任何特定辖区的逮捕和法院记录置换为标准化的逮捕和法院编码。通过这种标准化操作,所有记录无论其来源如何都被纳入了一个统一框架。

在每一逮捕和法院周期内,美国量刑委员会都用标准化编码对逮捕和指控的处置进行了分类,而标准化编码采用的基本上是司法统计局的模式。之后,美国量刑委员会创设了一个指控严重指数,将刑法上的分类(如重罪、轻罪等)和罪行严重程度这两个方面纳入了考量。罪行严重程度首先被分成了四大类(暴力犯罪、财产犯罪、毒品犯罪和公共秩序犯罪),然后被进一步分成了16项主要指控编号和98项司法统计局采用的详细指控编号。指控严重指数将谋杀公职人员列为最严重指控,然后是26项其他详细暴力指控。这些详细暴力指控是根据严重程度排序的,包括5项贩毒指控、16项财产指控、10项其他毒品指控和40项公共秩序相关指控。此外,旨在处置指控的法院事件也进行了编码。进行排序后,每一指控都被赋予了一个序列号,而每一法院事件对应的前3项序列号都被保留了下来,纳入了分析范围。

最后,通过整合联邦和各州的所有记录,本项目创建的数据库为所有可找到有效记录的罪犯提供了一份完整的犯罪记录。从国民舆论研究中心接收数据后,美国量刑委员会再次对所有记录进行了审查,以确认其完整性及可疑项目。在美国法院行政管理办公室执法查询系统初步处理的36,007名罪犯的记录中,1812名罪犯的记录因各种原因被删除了,其中包括在研究期内显然已经死亡、丢失犯罪历史记录、是否为美国公民相关信息缺失或可疑等原因。此外,4013名罪犯从联邦监狱管理局获释后又被签发了继续监禁令,这通常意味着他们服完联邦刑期后又被转交给州法院监管或转移到了州矫正机构。在研究期内,这些被继续监禁者未被获释,而且他们的行踪也被记录在相关数据中。因此,他们也被排除在研究对象群体之外。

二、美国量刑委员会重新犯罪研究项目的结论

美国量刑委员会重新犯罪研究项目根据从2005年到2013年(本研究的跟踪考察期)的官方行政记录,对2005年从监狱获释或被置于缓刑之下的联邦罪犯进行了资料跟踪比对和数据分析,获得了一系列重要研究发现及结论。

(一)一般重新犯罪率

1.不同指标下的一般重新犯罪率。一是重新被捕率。在2005年获释的罪犯中,几乎有一半人(49.3%)在8年跟踪考察期内因新犯罪行或涉嫌违反监管

条件而被重新逮捕。他们再次被捕的平均时间是获释或服缓刑后21个月。这意味着,对一半罪犯而言,再次被捕是在他们从监狱获释或被判处缓刑后不到2年内发生的。罪犯再次被捕事件(不同日期发生的事件)平均次数为2次,但21.2%的再犯者再次被捕次数为5次或5次以上。二是重新被定罪率。在8年跟踪考察期内,有近1/3(31.7%)的罪犯被再次定罪。大多数被再次定罪的罪犯都只被再次定罪了1次。从导致再次被定罪的再次被捕发生日到再次被定罪的平均时间为30个月。在8年跟踪考察期内,约1/4(23.9%)的再次被定罪者面临的最严重指控为袭击罪。导致再次被定罪的其他最严重普遍犯罪类型分别为贩毒罪(13.5%)、其他公共秩序罪(8.7%)和盗窃罪(8.5%)等。三是重新被监禁率。在8年跟踪考察期内,有1/4(24.6%)的罪犯被再次监禁。大多数被再次监禁的罪犯只是被再次监禁了1次。从导致再次被监禁的逮捕事件发生到再次被监禁的平均时间为29个月。因袭击这一罪行而被再次监禁的罪犯最多(23.8%),而这也是他们犯的最严重的犯罪类型。导致再次被监禁的其他最严重普遍犯罪类型分别为贩毒罪(14.5%)、其他公共秩序罪(8.4%)和盗窃罪(7.8%)等。有关数据见表1。

表1 重新犯罪研究结论

重新犯罪指标	重新被捕	重新被定罪	重新被监禁
百分比/%	49.3	31.7	24.6
重新犯罪平均时间数/个月	21	30	29
重新犯罪平均次数/次	2	1	1
最严重释后事件/%	袭击(23.3)	袭击(23.9)	袭击(23.8)
获释时平均年龄/岁	33	32	32

资料来源:美国量刑委员会2005年重新犯罪信息发布队列数据文档(RECID05)。获释时年龄数仅涉及再犯罪人员。

2. 联邦与各州罪犯一般重新犯罪率之间的比较。与2005年获释并为美国司法统计局跟踪的一组州罪犯相比,联邦罪犯的重新犯罪率相对较低。美国司法统计局发现,在各州监狱释放的罪犯中,76.6%会在5年内重新被捕。如果同样采用具有可比性的5年跟踪考察期并仅考察从监狱获释的联邦罪犯(不包括被判缓刑或仅被处罚金的罪犯),美国量刑委员会发现,联邦罪犯的重新犯罪率为44.9%。

如采用重新被定罪作为重新犯罪衡量指标,美国司法统计局发现,55.4%

的州罪犯曾在5年内再次被捕并被定罪。联邦罪犯在相同期限内的再次被定罪率仅为26.0%。如以再次被监禁作为再犯衡量指标,美国司法统计局发现,各州罪犯在5年内的重新犯罪率为28.2%,而作为美国量刑委员会研究对象的联邦罪犯的重新犯罪率为20.7%。

(二)获释至首次再犯的时间间隔

获释至首次再犯的时间间隔这一指标有助于将那些在较长时间内没有再犯但最终仍然再犯的人与那些获释后不久就再犯的人区分开来。此外,研究再犯的时间间隔还有助于政策制定者确定罪犯获释后的适当监管期限,如强化再犯风险较大的高峰间隔期的监管。本研究得出了再次被捕、再次被定罪和再次被监禁三种情形下罪犯从获释到首次再次被捕的时间间隔。

在获释并重返社会后的第一年,有16.6%的人首次被重新逮捕。之后的每一年,首次重新被捕的人数都比前一年少,如此一直持续到第七年。比如,第二年首次重新被捕的人降到了10.5%,第三年首次重新被捕的人又降到了6.6%。另有1.8%的罪犯在前七年从未被捕的情况下于第八年重新被捕。

(三)最严重再犯罪行

美国量刑委员会根据犯罪的严重程度对再犯人员实施的新罪进行了排序。如仅考虑再次被捕人员获释后实施的"最严重"犯罪类型,则袭击罪是最普遍的。约1/4(23.3%)再次被捕人员在8年跟踪考察期内实施的最严重释后犯罪类型为袭击。其他"最严重"普遍犯罪类型还包括公共秩序罪(15.5%)、贩毒罪(11.5%)和盗窃罪(7.7%)。

(四)重新犯罪与犯罪史

正如《联邦量刑指南手册》第4章所述,自20世纪80年代中期创建以来,美国量刑委员会就认识到了犯罪历史记录与再犯之间的关系。在制定犯罪史评分体系时,美国量刑委员会就参考了旨在对再犯与犯罪生涯行为之间的关联进行评估的实证式研究成果,而近期研究成果则进一步证实了这种关系。

犯罪史分数是用来确定犯罪史等级的,而犯罪史等级又是用来确定量刑时应适用的量刑范围的。在一定程度上,罪犯的犯罪史分数就是为了反映罪犯的再犯风险。为"保护公众不受特定被告再次实施犯罪所造成的伤害,再犯可能性和未来犯罪行为是必须考虑的"。美国量刑委员会以往与当前的研究均发现,罪犯的重新犯罪率与犯罪史总分之间存在非常密切的关系。实际上,每一犯罪史分数的递增通常都意味着再犯可能性的加大。

由于罪犯的犯罪史分数将决定赋予他们的犯罪史等级，因此，犯罪率也与犯罪史等级具有相关性。也就是说，犯罪史等级越高（以往犯罪次数多和/或严重程度高的结果），重新犯罪率就越高。实际上，美国量刑委员会当前研究对象的重新犯罪率介于33.8%与80.1%之间，前者是犯罪史等级Ⅰ这一罪犯群体的，而后者则是犯罪史等级Ⅵ这一群体的。

（五）重新犯罪与所犯罪行

研究发现，联邦犯罪行为的严重程度与再犯之间的关联并不是那么强。在《联邦量刑指南手册》中，罪犯联邦罪行的严重程度是犯罪等级决定的，而犯罪等级又是由介于0分至43分之间的犯罪等级分数决定的。但是，罪犯最终的犯罪等级与其再犯之间的对应性并不是那么强。但是，应该注意的是，《联邦量刑指南手册》中的犯罪等级旨在反映刑罚的多重目的，包括纯粹的惩罚目的和一般威慑目的（两者均与罪犯再犯无关）。尽管《联邦量刑指南手册》确定的、用数值表示的特定犯罪严重程度似乎与再犯并无关联，但罪犯实施的犯罪类型确实与其未来再犯之间存在某种关联。比如，涉及枪械犯罪的罪犯再次被捕的可能性是最高的（68.3%），其后依次为因抢劫（67.3%）、非法移民（55.7%）、贩毒（49.9%）、盗窃（44.4%）、其他罪行（42.0%）和诈骗（34.2%）等犯罪而被捕的罪犯。

根据《联邦量刑指南手册》，在犯罪过程中充当组织者、领导者、管理者或监督者的罪犯将因其角色而导致其犯罪等级被提高2个、3个或4个级别，从而导致其最终犯罪等级的提升。这类因犯罪角色而导致其犯罪等级被提升的罪犯再犯的可能性要比其他罪犯低。与此相反，根据《联邦量刑指南手册》，在犯罪过程中扮演次要或轻微角色的罪犯将因其角色而导致其犯罪等级被降低2个、3个或4个级别，从而导致其最终犯罪等级的降低。

（六）重新犯罪与刑罚

重新犯罪率因适用刑罚类型的不同而不同。如前所述，81.2%的研究对象被判处了一定期限的监禁。这类罪犯的重新被捕率最高，达52.5%。相反，被判处缓刑罪犯（占研究对象群体的18.8%）的重新被捕率仅为35.1%。一般而言，监禁期限越短，罪犯的重新犯罪率越低。相反，刑期较长罪犯的再次被捕率通常是最高的。当然，刑罚类型和期限与再犯之间的关联并不完全是巧合。在一定程度上，《联邦量刑指南手册》就是要通过相应的刑罚类型和期限使那些犯罪记录表明其未来再犯风险更大的罪犯丧失犯罪能力而无法再次犯罪。与未被判处监禁刑的罪犯相比，被判监禁刑的罪犯显然是丧失再犯能力了，而与犯罪史等级较低、因而通常未被判处监禁或监禁期相对较短的罪犯相比，那些犯罪史等级较高、因而被判监禁相对较长的罪犯的再犯风险显然更大。

对于那些被判监禁加一定期限的监管释放的罪犯而言，最为常见的监管释放期为 36 个月。大多数罪犯都被判处了为期 3 年的监管释放，而这一群体的再次被捕率也是最高的，达 55.4%。再次被捕率最低的是监管释放期为 10 年或以上的罪犯群体(42.7%)，其次为监管释放期为 2 年的罪犯群体(46.8%)。

(七)重新犯罪与罪犯自身特征

研究成果反复表明，判决时年龄较大的罪犯重新犯罪的风险相对较低，美国量刑委员会的研究也证实了这一结论。判决时不到 21 岁的罪犯再次被捕的比率为 71.1%，而判决时年龄在 60 岁以上的罪犯再次被捕的比率仅为 14.0%。获释年龄也与重新犯罪率之间的差异相关。获释时不到 21 岁罪犯的再次被捕率高达 67.6%。相反，获释时年龄越大即超过 60 岁罪犯的重新被捕率最低，仅为 16.0%。就每一年龄组别而言，罪犯年龄越大，其重新被捕率就越低。这一规律同样适用于重新被定罪和重新被监禁的情形。男性罪犯再次被捕的比率(52.2%)比女性罪犯(36.4%)高。

获释回到社会 8 年之后，黑种人再次被捕的比率最高(59.1%)，其后依次为其他种族(49.4%)、西班牙裔(49.1%)和白种人(41.7%)。但是，如果将这些罪犯的犯罪史也纳入考量的话，种族/民族与重新犯罪率之间的这种表面关系则并不是那么明显。对于被赋予较高犯罪史等级的罪犯而言，其重新犯罪率大体相同，无论其种族或民族如何。

受教育层次也与重新犯罪率差异相关。未完成高中教育罪犯的重新犯罪率最高(60.4%)，其次为仅完成高中学业的罪犯(50.7%)和大学肄业罪犯(39.3%)。大学毕业罪犯的重新犯罪率最低(19.1%)。

综上所述，美国量刑委员会对联邦罪犯进行的重新犯罪研究与 1984 年《量刑改革法案》所述的多个法定刑罚目的直接相关。利用自动化的犯罪行政记录数据，美国量刑委员会以 2005 年解除联邦监禁刑或开始服缓刑的 25,431 名罪犯为基础进行了跟踪研究和资料对比，犯罪行政记录数据的跨度达 8 年。研究发现，在这些于 2005 年重返社会的罪犯中，近一半人(49.3%)在跟踪考察期内因重新犯罪或违反了监管条件而再次被捕。而与现有研究成果相符的有两个因素，即罪犯的犯罪史和他们获释时的年龄与重新犯罪率差异之间的关联最为紧密。年轻罪犯的重新犯罪率比年长罪犯的重新犯罪率显著更高，而犯罪史更丰富的罪犯重新犯罪率则比犯罪史较轻罪犯的重新犯罪率显著更高。受教育层次和犯罪类型等其他因素也与重新犯罪率差异相关,但与年龄和犯罪史相比,其相关性并不是那么明显。与《联邦量刑指南手册》第2章和第3章有关的一些因素,如犯罪等级的调整和最终犯罪等级等,则与重新犯罪率差异并无关联。但是,与《联邦量刑指南手册》第4章的规定不同,这一章在很大程度上是以再犯数据为依据的,《联邦量刑指南手册》中犯罪等级的计算是以多个刑罚目的为考量的,其中一些目的与再犯并不相关,如一般威慑和惩罚等目的。

三、美国量刑委员会重新犯罪研究项目对我国重新犯罪研究的思考借鉴

(一)关于重新犯罪的衡量指标

美国量刑委员会重新犯罪研究项目采用了重新被捕、重新被定罪、重新被监禁3个指标来衡量重新犯罪,而不是其中某单一指标。笔者认为,之所以选取这3个指标,是因为重新被捕、重新被定罪、重新被监禁分别是在侦查、审判和执行3个不同刑事司法阶段判定是否重新犯罪的标志性事件。如果仅仅采用其中某一项指标,比如,重新被捕或者重新定罪或者重新监禁,那么就很难全面、细致地反映出重新犯罪的真实状况。因此,我国在进行重新犯罪问题调查研究时,也应考察重新被逮捕、重新被定罪和重新被监禁等多种衡量指标。这样不仅能够深入细致全面地揭示和刻画重新犯罪的状况与程度,而且有利于克服在实践中公安机关只使用重新被捕、法院只使用重新被定罪、监狱机关只使用重新被监禁的做法所带来的片面性和局限性,进而形成对重新犯罪问题的全面认识和正确把握。

(二)关于重新犯罪的跟踪考察期

跟踪考察期,从另一个角度来看实际上就是重新犯罪的间隔时限。罪犯释放后究竟间隔了多长时间再次实施犯罪,往往需要设定一个时间段予以跟踪考察,这个时间段就是重新犯罪的跟踪考察期。重新犯罪分析通常始于一个起始事件,如罪犯从监狱获释并重返社会这一事件,然后记录罪犯在跟踪考察期内发生的一个或多个后续事件,如被捕、被定罪、被监禁等事件。以往大多数研究中通常将重新犯罪的跟踪考察期确定为1年、2年、3年或5年。而在美国量刑委员会重新犯罪研究项目中,重新犯罪的跟踪考察期长达8年。这样做的益处是,由于再犯风险会在罪犯获释并重返社会后很长一个时期内存在,获释后第一年内没有再犯的罪犯可能会在第二年再犯,而获释后前2年内没有再犯的罪

犯可能会在之后的某个时间再犯，所以跟踪考察期越长，就越能反映较短跟踪考察期情况下无法发现的再犯情形，也就越能接近真实的犯罪终止率。而且，较长的跟踪考察期还有助于对诸如多次再犯或处于犯罪活动期的罪犯进行更加深入全面的研究。鉴于此，我国在进行重新犯罪问题调查研究时，应不受现行《刑法》中关于累犯以释放后5年时间为标准的限制，而设定时间跨度更长的重新犯罪跟踪考察期，如罪犯释放之后的8年甚至10年。

（三）关于重新犯罪研究的数据来源

在美国量刑委员会重新犯罪研究项目中，计算重新犯罪率的数据来源为官方行政记录数据。美国量刑委员会通过与刑事司法信息服务部和美国法院行政管理办公室达成的数据共享协议，从所有联邦和州机构的数据库中收集到罪犯的犯罪历史记录，最终生成一个拥有FBI编号的所有罪犯的数据库。同时，考虑到各联邦和州机构之间数据可能存在标准不兼容、不一致的情况，为保证数据质量，美国量刑委员会对收集到的犯罪记录数据进行了统一的标准化编码。官方行政记录数据所具有的权威、可靠、可验证等特点，为下一步统计重新犯罪率各项指标奠定了坚实的基础。基于此，我国在进行重新犯罪问题调查研究时，应明确统计重新犯罪率的数据来源为各类官方数据，即各政法部门的行政记录，如逮捕记录、定罪记录，监禁记录。建立起各政法部门行政记录数据之间的衔接贯通和开放共享机制，同时应对不同来源的数据进行标准化编码处理，提高数据质量。

（四）关于重新犯罪研究的样本量

美国量刑委员会重新犯罪研究项目的研究对象群体数量达到了25,431名。这种大规模研究对象群体的优势是巨大的。拥有数千名罪犯作为样本可以对不同亚群体的重新犯罪率进行更加准确的估算。比如，美国量刑委员会重新犯罪研究项目中有4664名女性罪犯，同时还有1048名年龄在60岁以上的老年犯，这样就能够对女性罪犯和老年罪犯进行比较深入全面细致的分析。我国在进行重新犯罪问题调查研究时，应保证有足够大的研究样本量，以满足相应的研究和分析需要。由于样本量的大小直接与研究成本有关，因此，应在综合考虑研究目的需要、研究成本效益的基础上，确立适当的研究样本量。

（五）关于重新犯罪研究成果的运用

美国量刑委员会重新犯罪研究项目的一个显著特点是，研究内容和问题的设计与量刑政策密切相关。因此，所获得的研究成果可以为《联邦量刑指南手册》相关规定的验证或完善提供重要依据。比如,研究表明,罪犯的犯罪史、罪犯释放时的年龄与再犯密切关联,这就充分证明了《联邦量刑指南手册》第4章犯罪史相关规定正如其设计的那样是有效的。这就启示我们,在开展重新犯罪问题调查研究时,要立足于调整完善国家刑事政策和社会政策,促进国家治理体系和治理能力现代化的高度,精心谋划和设计需要研究的内容和问题。通过这些问题的了解和分析,揭示出重新犯罪的原因与规律,为验证和修改完善制刑、量刑、行刑等刑事政策以及就业、低保等社会保障政策提供科学依据。

英国罪犯教育与再犯关系的实证分析及思考

张桂荣*

对罪犯开展教育是改造罪犯的重要手段。但是,对于罪犯教育在罪犯改造中的作用和效果到底如何,一直以来缺乏专门的实证研究。2017 年,英国司法部与教育部联合开展研究并发表了题为《探索罪犯学习成果:分析国家警察数据系统的犯罪记录和个性化的学习者记录》实验统计报告,对比分析了在监狱期间接受教育的罪犯与未接受教育的罪犯在其释放后一年内的再犯率,[1]以了解罪犯参加教育活动对其释放后再犯的影响。2018 年英国司法部监狱与缓刑服务局又发布了《罪犯学习的初步影响及实施状况评估》的报告,评估罪犯在监狱服刑期间参加"罪犯教育和技能服务"阶段 3(OLASS 3)(以下简称 OLASS 3)和阶段 4(OLASS 4)(以下简称 OLASS 4)[2]学习对其释放后再犯的影响。结果表明,罪犯在监禁期间接受教育对于减少再犯具有积极作用。本文概要介绍 2 个报告的分析情况及结果,希望对我国罪犯教育工作及其效果评价提供参考和借鉴。

一、英国司法部与教育部联合实验统计分析

该实验统计首先从司法部掌管的全国警察数据系统(Police National Computer,PNC)获取所有的犯罪记录,然后通过姓氏、性别、年龄、出生日期、

* 张桂荣,司法部预防犯罪研究所研究员、国外犯罪与刑事司法部研究室主任;原文载《中国监狱学刊》2020 年第 11 期。

〔1〕 1 年再犯率是指经证实的在 1 年的跟踪期内实施的任何犯罪,以及在 1 年的跟踪期或另外 6 个月的等待期内收到法院的定罪,警示(caution)、训诫或警告(warning)。

〔2〕 OLASS 3 是指罪犯学习和技能服务阶段 3(offender learning and skills service phase 3),OLASS 4 是指罪犯学习和技能服务阶段 4(offender learning and skills service phase 4)。

社保号码等可以确定身份的信息与教育部掌管的个性化学习者记录(Individualised Learner Records,ILR)进行匹配。通过比对发现,在2000年1月至2014年2月期间,PNC记录的1000万名违法者中有51%的人与2002年3月至2013年的ILR数据相匹配。这相当于约520万名罪犯。然后从相关匹配的数据中选取2010年释放的罪犯作为分析对象,同时,运用倾向评分匹配(propensity scorematching)方法、将未接受教育的罪犯与大约1万名接受教育的罪犯进行匹配,[1]对两组人群进行对比分析,并对相关结果运用T检验和逻辑回归方法进行验证。

报告对比分析了接受教育的罪犯与未接受教育罪犯释放1年后的再犯率、再犯的刑期长度变化情况,以及入监时是否有毒品问题、学习活动类型、学习成绩、就业类型、接受社会救济等不同情况对两种罪犯再犯结果影响。

(一)年再犯率

对2010年从监狱释放并纳入配对队列的接受过教育的罪犯和未接受教育的罪犯的1年再犯罪率比较发现,相比被判即时监禁的未接受教育罪犯43%的再犯率,接受教育的罪犯的1年再犯罪率显著降低,为34%。[2] 而政府公布的2010年被判即时监禁罪犯的整体再犯罪率为48%。[3] 两个队列中最常见的原始犯罪类型是暴力犯罪,包括严重暴力犯罪和非严重暴力犯罪,其中有27%的接受教育的罪犯和30%的未接受教育的罪犯因暴力犯罪被判处即时监禁。在第一次重新犯罪时,盗窃罪是最常见的犯罪类型,接受教育的罪犯有24%,未参加教育的罪犯有22%。

(二)再犯刑期变化

统计显示,有36%的接受教育的罪犯和40%的未接受教育的罪犯在释放后的第一年内因再次犯罪而被判处有期徒刑。

为了说明再犯的严重程度,报告对两种类型罪犯的再犯刑期和初犯刑期的长度进行了比较分析。统计显示,平均而言,接受教育的罪犯的再犯罪刑期比

---

〔1〕 参加过教育的罪犯(prisoner learner)是被判处即时监禁的罪犯,在服刑期间至少有一次进修学习活动的记录。例如,1名罪犯可能会拿到数学入门证书,这样他就可以参加国家职业资格考试(NVQ)。这个分析只包括2010年从监狱释放的罪犯。未参加教育的罪犯是指2010年刑满释放,但在服刑期间无继续教育学习活动记录的被判处即时监禁的罪犯。

〔2〕 在5%的显著性水平上,这些已证实的1年内再犯罪率与配对t检验有显著性差异。

〔3〕 参见表18a. Proven Re-offending Statistics for Jan 2010 – Dec 2010, https://www.gov.uk/government/uploads/system/uploads/attachment_data/file/218454/proven-reoffending-jan10 – dec10.pdf。

最初的监禁时间缩短约120天。相比之下,未接受教育的罪犯重犯刑期略长于其初犯刑期,再犯平均刑期比初犯平均刑期多22天。基于对那些初始刑期超过180天罪犯的比较发现,平均而言,接受教育的罪犯因再犯而被判处的徒刑比其初犯刑期缩短296天,而那些未接受教育的罪犯因再犯而被判刑期比其初犯刑期缩短了161天。

(三)入狱时有无毒品问题对再犯的影响

大约13%的接受教育的罪犯和17%的未接受教育的罪犯在进入监狱时就有毒品问题。[1] 在有毒品问题记录的罪犯中,65%的接受教育的罪犯和73%的未接受教育的罪犯会再次犯罪。有毒品问题接受教育的罪犯和未接受教育的罪犯之间的差异具有统计学意义。由此说明,入狱时有毒品问题并且未接受教育的罪犯比同样有毒品问题但接受教育的罪犯更容易再次犯罪。

(四)学习活动类型对再犯的影响

该分析仅包括接受教育的罪犯在出狱前所修的最新课程。

每个学习活动都可以获得(National Vocation Qualification, NVQ)[2]量表的等效评分(见表1)。在已知级别的情况下,大约70%的接受教育的罪犯所参加的最新课程与普通中等教育证书[3]的入门证书(entry)或D-G等级(level 1)处于同等水平。这些课程中大约有一半的主题是关于"为生活和工作做准备"的领域。该主题领域包括基本技能,如求职,家庭维护和预算编制。[4]

表1　每个NVQ水平的等效等级

NVQ水平	等值分级
入门水平	入门级证书
水平1	普通中等教育证书(GCSE)的D-G成绩
水平2	普通中等教育证书的A-C成绩

---

〔1〕 根据罪犯评估系统(Offender Assessment System, OASys)的信息来确定每个罪犯的毒品状况。

〔2〕 NVQ是英国所有职业资格认证中最受尊敬的资格认证之一,是一项基于工作的资格认证,旨在承认一个人完成工作所需的技能和知识。

〔3〕 GCSE(General Certificate of Secondary Education)普通中等教育证书(GCSE),是一套在英格兰、威尔士、北爱尔兰和其他英国领地举行的考试。这些课程通常由15~16岁的学生在学习两年后参加。如果老师认为学生有能力,一些学生可以提前考。

〔4〕 正如AQA教学大纲中描述的"为生活和工作做准备",http://www.aqa.org.uk/subjects/work-and-life-skills/aqa-certificate/preparation-for-working-life-short-course-4800。

续表

NVQ 水平	等值分级
水平 3	A 级
水平 4 及以上	高等教育
其他	无记录

调查显示，接受教育的程度不同，再犯率不同，所接受的教育层次越低，再犯率越高。例如，接受入门级教育 1 年再犯率是 40%，而接受水平 1 教育的再犯率是 33%，水平 2 教育的再犯率是 27%。此外，接受教育主题不同，再犯率也不相同。[1] 如表 2 显示，接受了不同主题教育的罪犯的 1 年再犯罪率在 23% ~ 36% 之间。其中接收商务、行政和法律方面教育的罪犯再犯率最低，为 23%。

表 2　2010 年释放的接受不同主题教育的罪犯及其再犯情况

学习主题领域	接受教育的罪犯数	接受教育罪犯占比/%	1 年再犯率/%
商务、行政和法律	261	3	23
为生活和工作做准备	5165	51	36
艺术、媒体和出版	534	5	36
零售和商业企业	450	4	30
信息和通信技术	1136	11	27
建设、规划和建筑环境	833	8	36
工程和制造技术	285	3	33
健康、公共服务和保健	938	9	33
其他	203	2	32
缺失	291	3	—
合计	10,096	100	—

（五）学习成绩对 1 年再犯罪率的影响

通过调查学习成绩对再犯影响发现，完成学习活动罪犯的再犯罪率为

[1] See Exploving the outcomes of prisoner learners: analysis of Cinked offender records from the Police National Computer and Individualised Learner Records, https://assets. publishing. service. gov. uk/goverment/uploads/system/uploads/attahment_data/file/633198/pnc-ilr. pdf, p. 7.

33%，未完成学习活动罪犯的再犯率为35%，这种差异在统计上并不显著，说明完成学习活动与未完成学习活动罪犯的再犯罪率几乎没有差别。

（六）罪犯的就业状况和领取失业救济金对再犯的影响

依据司法部与工作和养老部（Department for Workand Pensions，DWP）以及国家税务和海关总署（HerMajesty's Revenue and Customs，HMRC）之间的现有共享数据，[1]确定本报告中罪犯在服刑前后的P45就业[2]和社会福利状况，并比较了接受教育罪犯与未接受教育罪犯P45就业或领取失业救济情况对1年的重新犯罪率的影响。调查显示，在入狱前未从事P45就业者，接受教育者的再犯率是41%，未接受教育者的再犯率是49%；而相比之下，从事P45就业者的1年再犯罪率要低得多，其中接收教育罪犯的再犯罪率为26%，未接受教育罪犯的再犯率为36%。此外，不论接受教育与否，与没有领取社会救济的罪犯相比，在入狱前领取社会救济的罪犯的再犯率更高，其中接受教育者的再犯罪率为40%，而未接受教育罪犯的再犯率为51%；而未领取社会救济者中，接受教育者的再犯率是33%，未接受教育者的再犯率是41%。

调查显示，在刑满释放后，与未参加P45工作的罪犯相比，不论是否参加教育，参加P45就业者的一年再犯率较低，但与未从事P45就业者的再犯率之间的差异在统计学上不显著。比如，在接受教育者中，从事P45就业者的再犯率是33%，而未从事P45就业者的再犯率是35%；而未接受教育者中，从事P45就业者的再犯率是42%，而未从事P45就业者的再犯率是45%。从接受社会救济情况来看，领取社会救济者中接受教育者的再犯率是35%，而未接受教育者的再犯率是44%；未领取社会救济金者中，接受教育者的再犯率是32%，而未接受教育者的再犯率是42%。总的来看，不论在哪种情况下，接受教育者的再犯率均低于未接受教育者。

---

[1] Experimental Statistics from the 2013 MOJ-DWP/HMRC data share：Link data on oHenders with benefit, employment and in come data, https://www. gov. uk/government/uploads/system/uploads/attachment_data/file/304411/experimental-statistics. pdf.

[2] P45就业是由雇主发送给HMRC的“P45表格”得出的。P45就业并不涵盖所有就业。自营职业和现金支付的就业未记录在P45表格中。此外，HMRC英国税务海关总署仅在收入高于“最低收入限制”的情况下才要求通过P45表格通知雇用时间，因此，尽管某些雇主可能仍填报了这些内容，但并非所有低薪工作都包含在数据中。因此，P45就业人数未达到总就业人数的记录，在解释这些数据时需要谨慎。尽管有这些限制，但P45就业提供了有用的就业替代。

二、《罪犯学习的初步影响及实施状况评估》的分析及结论

该报告是由英国司法部和商业、创新和技能部(Department for Business Innovation & Skills, DBIS)[1]委托益普索莫里社会研究所(Ipsos MORI Social Research Institute)、谢菲尔德哈勒姆大学哈勒姆刑事司法中心(Hallam Centre for Criminal Justice, Sheffield Hallam University)和伦敦经济咨询公司(London Economics)共同完成的。

该评估报告利用了司法部、商业、创新和技术部、工作与养老金部和英国税务海关总署的相关行政数据,评估参加 OLASS 3 和 OLASS 4 学习对罪犯释放后的再犯罪、就业、福利依赖以及继续教育的影响。该影响分析仅限于国内罪犯,不包括外国罪犯。

为了与接受 OLASS 阶段教育的刑满释放人员进行比较,研究人员运用倾向性得分匹配,选取了多个比较组,比较组由在监禁期间未参与 OLASS 阶段学习但与参加学习者具有相似的个体和犯罪特征的前罪犯组成。

报告对比分析了参加与未参加 OLASS 3 学习组、参加 OLASS 3 学习并实现相关的学习目标与未实现相关目标组的罪犯,在再犯、就业、获取社会福利、继续学习等方面的结果,了解罪犯参与 OLASS3 学习的影响。此外,报告还对比分析了参加与未参加 OLASS4 学习组、参加 OLASS4 学习与参加 OLASS3 学习组、参加 OLASS4 学习组并实现相关的学习目标与未实现相关的学习目标组的释放后效果。[2]

(一)参加与未参加 OLASS3 学习罪犯之间的比较

这部分重点比较分析至少参与 1 个 OLASS3 目标的罪犯组与具有相似社会经济和犯罪特征,但不参与任何 OLASS3 目标的罪犯组的结果。目的是单独确定参与 OLASS3 的影响。

分析追踪了罪犯释放后 6 个月、12 个月、24 个月的再犯情况、P45 就业、领取失业救济金、领取求职者津贴(Jobseeker's Allowance, JSA)、继续教育的情况,总结了 OLASS3 参加者随时间变化带来的不同影响。

---

[1] 2016 年 7 月,政府机构改革将原商业、创新和技能部在高等教育和继续教育政策、学徒制和技能方面的职能移交给了教育部。

[2] 由于阶段 4 学习处于初期,调查单位不是试点单位的全部,因此有关数据不太准确,本文不予以介绍。

分析结果表明，在释放后6个月时，未参加过学习罪犯组领取失业救济金的有50.7%，而参加学习者领取失业救济金的有55.1%，比未参加学习者多4.4个百分点；[1]未参加学习组领取求职者津贴的有29.2%，而参加学习组领取求职津贴的有33.0%，比未参加组多3.8%。在释放12个月时，未参加过学习的匹配组的再犯率为40.2%，而参加过学习罪犯的再犯率为32.6%，比未参加者的再犯率低约7.6个百分点；未参加学习组的就业率为26.3%，而参加过学习组的就业率为28.1%，比未参加者高1.8个百分点；[2]未参加学习组释放后领取失业救济的有46.9%，参加学习罪犯组领取失业救济金的有51.5%，比未参加者多4.6个百分点；未参加学习组领取求职者津贴的是24.6%，而接受教育组领取求职津贴的有27.7%，比未参加学习组高3.1个百分点。在释放后24个月时，参加学习组释放后24个月时领取求职津贴的有23.2%，高于未参加学习组(19.6%)3.6%。此外，数据表明，与未参加过学习的罪犯相比，参加OLASS 3学习对罪犯释放后的继续教育没有显著影响。[3]

(二)实现OLASS3目标与未实现OLASS3目标参加者的比较

对参加OLASS3并至少实现一个目标的罪犯与参加OLASS3但没有实现任何目标的罪犯的结果进行比较发现，实现目标与否对再犯、就业、福利依赖和继续教育的结果的差异都没有达到统计学意义。与对照组相比，实现目标者在释放后更可能继续接受教育，尤其是在释放后12个月的继续教育率是3.0%，匹配组释放12个月时的继续教育率为1.9%。该差异具有统计学意义。

(三)参加OLASS 3学习的成本效益分析

成本效益分析有助于比较提供OLASS3的成本与学习相关的经济效益。结合OLASS3的特点(专业化水平和学分)和学习目标数量，估计每个OLASS3学习者的成本在1200英镑到1300英镑之间。分析表明，与证明的重新犯罪相伴而生的预期经济利益约为每名罪犯27,598英镑，而将个人从失业转为就业

---

[1] 失业福利的增加可能表明劳动力市场的参与有所增加(不从事经济活动的刑满释放人员的人数有所减少)，也可能是再次犯罪减少的副作用(如果他们因再次犯罪而重返监狱，那么他们获得失业福利的可能性就会极低)。

[2] 与非OLASS3学习者相比，OLASS3学习者在释放后12个月更有可能在P45就业(增加1.8个百分点)。虽然统计上不显著，但分析也表明，OLASS3学习者的6个月和24个月就业率在OLASS3学习者的治疗组中比非学习者组要高(分别高0.7个百分点和2.2个百分点)。

[3] 继续教育仅包括任何由公共资助并获得正式认可资格的教育和培训。释放后的结果不包括私人资助的培训或没有导致正式认可的资格的培训。

相关的平均经济利益为每年 14, 904 英镑(以 2015 年价格为准)。综合关于减少再犯罪收益的这两方面信息,表明再犯发生率每降低 1 个百分点可为代表个人带来 276 英镑的经济收益(假设影响没有持久性),而被代表个人就业机会每增加 1 个百分点,就会涉及 149 英镑的经济利益。而停止再次犯罪的预期经济收益每个罪犯在 27, 598 英镑左右,而将一个人从失业中转移到就业岗位的平均经济收益为每年 14, 904 英镑(以 2015 年价格计算)。

前面提到,参加 OLASS3 学习的罪犯在释放 12 个月时的再犯率比未参加 OLASS3 学习的罪犯低约 7. 5 个百分点。那么参加 OLASS3 者在释放后的第一年,与再犯(假设没有持续性)相关的经济效益为每个罪犯 2300 ~ 2400 英镑(相比之下,成本为 1200 ~ 1300 英镑)。

通过对相对收益和成本的建模,假设再犯罪和就业效应在一定程度上持续存在。如果第一年的影响在释放后的第二年完全存在,并在接下来的 36 个月中部分持续(每年减少 50%),则分析表明,与 OLASS3 相关的再犯罪和就业结果的经济效益为 6700 ~ 6800 英镑,而成本费用为 1200 ~ 1300 英镑,那么,每个学员的净收益为 5400 ~ 5600 英镑。

三、相关研究对我国罪犯教育工作及其效果评价的思考

英国有关监禁期间罪犯参加教育对释放后再犯影响的实证研究,揭示了接受教育的罪犯在其释放后的再犯率更低,同时,在就业以及进一步教育方面具有积极的影响,说明罪犯教育在预防再犯中具有重要作用,开展罪犯教育具有良好的成本效益。尽管此研究结论是在英国独特的社会背景下得出的,但是鉴于该研究的客观性和科学性,这一结论对于我国重新认识罪犯教育的作用具有重要意义,其效果评价方法对于我国开展更加科学的罪犯教育效果评价也具有积极的参考和借鉴意义。

(一)充分认识罪犯教育对降低再犯的重要影响

监狱进一步加强罪犯教育工作,有效发挥教育在罪犯改造中的作用,能够不断提高罪犯改造质量,有效降低再犯率。相关的实证研究充分说明了罪犯教育对降低再犯率具有积极的影响,具有良好的成本效益。因此,要进一步强化教育在罪犯改造中具有重要地位和作用的认识,加强罪犯的各项教育,继续加大罪犯教育的时间、人力、物力方面的投入,为更加充分发挥教育在罪犯教育改造中的作用提供有效保障,充分发挥教育在降低再犯率方面的作用。

(二)建立专门的罪犯教育效果评价制度,开展独立的罪犯教育效果评估

当前,我国对于罪犯教育效果的评估包含在罪犯教育改造质量的整个评估体系中,并没有专门针对罪犯教育效果的单独评估。而罪犯教育改造质量的评估是对所有教育改造手段(包括劳动、管理、教育、心理矫治等多项内容)产生整体性效果的综合评估,并不能独立体现罪犯教育自身的效果。因此,建议开展专门的教育效果的评估,以客观了解罪犯教育在罪犯改造以及降低再犯率中的作用,为有效推动罪犯教育工作的发展提供依据。

(三)制定罪犯教育效果评估方法,提高效果评价的科学性

目前,我国关于罪犯教育改造质量的评估属于内部评估,是监狱自身对教育改造质量的评估,实际上,其是对罪犯在监狱中表现一种评估,对未来行为的一种预测评估。这种效果评估具有一定的局限性,客观性不足。而英国这种评估是通过实证对比分析接受教育与未接受教育罪犯在释放后再犯实际发生率来客观分析教育效果,效果评价方法更加科学合理,更具说服力。为提高罪犯教育效果评估的客观性和科学性,建议我国采用外部评估和内部评估相结合的办法对罪犯教育效果进行评估,外部评估可以借鉴英国有关评估的方法,引入外部机构参与相关评估,将再犯率、再犯刑期变化、释放后就业状况等指标纳入效果评价体系,用更加客观的标准来评估教育的效果。

(四)应加强我国罪犯教育效果评价的理论研究和实践探索,为促进我国罪犯教育效果评价的科学化提供理论支持

罪犯教育评估是一项科学性较强的工作,需要相关理论的支持和实践探索。应当加强相关理论和实证研究,总结我国罪犯教育效果评价的经验,了解实践中面临的问题,为建立科学有效的罪犯教育评价体系提供理论指导;应积极开展实践试点,探索科学的评估方法、评价指标,不断促进罪犯教育效果评价的科学化发展。

当前美国监狱与刑事司法新发展
——美国《2018 年第一步法案》及其实施评介

周 勇*

2018 年 7 月,美国《2018 年第一步法案》的最初版本在众议院通过。2018 年 12 月 18 日,参议院通过了法案的修正版;2018 年 12 月 20 日,众议院批准了参议院修正案;2018 年 12 月 21 日,美国第 45 任总统特朗普签署了《2018 年第一步法案》(第 115 ~391 号公法),使之成为法律。《2018 年第一步法案》针对当前美国联邦监狱和刑事司法工作面临的严峻挑战,在矫正、量刑、激励、监禁等方面出台了一系列改革举措,被认为是几十年来美国最重要的监狱改革法案、最具意义的量刑改革法案。[1] 本文首先介绍《2018 年第一步法案》的主要内容,然后概述《2018 年第一步法案》实施以来取得的进展,最后提出有关评价和思考。

一、美国《2018 年第一步法案》的主要内容

美国《2018 年第一步法案》由减少再犯、监狱局安全保管枪支、禁止对怀孕囚犯的约束、量刑改革、《2007 年第二次机会法》的重新授权及其他刑事司法事项等 6 章组成,约 3.8 万字。概括起来,该法案主要包括通过在联邦监狱局建立一个风险和需求评估系统进行的矫正改革、涉及对一些联邦罪行的刑罚进行修改的量刑改革、对《2007 年第二次机会法》的重新授权以及其他一些与刑事

---

* 周勇,时任司法部预防犯罪研究所副所长、研究员、博士;原文载《犯罪与改造研究》2021 年第 11 期。

〔1〕 参见陈小方:《美〈第一步法案〉力推量刑改革》,载《法制日报》2019 年 8 月 5 日,第 5 版。

司法有关的规定等四方面内容。[1]

(一)矫正改革

1. 研发风险和需求评估系统。《2018 年第一步法案》要求美国司法部在该法案颁布后 210 天内研发并发布一套风险和需求评估系统,供联邦监狱局用来评估所有联邦囚犯的再犯风险,并将囚犯分配到循证减少再犯项目(evidence-based recidivism reduction programs)[2]和生产性活动(productive activities)[3],以降低其再犯风险。风险和需求评估系统将用于:(1)确定每名囚犯在入监时的再犯风险,并将每名囚犯分为最低、低、中或高风险;(2)在切实可行的范围内,评估和确定每名囚犯实施暴力或严重监狱不当行为的风险;(3)根据每名囚犯的具体犯因性需求(criminogenic needs)[4],确定适合的循证减少再犯项目的类型和数量并进行分配;(4)依据各种动态的,且在监狱期间可以合理预期发生变化的包括进展指标和回归指标在内的各种因素,定期重新评估每名囚犯的再犯风险;(5)根据重新评估后的再犯风险等级,将囚犯重新分配到适当的循证减少再犯项目或生产活动中,以确保所有囚犯都有机会在服刑期间降低其风险等级,这些项目能满足囚犯的犯因性需求以及所有囚犯都能成功地参加这些项目;(6)决定何时向成功参与循证减少再犯项目或生产性活动者提供激励和奖励;(7)决定囚犯何时准备转入释放前羁押(prerelease custody)或监督释放(supervised release);(8)决定在课程材料中适当使用音频技术,以适应有阅读困难(dyslexia)囚犯的需求。

2. 实施风险和需求评估系统。《2018 年第一步法案》要求,在司法部发布风险和需求评估系统后的 180 天内,联邦监狱局必须开展以下实施工作:(1)对

---

〔1〕 See Nathan James, *The First Step Act of* 2018:*An Overview*(July 30,2021),https://crsreports.congress. gov/product/pdf/R/R45558.

〔2〕 循证减少再犯项目是指一种团体或个人活动,通过实证证据显示能减少再犯,或者基于研究表明,它很可能对减少再犯有效。该项目旨在帮助囚犯出狱后在其社区取得成功。该项目可能包括社交学习和沟通、人际交往、反欺凌、拒绝反应等生活技能;家庭关系的建立、结构化的亲子互动和育儿技巧;道德或伦理课程;学术课;认知行为治疗;指导;药物滥用治疗;职业培训;基于信仰的课程或服务;公民参与和重返社会的社区服务;监狱工作,包括通过监狱工作方案、受害者影响课程或其他恢复性司法方案、创伤咨询和创伤知情支持计划。

〔3〕 生产性活动是指一种旨在使被评估为具有最低或较低再犯风险的囚犯维持生产,进而保持最低或较低的再犯风险的团体或个人活动。

〔4〕 犯因性需求是指可以改变和/或通过干预解决的再犯风险因素。

每名囚犯(包括在《2018 年第一步法案》颁布之前被监禁的囚犯)实施并完成初始入监风险和需求评估,无论该囚犯的刑期长短;(2)开始根据评估结果将囚犯分配到适当的循证减少再犯项目和生产性活动中,其中,高风险和中等风险囚犯重点安排在循证减少再犯项目,而低风险囚犯重点安排参加生产性活动,已临近释放日期的囚犯优先安排;(3)开始扩大可提供有效的循证减少再犯项目和生产性活动,并增加有效实施该系统所需的任何新的循证减少再犯项目和生产性活动,以便使所有囚犯在联邦监狱局完成对其初步风险和需求评估后两年内有机会参加;(4)开始实施其他必要的风险和需求评估工具,以便随着时间的推移有效实施该系统,同时囚犯正在参与和完成有效的循证减少再犯项目和生产性活动。此外,对成功参加循证减少再犯项目或生产性活动的罪犯,要求至少每年对其开展一次重新评估;对距预计释放日期不到 5 年的中高危罪犯,要求更频繁地开展重新评估。如果重新评估表明囚犯的再犯风险或特定需求发生了变化,联邦监狱局必须重新安排囚犯参加与这些变化相一致的循证减少再犯项目或生产性活动。

3. 调动囚犯参加循证减少再犯项目的积极性。一是对参加循证减少再犯项目的囚犯给予激励和奖励(incentives and rewards)。《2018 年第一步法案》要求对参加循证减少再犯项目的囚犯使用以下激励和奖励:(1)额外的电话特权和视频会议特权(如有),每天最多 30 分钟,每月最多 510 分钟。(2)监狱长决定的额外探视时间。(3)转移到更靠近囚犯释放住所的监狱,但须视是否有床位、囚犯的安全等级以及提出请求时囚犯所在监狱的监狱长的推荐而定。(4)联邦监狱局决定的额外激励和奖励,包括不少于以下各项中的两项:①增加小卖部支出限额和产品供应;②增加电子邮件访问权限;③考虑调整到首选居住单元(preferred housing units);④向囚犯征集并经联邦监狱局认定适当的其他激励措施。二是规定成功完成循证减少再犯项目的囚犯可获得时间积分。时间积分可使囚犯能够比之前被允许的时间更早地被置于释放前羁押(家庭监禁或居住回归中心)。根据《2018 年第一步法案》,成功完成减少循证再犯项目的囚犯每参加 30 天的项目,就有资格获得最多 10 天的时间积分。成功完成循证减少再犯项目或生产性活动的最低风险级和低风险级囚犯,其被评估的再犯风险在连续两次评估中没有增加,每成功参与 30 天,就有资格获得最多额外 5 天的时间积分。同时规定犯有某些严重罪行(主要有暴力、恐怖主义、间谍活动、人口贩卖、性犯罪和性剥削、持有枪支的重罪犯、某些欺诈或高级毒品犯罪等)的囚犯,不论其再犯风险程度如何,都没有资格获得额外的时间积分。

(二)量刑改革

《2018 年第一步法案》涉及的对美国联邦量刑法的改革主要有四处。

1. 降低了某些毒品犯罪的强制性最低量刑。在《2018 年第一步法案》之前,涉嫌某些毒品重罪的被告,如果他们以前曾因一次毒品重罪而被判过刑,那么再犯的强制性最低量刑为 20 年监禁;如果他们有两次或更多次重罪判刑,再犯的强制性最低量刑为终身监禁。《2018 年第一步法案》分别将上述强制性最低量刑降低到 15 年和 25 年。同时,《2018 年第一步法案》还改变了适用这些强制性最低量刑的先前定罪标准,即罪犯的先前定罪必须符合新的标准,也就是严重毒品重罪(serious drug felony)[1]或严重暴力重罪(serious violent felony)[2],而不是任何重罪毒品犯罪(felony drug offense)。

2. 放宽安全阀(expanding the safety valve)。"安全阀条款"允许法官对低级别、非暴力的毒品犯罪者处以低于适用的强制性最低量刑的监禁。该条款以前只适用于没有犯罪前科记录的犯罪者。这也就是说,哪怕被告只有一次不当行为而被判 60 天以上的刑期,就不能适用"安全阀条款"。《2018 年第一步法案》则放宽了该条件,允许被告最多可以有 4 次犯罪前科记录。这样一来,即使是重罪犯人也并非没有适用"安全阀条款"的资格,只要以前的重罪并没有导致多于 13 个月的判刑。

3. 取消累积规定(eliminating the stacking provision)。美国现行法律对在暴力重罪或毒品犯罪中拥有、使用或丢弃枪支实施不同的强制性连续性惩罚。而对于"第二次或随后的判刑",强制性连续惩罚将提高到 25 年。有时候,检方对被告提出多起指控,从而导致每起量刑相连,加重了对前次犯罪的惩罚。而《2018 年第一步法案》对 25 年强制性连续惩罚只适用于"前一次判罪定案之后",即只有在犯罪者先前对使用枪支的定罪已经是最终判决的情况下,才适用"第二次或随后"对使用枪支助长贩毒犯罪或暴力犯罪定罪的 25 年强制性最低量刑。

---

[1] 严重的毒品重罪是指《美国法典》第 924 条(e)(2)项所述的罪行,该罪行仅包括罪犯服刑的最高刑期为 10 年或 10 年以上的毒品重罪,且已被监禁了 12 个月以上。在《2018 年第一步法案》之前,任何对重罪的先前定罪是指最高刑期超过一年的毒品犯罪。

[2] 严重暴力重罪是指《美国法典》第 18 卷第 3559 条(c)(2)项所述的刑期在 12 个月以上的罪行以及任何违反《美国法典》第 18 卷第 113 条的重罪,且犯罪是在美国的特别海事和领土管辖区内实施,罪犯已服刑 12 个月以上。在《2018 年第一步法案》之前,只有毒品重罪为再犯强制性最低量刑的先前定罪。

4. 追溯适用公平量刑法(retroactivity of the fair sentencing act)。《2018 年第一步法案》授权追溯适用《2010 年公平量刑法》(第 111～220 号公法)的规定,如果目前在押囚犯因拥有可卡因而在《2010 年公平量刑法》颁布之前被判刑期比《2010 年公平量刑法》颁布后因拥有等量的可卡因被判刑期长,可以向联邦法院提出减刑申请。

(三)第二次机会法案的再授权(reauthorization of the second chance act)

《2007 年第二次机会法》(the second chance act of 2007)(第 110～199 号公法)由乔治·布什总统于 2007 年签署,目的是通过提供工作培训、药物滥用咨询和可能消除先前定罪的标签效应等来帮助刑释囚犯重新融入社会。该法为囚犯重返社会、毒品或酒精戒治、就业安置、辅导服务等项目提供资金资助,以帮助刑满释放的人过上合法的生活。《2018 年第一步法案》中的第五篇对 2007 年的《2007 年第二次机会法》最初授权的许多资助项目都进行了再授权,这些资助项目主要包括州和地方成人和青少年罪犯示范项目、家庭药物滥用治疗资助项目、评估和改进监狱看守所和少年犯管教所教育方法的资助项目、职业培训示范资助项目、罪犯重返社会药物滥用和刑事司法合作项目、非营利组织基于社区的指导和过渡服务资助项目、联邦监狱局早期释放试点(将某些老年非暴力罪犯适用家庭监禁)及拓展项目、减少再犯伙伴关系资助项目和囚犯重返社会研究资助项目。

(四)其他规定

1. 对良好时间积分规定作出修订。《2018 年第一步法案》修订了《美国法典》第 18 卷第 3624 条(b)项规定,使联邦囚犯在被判刑的每一年而不是服刑的每一年都能获得最多 54 天的良好时间积分。

2. 对监狱局安全保管枪支作出规定。《2018 年第一步法案》要求联邦监狱局在矫正机构的安全边界外提供一个安全的储存区,供联邦监狱局雇用的合格执法人员保管枪支,或允许这类雇员将枪支存放在经联邦监狱局批准的车辆锁箱中。该法案还要求,尽管有任何其他法律规定,联邦监狱局仍允许这些雇员在矫正机构安全边界之外携带隐藏的枪支。

3. 禁止对怀孕囚犯使用约束措施。《2018 年第一步法案》禁止联邦监狱局或美国法警署(USMS)对在押的怀孕囚犯使用约束措施。禁止使用约束措施的规定从专业医护人员确认怀孕之日起生效。当犯人完成产后康复时,禁止就结束了。如果要对怀孕的囚犯使用约束措施,那么,使用约束措施的矫正官员或副法警必须在30天内向联邦监狱局或美国法警署以及负责囚犯健康和安全的医疗机构提交一份报告,说明使用约束措施的理由、详细情况(约束的类型和时限),以及对囚犯的任何可见的身体影响。

4. 将囚犯安置在离家更近的监狱。根据《2018年第一步法案》要求联邦监狱局在充分考虑床位的可用性,囚犯的安全等级、矫正项目需求、精神和医疗健康需求,囚犯提出的与信仰需求有关的任何请求,量刑法院的建议以及其他安全问题的情况下,将囚犯安置在离其主要住所尽可能近(500英里以内)的监狱。此外,根据这些考虑以及囚犯倾向于留在他/她的现有监狱或被转移的情况,即使囚犯目前关押在500英里以内的监狱内,联邦监狱局也必须将囚犯转移到离他/她的主要住所更近的监狱中。

5. 对低风险囚犯适用家庭监禁。《2018年第一步法案》要求联邦监狱局在可行的范围内,在被允许的最长时间内(通常为监禁期的10%或6个月,以较短者为准),将再犯风险水平较低且矫正需求较少的囚犯适用家庭监禁。

6. 增加同情释放(compassionate release)[1]的使用和透明度。《2018年第一步法案》规定了对老年囚犯和绝症罪犯的同情释放。对于老年囚犯,法院可根据联邦监狱局的请求,对囚犯进行减刑并裁定有条件或无条件的缓刑或监督释放,缓刑期或监督释放期等于囚犯刑期的剩余时间,如果法院认为"有特殊和令人信服的理由需要这样做",或者该囚犯年满70岁,已服刑至少30年,且联邦监狱局已确定该囚犯不会对任何其他人或社区的安全构成威胁。对于绝症罪犯,联邦监狱局必须在囚犯被诊断出患有绝症后72小时内将诊断结果通知给囚犯的律师、伴侣和家人,并告知他们可以选择代表囚犯提交同情释放申请。联邦监狱局必须在7天内为囚犯的伴侣和家人提供探视机会。联邦监狱局必须在14天内对同情释放请求作出处理。

7. 帮助囚犯释放前获得公民身份证明。《2018年第一步法案》要求联邦监狱局必须帮助囚犯在释放前获得社会保障卡、驾驶执照或其他官方照片身份证明以及出生证明。

8. 通过联邦监狱工业公司扩大囚犯工作机会。《2018年第一步法案》授权联邦监狱工业公司(FPI,也以其商品名UNICOR而闻名)向用于矫正设施、救灾或应急响应的公共实体以及哥伦比亚特区政府销售产品,但不允许向非营利组织出售办公家具。该法案还要求联邦监狱局留出应支付给参加联邦监狱工

[1] 亦可译为慈悲释放。

业公司工作的囚犯工资的15%，这笔钱将在囚犯获释时支付给他们，以帮助他们支付重返社区的费用。

9. 加强囚犯重返社会协调。《2018年第一步法案》要求美国司法部部长与住房和城市发展部部长，劳动、教育、卫生和公共服务部部长，退伍军人事务部部长，农业部部长，其他相关联邦机构的负责人和相关人士，服务提供者，非营利组织以及州、部落和地方政府，就联邦重返社会政策、项目和活动尤其是循证实践和防止重犯方面进行协调。该法案还规定，监狱局局长应制定政策，要求监狱长和社区设施的负责人与愿意自愿提供循证减少再犯项目的宗教和社区非营利组织建立减少再犯伙伴关系。

10. 禁止对青少年使用房间禁闭。《2018年第一步法案》禁止青少年管教所利用房间禁闭(room confinement)[1]来惩戒、惩罚、报复或实现任何其他目的，除非作为对受保护青少年行为的临时措施，因为单独房间禁闭会对青少年造成严重和直接的身体伤害风险。该法案还禁止青少年管教所对青少年使用连续的房间禁闭。

二、美国《2018年第一步法案》的实施进展

2020年12月，美国司法部部长向国会提交了反映《2018年第一步法案》自2018年12月21日生效至2020年9月30日期间实施情况的报告。[2] 根据该报告，美国《2018年第一步法案》的实施主要取得了以下进展。

(一)研发了新的风险和需求评估系统

2019年7月19日，在法定截止日期之前，美国司法部研发并发布了一个新的风险和需求评估工具，即针对估计风险和需求的囚犯评估工具(the Prisoner Assessment Tool Targeting Estimated Risk and Needs, PATTERN)，并详细说明了其比联邦监狱局现行需求评估系统的改进。PATTERN在种族、性别方面取得了很高的预测能力，超过了美国常见的风险评估工具。在发布PATTERN之后，司法部开始了为期45天的评论期，征求利益相关者、倡导者和公众对PATTERN的改进建议。在此期间，美国司法部收到了近200条评论和声明。美国司法部还主办了两次听取意见会，听取了8个利益攸关方组织的发言。感

[1] 房间禁闭是指出于任何原因将被禁闭的少年单独非自愿地安置在牢房、房间或其他区域。

[2] See *The Attorney General's First Step Act Section* 3634 *Annual Report*(July 29, 2021), https://www.bop.gov/inmates/fsa/docs/20201221_fsa_section_3634_report.pdf.

兴趣的利益攸关方还提交了8项意见。2019年11月19日,美国司法部部长会见了独立审查委员会,讨论对PATTERN的修改。独立审查委员会提出了修改建议。联邦监狱局和国家司法部同意委员会的大部分修改建议,随后美国司法部部长批准了这些修改。这些修改旨在提高PATTERN的公平性和透明度,而不会显著影响其预期的高水平可预测性。

(二)开展了囚犯风险和需求评估并为囚犯分配项目

按照《2018年第一步法案》,在2020年1月15日的法定最后期限前,联邦监狱局运用PATTERN对所有联邦囚犯进行了风险和需求评估。每名囚犯获得了高、中、低或最低的PATTERN再犯风险评估水平。同时,作为入监评估的一部分,联邦监狱局评估了囚犯的需求。联邦监狱局制定了由13个领域组成的需求清单,这13个需求领域具体包括愤怒/敌意、反社会同伴、认知、阅读障碍(FSA要求)、教育、家庭/养育、财务/贫困、医疗、心理健康、娱乐/休闲/健身、药物滥用、创伤和工作。联邦监狱局根据不同的需求使用不同的需求评估工具,评估囚犯在入监时和整个监禁期间的需求。需求评估结果用于推荐循证减少再犯项目或生产性活动。联邦监狱局的工作人员同有犯因性或其他需求的囚犯会面,讨论评估结果,并根据这些结果为囚犯安排循证减少再犯项目或生产性活动。

(三)加强循证减少再犯项目或生产性活动建设

2019年,副检察长办公室(ODAG)、监狱管理局、国家司法研究所和独立审查委员会审查了联邦监狱局提供的所有项目,以确定根据《2018年第一步法案》,哪些项目可以被视为循证减少再犯项目或生产性活动。2020年1月,联邦监狱局在其网站上公布了批准包括70多个项目的完整清单。时间积分只能从批准名单上的循证减少再犯项目或生产性活动中获得,因为这些项目或活动的目的是满足囚犯的需求,从而降低他(她)再次犯罪的风险并支持成功地重新融入社会。囚犯仍然可以参加其他服务、项目和活动,但这种参与不会产生时间积分。《2018年第一步法案》不仅要求联邦监狱局加强现有的项目,而且还要求扩大向符合条件的囚犯提供的项目数量。为了实现这一目标,联邦监狱局认识到,项目可以来自不同的来源。联邦监狱局依靠其重返社会服务部(Reentry Services Division,RSD)的专业知识,制定针对联邦囚犯必要的矫正项目。

(四)追溯适用了公平量刑法

《2018年第一步法案》授权追溯适用《2010年公平量刑法》第2条和第3条

的规定。截至2020年9月28日,联邦监狱局共处理了3434份追溯减刑令,释放了2509名囚犯。

(五)实施了同情释放

联邦监狱局颁布了一项政策,其中规定了关于《美国法典》第18卷第3582条(c)(1)(A)项和第4205条(g)项"同情释放"新的通知和援助程序。据统计,2018年12月21日至2020年9月30日期间,联邦监狱系统大约有1700名囚犯通过同情释放获释。

(六)修改了良好时间积分

根据《2018年第一步法案》,符合条件的联邦囚犯在被判刑的每一年(此前是服刑的每一年)获得最多54天的良好时间积分。这一变更于2019年7月19日生效。为了确保过渡期顺利进行,联邦监狱局在2019年6月的第2周为每名即将获释的囚犯制订了个性化的释放计划,并向所有机构分发了重返手册(重点是交付给即将获释的囚犯)。联邦监狱局还与美国缓刑和审前服务办公室进行了协调。2019年7月19日,共有3100多人从联邦监狱获释。

(七)将囚犯转移到离家更近的监狱

在《2018年第一步法案》颁布前,联邦监狱局一直致力于将囚犯安置在离他们释放住所500英里范围内的监狱中。联邦监狱局称之为"近距离释放转移"。在《2018年第一步法案》通过后,联邦监狱局于2019年9月4日更新了其囚犯安全指定和监管分类政策。2019年,联邦监狱局进行了1684次近距离释放转移。从2020年1月到10月,共有1219次近距离释放转移。截至2020年9月26日,80,648名囚犯(在115,812名联邦囚犯总数中约占70%)被安置在距离其住所500英里范围内的监狱中。

(八)对低风险囚犯适用家庭监禁

从2020年3月到12月2日,美国联邦监狱局将家庭监禁人口增加了约200%,并在这一期间通过家庭监禁计划转移了1.9万多名囚犯。但考虑到CARES法案和COVID-19流感大流行,美国联邦监狱局把大量的囚犯关在家里。因此,目前提供的任何数据尚不能准确反映《2018年第一步法案》规定的家庭监禁利用率的提高。

(九)致力于重返社会

司法部支持帮助囚犯从监狱过渡到社区的努力。2020年9月29日,美国司法部司法项目办公室宣布,2020财年提供了超过9200万美元的资助款,用于支持罪犯在监禁后返回社区。美国司法部宣布了“准备工作”(ready to work)倡议,通过该倡议,联邦监狱局将雇主与寻求就业的囚犯直接联系起来,目的是为每一名重新进入其社区的罪犯提供获得就业的机会。公民志愿者补充了BOP工作人员提供的服务和项目,从而支持社区重返努力并促进监狱机构安全。在2019财年(截至2019年9月19日),5939人在各监狱机构志愿服务了110,489小时。在2020财年(截至2020年9月10日),5978名志愿者和承包商在各个机构提供了157,752小时的服务。

(十)制发了业务政策和指引

为了成功实施《2018年第一步法案》,美国联邦监狱局制定发布了相关政策和指引,包括风险和需求评估系统PATTERN的说明、关于准备释放和协助囚犯取得身份的政策指导、根据《美国法典》第18卷第4050条使联邦监狱局员工能够携带和保管个人武器的政策指引、监狱长与非营利组织和其他私人组织建立伙伴关系指引等。

三、美国《2018年第一步法案》及其实施的评价与思考

关于美国《2018年第一步法案》及其实施,笔者认为有以下几个问题值得思考。

(一)关于法案出台的时代背景

美国《2018年第一步法案》是在当前美国联邦监狱和刑事司法工作面临监狱人满为患、监狱严重超负荷运转、重新犯罪率居高不下、犯罪治理成效低下等严峻挑战的形势下出台的改革法案,也是美国国会数年来就国会可能采取什么措施来减少联邦监狱人口规模同时建立维护公共安全机制的主题进行激烈辩论后达成的成果。该法案既深刻反映出美国对20世纪80年代和90年代初实施的一些严厉的打击犯罪政策的反思以及对大规模监禁带来的诸多不良社会后果的担忧,也集中体现了美国致力于解决监狱人满为患、减少重新犯罪数量、提高司法效率的目的意图、理念思路与对策措施。

(二)关于法案的名称

美国国家司法研究所所长David B. Muhlhausen指出,罪犯走出监狱的第一步是迈向无犯罪(crime-free)和富有成效的生活的重要步骤。[1]《2018年第

---

〔1〕 See U. S. Department of Justice Office of the Attorney, *The First Step Act of* 2018: *Risk and Needs Assessment System*, 2019, p. vii.

一步法案》之所以在名称中冠以“第一步”,显然是为了突出对“罪犯走出监狱的第一步”的高度重视,强调监狱和刑事司法应为罪犯走出监狱的第一步做好充分准备。因此,该法案的名称直接体现了其立法目的,即《2018 年第一步法案》旨在减少再犯和改革联邦监狱以及刑事司法系统,进而使那些从监狱释放的人不再返回监狱。

(三)关于法案的改革性举措

美国《2018 年第一步法案》在矫正、量刑、激励、监禁等方面提出了一系列改革举措,包括研发并实施风险和需求评估系统、强调循证减少再犯项目和生产性活动的改造作用、注重对参加减少再犯项目的囚犯以激励和奖励、扩大同情释放的使用、禁止对怀孕囚犯使用约束措施、将囚犯关押在家庭附近的监狱、加强监狱工作人员培训等,较为充分地运用或契合了目前国际社会在减少重新犯罪领域的诸多先进理念与成功经验。[1] 比如,改造和重新融入社会是减少重新犯罪的优先关注事项;开展罪犯风险和需求评估是改造罪犯的关键;有效的改造项目和干预措施是改造罪犯的“利器”;监狱工作人员素质是改造罪犯的重要保障;在改造罪犯并促使罪犯重新融入社会和减少重新犯罪的过程中,各利益相关方的参与不可或缺等。

(四)关于法案的专业性保障

在美国《2018 年第一步法案》中,研发与实施危险和需求评估系统是一项专业性很强的工作。为此,《2018 年第一步法案》明确规定成立专门的独立审查委员会,由国家司法研究所选择一个在风险和需求评估工具的研究和开发方面具有专业知识的无党派和非营利组织来主持独立审查委员会。该委员会由不少于 6 名成员组成,均具备风险和需求评估领域的专长。独立审查委员会的职责是协助美国司法部部长审查和验证囚犯风险和需求评估系统、就循证减少再犯项目和生产性活动提出建议、就循证减少再犯项目的有效性等开展持续研究和数据分析等。

(五)关于法案的执行力

如前所述,美国《2018 年第一步法案》颁布两年来,相关实践取得了比较明显的进展。这主要得益于美国《2018 年第一步法案》本身条款中对于实施就有比较明确的规定和要求,并给予经费保障。比如,《2018 年第一步法案》对于司

[1] 参见周勇:《有效减少重新犯罪的全球经验及其借鉴思考》,载《中国司法》2021 年第 8 期。

法部研发危险和需求评估系统、联邦监狱局实施危险和需求评估系统都提出了明确的时限要求(分别为法案颁布后 210 天内或系统发布后 180 天内)。为帮助国会监督实施并评估风险和需求评估系统的效果,《2018 年第一步法案》明确要求美国司法部、独立审查委员会(Independent Review Committee)和美国审计总署(Government Accountability Office)就有关工作情况分别提交阶段性或年度报告。在经费保障方面,《2018 年第一步法案》授权在 2019 年至 2023 年的每个财政年度拨款 7500 万美元用于研发和实施危险和需求评估系统。

(六)关于法案的总体评价

美国第 45 任总统特朗普指出,《2018 年第一步法案》“将给予无数当前和前囚犯第二次生命机会,以及为他们的社区、州和国家作出贡献的新机会”[1]。美国联邦监狱局代理局长 Hugh J. Hurwitz 认为,该法案是多年来第一次有意义的刑事司法改革法案。[2] 从中可见,《2018 年第一步法案》被寄予了厚望。同时,该法案的实施情况也表明其取得了一些积极进展。但需要指出的是,美国《2018 年第一步法案》及其实施究竟能在多大程度上解决美国监狱人满为患、重新犯罪率居高不下、监狱和刑事司法效率低下等难题,进而建立起美国防范控制犯罪、维护公共安全的有效机制,目前要得出结论还为时过早,需要作进一步的观察。但无论怎样,作为美国监狱和刑事司法领域的最新动向,《2018 年第一步法案》及其实施值得我国监狱和刑事司法理论界和实务界密切关注和了解。

---

〔1〕 Remarks by President Trump at 2019 Prison Reform Summit and FIRST STEP Act Celebration, (June 11, 2019), https:// www. whitehouse. gov/ briefngs-statements/ remarks-president-trump2019 - prisonreform-summit-first-step-act-celebration/.

〔2〕 See U. S. Department of Justice Office of the Attorney, *The First Step Act of* 2018: *Risk and Needs Assessment System*, 2019, p. vi.

对美国重新犯罪率研究新模式的思考

王佳怡*

美国马里兰州犯罪控制与预防办公室资助司法与安全战略智库于2007年秋季对2003～2004年离开马里兰州蒙哥马利郡矫正设施的出狱人进行追踪调查,对这些出狱人的重新犯罪率进行了全面分析。2009年11月5日,该项目的参与者马里兰州蒙哥马利郡释前和重返社会服务局局长 Stefan LoBuglio 在参议院司法委员会举行的名为"防卫第一线:在地方降低重新犯罪率"的听证会上发表正式演讲,建议立法者在全美推广马里兰州蒙哥马利郡试点项目中所采用的重新犯罪率研究新模式和蒙哥马利郡所实施的矫正措施。该项目的正式报告于2009年12月16日发布。笔者于2009年11月7日在马里兰大学聆听了这位局长的演讲,并与其进行了进一步探讨。本文拟以这一新模式为分析对象,结合笔者的思考,探讨如何借鉴利用该模式降低重新犯罪率。

一、重新犯罪率研究新模式

在该项目中,有关单位一共调查了数百名在2003～2004年离开美国马里兰州蒙哥马利郡矫正设施的刑释人员,并对其释放后的5年犯罪记录进行了跟踪调查。根据刑释人员的各种数据,利用科学的统计方式和模型从多个角度分析和解释了重新犯罪率。该项目在分析蒙哥马利郡重新犯罪率时采用的多维新模式别具新意,并对降低重新犯罪率的工作具有重要的启示意义。

(一)巧妙运用 Kaplan-Meier 生存曲线,生动展现重新犯罪率走势

生存曲线通常运用于医学研究,记录某种疾病的生存率,但是该曲线在这一项目中也得到了巧妙应用。该项目的研究者将"生存"定义为刑满释放人员出狱后没

---

* 王佳怡,司法部司法协助交流中心工作人员。原文载《犯罪改造与研究》2010年第5期。

有再次被捕、判刑,使用生存曲线来记录重犯人数及比率,即重新犯罪率,颇具新意。

除了对于重新犯罪相关概念的定义创新,该曲线还实现了重新犯罪率在二维空间里的展示(见图 1)。横轴定义为释放后的天数,从 0 到 2000,每个刻度间隔 500 天,代表时间维度,竖轴最大值为 1.00,最小值为 0,代表重新犯罪率。特别值得注意的是,横轴标出了重新犯罪的时间段,可以让政策制定者、学者等各种读者轻松锁定重新犯罪的高发时段,读者不仅可以迅速确定任意时间点(譬如释放后第 368 天)的实际重新犯罪率,同时也可以直观地把握刑满人员释放后重新犯罪率的总体走势。各个时段曲线陡缓不一,斜率变化说明重新犯罪率增加或减少的速度快慢。该曲线既有即时性又有连续性。

通过观察调查结果,不难发现马里兰州蒙哥马利郡重新犯罪率生存曲线整体是减函数,说明释放后走上重新犯罪道路的罪犯人数在增加,刑满释放人员的"生存率"下降。研究者同时描绘出了两个生存曲线图(见图 1、图 2),图 1 表示所有刑释人员重新犯罪(any conviction)的情况,即"生存情况";而图 2 则表示该地区重罪犯(serious conviction)释放后的生存情况,比较两者,可以发现总体犯罪人口的生存曲线斜率要大于重罪犯的生存曲线斜率。这说明重罪犯生存率递减速度要低于一般水平,而且重罪犯几乎在每个时间点上的生存率都要高于总体水平,即重罪犯的重新犯罪率低于刑释人员的整体重新犯罪率。

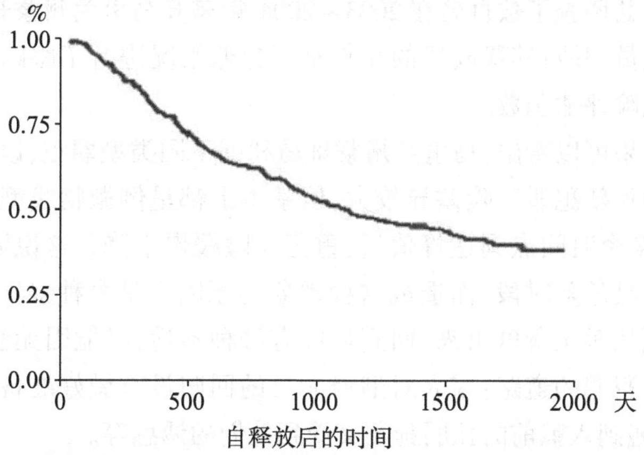

图 1　马里兰州蒙哥马利郡犯罪人口 Kaplan-Meier 生存曲线

注:图表摘自原报告作者美国马里兰州蒙哥马利郡释前和重返社会服务局局长 Stefan LoBuglio 提供的《马里兰州蒙哥马利郡矫正与安置司(Montgomery County Department of Correction and Rehabilitation, MCDOCR)关于重新犯罪率分析的报告》。

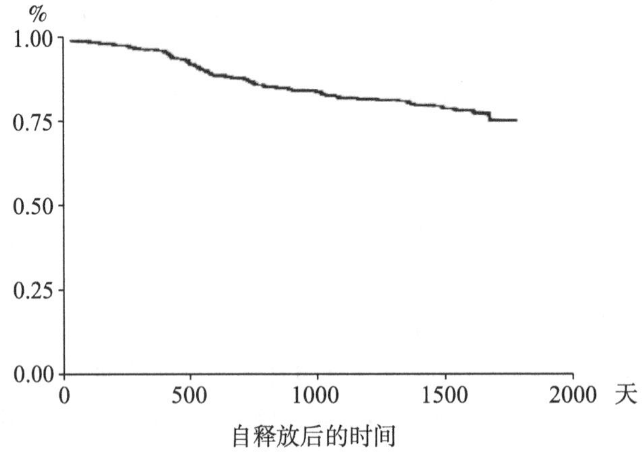

图 2 马里兰州蒙哥马利郡重罪犯 Kaplan-Meier 生存曲线

(二)风险评估函数量化重新犯罪风险,为预测重新犯罪率走势提供有力依据

风险评估函数量化重新犯罪风险,用比率明确表示重新犯罪率风险,并将各个时间节点的重新犯罪风险率串联起来,由点连成线,为预测未来走势提供了有力依据。

此项目一共调查了数百名在 2003～2004 年离开马里兰州蒙哥马利郡矫正设施的刑释人员,并对其释放后的 5 年重新犯罪情况进行了跟踪调查,经过统计后描绘出风险评估函数。

从研究结果可以看出,马里兰州蒙哥马利郡不同类型罪犯,以及男犯、女犯等不同群体的重新犯罪风险差异较大,但基本上都呈倒抛物线型,刚出狱时重犯风险激增,某个时间点到达峰值后,重犯风险缓慢下降。这说明到达峰值前的这一时间段是危险时段,而造成这种现象的原因也是多种多样的。譬如,刑满释放人员刚从矫正所里出来,回到社区有种种不适,可能因无法找到工作又被迫再次走上犯罪的道路;家人对刑释人员的回归没有做好准备,打乱了正常的生活秩序,碰到入狱前的狐朋狗友又受到他们的诱惑等。

重犯风险前期激增这种现象从数据上得到了有力支持,这就要求社区矫正机构在刑满释放人员出狱后的这一固定时间段内,要格外注意刑释人员的生活状态。譬如,定期询问刑释人员释放后的生活状况和工作状况,给予关怀;定期为刑释人员提供心理咨询等服务,在即将释放前与犯罪人家属多做工作,让家属在物质和心理上都做好准备,迎接刑释人员回家等。显然,在刑满释放人员出狱后追踪其生活状况等回访工作需要大量人力物力，所以马里兰州蒙哥马利郡社区矫正项目现在正在使用第三种方法，即在一站式重返社会项目中在刑满人员释放前与家人进行接洽。事实上，许多刑释人员再次犯罪就是因为回到家中后，发现自己扰乱了家里的生活，感到失望甚至是挫败，用再次犯罪来逃避自己的不适和家人的无助，家庭暴力是一个尤为突出的例子。譬如，在丈夫因家庭暴力服刑的几年时间里，妻子已经习惯了没有丈夫的生活，而丈夫出狱时，妻子往往会感到害怕甚至是恐惧，这时她应该如何面对自己的丈夫？如何重新找到生活平衡？如何帮助丈夫再次融入家庭生活？这些问题都是许多刑释人员家属面临的难题，需要专业人士来指导。这也就是社区矫正项目的魅力所在。顾名思义，社区矫正项目以社区为依托，调动社区内一切可用资源，不需要再单独培训教师、心理咨询师等专业人士，只需要雇用社区内的已有的专业人士即可，充分利用现有资源，帮助刑释人员及其家属为其释放和重返社会做好准备。

(三)精心划分重新犯罪主体类别，多变量分析针对性更强

在运用各种函数时，项目研究又将重新犯罪主体按照年龄、性别、种族、初次犯罪类型、刑期长短、重新犯罪类型等因素进行了细致的划分，从多角度剖析重新犯罪率。

报告中特别设立了一个章节，题目为《谁在重新犯罪？重犯人口统计》。结果揭示，在马里兰州蒙哥马利郡，按照犯罪类型来看，财产罪、交通肇事罪、毒品罪犯罪人的重犯风险最高，按照犯罪人性别来看，男性重犯率及重犯风险高于女性；[1] 按照种族来看，非洲裔美国人重犯率排在第一位，其次是白种人，最后是亚裔。特别值得注意的是，该报告也提出由于对研究对象的族裔信息收集比较困难，所以并没有细分，如在白种人中西班牙裔占多少，研究者也建议在以后的研究中可以加强这方面的分析。

通过对重新犯罪主体按照不同类别划分，研究者和决策者可以进一步了解不同群体在释前工作、帮教安置中的需求也是应该存在差异的，这就需要量体裁衣，满足不同群体的需求。其背后的理念与美国监狱分类管理相一致：不强求整齐划一，对症下药，合理利用资源。这对我国重新犯罪率的研究和监狱工作具有一定参考价值。

---

〔1〕 通常在犯罪人口构成中，男性的比例要超过女性，该项目在统计过程中采取了一些新做法，希望增加数据的参考价值和可信度。笔者将会在下文的“对未来研究的建议与思考”部分中介绍和分析这些具体做法。

除了对重新犯罪主体进行了细致划分,研究者还进行了多变量分析,涵盖再次被捕、重新犯罪、再次定罪等多个变量。譬如,释放1年后,该地区41%的男性和32%的女性出狱人会再次被捕,如果算上缓刑期间违反规定的人数,46%的男性和38%的女性出狱人会再次被捕,大多数人再次被捕都是因为犯了轻罪,而6%的人则是犯了重罪。释放3年后,男性和女性出狱人重新被捕率上升至66%和54%,若算上缓刑,该比率上升至68%和61%;而释放3年后重新犯罪中犯重罪的比率翻了3番,即男性、女性出狱的重新被捕率达到17%和12%。研究者也指出如果使用美国警方的逮捕数据表(record of police arrests),则只会看到男性16%和女性9%的重新逮捕率,至少忽略了1/3的实际情况,报告作者也指出这是由于警方所使用的"传统手段"统计不够全面,导致得出的比率比报告结果低。

通过主体分类和多变量分析,研究者初步得出以下结论:在抽样研究中,该地区男性出狱人在释放3年后的重罪重新犯罪率(recidivism for serious conviction)风险要高于女性,刑期超过9个月的非白种人和犯有财产罪的出狱人重新犯罪率更高。此外,统计结果也表明年龄与重新犯罪率呈反比,而犯罪人之前被捕次数与犯罪人重新犯罪率呈正比,联系紧密。对于罪名严重的犯罪人来说,男性犯罪人刑期越长,重新犯罪率越高,但对于女性这种"判刑越重,重新犯罪率越高"的模式并不成立。

二、对未来研究的建议与思考

1. 研究重新犯罪率,慎重考虑数据来源与数据收集。该项研究仅仅是美国为数不多的重新犯罪率研究中的一项,研究者仔细挑选了研究对象进行抽样,并且认真收集每个研究对象的相关信息。可是,研究者也认识到大多数重新犯罪率研究并没有充分利用可用的数据资源,因为有一个原因是比较耐人寻味的,重新犯罪率研究收集的数据越多,好像重新犯罪率的结果也就越高。

由此可见,我国在研究重新犯罪率时,也应该慎重考虑数据来源,收集数据时不能因为担心结果不好或者太过复杂就过度简化程序,否则研究结果的可信度会大大降低。

2. 对于女性研究对象采取"过采样"方式(over-sampling),有助于决策者了解男女犯差异,制定相应政策帮助刑释人员顺利重返社会。"过采样"一般用于电子信息技术,过采样指采样频率远远高于奈奎斯特频率。由于犯罪人口中女性犯罪人比率远远低于男性犯罪人,所以在此项研究中,为了能够进一步凸显女性犯罪人重新犯罪率的变化情况,研究者特意增加了女性犯罪人的采样数量,从而使女性犯罪人的重新犯罪情况更加清晰,帮助研究者得到更加确定的答案。这种方法将"过采样"方式作为一个放大镜,使决策者更加清晰地观察到男女罪犯之间的差异,从而在制定政策时也可以做到"区别对待",对不同群体采取不同政策,效果更加明显。

3. 进一步确定重新犯罪率的定义,引用相关概念,实现不同辖区之间的比较。该项目将重新犯罪率定义为再次被捕并被定罪,将警局、法院和监狱联系在一起。其他一些研究仅参考警局的逮捕率,即美国警方的逮捕数据表,忽略了其他环节的数据,这使得不同辖区间重新犯罪率的可比性大大降低。该项目还引入了再次被捕、再次定罪等多个相关概念,进行多变量分析,为重新犯罪率研究充实了内容,增加了参考价值。

4. 加入就业率等其他重要因素,使社区矫正工作更加有的放矢。虽然该研究已经是在多个方面进行了创新,但是鉴于没有任何一个研究模式能够完美无缺,笔者也在此提出一些建议。

在追踪出狱人释放后的信息时,可以进一步了解出狱人的经济社会情况,如就业。鉴于社区矫正的宗旨就是帮助出狱人成功融入社会,出狱人在释放后,从事了哪些工作?工作类型是什么?收入状况如何?工作中会遇到哪些困难?跳槽频繁吗?家庭情况如何?社会接纳他(她)了吗……这些都是重新犯罪率研究中可以涵盖的重点,意义重大。这样一来,研究者可以得出结论,确定哪些工作是刑释人员经常从事的工作,需要什么技能,在社区矫正项目中就可以根据需求方研究作出调整,增设热门课程。此外,还可以在矫正工作中举办模拟实践活动,让刑满释放人员了解今后在工作中可能会遇到哪些常见问题,从心理和技能上做好准备,做到未雨绸缪,社区矫正工作也可以有的放矢。

为了保证重新犯罪率研究的可持续发展,该项目研究者建议美国政府成立全国重新犯罪率研究委员会,实现动态研究,保证数据和结论能够与时俱进。在研究方法上,我国可以借鉴该项目采取重新犯罪率研究的新模式,巧妙利用各种统计手段,实现创新,得出更具有参考意义的结论。

5. 如何推广和利用重新犯罪率研究新模式还有待进一步考察。马里兰州蒙哥马利郡利用这种模式对过去几年的刑满释放人员重新犯罪率进行分析,耗时两年多,资金和数据需求较大,如果在美国全国进行推广研究,势必是一个规模不小的工程,更何况是在地广人多的中国。

此外,马里兰州蒙哥马利郡是美国比较富庶的地区,社区凝聚力强、社区归属感强、社区力量大、资金雄厚、资源丰富，开展了一站式重返社会社区中心等社区矫正项目，社区矫正工作主要以社区为依托，效果明显，矫正工作开展得如火如荼，所以在进行重新犯罪率研究时和发布报告之后，实践指导性都不言而喻。而我国社区矫正工作尚处于探索初期，我国应借鉴这一新模式来分析研究中国特色的重新犯罪率，从而达到有效降低中国的重新犯罪率的目标。

国外重新犯罪调查研究与借鉴

周　勇　葛向伟*

为了给我国重新犯罪调查研究与重新犯罪率统计工作提供参考与借鉴，根据地域分布代表性和收集资料的便利，我们以美国、欧洲、日本、澳大利亚等地为代表，对国外重新犯罪有关调查研究，特别是对重新犯罪率的定义和测量指标、调查统计方法、主要调查结果等进行了梳理、归纳和分析，在此基础上提出了一些建议与思考。

一、美国重新犯罪调查研究情况

（一）美国重新犯罪与重新犯罪率的概念定义

根据美国司法部司法统计局的定义，重新犯罪（recidivism）一般泛指罪犯刑满释放或假释释放后三年内又一次实施犯罪[1]。美国主要采用重新被逮捕（rearrest）、重新被定罪（reconviction）、重新被判入监（resentence to prison）和重新被监禁（return to prison with or without a new sentence）四项指标来衡量重新犯罪。

美国司法部司法统计局主要通过官方行政记录进行对比而获得所调查的罪犯在释放后三年内是否被逮捕、被定罪、被判入监以及重新入监服刑等情况，在此基础上计算出重新犯罪率各项指标。

从美国司法部司法统计局组织开展的1994年全美重新犯罪率调查的结果来看，1994年释放罪犯的重新被逮捕率、重新被定罪率、重新被判入监率、重新

* 周勇，时任司法部预防犯罪研究所副所长、研究员、博士；葛向伟，时任司法部预防犯罪研究所国外犯罪与刑事司法研究室副研究员。原文载《犯罪改造与研究》2019年第9期。

〔1〕 关于重新犯罪的具体间隔年限，美国联邦和各州也不尽相同，美国联邦和大多数州一般以三年为标准，而有些州如肯塔基州则是以二年为标准。

被监禁率分别为67.5%、46.9%、25.4%和51.8%。需要指出的是,重新被监禁的罪犯包括因新的犯罪被判再次入监服刑的罪犯(占总体的25.4%)和纯因违反假释规定(技术违规)而再次入监服刑的罪犯。

从一般分类指标研究来看,在性别上,男罪犯的重新犯罪率显著高于女犯。在种族肤色上,黑种人罪犯的重新犯罪率明显高于白种人罪犯。在年龄上,罪犯释放时年龄越小,重新犯罪率各项指标越高。例如,释放时年龄在18岁以下的罪犯的重新犯罪率为释放时年龄在45岁以上的罪犯的2倍左右。

更为详细地分类研究表明,从不同犯罪类型罪犯来看,原系财产犯罪的罪犯的重新犯罪率最高,重新被逮捕率达到73.8%,之后依次是毒品犯罪的罪犯违反公共秩序犯罪和暴力犯罪的罪犯。关于释放后不同期限下的重新犯罪率,数据表明释放后头一年可能是重新犯罪的高发期。关于同种犯罪的再犯率,调查结果显示,在大约一半(44.6%~62.7%)的重新犯罪指控中,罪犯在此次释放前和释放后所实施的犯罪类型相同。关于前科次数与再犯的关系,数据表明罪犯释放前的被逮捕次数越多,其释放后重新犯罪就越快。关于罪犯释放前的监狱服刑次数和时间对再犯的影响,调查发现,初次入狱服刑的罪犯,其释放后重新犯罪的可能性要低于多次入狱服刑的罪犯,而且在监狱服刑时间较长(超过5年)的罪犯的重新犯罪率较低。

(二)欧洲重新犯罪研究情况

根据挪威国家统计局的研究,截至2014年,在41个欧洲国家中,15个国家曾经开展过全国性或大规模的重新犯罪调查研究。[1]

欧洲国家对于重新犯罪率没有统一的定义。有些国家采用重新定罪率标准,如奥地利、丹麦、英国、荷兰、瑞士、瑞典、苏格兰、北爱尔兰、冰岛、德国等国。有些国家采用重新监禁率标准,如德国、冰岛、爱尔兰、瑞典、瑞士、荷兰、法国和芬兰等国。有些国家采用重新逮捕率标准,比如犯罪率。而挪威、冰岛、丹麦、英格兰、威尔士等国家和地区,还有的国家采取双重标准或者多重标准,比如德国、瑞典等国。

大多数国家针对全部违法犯罪行政记录信息开展数据调查研究。多数国家的统计信息囊括了各种可能的罪犯群体、不同年龄阶段的罪犯及判处不同的惩罚措施的罪犯等。关于重新犯罪率的跟踪期限,欧洲国家没有统一的做法,一年、两年、三年或者更长的情况都有,对于结果的影响就是期限越长,重新定

---

〔1〕 这15个国家分别是奥地利、丹麦、英国、荷兰、瑞士、瑞典、苏格兰、挪威、爱尔兰、冰岛、德国、法国、芬兰、西班牙和爱沙尼亚。

罪率越高。关于分类统计的指标变量,大多数国家的统计都会考虑到一般人口社会学信息、犯罪类型、制裁类型。但各国的犯罪类型各不相同,制裁与处置类型不同,因此欧洲国家(地区)的重新犯罪率也无法进行详细的比较。

1. 荷兰重新犯罪调查结果。在荷兰,重新犯罪率实际上指重新定罪率,是指罪犯从上一次发生的刑事案件算起或者从监禁机构被释放算起2年内再次受司法系统处理的情况。2014年,荷兰司法部研究与文献中心(WODC)的研究表明,2002年至2010年荷兰成年犯的重新犯罪率降低了将近10%。同期,未成年罪犯的重新犯罪率也有所降低。具体来说,根据相关统计,2010年释放的47.3%成年罪犯2年内再次因为犯罪进入刑事司法程序。在2002年时,这一比率为56.6%。未成年罪犯的这一比率也由2002年的39.5%降至2010年的35.4%。WODC研究了安全和司法部对罪犯实施干预措施是否对降低重新犯罪率发挥作用,在做这项研究时,还涉及了罪犯的社会经济条件、被捕机会等其他六项因素的研究。结果表明,荷兰安全和司法部对罪犯采取的干预措施对于降低重新犯罪率起到了重要的作用。为了更好地理解罪犯干预措施对于降低重新犯罪率的效果,将来应进一步开发对重新犯罪率的评估和监测。[1]

2. 西班牙重新犯罪调查结果。西班牙巴塞罗那加泰罗尼亚监狱于1987年至2014年,曾经做过4次重新监禁率的调查,平均调查间隔为5.5年。根据相关统计数据,2014年的重新监禁率比2008年降低了约10%,从40.3%降至30.2%。该监狱对重新犯罪的特征作了详尽的分析,进而对监狱干预措施和监狱利益、囚犯结构化教育工具的适用以及重新犯罪率调查重要性和相关监狱制度的改善提出了改进建议。[2]

(三)日本重新犯罪调查研究情况

在日本,重新犯罪是指受到了两次以上有罪判决的人。日本法务省2016年犯罪白皮书显示,刑事犯中被逮捕的再犯者中,再犯者(之前曾因违反道路交通法之外的犯罪而被逮捕,而后再次被逮捕的人)以及再犯率(在被逮捕的人员中,再犯者所占的比率)最近20年之间的变化如下:一方面,以1996年的81,776人为分界一直在增长到2006年的149,164人,达到顶峰,之后则处于逐渐减少的状态,2016年与2006年相比减少了22.9%;另一方面,初犯者的人数,从2000年的205,645人起持续增加到2004年的250,030人,达到顶峰,之后也

---

〔1〕 See (Jul. 30,3017),www. government. nl.

〔2〕 Prison recidivism rate 2014(Executive Report)(Jul. 29,2017),www. cejfe. cat.

持续减少,2015 年与 2004 年相比减少了 50.2%。不过,由于再犯者的人数转为减少之后,初犯者的人数减少的幅度超出再犯者的减少幅度,因此,再犯率则持续保持上升,到 2015 年达到了 48.0%,与前一年相比上升了 0.9%。此前,日本 2012 年犯罪白皮书曾经指出,刑满释放后有稳定住所和工作者重犯率明显降低。因此,对罪犯进行必要的职业培训和指导,帮助他们在出狱后找到稳定的住所和工作,使其重新融入社会,是防止重新犯罪的关键。

日本对于重新犯罪的分类研究显示,同种再犯较多的犯罪类型依次为兴奋剂取缔法违反罪、盗窃罪以及伤害和暴行犯罪。从不同罪种的再犯期间来看,风俗经营是正法违反罪时间最短,另外,盗窃与兴奋剂取缔法违反罪的罪犯,从释放后到第 2 次犯罪之间的时间也比较短。从不同年龄段的再犯倾向来看,就成人而言,犯罪倾向最高的是 20~30 岁前半段,以后随着年龄的增长出现了犯罪倾向减少的趋势,作为除去未成年人之后的不同年龄段的犯罪倾向,与年龄—犯罪曲线显示了同样的倾向。对于多次再犯者的研究发现,多次再犯者(具有 10 次以上犯罪经历的人)的高龄化问题日益突出。

(四)澳大利亚重新犯罪调查研究情况

1. 重新犯罪的概念和方法。2005 年 6 月,澳大利亚犯罪学研究所(Australian Institute of Criminology,AIC)举办了一次由国家研究人员和政府政策代表参加的圆桌会议,研究探讨了重新犯罪界定及其分析的价值与不足。此后,澳利亚犯罪学研究所研究起草了一个关于重新犯罪的报告,对澳大利亚重新犯罪调查研究情况进行了梳理和总结。

在重新犯罪的概念界定上,有三个要素起关键性作用。一是样本,即重新犯罪的目标主体,回答的是哪些人的重新犯罪。二是标志性事件,即标志重新犯罪的事件,重新犯罪事件的确定关系到数据来源和统计标准。三是观察期,即观察和统计标志性事件的时间跨度。

对研究背景和重新犯罪三要素的了解是理解不同重新犯罪研究之间差异的第一步。分析样本的选取决定着研究结论的适用范围。在不同研究中,样本可能因地点、年代不同而有所不同。而且,有些样本常常与社区矫正令或监禁刑等相关联。一般来说,由不同样本得出的研究结论彼此之间不能比较,而从特殊样本得出的研究结论不能推及更大范围的罪犯人群中。

选取样本之后,便是确认和统计重新犯罪。这在很大程度上依赖于所用数据的来源。由于犯罪活动的违法性质,研究者必须凭借自我报告犯罪数据或者官方记录来决定犯罪行为的发生。归纳起来,现有的每一种数据来源都在一定程度上具有可能高估或低估真实犯罪以及时间不准确的局限性。(1)自我报告数据。自我报告数据在设计上具有回溯性。它们常常记录了罪犯愿意报告的所有犯罪行为,其质量和信度同罪犯记忆过去行为的能力、意愿密切相关。罪犯对获得犯罪行为资料的调查工具(如问卷)的理解程度也是采用自我报告方法应当考虑的一个重要因素。(2)警方数据。警方数据用来评估拘留、控告或逮捕情况,但并非所有犯罪分子都被警方抓住。因此,警方数据只包括向警方报案或者警方主动发现的犯罪行为,其在一定程度上低估了真实的犯罪情况。同时,警方数据也可能出现高估问题,因为事实上并非所有被警方拘留的都真的有罪。(3)法院数据。法院数据用来评估出庭或定罪情况。法院数据代表警方提请控诉的犯罪案件,但不包括在辩护交易中撤案的案件。(4)矫正局数据。矫正局数据评估罪犯再次进入社区矫正和监禁矫正的情况。当然并非所有的定罪判决都与矫正有关,有些罪犯可能只在拘留所服刑。此外,重新犯罪研究中所用数据资料还有其他一些不足。比如,数据资料会因获取时间、地点以及司法管辖权限的差异而存在不同的缺陷。每一种数据来源常常只代表刑事司法过程的某一点。犯罪数据类似一个漏斗,随着刑事司法阶段的递进,剩下的越来越少。这就意味着一种数据来源除了有自己本身的缺陷,还可能拥有其继承的先前刑事司法阶段数据所具有的不足。例如,法院数据一般不可能包括警方未侦破的案件。

在重新犯罪测量和统计方面,有两点很重要。一是定义性因素(definitional issues),即被选为重新犯罪标志性事件的再犯行为类型。二是统计规则(counting rules),即被选为统计重新犯罪标志性事件的测量单位。并非所有的重新犯罪研究都探讨了各种类型的重新犯罪事件,一些研究只探讨某些犯罪类型,如性犯罪、财产犯罪的重新犯罪问题。其中,研究中如何界定标准,即用来标志重新犯罪的犯罪行为类型,将决定究竟有多少重新犯罪被统计在内。而且,一旦界定好标志性事件,研究者就需要确定统计标志性事件的规则。一些研究采用累加技术,将一起案件中发生的多次犯罪行为合并统计;另一些研究则逐项进行统计,无论这些犯罪行为是否来自同一起案件。这两种方法即使使用同一罪犯样本的相同数据资料,也可能得出非常不同的研究结果。

在研究背景下,重新犯罪的观察期实际上就是追踪期,指获得重新犯罪数据的天数、月数或年数。应用不同观察期进行重新犯罪研究应注意以下几个问题:(1)较长观察期能够使观察到犯罪行为的机会较多。(2)较短观察期导致观察到犯罪行为的机会较少,但更加及时、成本较小。(3)关于观察期并无固定的标准,但应当根据研究目的、方法以及获取数据的来源来确定适当长度的观察期。对单个的犯罪而言,逮捕通常早于定罪,而定罪又早于监禁。在不同时间点观察犯罪行为需要不同长度的观察期。(4)不仅不同研究之间的观察期不一致,而且同一研究中不同个体之间的观察期也可能存在差异。追踪研究需要对观察期作出说明。

2. 澳大利亚重新犯罪调查研究结果

第一,关于成年罪犯的重新犯罪问题,主要发现如下:大约 2/3 的罪犯以前曾入狱服刑;大约 1/4 的罪犯释放后 3 个月内被重新定罪;35% ~41% 的罪犯释放后 2 年内再次入狱服刑。

第二,关于除刑罚执行外其余各刑事司法阶段的重新犯罪问题,主要发现如下:(1)被警方逮捕的成年犯罪人过去一年中有过曾被逮捕至少一次经历的接近一半,有过监狱服刑经历的占 1/5;(2)50% ~60% 的被警方逮捕的成年犯罪人释放后 10 年内再次被警方逮捕,其中释放后 2 年内被警方逮捕的可能性最高;(3)在初级法院出庭的成年犯罪人中 1/3 曾被定罪过,1/5 曾被判入狱服刑;(4)近 15% 的社区服刑成年罪犯期满后 2 年内再次在社区服刑。

第三,关于青少年拘留人的重新犯罪问题,主要发现如下:(1)青少年被拘留人中近一半有过监狱服刑经历;(2)青少年被拘留人释放后 6 个月内再次被定罪的超过一半;(3)每 10 名青少年被拘留人中,有近 8 名释放后 7 年内再次被定罪,有近 5 名进入成年监狱服刑。

第四,关于青少年罪犯的重新犯罪问题,主要发现如下:(1)被警方逮捕的青少年犯罪人在过去一年中有过曾被逮捕至少一次经历的接近一半,有过拘留经历的占 3%;(2)在少年法院出庭的青少年犯罪人中大约一半曾被定罪;(3)在少年法院出庭的青少年犯罪人 18 岁之前被再次定罪的占大约 1/3,如果考虑到犯罪时间更早,那么比例会上升到 2/3。为了衡量青少年司法机构的工作情况,澳大利亚犯罪学研究所于 2014 年发表了关于青少年重新犯罪的评估报告。报告认为,青少年重新犯罪率的评估本身是一项技术含量很高并且富有挑战性的工作,但无疑这是一项非常重要且值得开展的工作。由于所有的重新犯罪率的测量和评估方法都有一定的局限性,该报告推荐了一套监测未成年罪犯重新犯罪率的方法。具体包括:未成年罪犯实施重新犯罪的比例;未成年罪犯实施严重重新犯罪的比例;未成年罪犯实施更为严重犯罪的比例;按人口计算的未成年犯的重新犯罪率;每个未成年重新犯罪者所犯罪行的平均数;每个未成年重新犯罪者所犯严重罪行的平均数。这些调查和统计方法应当综合考量,而不是孤立适用,这样才可能把每种方法的局限性降到最低。目前上述方法有些可以立即使用;而另外一些方法还有待经过实践检验如何取得正确的数据,以更好地评估未成年罪犯的重新犯罪率。

3. 影响重新犯罪的相关因素。除探讨重新犯罪率外,澳大利亚重新犯罪研究也探讨了影响重新犯罪的相关因素。有关研究结论包括:(1)与早先的年龄—犯罪曲线一致,重新犯罪的高峰出现在17岁至21岁,随着年龄的增长逐渐下降。(2)关于重新犯罪与性别相关的结论不统一。一些研究发现,女罪犯较之男罪犯重新犯罪的可能性小,同时较少实施严重犯罪。另一些研究发现重新犯罪的性别差异不大。(3)犯罪史也是一个重要的相关因素。实施犯罪的年龄越小,就越有可能重新犯罪。相类似地,早先犯罪越频繁、严重性越大,重新犯罪的可能性就越大。(4)当前最严重犯罪也是一项重新犯罪的预测指标,但在与重新犯罪关联的犯罪类型上不太一致。诸如抢劫、财产犯罪等严重的获取型犯罪,与重新犯罪的关联性较高。(5)罪犯的生活方式和吸毒也与重新犯罪有关联。研究表明,失业、低文化程度、不良居住地、心理不健康史、家庭不稳定以及严重、持续的吸毒等都是重新犯罪的影响因素。(6)释放后的困难显得非常重要。这些困难包括经济来源有限、与家庭联系少、缺乏社会支持和医疗服务等,是顺利回归社会的障碍。它们常常与此后的高重新犯罪密切相关。

4. 未来研究方向。澳大利亚犯罪学研究所研究认为,在未来重新犯罪研究领域,应明确三项优先工作:(1)制定重新犯罪的国家研究进度和国家标准;(2)通过提高数据质量和促进研究者获取数据来提升能力;(3)通过提高方法的严谨、明晰性来提高重新犯罪在政策制定中的作用价值。

他们还认为,开展以下领域的研究对公共政策制定和犯罪预防而言,可能会有重要发现:(1)建立特定罪犯人群重新犯罪的预测模型;(2)重视诸如白领犯罪、跨国犯罪和计算机犯罪等新型犯罪的重新犯罪研究;(3)大力开展预防和减少犯罪项目的评估研究,并承诺出版评估结果,不论正面还是负面。

二、对我国的借鉴与思考

(一)应科学界定重新犯罪的概念

从国外经验来看,要研究和评估重新犯罪和重新犯罪率,首先必须对重新犯罪的概念作出比较科学的界定。在界定重新犯罪概念时,有两个要素很重要。其一是标志重新犯罪的事件,即发生或出现哪种情形时才算是重新犯罪,如在不同的刑事司法阶段可以分别选取重新拘留、重新逮捕、重新定罪、重新监禁作为标志重新犯罪的事件。其二是间隔期限,有的指从上一次实施犯罪行为到再一次实施犯罪行为的期间,有的认为是从经生效判决被确定为有罪开始,到再次实施犯罪并被确定为有罪所经过的期间,还有的理解为从人身被释放等产生了可能再次犯罪的时点到针对此后的新犯罪确定有罪判决所经过的期间。不论是采用什么样的标志性重新犯罪事件和间隔期限,都应当在调查研究中作出明确界定并说明理由。

(二)应弄清楚重新犯罪率的测量指标

在国外,根据刑事司法阶段的不同,重新犯罪率可以用重新被逮捕率、重新被定罪率、重新被判入监率和重新被监禁率四项指标来分别加以说明,以更全面、更准确地衡量重新犯罪的状况与程度。也就是说,重新被逮捕率、重新被定罪率、重新被判入监率和重新被监禁率均可在一定程度上作为重新犯罪率的指标来使用。这就给我们两点启示,一是我国在进行重新犯罪率的调查研究时,为了深入细致地揭示和刻画重新犯罪的状况与程度,不妨也采取重新被逮捕率、重新被定罪率和重新被监禁率等多种指标。二是在解读国外重新犯罪率的具体数字时,一定要弄清楚背后采用的是哪一个测量指标,例如,对于美国 1994 年释放罪犯的重新犯罪率,如果采用的是重新被逮捕率,则为 67.5%,如果采用的是重新被判入监率,则只有 25.4%,两者相差甚远。

(三)应选择适当的调查方法

国外重新犯罪率的调查方法既具有比较科学、经济的优点,同时也存在一些不足。国外大多数重新犯罪率调查研究主要采用抽样调查与资料比对的方法。由于采用了随机抽样,因此在基本保证代表性的前提下可以降低调查成本,较为经济可行,同时,由于是利用已有的各种计算机化原始资料进行比对,因此调查结果应当比较客观、可信。不过,也应该看到,由于这种方法属于抽样调查,因此其所取得的调查结果无疑会受到抽样误差的影响。此外,这种调查方法是一次性的,不能达到科学、有效、动态地监测重新犯罪率的目的。我们认为,我国重新犯罪率的调查方法可以在借鉴国外经验的基础上加以完善。具体来说,可以采用全员普查与资料比对的方法,这样便可以消除因抽样所带来的误差,同时由于是利用已有的资料进行比对,经济成本也不会增加太多。其中的关键是,必须抓住当前政法系统信息化建设的契机,在我国政法各部门如公安机关、检察院、法院和司法行政机关建立类似美国“逮捕与起诉记录”和“国家矫正报告记录”的、计算机化的、规范完备的原始资料。只有掌握了这些第一手资料,才有可能实现资料比对。与此同时,鉴于重新犯罪率是衡量社会治安状况和犯罪趋势、分析和评价国家刑事司法政策(包括矫正改造和安置帮教工作)成效的重要指标之一,因此很有必要按年度定期进行重新犯罪率的调查,以便提供动态变化的重新犯罪数据,为预防犯罪与刑事司法领域的科学决策与改革发展提供科学依据。

(四)应明确数据资料的来源及其不足

通常,重新犯罪率数据资料的来源主要有警方数据、法院数据、矫正数据以及自报数据等。应根据研究的目的和条件明确拟采用的数据资料来源,同时充分考虑该数据资料来源可能存在的高估或低估真实犯罪以及时间不准确等局限性。比如,自我报告数据的质量和信度会受到罪犯对过去行为的记忆力以及报告意愿的较大影响;警方数据只包括向警方报案或者警方主动发现的犯罪行为,会受到犯罪黑数的较大影响;一种数据来源除了有自己本身的缺陷,还可能拥有其继承的先前刑事司法阶段数据所具有的不足;等等。

(五)应不断深化重新犯罪的研究

一是拓宽新的研究内容。如日本等国开展重新犯罪次数的统计研究。对于重新犯罪的研究,不能满足于"又一次犯罪""再一次犯罪",而应该具体到"第几次犯罪"的研究,对不同次数的犯罪者分门别类地加以研究,对于多次犯罪者研究制定特别的犯罪对策。二是引进新的统计研究方法。作为探讨事件随时间发生关系的一种统计方法,生存分析(survival analysis)通常应用于医学研究,用来记录某种疾病的动态生存率。近年来,国外研究者在重新犯罪率的研究中尝试引进了生存分析方法,将"生存"定义为刑满释放人员出狱后没有再次被捕、判刑,使用生存曲线来记录重新犯罪人数及重新犯罪率,进而将对重新犯罪状况和重新犯罪率的静态描述扩展到动态描述。

(六)应理顺重新犯罪率调查的职责与体制

这常常是全国性重新犯罪率调查取得成功的重要条件。以美国为例,进行刑事司法领域的调查与统计工作是美国国会赋予联邦司法部司法统计局的职责之一,因此由司法统计局实施的重新犯罪率调查比较容易得到联邦调查局、各州矫正局和警方的支持与配合,获得所需要的各种保密性信息资料,使调查得以顺利完成。为了建立我国重新犯罪率的长效制度,确保重新犯罪率调查的权威性,保证调查的顺利进行,我们建议由中央政法委、综治办有关部门具体承担重新犯罪率调查的职责,负责组织实施全国的重新犯罪率调查。

国外重新犯罪调查研究的新进展及思考

葛向伟　周　勇*

一、国外重新犯罪调查研究的新进展

近20年来,国外重新犯罪调查研究逐渐受到关注,突出表现在许多国家开始定期收集全国性的重新犯罪数据并开展研究。2005年,欧洲重新犯罪调查在英国(英格兰、威尔士、苏格兰、北爱尔兰)、德国、荷兰、法国、挪威、丹麦、芬兰、瑞典、冰岛、奥地利、瑞士、爱沙尼亚和爱尔兰13个国家开展了单独的数据统计工作。欧洲理事会根据其刑事政策战略已经成立了一个研究小组来进一步推广数据,以便更好地比较各国的重新犯罪统计情况,为其所关注的康复式刑事制裁和实践提供数据支持。[1] 截至2014年,北美国家已制定了良好的定期数据收集政策并设立了国家重新犯罪登记局。同时,南美洲、亚洲和非洲等洲的一些国家已经对系统收集本国重新犯罪数据进行关注。澳大利亚已经认可了欧洲在重新犯罪调查统计收集领域的先行者地位,并且认为要执行以实证为基础的刑事政策,此类数据收集是必不可少的。[2] 尽管关于重新犯罪的高质量调查研究主要局限于少数高度工业化的西方国家,但是国际社会已经认识到,开展全国性的重新犯罪调查研究是制定理性刑事政策的前提。而且,除国家需求以外,开展国际比较也被视为重新犯罪统计数据收集的一个原因。

---

* 葛向伟,时任司法部预防犯罪研究所国外犯罪与刑事司法研究室副研究员;周勇,时任司法部预防犯罪研究所副所长、研究员、博士;原文载《中国监狱学刊》2020年第5期。

〔1〕 Bouke Sjoerd Julius Wartna, Ian Knowles, Ian Morton, Susan Mariko Alma, Nikolaj Tollenaar, *Comparison of reoffending rates across countries*, Göttingen Studies in Criminal Law and Justice, Universitätsverlag Göttingen(2014), p. 101 – 103.

〔2〕 Hans-Jörg Albrechtt. Concepts and Potentials of Recidivism[A]. Göttingen Studies in Criminal Law and Justice, Universitätsverlag Göttingen(2014), p. 14.

不同的国家开展重新犯罪调查研究各有其典型做法和研究特色。挪威的研究特色在于着重探讨了针对不同的样本标准、重新犯罪衡量标准和跟踪期的变化对重新犯罪率产生的影响。挪威的样本选取和重新犯罪衡量指标均采取三重标准,其研究以3个罪犯样本(2005年因重罪被捕、定罪或从无条件监禁中获释的罪犯)为基础,通过个人和刑事司法系统之间的3个联系点(因新的重罪重新被捕、重新定罪或重新监禁)定义了"重新犯罪",并记录了在4年时间内发生的重新犯罪情况(按犯罪日期衡量)。调查结果表明,根据分析设计的不同,重新犯罪人员的比例介于9%~53%。挪威的重新犯罪衡量标准在当前重新犯罪调查的国家中是较为全面的。[1]

奥地利重新定罪统计数据库和调查结果是基于奥地利联邦犯罪记录登记局(警方部门)的数据作出的,后者对每次法院定罪信息及释放信息均有存档,并且最终将数据传输至奥地利国家统计局。该数据自从2007年报告以来每年发布1次,目的是帮助识别重新犯罪的风险群体以及评估司法干预的有效性。调查对象包括2类:一类是参考年度的所有被定罪人员,另一类是所有的被释放人员。调查对象的观察期为4年。调查结果表明,按照犯罪特点、年龄、性别、国籍等进行分类的不同犯罪群体之间的重新定罪率明显不同。在观察期内,以往的定罪次数越多,重新定罪率就越高。最低的重新定罪率人群是在被判处监狱服刑的时候没有过往定罪记录的人。少年犯被重新定罪的比率接近60%,远高于成年人的30%。女性被重新定罪的比率总体低于男性。如果结合犯罪群体和犯罪类型两项指标来看,性犯罪人重新进行性犯罪的比率为3.5%,财产犯罪的犯罪人重新犯财产罪的比率为22.9%。从重新犯罪发生的高峰期来看,2年大概是重新犯罪发生的高风险期。

近年来,美国司法部司法统计局和美国量刑委员会分别开展了重新犯罪调查,其样本、衡量标准和关注点各不相同。2014年,美国量刑委员会利用自动化的犯罪行政记录数据,以2005年解除联邦监禁刑或开始服缓刑的25,431名罪犯为样本进行了为期8年的跟踪调查。调查采用重新被捕、重新被定罪和重新被监禁的犯罪行为3个方面作为重新犯罪衡量指标。研究发现,在这些于2005年重返社会的罪犯中,近一半人(49.3%)在跟踪考察期内因重新犯罪或违反了监管条件而再次被捕。罪犯的犯罪史和他们获释时的年龄与重新犯罪率的关

[1] SynΦve Nygaard Andersen & TorbjΦrn Skardhamar, *Pick a number: Mapping recidivism measures and their consequences*, No. 772, Research department, Statistics Norway, 2014.

联最为紧密。年轻罪犯的重新犯罪率比年长罪犯的重新犯罪率显著更高,而犯罪史更丰富的罪犯的重新犯罪率则比犯罪史较短罪犯的重新犯罪率显著更高。美国司法部调查研究的样本数量远远超过量刑委员会的样本数量。美国司法部21世纪以来针对30个州获释罪犯的犯罪历史记录,完成了2项重新犯罪调查研究。具体做法是,美国司法部司法统计局首先收集了30个州获释罪犯的犯罪历史记录,以分析他们获释后5年内的重新犯罪模式。2015年,美国司法部司法统计局又重新收集了同一批罪犯的犯罪历史记录,将最初的5年跟踪期延长至9年。这次调查的衡量标准为重新被捕率。使用被捕数据的原因是,本研究能按照衡量要求收集到所有30个州的获释罪犯所需的犯罪详细数据。调查结果显示,2005年从各州获释的401,288名罪犯,在为期9年的跟踪期内,估计有1,994,000次被捕次数,即每个获释罪犯平均被捕5次,这些被捕次数的60%发生在第4年到第9年。将跟踪期延长至9年后,被捕人数是3年跟踪期的2倍之多,比5年跟踪期增加了38%。大约23%的获释罪犯构成9年跟踪期间发生的近1,994,000次被捕中的一半。在3年跟踪期间内,一半的被捕是由类似百分比的罪犯(也是23%)构成的。更多关于重新犯罪的调查方法和交叉分析,存在于美国司法部于2018年5月发布的"2005年各州获释罪犯2005年~2014年的重新犯罪数据统计报告"中。[1]

二、国外重新犯罪调查研究新进展的特点和趋势

从研究对象样本的选取来看,国外重新犯罪调查一般是根据各国的国情选取不同的研究对象,大致采取3种模式或其组合。上述3种模式或组合是:一是某一年度被逮捕的人员,二是某一年度被定罪的人员,三是某一年度被监狱释放的人员。总体来看,很少有研究能够包含足够多的样本。但是,在这3类群体中,第三类即监狱释放人员是最普遍的选择,其次是被定罪的人员,最少应用的是被逮捕的人员。这可能是由监狱数据具有可用性、严重犯罪和罪犯具有研究重要性以及社会对他们具有关注性等原因造成的。比如美国,重新犯罪统计主要针对获释罪犯的重新犯罪情况,这是因为其刑事制裁系统将监禁作为重要制裁措施,每年平均有68万人获释,庞大的获释人群是其预防重新犯罪和消

[1] Mariel Alper, Matthew R. Durose. 2018 update on Prisoner Recidivism: A 9 - Year Foolow - up Period (2005 - 2014), Office of Justice Programs, Bureau of Justice Statistics, U. S. Department of Justice, Washington, (Dec. 26, 2018), https://www.justice.gov/.

耗警力的主要对象,因此也成为重新犯罪调查的研究对象。研究表明,样本的种类很重要,不同样本的区别在于:样本所包含的研究对象的犯罪指数或其制裁越严重,重新犯罪人员的比例越高。比如,当使用被监禁罪犯而非被定罪罪犯作为样本时,重新犯罪比例从24%增加到40%。也就是说,“后端”样本可能比“前端”样本具有更显著的犯罪特征和更高的重新犯罪风险。[1]

从重新犯罪的衡量指标来看,实践中存在重新逮捕率、重新定罪率、重新监禁率3种标准,最为常见的是重新定罪率指标,也有些国家采用多重指标衡量重新犯罪。具体来说,英国、德国、荷兰、瑞士、奥地利针对不同样本均采用重新定罪率标准,法国则采用重新定罪率和重新监禁率2种衡量标准,美国的情况有所不同,美国司法部的重新犯罪调查根据数据获取情况采用重新逮捕率标准衡量重新犯罪模式,而美国量刑委员会的调查则同时采用上述3种标准。[2] 事实上,重新犯罪的衡量指标决定了什么行为构成新罪,也就是重新犯罪的定义问题,该指标会直接影响重新犯罪率的调查结果。一般来说,基于给定样本,对于重新逮捕率、重新定罪率、重新监禁率的调查结果的数值是依次降低的。从各国调查情况来看,不同的衡量标准所显示的研究结果的典型范围如下:重新逮捕率在40% ~70%,重新定罪率在40% ~60%,重新监禁率在30% ~50%。[3] 由此也证实了“前端”的衡量标准总会产生比“后端”衡量标准更高的重新犯罪率,因为研究过程排除了不太严重的犯罪。除了上述3种衡量指标,调查中往往还采用更为细化的衡量指标,比如,人口统计学的指标,把调查样本按照性别、年龄、重新犯罪类型等进行分类分析。

从调查样本的跟踪期来看,在具备相应资源的条件下,逐渐延长跟踪期,甚至持续跟踪调查对象和重新犯罪指标,更有助于把握重新犯罪的模式和规律。跟踪期决定了对研究对象样本跟踪多长时间。实践中,多数调查的跟踪期是1~3年,最为常见的是2年,也有更长的4~5年,最长达到8年和9年。比如,

---

[1] 这里将不同的重新犯罪样本和衡量标准称为“前端”和“后端”,前者指个人和刑事司法系统之间的早期接触点(如被捕),后者指随后的接触点(如监禁)。定罪这个接触点,相对于被捕来说,属于后端,但是相对于监禁来说又属于前端。

[2] See Kim Steven Hunt & Robert Dumville, *Recidivism Among Federal Offenders: A Comprehensive Overview*, United States Sentencing Commission, Washington, 2016, p. 7 – 8.

[3] SynΦve Nygaard Andersen & TorbjΦrn Skardhamar, *Pick a number: Mapping recidivism measures and their consequences*, No. 772, Research department, Statistics Norway, 2014.

英国多数研究的跟踪期已经从 2 年调整为 1 年,法国的跟踪期为 5 年,[1] 瑞士的跟踪期从 5 年调整为 3 年,德国的跟踪期针对不同的情况分别为 3 年、6 年和 9 年,奥地利也维持较长的跟踪期,[2] 美国司法部 2018 年则公布了一项跟踪期为 9 年的重新犯罪调查。[3]

跟踪期对重新犯罪调查结果的影响主要体现在两个方面:一是样本人员的重新犯罪率随时间推移而逐渐增加,较长的跟踪期会带来更高的重新犯罪人员比例,并获取更多的犯罪历史性质的数据。例如,在荷兰样本中,1 年后重新犯罪比例为 43% ,2 年后为 56% ,3 年后为 62% 。8 年后,74% 的人员因新的罪行被重新定罪。二是跟踪期刚开始时,重新犯罪的强度达到最高。这是重新犯罪研究中的一个常见结果。多数重新犯罪都发生在 2 年内。在获释 2 年内被重新定罪的人员中,75% 的重新定罪发生在前 12 个月。[4]

更长的跟踪期有可能使研究人员和决策者更好地探索重新犯罪模式和“停止重新犯罪”的规律。美国司法部 2018 年发布的一项重新犯罪调查发现,32% 的获释罪犯在 3 年跟踪期内并未被捕(似乎已经停止了犯罪活动),但其中近一半的获释罪犯在随后 6 年内被捕,剩下 17% 的获释罪犯在 9 年跟踪期内并未被捕。此外,研究发现,24% 的获释罪犯仍然积极参与犯罪活动,并在第 9 年被捕。而在获释后第 1 年被捕的 44% 的获释罪犯中,1/9(占所有获释罪犯的 5%)在 9 年跟踪期间并未再次被捕。这组数据显示,研究人员可能需要更长的跟踪期以便理解和掌握更为复杂的重新犯罪和停止重新犯罪模式。[5] 尽管更长的跟踪期具有一定的优势,但是具体的跟踪期的确定还是要由数据的可用性和研究的特定的需要而决定,应当针对不同的研究工作和政策应用来选择适当

---

[1] Annie Kensey. The Risks of Reoffending among Prison-leavers, Göttingen Studies in Criminal Law and Justice, Universitätsverlag Göttingen(2014) p. 76.

[2] Daniel Fink / Steve Ducommun-Vaucher. Statistical Recidivism Analyses in Switzerland, Göttingen Studies in Criminal Law and Justice, Universitätsverlag Göttingen(2014), Volume 25: p. 44 – 60.

[3] See Mariel Alper, Matthew R. Durose. ,2018 update on Prisoner Recidivism: A 9 – Year Foolow – up Period (2005 – 2014), Office of Justice Programs, Bureau of Justice Statistics, U. S. Department of Justice, Washington, (Dec. 26, 2018), https:/ /www. justice. gov/.

[4] SynΦve Nygaard Andersen & TorbjΦrn Skardhamar, *Pick a number: Mapping recidivism measures and their consequences*, No. 772, Research department, Statistics Norway, 2014.

[5] Mariel Alper, Matthew R. Durose. 2018 update on Prisoner Recidivism: A 9 – Year Foolow – up Period (2005 – 2014)[R/OL]. Office of Justice Programs, Bureau of Justice Statistics, U. S. Department of Justice, Washington(2018), https:/ /www. justice. gov /, 2018 – 12 – 26.

的跟踪期长度。与较短的跟踪期相比,在多数情况下,我们需要具备相应的资源才能延长跟踪期。此外,还有一个重要的问题是,国外一般考虑罪犯在上次犯罪后的整个时间长度,认为监禁时间应该完全排除在跟踪期之外,尽管某些类型的犯罪(例如,与暴力和毒品有关的犯罪)可能确实发生在监狱中。

从重新犯罪的调查方法和数据来源看,目前多数国家是以官方行政记录为基础的,几乎很少采取人口调查的方法获取数据,各国获取官方记录均有各自的途径和程序,但是大同小异。一般来说,所有数据都是源于警方、检方、法院和监狱记录中有关个人情况的行政记录,但是这些数据的获取途径不同。比如,德国通过中央联邦登记册获取数据,瑞士通过联邦统计局获取,奥地利通过联邦刑事记录登记局获取,法国由司法部通过全国罪犯注册局获取。所有国家居民都有一个唯一的个人识别编码,统计系统会使用该编码进行数据统计,因此可以轻易在登记册以及跟踪时间内识别同一个人,从而为研究设计提供了极大的便利。研究信息一般只包括重罪,轻罪被排除在外,由此提高本国研究和其他国家研究之间的可比性。研究对象仅限于本国出生的人或者持有本国永久居留证的移民,确保样本能够在不同登记册之间被充分识别,并避免了外国人因犯罪而被驱逐出境的问题。

从提高各国重新犯罪率的可比性来看,倡导使用比较规范、标准、统一的重新犯罪率报告指南。有关研究人员于 2015 年和 2019 年相继发表了《全球重新刑事犯罪率的系统评价:当前的困难和最佳实践建议》[1]和《全球重新刑事犯罪率的系统评价:3 年更新》[2]2 篇研究报告,收集整理了全球数十个国家的重新犯罪率统计数据资料并开展了系统评价,结果发现,尽管重新犯罪率是衡量监狱系统和释放后罪犯回归措施成效的重要指标,重新犯罪研究对于公共安全很重要,但许多国家缺乏重新犯罪率的统计方法,没有报告重新犯罪率统计数据,即使已经报告重新犯罪率统计数据的各国在重新犯罪率的概念界定、统计样本的选择、重犯的时间间隔等方面存在显著差异,这导致各国的重新犯罪率之间实际上并不具有可比性。报告指出,未来为提高各国重新犯罪率统计数据的可比性,应倡导各国采用比较规范、标准、统一的重新犯罪率报告指南来获得

---

〔1〕 See Seena Fazel & Achim Wolf, *A Systematic Review of Criminal Recidivism Rates Worldwide: Current Difficulties and Recommendations for Best Practice*, PLoS One, 2015;10(6): e0130390.

〔2〕 Denis Yunhnenko et al., *A Systematic Review of Criminal Recidivism Rates Worldwide: 3 - Year Update*, Well-come Open Research, 2019.

和发布重新犯罪率统计数据。为此,研究人员专门编写了一份全球累犯统计数据清单来帮助提高重新犯罪率报告的规范化、一致性和透明度。

从国外重新犯罪调查统计数据的分析和应用来看,主要有两方面的用途:一是用于评估重新犯罪率和重新犯罪模式。二是用于检验刑事制裁措施及其改革的有效性,确定其是否能减少重新犯罪和增强社会预防效果关于重新犯罪率的评估,各国对于数据均采取了多维度的分析。一般来说,各国都有基于犯罪类型、罪犯年龄和性别来估计和对比的重新犯罪率(及其变化),在此基础上还根据各国监测需求使用多样化的细分变量来衡量重新犯罪模式。比如,荷兰在监测犯罪趋势时特别强调重新犯罪的严重程度并且使用不同的重新犯罪衡量标准,根据不同的量刑选择评估重新犯罪率。研究发现,被量刑 4 年或以上时间的罪行有较高重新犯罪率,被量刑 8 年或以上时间的罪行有极高的重新犯罪率。英国重新犯罪统计分析使用回归模型,将重新犯罪数据用于评估研究重新犯罪风险,以及识别和解释不同地区(或不同监狱)之间的地区性重新犯罪率差异并将该差异用来确定各种量刑模式的解释性差异是否存在。英国(苏格兰、英格兰、威尔士、北爱尔兰)、爱尔兰以及挪威和新西兰等国家按制裁类型对罪犯进行分组并发现,与被判社区服刑的人员相比,重新犯罪人员在被判监禁的人群中占比更高。当然,很多重新犯罪因素无法通过基于重新犯罪统计的研究发现,进而会影响到基于统计数据作出的研究结论的内部有效性,但是这种情况不仅在犯罪学中存在,其他学科也是如此。关于检验制裁措施的有效性,各国一致认为需要对各项制裁的有效性进行调查,并且普遍认同应当采用有针对性的应对措施的重要性。在美国、英国(英格兰和威尔士),相关项目在过去 10 年实现了长足发展,更好地引导罪犯回归社会,以尽量减少重新犯罪可能,并应对国际上常见的重复犯罪现象(“旋转门”现象)。瑞士的研究结果表明,对部分罪行采用较为宽松的制裁模式并未导致重新犯罪率升高。荷兰已经计划利用重新犯罪统计研究结果来创建“最佳实践”目录。但是,总体来看,目前刑事制裁有效性方面的研究仍不发达,尚欠缺以重新犯罪数据为基础进行的针对罪犯重返社会的系统性实证研究,现有的研究几乎都集中在监狱系统和其中的局部措施上,很少有研究关注缓刑或罚款对重新犯罪的影响。

三、国外重新犯罪调查研究新进展的借鉴和启示

重新犯罪调查不仅逐渐被国外犯罪领域和矫正领域所重视,而且也受到联合国毒品与犯罪办公室的关注,这是因为重新犯罪率是衡量刑事司法干预措施

的效果和反映预防犯罪政策成效的重要指标,而预防重新犯罪也是联合国的一个持续性政策目标。笔者认为,上述国外关于重新犯罪的调查研究在某些方面为中国正在开展的全国性重新犯罪调查具有以下几方面的借鉴和启发。

通过对国外重新犯罪调查研究相关情况的梳理,有助于了解、掌握国际上开展重新犯罪调查的状况与水平,进而为中国开展重新犯罪调查研究提供借鉴。具体来说,全球层面并未开展统一的重新犯罪调查,除了少数发达国家和地区,很多国家还没有关于重新犯罪的调查研究。在开展重新犯罪调查的现有国家中,对重新犯罪的定义、衡量指标、调查跟踪期也没有统一的标准。各国基于各自国家的相关定义、研究对象和调查方法进行的重新犯罪调查得出的结论也就很难有可比性。

联合国毒罪办也表示在全球层面很难制定关于重新犯罪调查的统一的技术和规范标准并且统一组织开展重新犯罪调查。相比较而言,中国关于重新犯罪的研究并不滞后,而且中国的调查计划中关于重新犯罪的定义、衡量指标、计算结果以及即将建立的重新犯罪动态监测数据库都将达到世界领先水平。尽管如此,欧洲以及全球在重新犯罪调查领域的先进技术、良好做法和成功经验,不影响在方法上对中国的启发与借鉴作用,尤其是关于重新犯罪的概念类型、调查统计方法和分析方法等方面。毕竟,对于各国来说,开展重新犯罪调查的目标就是通过获取重新犯罪率预测未来犯罪水平,以便促进刑事司法系统的发展和改进,提高刑事司法干预措施包括监狱执行的质量和效果,帮助罪犯成功地重新融入社会及预防和减少犯罪,这是各国重新犯罪调查的共通之处。而且,西方国家正在努力克服各自调查之间的差异,联合国层面也表示会加强关注会员国开展重新犯罪调查研究情况,鼓励良好实践的推广,积极发挥重新犯罪统计和调查研究对于完善各国刑事司法和社会政策、改进刑罚执行和罪犯改造工作的促进作用。

国外对于影响重新犯罪率调查结果的 3 项主要标准基本达成共识,对中国开展调查研究并确立我国的重新犯罪的调查对象、衡量标准和跟踪期具有重要启发。笔者认为,关于上述 3 项标准,在资源许可的情况下,为更加宏观和细致地掌握重新犯罪的规律和模式,我们在重新犯罪调查中应当尽量选取更广泛的样本、采取多重衡量标准以及确定较长的跟踪期。具体来说,一是我们的调查对象可以从监禁释放人员逐渐扩大到其他刑罚执行完毕的人员,以便评估其他刑罚的执行效果。二是在确定重新犯罪的概念即衡量标准时,同时使用重新逮捕率、重新定罪率和重新监禁率 3 项指标。三是确定选择罪犯从监狱释放或刑罚执行完毕后直到再次犯罪的整个时期作为跟踪期。这样不设置固定的跟踪期,而采取全程跟踪便可以根据调查情况获取任何时期的重新犯罪率。之所以提出上述建议,是因为犯罪模式可能会由于样本差异、衡量标准的不同以及随着时间的推移而改变,尤其是较长跟踪期的重新犯罪研究可以为决策者和从业人员提供他们所需要的最新数据,以评估获释罪犯矫正计划的价值或影响量刑的政策变化。因此,建立全国范围内持续的重新犯罪统计并确保获取充分的基本信息,有利于我们研究各项刑事制裁对重新犯罪的影响以及测试有关制裁和重新犯罪关系的假设。

借鉴国外建立专门的数据机构(犯罪记录登记局)、数据系统和数据发布制度的做法,中国可以利用人工智能和大数据技术,并通过重新犯罪数据的统计来不断改善中国的刑事司法数据库。国际社会已经认识到,一个综合性的重新犯罪数据库是理性刑事政策和分析的前提,重新犯罪统计目前已经实现了低本高效的运作,新技术的发展提升了数据收集的效率。[1] 数据库一般针对每个案件都提供判决法院、罪犯(性别、年龄、国籍)、所有罪行的法律描述、量刑信息(制裁类型、刑期)等,涉及缓刑的提供获释和监控信息。每个案件按照具体情况逐条记录后再纳入设定的较大族群或类别,以便进行统计评估。[2] 数据库应当创建一种固定的设置,以便根据需要调整样本、衡量标准和跟踪期的长短,并观察相应的重新犯罪率的变化。如此坚持,长期的重新犯罪统计记录可能会改变警方统计、检方统计、司法统计中当前可用的信息情况,并更新系统性的监禁和缓刑信息,从而为犯罪学研究人员和更广泛的刑事司法系统发挥重要作用。刑事法庭、执法机关和监狱管理层可以利用新的相关信息来预测和评估其决定所能带来的结果。国际上先进的重新犯罪统计和基于此类数据进行的研究证明,这些数据机构和系统的建立在犯罪学和刑事政策方面有重要意义。然而,隐私和数据保护问题仍然存在,问题程度因国家而异。因此,我们在调查过程中需要通过一定的技术达到保护个人数据隐私的目的。

关于重新犯罪调查数据的分析,我们需要从分类的观点出发获取各种细分的统计数据,以获得关于特定罪犯人群的重新犯罪率和重新犯罪模式,据此应

---

〔1〕 Hans-Jörg Albrechtt. Concepts and Potentials of Recidivism, Göttingen Studies in Criminal Law and Justice, Universitätsverlag Göttingen(2014), p. 18 – 20.

〔2〕 Jörg-Martin Jehle. Approach, Structures and Outcome of the German Reconviction Study, Göttingen Studies in Criminal Law and Justice, Universitätsverlag Göttingen(2014), p. 28 – 29.

对刑事司法逐渐向更加精算和以风险为基础的形式转换的趋势,并为制定有针对性的预防重新犯罪对策提供大数据支撑。在中国,上述研究虽然逐步受到重视,但总体来说还是相对粗疏的。可以说,这也都是中国的犯罪学、刑事政策学关于预防重新犯罪研究的重要关节点,预防重新犯罪研究需要具体的统计来确认先前的某些预断,也可能会修正先入为主的某种偏见。在对于重新犯罪者的具体罪名(罪种)的分类比较和辨析之后,重新犯罪的预防对策会更有针对性,从而也就更为科学。具体来说,借鉴国外的数据分析视角,从以下几个方面进行分析:

一是从犯罪分类的角度观察重新犯罪。这就需要获取各类犯罪的罪犯重新犯罪情况以及哪一类罪犯在重新犯罪中排名靠前,比如,是严重危及人身安全的暴力犯罪居多,还是财产犯罪居多?危害公共安全的犯罪、妨害社会管理秩序的犯罪等,在重新犯罪者所犯的具体罪名中,各自占有怎样的比例?经济犯罪的重新犯罪者是多还是少?职务犯罪是不是由于其先前的犯罪经历被剥夺了职务而很少有重新犯罪的?重新犯罪同种罪和重新犯罪异种罪的情况都值得关注。

二是从刑罚分类的角度分析重新犯罪。在重新犯罪者之中,其原判刑罚(或者前几次所判刑罚)的种类也值得统计。比如,死缓犯的重新犯罪率有多大?无期徒刑的重新犯罪率有多大?罚金刑的重新犯罪率有多大?缓刑犯、拘役犯、管制犯等的重新犯罪率有多大?对于这些数字的统计分析,将使得我们对于死缓、无期徒刑这些重刑或者对于缓刑、拘役、管制等轻刑或者罚金等财产刑的效果有更明确的认识,从而在针对重新犯罪者选择刑罚时有所准备。

三是从犯罪主体的视角(尤其是年龄的视角)观察重新犯罪,对于研究重新犯罪率及重新犯罪的预防具有根本性的意义。各国的研究表明,从不同年龄层所看到的犯罪倾向是不相同的。比如,20~24岁的人5年之内的重新犯罪率与其他年龄层相比相当高,25~29岁的人则次之。也就是说,就成人而言,二十几岁年轻人的犯罪倾向是最高的。因此,对于这些年轻人来说,探讨、制定特殊的犯罪预防对策,将教育放在重要的位置是非常重要的。中国正逐渐步入老龄社会,高龄者犯罪的现象颇为引人注目,其中当然也存在高龄重新犯罪者。探讨这些人的犯罪规律,对这些人制定相应的重新犯罪预防对策,对于整个社会的和谐稳定,都具有重要的现实意义。

四是进行各种类别重新犯罪情况的交叉分析,探讨不同的犯罪对策。比如,按照重新犯罪次数(尤其是多次重新犯罪者)、重新犯罪间隔、重新犯罪同种罪以及重新犯罪异种罪以及重新犯罪者的主体情况,按照不同的问题交叉分析重新犯罪模式,探讨不同的重新犯罪防治对策,避免蜻蜓点水式的"大概齐""一勺烩",是非常重要的,这将使得犯罪对策更具针对性,从而也就可能更有实际效果。针对某一种具体类型的犯罪人来说,不能指望通过一种具体的犯罪对策就达到预防犯罪的效果。对于犯罪的预防,只能是各种不同犯罪对策综合作用的结果,其中,"最好的社会政策就是最好的刑事政策",德国刑事政策学家李斯特的这句名言对于重新犯罪者的犯罪预防来说,同样是至理名言。

五是加强重新犯罪调查的国际合作,促进重新犯罪调查数据的国际可比性。由于目前从事重新犯罪研究的各国不仅仅存在重新犯罪率的概念界定、样本选择、重新犯罪时间间隔等方面的差异,就连重新犯罪的诸多罪名中各罪名本身的犯罪构成也显著不同。从促进国际犯罪调查数据可比性的意义出发,联合国统计委员会已经于 2015 年出台了《犯罪统计的国际分类标准文件》,呼吁各国把本国的刑事犯罪罪名所包含的犯罪构成按照该标准文件重新分类,使得在统计意义上,各国对于各种犯罪的罪名有了统一的定义,从而达到犯罪统计数据可比性的目的。为此,建议中国的重新犯罪调查优先采纳联合国犯罪分类的统一标准,以此为开展重新犯罪调查国际合作的切入点,向联合国犯罪统计部门和司法部门分享中国的实践做法,为促进国际社会重新犯罪调查统计的标准化和规范化作出贡献。

国际重新犯罪率数据比较初探

谢晓燕　周　勇*

重新犯罪率是指有犯罪前科的人再次实施犯罪行为的比率。重新犯罪率不仅是衡量社会治安状况特别是重新犯罪状况的一项重要指标,而且也是分析和评价一个国家刑事司法政策成效高低的重要依据之一。尽管重新犯罪率很重要,但并非所有国家都有比较可靠准确全面的重新犯罪率数据指标。本文根据目前能够收集到的近年国内外公开发表的文献资料,对当前国际重新犯罪率数据进行了梳理总结和比较分析,并就我国开展重新犯罪率调查统计进行了相关思考,以期为我国重新犯罪治理理论研究与相关实务工作提供参考。

一、当前全球重新犯罪率数据

根据现有资料,国外主要针对两类人员开展重新犯罪率统计,一类是监狱释放人员,另一类是社区矫正解矫人员。同时,国外在统计重新犯罪率时主要采用了重新逮捕、重新定罪和重新监禁三种衡量标准,以这三种标准统计出来的重新犯罪率分别称为重新逮捕率、重新定罪率、重新监禁率。其中,重新定罪率的使用最为常见,重新逮捕率或重新监禁率的使用相对较少。

(一)监狱释放人员重新犯罪率

1. 监狱释放人员重新定罪率

以重新定罪为标准来统计的重新犯罪率就是重新定罪率。表 1 列举了目

* 谢晓燕,司法部预防犯罪研究所监狱工作研究室助理研究员、博士;周勇,时任司法部预防犯罪研究所副所长、研究员、博士;原文载《河南司法警官职业学院学报》2022 年第 1 期。

前已有的 19 个国家的监狱释放人员重新定罪率数据,[1][2]其中,监狱释放时间介于 2000~2016 年,重新定罪的时间间隔分别为 1~5 年。

由表 1 可知,有 9 个国家报告了监狱释放人员 1 年内重新定罪率,数值介于 15%~51%。其中,丹麦和瑞典的 1 年内重新定罪率最高,均为 51%;奥地利 2013 年监狱释放人员 1 年内重新定罪率最低,为 15%。

有 16 个国家(地区)报告了 2 年内重新定罪率(根据现有资料,2 年为最常用的重新定罪率时间间隔标准),数值介于 20%~63%。其中,2 年内重新定罪率高于 50% 的共有 6 个,由高到低依次为丹麦(63%)、瑞典(61%)、新西兰(61%)、英国(英格兰/威尔士)(59%)、加拿大(魁北克)(55%)和澳大利亚(53%);2 年内重新定罪率在 30%~50% 的共有 4 个国家;2 年内重新定罪率低于 30% 的有 6 个国家(地区)。这表明,超过一半(具体为 12 个)的国家(地区)监狱释放人员在 2 年内的重新定罪率都超过了 30%。挪威 2005 年监狱释放人员 2 年内重新定罪率最低,仅为 20%。此外,拉脱维亚公布的是 29 个月(2 年 5 个月)内的重新定罪率(50%)。

表 1 监狱释放人员重新定罪率

序号	国家(地区)	监狱释放年份/年	人数/人	时间间隔					数据来源
				1 年内	2 年内	3 年内	4 年内	5 年内	
1	丹麦	2013	3904	51%	63%	—	—	—	丹麦统计局,2019
2	瑞典	2011	7738	51%	61%	65%	—	—	瑞典国家预防犯罪委员会,2019
3	新西兰	2015~2016	—	46%	61%	—	—	—	新西兰惩戒部,2018
4	英国(英格兰/威尔士)	2000	—	46%	59%	66%	70%	72%	英国司法部,2019
5	加拿大(魁北克)	2007~2008	9483	—	55%	—	—	—	加拿大公共安全部,2015

[1] See Yukhnenko D. et al., *A systematic review of criminal recidivism rates worldwide: 3 - year update*, Well-come Open Research 4(2019).

[2] See Fazel S. & Wolf A. *A Systematic Review of Criminal Recidivism Rates Worldwide: Current Difficulties and Recommenda tions for Best Practice*, PLo S One, 2015(6): e0130390. Published 2015 Jun 18. doi: 10. 1371 / journal. pone. 0130390.

续表

序号	国家（地区）	监狱释放年份/年	人数/人	时间间隔					数据来源
				1年内	2年内	3年内	4年内	5年内	
6	澳大利亚	2014~2015	—	—	53%	—	—	—	澳大利亚政府,2018
7	荷兰	2013	31,168	35%	46%	—	—	—	维利海德司法部长,2019
8	法国	2004	78,580	26%	40%	48%	54%	58%	法国司法部,2014
9	智利	2010	20,625	—	39%	—	—	—	智利宪兵,2013
10	芬兰	2005	4507	—	36%	—	—	—	Graunbøl 等人,2010
11	美国	2005~2010	—	23%	36%	45%	51%	55%	Seena Fazel & Achim Wolf,2015
12	爱沙尼亚	2013~2014	—	16%	35%	—	—	—	Ahven 等人,2019
13	冰岛	2009~2011	322	—	27%	—	—	—	Yeoman,2016
14	新加坡	2011	—	—	27%	—	—	—	Seena Fazel & Achim Wolf,2015
15	奥地利	2013	7185	15%	26%	32%	36%	—	奥地利统计局,2018
16	挪威	2005	8788	—	20%	—	—	—	Graunbøl 等人,2010
17	拉脱维亚	2009	442	—	50%（29个月）(45%~55%)	—	—	—	Kipēna 等人,2013
18	爱尔兰	2013	—	—	—	51%	—	—	中央统计局,2016
19	德国	2004	—	—	—	48%	—	—	Jehle,2014

注:以2年内重新定罪率由高向低进行排列。

有7个国家(地区)报告了3年内重新定罪率数据,数值介于32%~66%。其中,英国(英格兰/威尔士)最高,为66%;其次为瑞典(65%);奥地利2013年监狱释放人员3年内重新定罪率最低,为32%。

有4个国家(地区)报告了4年内重新定罪率数据,数值介于36%~70%,由高至低依次为英国(英格兰/威尔士)(70%)、法国(54%)、美国(51%)和奥地利(36%)。

有3个国家(地区)报告了5年内重新定罪率,数值介于55%~72%,由高至低依次为英国(英格兰/威尔士)(72%)、法国(58%)和美国(55%),均超过了50%。

法国监狱释放人员的重新定罪率随着释放时间间隔的增加而逐步上升的趋势明显(见图1)。具体为,法国监狱释放人员的重新定罪率由1年内的26%,逐步上升到2年内的40%、3年内的48%、4年内的54%和5年内的58%。这表明,超过一半的监狱释放人员在释放后的5年内都被重新定罪。同时发现,重新定罪率随着释放时间间隔的增加而逐步上升的趋势呈现先快后慢的特点,5年内被重新定罪的监狱释放人员中的大部分,被重新定罪发生在释放后2年内,占比为68.97%。

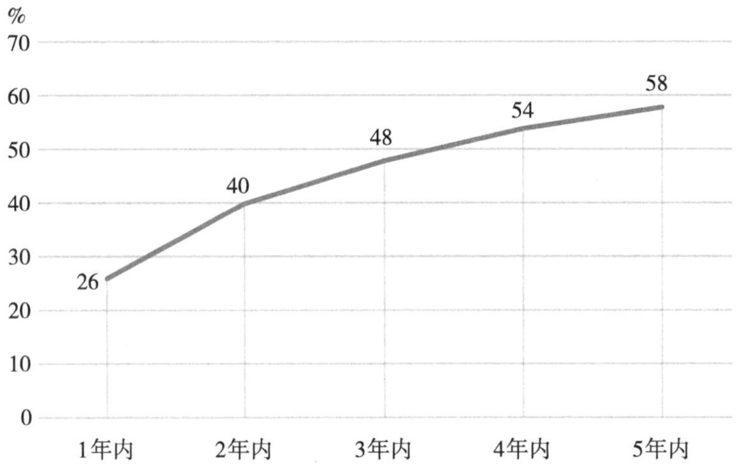

图1 法国监狱释放人员1~5年内重新定罪率

2. 监狱释放人员重新逮捕率

重新逮捕率是以重新被逮捕为标准来统计的重新犯罪率。表2列举了目前已有的4个国家的监狱释放人员重新逮捕率数据,[1][2]其中,监狱释放时间介于2005~2015年,重新逮捕的时间间隔分别为1~5年。

---

〔1〕 See Yukhnenko D. et al., *A systematic review of criminal recidivism rates worldwide: 3 - year update*, Well-come Open Research 4(2019).

〔2〕 See Fazel S. & Wolf A. *A Systematic Review of Criminal Recidivism Rates Worldwide: Current Difficulties and Recommenda-tions for Best Practice*, PLo S One, 2015(6): e0130390. Published 2015 Jun 18. doi: 10. 1371 / journal. pone. 0130390.

表2 监狱释放人员重新逮捕率

序号	国家(地区)	监狱释放年份/年	人数/人	时间间隔					数据来源
				1年内	2年内	3年内	4年内	5年内	
1	美国(联邦)	2005	401,288	44%	60%	68%	74%	77%	Alper 等,2018
2	爱沙尼亚	2013~2014	—	37%	59%	—	—	—	Ahven 等,2018
3	新加坡	2015	—	—	24%	—	—	—	新加坡监狱管理局,2019
4	意大利	2001~2009	479(样本)	—	—	28%(24%~32%)	—	—	Mastrobuoni & Terlizzese, 2014

由表2可知,美国(联邦)和爱沙尼亚的1年内重新逮捕率分别为44%和37%;美国(联邦)、爱沙尼亚和新加坡的2年内重新逮捕率依次为60%、59%和24%;美国(联邦)和意大利的3年内重新逮捕率分别为68%和28%,不过意大利的数据基于对479人的样本统计,参考意义有待进一步验证。只有美国(联邦)报告了4年和5年内重新逮捕率数据,分别为74%和77%,这表明,约4/5的美国(联邦)监狱释放人员在5年内被重新逮捕。

3. 监狱释放人员重新监禁率

重新监禁率是以重新被监禁为标准来统计的重新犯罪率。表3列举了目前已有的11个国家(地区)的监狱释放人员重新监禁率数据,[1][2]其中,监狱释放时间介于2002~2016年,重新监禁的时间间隔分别为1~5年。

表3 监狱释放人员重新监禁率

序号	国家(地区)	监狱释放年份/年	人数/人	时间间隔					数据来源
				1年内	2年内	3年内	4年内	5年内	
1	澳大利亚	2014~2015	—	—	45%	—	—	—	澳大利亚政府,2018
2	加拿大(魁北克)	2007~2008	9483	—	43%	—	—	—	公共安全部,2015

---

[1] See Yukhnenko D. et al., *A systematic review of criminal recidivism rates worldwide: 3 – year update*, Well-come Open Research 4(2019).

[2] See Fazel S. & Wolf A. *A Systematic Review of Criminal Recidivism Rates Worldwide: Current Difficulties and Recommenda-tions for Best Practice*, PLo S One, 2015(6): e0130390. Published 2015 Jun 18. doi: 10. 1371 / journal. pone. 0130390.

续表

序号	国家（地区）	监狱释放年份/年	人数/人	时间间隔					数据来源
				1年内	2年内	3年内	4年内	5年内	
3	新西兰	2015～2016	—	32%	43%	—	—	—	惩戒部，2017，2018
4	美国	2005～2010	—	17%	29%	36%	41%	45%	Seena Fazel & Achim Wolf，2015
5	以色列	2008	6724	18%	28%	34%	38%	41%	Walk & Berman，2015
6	日本	2015	9953（不含假释）	7.7%	27.2%	38.2%	44.1%	47.9%	日本法务省综合研修所，2020①
7	德国	2004	—	—	—	35%	—	—	Seena Fazel & Achim Wolf，2015
8	法国	2002	—	—	—	—	—	46%	Seena Fazel & Achim Wolf，2015
9	韩国	2016	27，917	—	—	25.2%	—	—	Indicator，2021②
10	西班牙（加泰罗尼亚）	2010	3414	—	—	30%（3.5年）	—	—	研究和开发领域社会和犯罪学组织，2015
11	智利	2007	—	—	—	50%	—	—	Seena Fazel & Achim Wolf，2015

注：以2年内重新监禁率由高向低进行排列。

①《日本犯罪白皮书》（2020年版）。

②Ministry of Justice of South Korea. 2020 Annual report Ministry of Justice. Ministry of Justice（Aug. 23，2021），http：//www. index. go. kr/unify/idx-info. do? idx Cd = 4267.

从表3中可知，关于监狱释放人员1年内重新监禁率，由高到低依次为（32%）、美国（17%）、以色列（18%）和日本（7.7%）；关于2年内重新监禁率，由高到低依次为澳大利亚（45%）、加拿大（魁北克）（43%）、新西兰（43%）、美国（29%）、以色列（28%）和日本（27.2%）；关于3年内重新监禁率数据，由高到低依次为智利（50%）、日本（38.2%）、美国（36%）、德国（35%）、以色列（34%）和韩国（25.2%），西班牙（加泰罗尼亚）报告的30%为3.5年内重新监禁率数据；关于4年内重新监禁率数据，由高到低依次为日本（44.1%）、美国（41%）和以色列（38%）；关于5年内重新监禁率，由高到低依次为日本（47.9%）、法国（46%）、美国（45%）和以色列（41%），均超过了40%。

4. 长时间间隔的重新犯罪率数据

以上公开的监狱释放人员重新犯罪率数据的衡量指标多采用 2 年或 3 年的时间间隔，只有部分国家（地区）将衡量指标延长至 5 年内，如美国、法国、日本和以色列。为了更好地把握重新犯罪的规律与特征，英国（英格兰/威尔士）和美国（联邦）则统计并报告了 9 年内重新犯罪率数据，其中，英国（英格兰/威尔士）为 2000 年监狱释放人员重新定罪率数据，美国（联邦）为 2005 年监狱释放人员重新逮捕率数据。

英国（英格兰/威尔士）和美国（联邦）监狱释放人员 9 年内重新犯罪率数据分别为 78% 和 83%，也就是说，监狱释放后约有 4/5 的人在 9 年内都发生了重新犯罪行为。其中，2 年内重新犯罪率是增长速度最快的时期，随着时间的推进，增长速度逐渐变缓，如美国（联邦）2 年重新逮捕率为 60%，占 9 年内重新犯罪率的 72.29%（60%/83%），也就是说 9 年内发生的重新逮捕行为中有 72.29% 都发生在监狱释放后的 2 年内，其后的 7 年中仅有 27.71% 的重新逮捕行为发生（见图 2）。

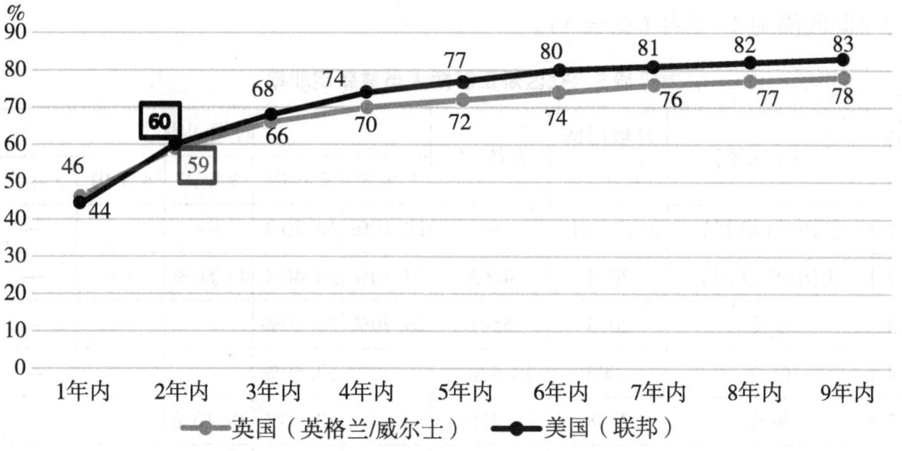

图 2　9 年内重新犯罪率数据

除英国（英格兰/威尔士）和美国（联邦）以外，日本还报告了 1999 年监狱释放人员释放后 20 年内的重新监禁率（见表 4），为已公开数据中最长时间间隔。由表 4 可知，日本 1999 年监狱释放人员释放后 2 年内重新监禁率为 33.94%，5 年内为 59.23%，10 年内为 66.31%，20 年内为 68.40%，可见，在监狱释放后的第 11 ~ 20 年内，重新监禁率增长非常平缓，只增加了 2.09%（68.4% ~ 66.31%）。

表4　日本监狱释放人员20年内重新监禁率

时间间隔	1年内	2年内	3年内	4年内	5年内
重新监禁率/%	11.32	33.94	46.85	54.54	59.23
时间间隔	6年内	7年内	8年内	9年内	10年内
重新监禁率/%	61.79	63.77	65.10	65.73	66.31
时间间隔	11年内	12年内	13年内	14年内	15年内
重新监禁率/%	66.80	67.04	67.36	67.71	67.96
时间间隔	16年内	17年内	18年内	19年内	20年内
重新监禁率/%	68.07	68.14	68.25	68.33	68.40

（二）社区矫正解矫人员重新犯罪率

社区矫正解矫人员重新犯罪率数据主要来自尤克年科等人2019年发表的文章《社区服刑人员的重新犯罪率：一项系统评价》，[1]主要为16个国家（地区）社区矫正解矫人员重新定罪率数据，解矫时间介于2003～2016年重新犯罪的时间间隔为1～5年（见表5）。

表5　社区矫正解矫人员重新定罪率

序号	国家（地区）	社矫解矫年份/年	人数/人	时间间隔				
				1年内	2年内	3年内	4年内	5年内
1	新西兰（联邦）	2013/2015	—	28.10%	40.70%	—	—	—
2	美国（俄勒冈）	2014	4403	29.10%	38.40%	43.80%	—	—
3	丹麦	2013	6501	26.70%	38.10%	—	—	—
4	荷兰	2003	38,530	—	33.60%	—	—	—
5	瑞典	2008	22,306	23.80%	32.80%	38.10%	—	—
6	爱尔兰	2010	3698	17.60%	28.00%	36.40%	—	—
7	芬兰	2005	3767	—	25.60%	—	—	—

〔1〕 See Yukhnenko D. et al., *Recidivism rates in individuals receiving community sentences: A systematic review*, PLoS One, 2019(9): e0222495.

续表

序号	国家(地区)	社矫解矫年份/年	人数/人	时间间隔				
				1年内	2年内	3年内	4年内	5年内
8	加拿大(魁北克)	2007~2008	4851	—	25.00%	—	—	—
9	澳大利亚(联邦)	2012~2013	—	—	24.80%	—	—	—
10	挪威	2005	2839	—	19.80%	—	—	—
11	法国	2004	241,996	9.10%	18.10%	25.20%	—	34.30%
12	拉脱维亚	2009	1190	—	17.00%	—	—	—
13	冰岛	2005	73	—	16.40%	—	—	—
14	德国	2007	96,521	—	—	39.00%	—	—
15	英国(英格兰/威尔士)	2015~2016	139,617	33.30%	—	—	—	—
16	智利	2007	23,736	—	—	27.70%	—	—

注:以2年内重新犯罪率由高向低进行排列。

由表5可知,有7个国家(地区)报告了社区矫正解矫人员1年内重新定罪率,数值介于9.10%~33.30%,其中,英国(英格兰/威尔士)社区矫正解矫人员重新定罪率最高,为33.30%;法国社区矫正解矫人员1年内重新定罪率最低,为9.10%。2年为社区矫正解矫人员重新定罪率最常用时间间隔标准,共有13个国家(地区)报告了2年内解矫人员重新定罪率数据,数值介于16.40%~40.70%。其中,新西兰(联邦)最高(40.70%);高于30%的国家(地区)有美国(俄勒冈)(38.40%)、丹麦(38.10%)、荷兰(33.60%)和瑞典(32.80%);冰岛最低,为16.40%。

6个国家(地区)报告了3年内重新定罪率数据,数值介于25.20%~43.80%,由高至低依次为美国(俄勒冈)(43.80%)、德国(39%)、瑞典(38.10%)、爱尔兰(36.40%)、智利(27.70%)和法国(25.20%)。现有资料中,只有法国报告了2004年社区矫正解矫人员5年内重新定罪率数据,为34.30%。

(三)重新犯罪率数据比较

鉴于国外监狱释放人员和社区矫正解矫人员的重新犯罪率主要以2年内数据为主,我们主要选取2年内的重新犯罪率进行比较。

1.监狱释放人员重新逮捕率、重新定罪率和重新监禁率数据比较选取同一国家、相同释放时间的监狱释放人员的2年内重新逮捕率、重新定罪率和重新监禁率数据进行比较(见表6)。

表6 监狱释放人员2年内重新定罪率、重新逮捕率和重新监禁率数据比较

序号	国家(地区)	监狱释放年份/年	人数/人	2年内		
				重新逮捕率/%	重新定罪率/%	重新监禁率/%
1	新西兰	2015~2016	—	—	61	43
2	加拿大(魁北克)	2007~2008	9483	—	55	43
3	澳大利亚	2014~2015	—	—	53	45
4	美国	2005~2010	—	—	36	29
5	美国(俄勒冈)	2014	4357	51	36	14
6	爱沙尼亚	2013~2014	—	59	35	—

注:以2年内重新定罪率由高向低进行排列。

由表6可知,美国俄勒冈州2014年监狱释放人员2年内重新逮捕率、重新定罪率、重新监禁率分别为51%、36%、14%,这一特点符合一般常识,即重新逮捕率通常大于重新定罪率,重新定罪率大于重新监禁率,因为被逮捕人员不一定被定罪,被定罪人员不一定被监禁。

2. 监狱释放人员和社区矫正解矫人员重新定罪率数据比较

选取同一国家(地区)、相同释放/解矫时间的监狱释放/社矫解矫人员的2年内重新定罪率数据进行比较(见表7)。

表7 监狱释放人员和社区矫正解矫人员2年内重新定罪率数据比较

国家(地区)	释放/解矫年份/年	监狱释放		社区矫正解矫	
		人数/人	2年内重新定罪率/%	人数/人	2年内重新定罪率/%
丹麦	2013	3904	63	6501	38.10
加拿大(魁北克)	2007~2008	9483	55	4851	25.00
法国	2004	78,580	40	241,996	18.10
芬兰	2005	4507	36	3767	25.60
冰岛	2005	—	27	73	16.40
挪威	2005	8788	20	2839	19.80

注:以2年内重新定罪率由高向低进行排列。

由表 7 可知,丹麦 2013 年监狱释放人员 2 年内重新定罪率 63%,同年社区矫正解矫人员的重新犯罪率为 38.10%,远低于监狱释放人员重新定罪率。这一规律也符合社区矫正解矫人员重新犯罪率通常低于监狱释放人员的常识,因为相比于监狱服刑人员,社区矫正人员多为社会危害性较低的罪犯,其重新犯罪的可能性更低。

3. 国内外重新犯罪率数据比较

为尽可能提高国内外重新犯罪率数据的可比性,基于已有数据资料,[1]选取我国和部分国家释放时间为 1997～2016 年的监狱释放人员的 1～5 年内重新定罪率数据进行了比较(见表 8)。

由表 8 可知,我国 1997～2001 年监狱释放人员 1 年内重新犯罪率为 3.94%,日本为 7.7%,其他国家(地区)1 年内重新犯罪率均在 15% 以上;我国 2 年内重新犯罪率为 6.46%,远低于国外监狱释放人员 2 年内重新定罪率数据的最小值(20%);我国 3 年内重新犯罪率为 8.15%,其次为韩国 25.2%(2011～2016 年韩国监狱释放人员 3 年内重新犯罪率均介于 21%～26%),其他国家(地区)的重新犯罪率都高于 30%;我国 5 年内重新犯罪率仅为 10.32%,远远低于国外的数据。这表明,我国重新犯罪率数据处于全球较低水平。需要指出的是,国内外在重新犯罪的统计标准和口径方面存在一些差异,比如,在我国,刑满释放人员受到行政处罚不作为重新犯罪的范围,而在许多国家属于重新犯罪的范畴,这些差异很可能会对重新犯罪率数据产生一定程度的影响。

表 8 我国和部分国家监狱释放人员重新犯罪率数据比较

国家(地区)	重新犯罪率/%				
	1 年内	2 年内	3 年内	4 年内	5 年内
美国	23	36	45	51	55
加拿大(魁北克)	—	55	—	—	—
法国	26	40	48	54	58
奥地利	15	26	32	36	—
德国	—	—	48	—	—

[1] 参见司法部预防犯罪研究所课题组:《关于监狱释放罪犯重新犯罪问题的调查报告:对全国 1997—2001 年监狱释放罪犯重新犯罪的考察》,载《犯罪与改造研究》2019 年第 5 期。

续表

国家(地区)	重新犯罪率/%				
	1年内	2年内	3年内	4年内	5年内
瑞典	51	61	65	—	—
荷兰	35	46	—	—	—
英国(英格兰/威尔士)	46	59	66	70	—
爱尔兰	—	—	51	—	—
丹麦	51	63	—	—	—
爱沙尼亚	16	35	—	—	—
芬兰	—	36	—	—	—
冰岛	—	27	—	—	—
挪威	—	20	—	—	—
拉脱维亚	—	50(29个月)	—	—	—
澳大利亚	—	53	—	—	—
新西兰	46	61	—	—	72
智利	—	39	—	—	—
新加坡	—	27	—	—	—
日本	7.7	27.2	38.2	44.1	47.9
韩国	—	—	25.2	—	—
中国	3.94	6.46	8.15	9.44	10.32

注:1. 重新犯罪率统计以重新定罪率为标准;日本、韩国为重新监禁率,其中日本数据不含假释人员。
2. 监狱释放时间:国外为2000~2016年,中国为1997~2001年。

二、相关思考

(一)充分认识开展重新犯罪问题调查的重要性

开展包括重新犯罪率统计在内的重新犯罪问题调查是科学有效预防和减少重新犯罪的基础性工作,可以帮助我们摸清重新犯罪的底数,把握重新犯罪的原因和规律,提升国家治理能力现代化水平,维护国家安全和社会稳定。近年来,国外重新犯罪问题调查研究受到越来越多的关注,有些国家进行了本国范围内重新犯罪问题调查,但是,迄今为止,全球范围内并没有开展统一的重新犯罪调查,很多国家仍没有重新犯罪的调查研究,这导致重新犯罪相关数据匮乏,为重新犯罪的治理与国际合作带来了困难。因此,必须提高对重新犯罪问题调查的思想认识,完善重新犯罪问题调查系统,充分认识开展重新犯罪问题调查的重要性。“联合国层面也表示会加强关注会员国开展重新犯罪调查研究情况,鼓励良好实践的推广,积极发挥重新犯罪统计和调查研究对于完善各国刑事司法和社会政策、改进刑罚执行和罪犯改造工作的促进作用。”[1]

(二)统一重新犯罪问题调查的相关标准

从上述国外重新犯罪率数据中我们可以看到,不同国家的重新犯罪率存在较大差异,除了不同国家的经济社会环境不同、犯罪治理水平不同,不同国家(地区)的重新犯罪统计标准口径的不同也是造成重新犯罪率存在较大差异的一个重要原因,如监狱释放人员的重新定罪率,瑞典2年重新定罪率(43%)明显低于英国(英格兰/威尔士)的59%,但是英国(英格兰/威尔士)的定罪准入指标中包括罚款,而瑞典的指标中不包括罚款;社区矫正解矫人员中,丹麦的数据针对的是20岁以上的罪犯,爱尔兰共和国的数据不包括性犯罪,这些不同的重新犯罪准入标准使得不同国家(地区)的重新犯罪率数据之间的可比性降低,单纯比较不同国家(地区)报告的重新犯罪率数据意义可能不大。此外,国外重新犯罪率衡量标准主要有重新逮捕率、重新定罪率、重新监禁率,其中重新定罪率为最常用的衡量标准,统计的对象主体不仅有监狱释放人员,还包括社区矫正解矫人员。因此,在对重新犯罪率数据进行比较时,应首先确定重新犯罪率采用的是哪一个衡量标准,被统计人员是哪一类人群,如美国俄勒冈州2014年监狱释放人员2年内重新逮捕率、重新定罪率、重新监禁率分别为51%、36%、14%,2014年社区矫正解矫人员2年内重新定罪率为38.40%,不同人群采用不同衡量标准也存在较大差异。为提高重新犯罪调查数据的国际可比性,加强重新犯罪调查之间的国际合作,明确重新犯罪的统计标准,对各种犯罪类别进行统一的划分十分必要。同时,我国重新犯罪问题调查也可以借鉴国外有益经验,采用重新逮捕率、重新定罪率、重新监禁率三个衡量标准的形式,并且可以将统计人员扩大到看守所释放人员、社区矫正解矫人员和监狱释放人员,以了解掌握更为全面的全口径重新犯罪率数据,进而为制定完善更具针对性的犯罪治理制度措施提供支撑。

---

[1] 葛向伟、周勇:《国外重新犯罪调查研究的新进展及思考》,载《中国监狱学刊》2020年第5期。

(三)深化重新犯罪问题调查研究

已收集的国外重新犯罪数据主要是对监狱释放群体或社区矫正解矫人群的整体重新犯罪率进行计算,单一的数据难以全面概括重新犯罪状况。因此,应不断深化重新犯罪问题调查研究。首先,当前重新犯罪率数据缺乏对特定罪犯人群的重新犯罪率和重新犯罪模式的探讨,如不同性别、不同年龄、不同犯罪类型、不同刑期等罪犯人群的重新犯罪情况是否存在差异都值得更深入细致地研究,以便制定更具针对性的重新犯罪治理措施;其次,从已收集到的国外重新犯罪率数据可知,大部分国家(地区)调查的是2年或3年内的重新犯罪率,有少数国家进行了5年内的重新犯罪率跟踪调查,仅有美国(联邦)、英国(英格兰/威尔士)和日本开展了释放后长时间(分别为9年、9年和20年)的重新犯罪率统计。由于相关政策、研究需求、人力物力资源等不同,不同国家可以选择不同跟踪时长,但是相较于较短时间的跟踪期,较长时间的跟踪期显然有助于获得更多的犯罪率数据,进而探索和揭示重新犯罪的原因与规律,因此,在有条件的情况下,应建立重新犯罪调查的长效机制,以实现对重新犯罪的长时间跟踪监测和分析。

日本的再犯状况分析及其借鉴

葛向伟*

一、日本的再犯概况

(一)相关概念的界定

首先,我们介绍一下本文对于初犯、再犯、犯罪记录、再犯期间这几个概念的界定。

本文将是否有犯罪记录作为区分初犯与再犯的基准。所谓“初犯”,意味着受到了一次有罪判决的人。一方面,只是没有确定判决的记录,而在警察、检察阶段被处理的次数(被撤销案件、不予立案或者不起诉等)不包含在内;另一方面,初犯犯了新的犯罪,如果裁判的结果登载于犯罪记录之中,就成立再犯。也就是说,所谓“再犯”,是指受到了两次以上的有罪判决的人。这样的“犯罪记录”意味着前科,也就是关于有罪的确定判决的记录,而“犯罪记录的件数”,按照每一个确定的判决是一个犯罪记录来算。其结果就是,“总的犯罪记录数”意味着一个人的犯罪记录的合计数,而不是实际触犯刑罚法规的总次数。在司法实践之中,一次犯罪记录的内容虽然触犯了数个罪名,但在一次裁判中按照最重法定刑的罪名作一罪处理时,按照一次犯罪记录、一个罪名来加以分析。

作为重要的分析手段的“再犯期间”,是指犯罪者从人身被释放等产生了可能再次犯罪的时点(起算点),到针对接下来的犯罪(再犯)的判决下达的日子(终结点),这之间的期间。原本,将实际上再次犯罪的时点作为终结点可能更为理想,但是为了把握再次实施犯罪的时点却要受到技术上的多种因素的限制,最终,只能是退而求其次,以针对再次犯罪作出第一审判决的时间作为再犯

---

* 葛向伟,时任司法部预防犯罪研究所国外犯罪与刑事司法研究室助理研究员。原文载《犯罪与改造研究》2011 年第 9 期。

期间的近似值;而在裁判生效时,再将再犯期间进一步延长。

(二)日本的再犯概况

犯罪内容本身的重要性姑且不论,比如说,一个人若是犯了3次罪的话,较之一生中只犯了一次罪的人来说,前者对社会的不良影响是后者的3倍。因此,研究初犯者和再犯者之间的构成比,以及这在犯罪的件数上的影响,是宏观层面上犯罪对策的第一步。

以100万人的初犯、再犯的混合的犯罪记录为对象分析发现,初犯与再犯的人数比是7∶3,但是初犯与再犯所犯的犯罪记录的件数之比则发生了逆转,变成了4∶6。这就意味着,人数比不过占3成的犯罪者却犯下了6成的犯罪。在欧美诸国也能看到同样趋势的数据。

对上述犯罪人的犯罪记录的件数分析看出,71.1%的初犯者犯了42.3%的犯罪,14.9%的2犯(2次犯罪记录)者犯了17.7%的犯罪,6犯(6次犯罪记录)以上的人(3.4%)犯了将近2成(17.3%)的犯罪,10犯以上的人(6.4%)犯了0.8%的犯罪。虽然在数量上属于少数,但对于这些多次犯罪的人,与其他国家一样,讲求特别的再犯防治对策是有效果的。在这些再犯者之中,存在同种犯行的累犯者和多种多方向的再犯者的区分。此外,再次实施犯罪时期,再犯的模式,再犯期间的长短等,也是各种各样的,具体后述。

对上述犯罪对象的具体罪名与案件数之构成比的分析显示,粗暴罪(伤害罪以及暴行罪的合计23.7%)、盗窃罪(15.8%)以及兴奋剂取缔法违反罪(5.1%)排在前三位。按时间纵向分析的话,从1950年到2005年,数量最多的罪名,按照宣告刑来看,大概每10年为基准,成为自由刑对象的罪名,盗窃一贯是第一位的,在1980年以后,兴奋剂取缔法违反罪、伤害罪以及诈骗罪分别占据了第二位到第四位,成为财产刑的对象的罪名,除了伤害罪一贯地占据了第一位、暴行罪在第二位到第四位之间滑动,罪名顺序的更替非常剧烈,看不到像被宣告了自由行的犯罪那样的倾向。这对于从量的观点上识别具有防范重要性的犯罪来说,是非常重要的数据。

二、日本再犯状况的具体分析

这里,首先,分析再犯较多的犯罪与数量较多的犯罪之间的关系,考察再犯期间短的犯罪。其次,转到对犯罪主体之属性的分析。再次,观察犯罪最多的年龄层的特征。最后,分析多数回再犯。

(一)同种再犯多的犯罪

一方面,如能强化针对同种再犯多的犯罪的对策,就能在较早的阶段防止从初犯到两次以上犯罪的演进。而且,由于是同种犯罪的再犯,作为有特定犯罪倾向的人来说,对其实施特定化的处遇也是富有效果的。对此,以对于再犯的状况能够进行更为精密的分析的包括初犯、再犯之混合犯罪记录的70万人为对象,以第一次犯罪的罪名为基准,对于此后的再犯的有无以及罪名进行观察,就同种再犯率而言,第一次犯罪罪名为兴奋剂取缔法违反罪的人最高(29.1%),此后是盗窃罪的28.9%以及伤害罪、暴行罪的21.1%。也就是说,在前面量的分析中排在最前面的三种犯罪,同种再犯率也都很高。

另一方面,社会的关心指向了重大犯罪的同种再犯率。对于这些重大犯罪予以分类,将抢劫(不包括事后抢劫、抢劫致死伤以及抢劫强奸、抢劫强奸致死)、强奸、放火、杀人作为第一次犯罪的犯罪人的同种再犯率,不过分别是2.0%、3.0%、3.8%和0.9%。

对于备受关注的性犯罪(强奸罪、强制猥亵罪以及抢劫强奸罪),同样以70万人的犯罪记录为对象,第一次犯罪为性犯者(10,898人)的同种再犯率是5.1%。第一次是性犯罪,此后又反复地两次以上再犯性犯罪的人,在这10,898人中仅有107人,占初犯为性犯罪者的0.98%。看一下这些反复实施的性犯罪者的犯罪记录的话,虽说也有只反复实施了性犯罪的人,但又犯了性犯罪之外的其他犯罪的人也还是很多的。考虑到性犯罪的严重结果,不能因为性犯罪之再犯的绝对数以及构成比等较低,就得出不必要讲求性犯罪的再犯防止对策的结论。[1] 但是,与性犯罪者的"同种"再犯率是"一般地高"这样的说法不同,对于性犯罪的再犯防止而言,应该根据客观的根据来讲求其犯罪对策。美国的联邦司法部的性犯罪管理中心,为了消除一般人的误解,分发了题为《关于性犯罪者的神话与现实》的小册子,指出"几乎所有的性犯罪者都会再犯"是神话,而再犯数据显示,那并不是事实。美国的司法部用实证的数据进行了易于理解的解说。[2] 即便是参考欧美的多个实证研究,性犯罪者的一般的同种再犯的倾向

---

〔1〕 日本法务省从2006年开始,在监禁设施之内以及在社会处遇之中,基于认知行动疗法,而开始了对于性犯罪者的处遇程序。

〔2〕 See Center for Sex Offender Management (CSOM), *Myths and Facts about Sex Offenders*, US Department of Justice, 2000.

也是一样的,日本的数据也没有什么特别的地方。[1]

(二)不同罪种的再犯期间

根据对于不同罪种的再犯期间的长短的分析,能够发现对于什么样的犯罪人,在何种时期,采取再犯防治对策是有效果的。如前所述,从初犯开始到占据14.9%的2次犯罪者的再犯防治对策是最基本的,由此,我们就以第一次犯罪的罪名为基准,介绍其直到第二次犯罪(罪名不论)的再犯期间。最短的风俗经营适正化法违反排在最先,第一次犯盗窃罪、兴奋剂取缔法违反罪的人紧随其后,这三种罪的犯罪者在6个月以内的再犯率分别为21.1%、14.4%和11.0%。再观察同种犯罪的反复状况发现,风俗经营适正化法违反仍排在首位。盗窃罪与兴奋剂取缔法违反罪这两种罪的犯罪者到第二次犯罪所用的时间都比较短,3成左右的人在1年之内犯了相同的罪。此外,第一次实施伤害罪、暴行罪之犯罪的人,虽然再犯期间在2年以内的人占了不到40%,而再犯期间在5年以上的,也占了35%左右。如前所述,要是考虑到这个期间也包括了从再次犯罪而被检举经过裁判的程序直到有罪宣告的时间的话,比如,在1年以内的再犯情况,可以推测出实际上的再犯期间是极其短暂的。所以说,从人身一获得自由开始就有必要成为相关机关的处遇对策的对象,但是,如后所述,在现行制度上,却存在很多制约要素。

(三)不同年龄层的犯罪倾向

在犯罪主体属性中,最为基本的就是性别和年龄了。在观察长时间的倾向的基础上,对于本研究对象的数据的限制最少的就是年龄,接下来就以此为焦点展开。年龄,是再犯预测因子的一个代表项目,在各国的研究中,也被证实了其在实证研究中的有效性,作为对于再犯预测评价基准中一个重要的要素而被采用。

从年龄与犯罪倾向之间的关系来看,就不同年龄的单位人口的犯罪率(比如说,每1000人中的犯罪者率)来说存在"年龄犯罪曲线",不论国家和地域,从青春期早期开始上升的不同年龄的单位人口犯罪率,大概在青春期中期(16~17岁)到达顶峰,以后则逐渐呈现出减少的倾向。[2]

在此,以100万人的初犯、再犯的混合犯罪经历为对象,从1985年到2000

〔1〕 参见染田惠:『犯罪者の社会内処遇の探求処遇の多様化と修復的司法』(成文堂,2006年)499頁。

〔2〕 参见森丈弓、津富宏「年齢犯罪曲線に対するMoffit仮説とGeneral Theory of Crimeの検証」犯罪心理学研究44卷2号(2007年)。

年，以5年为一个周期，第一次犯罪者5年之内的犯罪率，按照第一次犯罪时的不同的裁判时年龄层进行了常年的比较。其结果是，在所有的年度中，20～30岁前半段（20～24岁）的人5年之内的再犯率大概占到25%，与其他的年龄层相比相当之高，20～30岁后半段（25～29岁）的人则次之。这显示了，就成人而言，犯罪倾向最高的是20～30岁前半段的人，以后随着年龄的增长出现了犯罪倾向减少的趋势，除去未成年人之后的不同年龄层的犯罪倾向，与年龄—犯罪曲线显示了同样的倾向。

1. 年轻人（20～30岁）

就再犯者的犯罪经历开始的时期，成人以后按照时间的序列，对于什么时候犯了第一次罪，以50万人的再犯者的犯罪记录为对象加以分析。针对从1986年到2005年第一次实施了犯罪的人，观察该人第一次犯罪的裁判时的年龄，20～30岁前半段的人有42.9%、20～30岁后半段的人有19.0%，年轻人占了约60%。

那么，这些年轻人在以后的生涯之中会反复实施犯罪吗？对于裁判时不同年龄层次的初犯者的再犯倾向而言，以70万人的初犯、再犯的混合犯罪记录为对象加以分析，可以看出，20～30岁前半段第一次犯罪的人中的41.0%、20～30岁后半段第一次犯罪者中的28.2%在首次犯罪之后再次犯罪，与其他的年龄层相比，初次犯罪之后第二次以上犯罪的可能性“再犯率”要高一些。

与这一点相关，存在这样的疑问，年轻人由于平均余年更长故而再犯的机会更多，要是比较一下一定期间所累积的犯罪记录数的话，年轻人较之年长者，其再犯率会不会要稍高一些呢？

在此，利用精确度更高的35万人的再犯者犯罪记录，以1950年开始50年所累积的犯罪记录数为对象，以每10年为一个区间加以区分，在各个区间内犯了第一次犯罪的人，此后至基准日（2006年9月30日）为止总共又犯了多少次犯罪，按照初次犯罪时的不同年龄，进行了分析。具体来说，就是对①20世纪50年代（1950～1959年）、②20世纪60年代（1960～1969年）、③20世纪70年代（1970～1979年）、④20世纪80年代（1980～1989年）、⑤20世纪90年代（1990～1999年）的各个10年，第一次犯罪的人，到基准日为准分别犯了几次罪进行了分析。就是说，在从①到⑤的全部期间中，在各个期间中第一次犯罪的人中，20～30岁前半段的人中的几乎一半都犯了3次以上的犯罪，这一点得到了确认（从①到④，从56.6%～57.6%，⑤则是49.3%。就⑤来说，之所以比率比较低，是因为受到了初犯后的跟踪时间最短的情况下只有大约6年的影响）。

如果平均余年的长度影响再犯率的话,那么在①的期间中犯了第一次罪的年轻人要比在④的期间中犯了第一次罪的年轻人平均年长 30 岁以上,其再犯率一定会更高。但是,分析的结果是,从①到④的期间,作为年轻人初犯者最后犯了 3 次以上犯罪的人的比率没有什么变化。可以认为,这意味着平均余年的长度与再犯率之间不具关联性,年纪轻轻就开始犯罪的人,成为 3 次犯罪以上的累犯者的比率较之其他年龄层要高。顺带指出另外一个项目,贯穿从①到⑤的期间,20~30 岁后半段的人后来发展到 3 次犯罪以上的比率,与 20~30 岁前半段的人相比大概低了 10 个百分点,以后,每随着年龄的增长,这一比率会随之更低。

再者,在这些 20~30 岁前半段的人中,有多大比率的人会犯 10 次以上的犯罪,成为"多数回再犯者"呢?按照前述不同的 5 个期间进行了观察。结果是,从①到③的期间中,几乎是确定的,4.6%~4.9% 的人犯了 10 次以上的犯罪(④之后的期间,由于跟踪期间的关系,犯多数回的犯罪是困难的,所以其比率也就降低了)。这意味着,Moffitt 的假设中所看到的生涯持续型的犯罪者(life course persistent),在日本也存在一定的比率。

2. 高龄者(65 岁以上)

就前述的再犯率的验证来说,与年轻人不同,高龄犯罪者由于年事已高,有 1 次犯罪经历的人的再犯率比较低。但是,高龄犯罪者的问题是,若进行年龄层与再犯期间的坐标分析的话,呈现为再犯期间最短的一个群体,要是把 1989 年作为 100 的话,2006 年就到了 704.2(约 7 倍),而此期间高龄者人口的变化率到 185.9(还不到两倍而已),作这样的比较的话,可以说高龄犯罪者的变化呈现了极高的增长率。这一点反映在高龄的受刑者的人数、假释者的人数、保护观察及执行犹豫者的人数上,各项数字近年来都体现了一贯增加的趋势。

就再犯期间而言,以 70 万人的初犯、再犯的混合犯罪记录者为对象、根据第一次犯罪时的不同年龄层次来观察其达至第二次犯罪时的再犯期间,高龄者中的约 3/4 者在 2 年之内再次犯罪,特别是,与其他的年龄层相比,在 6 个月到 1 年的期间内再次犯罪者的比率达到了 31.1%,若是加上 6 个月之内的再犯者,就会有大约一半的人在 1 年之内会再次犯罪。这意味着,高龄者的再犯率本身虽然比较低,但就其中的再犯者来说,其再犯期间是极短的(可谓"只争朝夕"),与前述的再犯期间很短的罪名的犯罪者一样,从由于释放等而产生了再犯可能性的时点开始,在这个有着很高的再犯危险性的期间之内,有必要进行重点的处遇。

(四)多数次的再犯者

多数次的再犯者(具有10次以上犯罪经历的人),在各国也会成为特别的对策的对象。在日本,不仅如此,多数次再犯者的高龄化也成为问题。以50万具有再犯经历的人为对象,对于多数次再犯者的年龄构成的长年变化加以观察,会发现在1991年时,按照多少之顺序,裁判时年龄在40多岁的有41.3%,50多岁的有36.2%,30多岁的有11.1%。而在2005年,相应的数据逆转成了50多岁的占41.2%、60多岁的占32.8%,40多岁的占15.3%,特别是30多岁的比率为3.1%,下降到了1991年的1/3;50岁以上者的比率逐年上升,特别是高龄者(65岁以上者)所占的比率急速增高,持续地更新了过去最高的记录(20.3%,2005年)。这里要是加上55岁以上64岁以下的人的话,则多数次再犯者中的64.4%被中、高龄者所占据了。

三、思考与借鉴

第一,就基本概念来说,首先,初犯、再犯以及累犯的概念值得提及。不过,累犯主要是规范刑法学的概念(因为犯罪被判处一定的刑罚、刑罚执行完毕或者赦免之后在特定期间又犯应当被判处特定刑罚之罪的,属于累犯),其概念外延要窄于再犯(再次犯罪)。不过,对于何谓再犯,也可能存在不同的理解。在将再犯理解为再次"犯罪"而"任何人未经人民法院生效判决不能被认定为有罪"的意义上,将再犯理解为已经经过生效判决被确定为有罪,之后再次经生效判决确定为有罪(犯罪记录为两次或者两次以上),而将在警察、检察阶段被处理的违法案件排除在外。日本对于再犯的界定和我国学界及司法实务部门对于再犯(也可称为重新犯罪)的理解是一致的,也是值得肯定的。其次,再犯期间的概念也值得重视。对再犯期间可能有不同的理解,比如从现象学的角度看,从第一次实施犯罪行为到再一次实施犯罪行为(同种或者异种)的期间,就是再犯期间;如果从经生效判决才能确定为"犯罪"的规范学的意义上,也可能将从经生效判决被确定为有罪开始,到再次实施犯罪并被确定为有罪所经过的期间称为再犯期间;从犯罪预防学的角度上,再犯期间则经常被理解为从人身被释放等产生了可能再次犯罪的时点到针对此后的新犯罪确定有罪判决所经过的期间。前文中关于日本的犯罪期间的理解,是从上述第三种意义上,即从犯罪预防的角度来展开的。中国关于重新犯罪问题的统计和研究,必定也涉及对于"再犯期间"这一分析视角的引入,而在此之前,首先明确再犯期间的含义是非常必要的。从研究重新犯罪的目的在于减少重新犯罪的政策视野出发,本文将再犯期间理解为从获得自由、可能再犯的时点直到新的犯罪被认定为犯罪的时点所经过的期间。这样的理解是符合统计“再犯率”(重新犯罪率)的宗旨的,这样的概念界定值得肯定。

第二,就研究方法来说,针对预防犯罪、减少再犯(减少重新犯罪)这一政策课题来说,虽然抽象的思辨和纯粹的规范研究也是必要的,但是,实证的和统计的分析是必不可少的,甚至是更为重要的。比如初犯者和再犯者的人数比例,初犯者与再犯者所犯的犯罪件数的比例等,就是两个非常关键的指标。尽管中国不像日本那样具备完备的司法统计制度,因此在全国范围内统计所有犯罪人中初犯者与再犯者之间的构成比以及犯罪件数比会有较大的困难,但是如能发动各方力量获得这些数字(当然以较为准确为前提),以清楚再犯者在所有犯罪人中的比率以及再犯现象的整体危害性,这对于明确犯罪预防对策的重点所在、对于搞清重新犯罪预防对策的必要性和重要性,具有直观的重大意义。同时,即便全国范围的初犯者与再犯者的构成比及犯罪件数比等重要数据的获得可能存在困难,但退而求其次,统计某省或者某市或者某几个监狱的相应数字,对于我们掌握中国当前重新犯罪的基本状况也具有重要的样本意义。

第三,犯罪记录的次数(重新犯罪的次数)是研究重新犯罪问题的一个重要指标。对于重新犯罪的研究,不能满足于“又一次犯罪”“再一次犯罪”,而应该具体到“第几次犯罪”的研究。因为导致犯罪的原因很多,其中也包括偶然因素的作用,所以,对于重新犯罪的原因的分析及其预防对策的选择,需要尽可能地剔除其中的偶然因素。而不难理解,越是多次犯罪,其中的偶然因素可能就越少,根源于犯罪者自身的习气、癖好等因素所起的作用可能就越大。所以,对于重新犯罪的次数的统计,并且据此对不同次数的犯罪者分门别类地加以研究,对于多次犯罪者讲求特别的犯罪对策,这是被日本等其他国家证明为行之有效的再犯预防对策。中国的犯罪学界对此的研究可能还有值得完善之处。

日本的再犯预防对策研究及其思考

葛向伟*

一、日本的再犯预防对策研究

(一)对犯罪数量居多、同种罪名再犯也多、且再犯期间较短者的对策研究

1. 兴奋剂取缔法违反者(滥用兴奋剂者,是滥用药物者的一种)。日本的相关研究发现,对于兴奋剂取缔法违反者适用通常的刑罚,预防其再犯的效果是很有限的。2000 年以后,监狱人口持续呈过度拥挤状态,在所有的监狱服刑人员中,每年约有 20% 的新收男罪犯和 30% ~40% 的新收女罪犯都是兴奋剂取缔法违反者。研究分析表明,随着犯罪次数的增加,药物滥用者被判处的刑罚随之加重,再犯期间也随着变短。适用缓刑也未能防止其再犯,而是加速了滥用兴奋剂的恶性循环,最终达到依赖药物的程度。

日本学者认为,有必要考虑刑罚之外的对于药物依赖症的对策。在欧美以及亚洲各国,已然直面这一问题,有多种方法已产生效果。不同的国家、地域的法律规定和具体计划的内容各有不同,但其共通点是,依据法律规定的强制方法,对于药物依赖者予以特殊的处遇。在欧美国家,有社会内命令、保护观察命令规定的遵守事项,在亚洲国家,有与暂缓起诉相结合的法官的特别命令等强制处遇计划。关于上述计划的实施场所,有的是固定在专门的治疗设施内进行,有的是多次往来于指定的治疗场所进行。目前,日本学者正积极建议在日本法律的框架之内参照欧美国家的情况对于早期药物滥用者适用专门的处遇制度,试图以此减少再犯数量,同时减轻监狱的过剩收容,节约监狱费用。

2. 伤害犯和暴力犯。伤害犯和暴力犯中约有 40% 的人在较短的期间之内

---

* 葛向伟,时任司法部预防犯罪研究所国外犯罪与刑事司法研究室助理研究员。原文载《中国司法》2011 年第 10 期。

再次实施了犯罪。绝大多数伤害犯和暴力犯被处以财产刑,即便被判处自由刑,被执行缓刑的也比较多。具体研究伤害犯的情况发现,初犯者中有9成被判处罚金刑,多次再犯者中也有多数人被科以罚金。随着犯罪次数的增加,即使有少部分人被判处监禁或者适用缓刑,刑罚的加重也没有导致再犯期间拉长的倾向。被科处罚金及单纯适用缓刑的人中有相当一部分人在较短的期间之内会再次犯同样的犯罪(同种再犯)。针对该类犯罪再犯预防上存在的问题,有必要在法律上创设专门的防止暴力计划。日本2008年6月《更生保护法》全面施行,对于被附加了保护观察(社会内处遇的一种,包括假释)的伤害犯和暴力犯导入了基于认知行动疗法的"暴力防止计划"。这种疗法在国外已产生实际作用。实践中,伤害犯和暴力犯的样态、程度、动机等各种各样,有时也会被认定为与喝酒有关,该疗法在日本是否有效,还有待进一步的跟踪调查。

(二)针对再犯率较高的年龄层的对策研究

日本的近期研究认为,有必要充实针对20~24岁的犯罪者的对策措施,主要应当从以下两方面努力:(1)预防其第二次犯罪。首先,对无业者采取相应措施。各国关于无业与再犯之间的关联性的研究成果很多。在2005年日本监狱的新收犯中,二次以上入狱的人在犯罪时无业者占70.6%,二次以上被判处保护观察者中无业者占39.6%。[1] 对年轻人来说,更容易掌握求职所必要知识和技能,让他们有职化(找到工作)将是一项有效的再犯防治对策。该年龄层的人数很多,预防其再犯不但会大大减轻刑事司法系统的负担,也有助于日本社会实现人才培养计划。(2)预防其多次再犯。该年龄层中大约有5%的人有10次以上的犯罪经历,其中,包含着少年时代就犯罪的人和20~24岁才首次犯罪的人。具体研究分析表明,初次犯罪发生在少年时代的人当中,4.7%的人犯了10次以上的罪,显著高于全体的0.8%(对于各年龄层犯罪人的较为全面的统计显示,其中0.8%的人成了10次以上犯罪人)。显然,该年龄层犯罪人特殊的身体、精神状况及其所处的环境等多方面因素影响着其再犯。日本学者认为有必要参考国外对于幼年、少年时期开始的早期介入项目,通过与之相关的多个机关的协同配合,在其多次再犯之前开始犯罪预防工作。

(三)针对再犯期间极短的高龄者(65岁以上)的对策研究

高龄犯罪者在健康、居住场所、职业、金钱以及人际关系等很多方面存在复

[1] 根据日本2007年犯罪白皮书。

杂的问题。高龄者服刑完毕出狱后往往面临着孤立无援的状况,陷入短期之内不得不再犯的窘地之中。高龄刑满释放人员 5 年之内的再入狱率高达 70% 左右,明显高于 64 岁以下的年龄层。高龄犯罪者存在复杂的犯罪类型,需要对之采取更为细密的预防措施。目前的统计数据表明,高龄者所犯罪行中约有一半是盗窃罪。因此,日本研究表明,今后应当强化对高龄犯罪者的福利,并且将高龄犯罪者编入地域社会网络之中,以预防他们由于受到社会孤立等因素的影响而再次实施犯罪。

(四)针对多次再犯者的对策研究

对于少数的多次再犯者,日本 2008 年的《更生保护法》实施之后,对此类犯罪人进行集中指导保护观察就有了法律依据。《更生保护法》强化了一般遵守事项,将其作为法律上的义务,新设了保护对象有接受保护观察官、保护司(官员)的面试的义务以及报告生活状况的义务。此外,日本还导入了国立更生保护设施等的指定居住制度。日本的这种强化的社会内处遇几乎具备了欧美的集中指导保护观察所规定的高密度处遇。值得注意的是,多次再犯者受其本人以及周围的环境中的多重因素影响,这些因素构成了再犯危险性的内容。因此,为了抑制这些人的再犯,单纯地强化指导监督是不够的。研究表明,实践中还有必要强化多个部门的协作,对该类犯罪人的求职、居住等进行综合性支援,通过提高这些人的生活质量追求其生活的安定,以达到预防其再犯的良好效果。

二、日本犯罪对策的研究方向

(一)对再犯者犯罪行为模式相关的对策研究

再犯者有不同的犯罪行为模式,就再犯期间而言,存在集中型(在很短的期间之内反复犯罪)、持续型(在一定期间之内反复犯罪)以及再发型(在年轻时犯了罪之后直到中老年时方才再犯)等。就犯罪经历来说,可以分为早发型(从年轻的时候就反复犯罪)与迟发型(在中老年之后才第一次犯罪,此后反复犯罪)。日本学者的相关研究虽然对于罪种、年龄、再犯期间的关系等进行了分析,但是关于犯罪主体本身,由于数据的限制等因素,未能进行深入的分析。目前,在欧美的犯罪学之中,盛行着关于人为什么停止了犯罪的研究。日本学者也认为有必要在研究犯罪行为模式的同时,对于没有再犯的情况进行明确的研究。

(二)对盗窃犯的防治对策研究

对于盗窃罪有必要进行多侧面的对策防治,但目前日本却没有明确的犯罪对策,实践中按照盗窃罪的不同类型采取相应对策也有难度。盗窃犯中既有职业犯,也有机会犯,其样态、被害的程度等情况,较之伤害犯和暴力犯更多。根据警察厅的统计,在入室盗窃、非入室盗窃、利用交通工具盗窃的基本区分之下,盗窃罪存在各种各样的类型。此外,盗窃不分年龄层,其数量很多。日本的研究表明,就盗窃罪而言,刑事司法机关应当相互协作,运用详细的手法对被害的对象、涉案数额,以及犯罪者的性别、年龄层、其所处环境等犯罪主体的诸属性进行相互关联的分析,来探求从犯罪主体一方抑制犯罪的因素。与此同时,也应注重不同犯罪类型的被害者一方的对策,从加害方、被害方两方,来寻求对于盗窃犯罪的防治对策。

(三)对高龄犯罪者的对策研究

就高龄犯罪者而言,有的是步入高龄之后开始第一次犯罪,有的是年轻时或者中年时就开始反复实施犯罪,有的是断断续续地实施犯罪,其犯罪类型也各不相同。就高龄累犯者而言,盗窃者居多,特别是反复进出监狱者,虽然有的时候是因为生活所迫或者逃避现实而犯罪,但是也可能有其他原因。可以预见高龄累犯者今后还会增加,因此,有必要针对其犯罪类型与犯罪行为模式制定更为详细的犯罪对策方案。在日本现行法律框架之内,对刑满释放者出狱后看护的唯一制度是基于本人申请的更生紧急保护,而该制度难以支援部分高龄犯罪者。因此,日本法务省与厚生劳动省确立了正式的作为省际合作而被制度化的“刑事设施出狱者综合支援就业对策”,创设类似的多机关联合协作的制度框架,创设具有法律根据的新的指导体制,对于强化高龄犯罪者的支援是非常必要的。[1]

三、对日本再犯预防的几点思考

(一)以分类的方法统计犯罪数据是研究重新犯罪的重要视角

在多次犯罪者之中,其所犯的罪行都是哪些?在日本,伤害罪和暴力犯罪、盗窃罪以及兴奋剂取缔法违反罪在再犯者中居多。中国的情况是怎样的?是严重危及人身安全的暴力犯罪居多,还是财产犯罪居多?危害公共安全罪、妨

---

〔1〕 关于日本的再犯预防的问题,参见村井敏邦「犯罪前歴者の再犯防止の課題と展望」犯罪と非行(2008年)第8期。

害社会管理秩序罪等在再犯者中占有怎样的比例？经济犯罪的再犯者是多还是少？职务犯罪是不是（由于其先前的犯罪经历被剥夺了职务）很少有再犯的？这些都需要具体的统计，用数字来说话。在具体的统计数字面前，可能会确认我们先前的某些预断，可能会修正先入为主的某种偏见，在对于重新犯罪者的具体罪名（罪种）的分类比较和辨析之后，作出重新犯罪的预防对策会更有针对性。

同样，在再犯者之中，其原判刑罚（或者前几次所判刑罚）的种类也值得统计。比如，死缓、无期徒刑、罚金刑的重新犯罪率有多少？缓刑犯、拘役犯、管制犯等的再犯率又何如？对于这些数字的统计分析，将使我们对于死缓、无期徒刑这些重刑或者对于缓刑、拘役、管制等轻刑，或者罚金等财产刑的效果有更明确的认识，这对于重新犯罪人量定刑罚、在犯罪的特殊预防和一般预防上将具有重要的参考作用。在这方面，日本的相关研究及其结论，对我国来说具有借鉴意义。

（二）对犯罪主体分析研究是研究重新犯罪率及再犯预防的重要关节点

日本对于再犯罪者（犯罪主体）的研究，主要集中在年龄的视角。研究表明，从不同年龄层所看到的犯罪倾向是不相同的。日本的研究结果表明，20～24岁的人5年之内的再犯率与其他年龄层相比相当之高，25～29岁的人则次之。这说明，就成年人而言，20多岁的年轻人的犯罪倾向是最高的。因此，对于这些年轻人探讨、制定特殊的犯罪预防对策，其中将教育放在重要的位置，是非常重要的。同时，日本的研究表明，65岁以上的高龄者成为再犯者的比率虽然较低，但就其中的再犯者而言，其再犯期间极短。对于这些高龄者，在有很高再犯危险性的期间内，有必要进行重点的处遇。与日本类似，中国也逐渐步入老龄社会，高龄者犯罪的现象也颇为引人注目，其中也存在高龄再犯者。探讨这些人的犯罪规律，对这些人制定相应的再犯预防对策，对于社会的和谐稳定具有重要意义。此外，日本的前述研究虽未涉及未成年人犯罪问题，但是，并不意味着这一问题可以被忽略。目前，中国的未成年人犯罪问题仍然比较突出，探讨研究未成年人犯罪类型、再犯状况，从而制定相应的预防犯罪对策，具有长远的意义。

从犯罪主体的角度展开预防重新犯罪研究，除了可以从年龄角度对犯罪者进行剖析，还有其他的视角，如性别、文化程度、财产状况、家庭状况、有无职业等，这些指标对于全面掌握犯罪者的属性，从而把握犯罪（包括再次犯罪）原因、有针对性地制定预防犯罪的对策，都具有重要的意义。在中国，这样的研究虽然已逐步受到重视，但总体来说还失于粗疏。可以说，这都是中国的犯罪学、刑事政策学关于预防重新犯罪研究的重要关节点。

(三)按照不同的问题探讨不同的犯罪对策

日本的研究表明,针对不同的对象(如针对很容易再犯的年轻人、针对再犯期间极短的年龄层、针对10次以上的多次再犯者),探讨不同的再犯防治对策,避免蜻蜓点水式的“大概齐”“一勺烩”,是非常重要的,这将使犯罪对策更具针对性,更具实效性。当然,针对某一种具体类型的犯罪人来说,也不能指望通过一种具体的犯罪对策就达到预防犯罪的效果。对于犯罪的预防,只能是各种不同犯罪对策综合作用的结果。而德国刑事政策学家李斯特秉持的“最好的社会政策就是最好的刑事政策”,对于重新犯罪者的犯罪预防来说,同样是至理名言。

日本重新犯罪预防法律政策及数据状况

谢晓燕*

2020年，日本法务省综合研修所（research and training institute，ministry of Japan）发布了《犯罪白皮书》，对日本当前社会犯罪情况进行了详尽的阐述，其中，重新犯罪问题是其重要的组成部分。本文对日本《犯罪白皮书》中涉及重新犯罪问题的法律政策、数据状况等内容进行整理和总结，以期为我国重新犯罪治理理论研究和实践决策提供参考。

一、日本重新犯罪预防相关政策与法规

（一）日本重新犯罪预防相关政策

2008年12月，为进一步减少犯罪，提高国民幸福感，犯罪对策阁僚会议制定了"无犯罪社会行动计划2008"，其中，以"构建无犯罪人社会"为重点课题，强调了预防重新犯罪的主题。

2012年7月，犯罪对策阁僚会议制定"预防重犯的综合对策"，通过相关机关之间的合作推进重犯对策的实施。

2013年12月，政府内阁会议上通过"创造世界上最安全的日本"战略，该战略以2020年东京奥运会为目标，提出"推进预防重新犯罪对策"，明确将支持并推进预防重新犯罪对策。

2014年12月，犯罪对策阁僚会议发表宣言"不再犯，不再犯"，该宣言认为违法犯罪人员是社会的一员，是构建和谐社会环境不可或缺的一部分。为保障监狱释放人员的工作和住所问题，宣言提出，将在2020年之前实现两个目标：雇用违法犯罪人员的企业数量增加至现在的3倍（约1500家）；没有住所的监

---

* 谢晓燕，司法部预防犯罪研究所监狱工作研究室助理研究员、博士。本文中所有数据均来自日本2020年度《犯罪白皮书》。

狱释放人员数量减少30%以上(减少至4500人以下)。

2016年7月,犯罪对策阁僚会议提出“预防药物依赖人员和高龄犯罪人员重新犯罪的应对对策”,进一步推进重新犯罪对策。

(二)日本重新犯罪预防相关法规

2016年12月7日,《预防重新犯罪促进法》出台,并于同年12月14日实施。该法规规定了预防重新犯罪的基本理念,明确了国家和地方公共团体的责任和义务,并通过制定预防重新犯罪的基本举措,有序推进,从而预防重新犯罪带来的社会危害,为实现安全的社会环境作出贡献。

2017年12月,根据《预防重新犯罪促进法》,为了继续推进预防重新犯罪的相关举措,内阁会议决定自2018年起的5年期间,由相关省厅负责实施“预防重新犯罪促进计划”,这个促进计划主要有以下5个基本方针:①确保国家、地方公共团体和民间的紧密合作,综合推进防止重犯措施;②在刑事司法程序的所有阶段实施全方位的指导及支援;③充分认识犯罪被害者的存在,让犯罪人理解犯罪的责任和犯罪被害者的心情等,基于自身努力回归社会;④根据犯罪的实际情况、效果验证、调查研究的成果等,实施符合社会环境和条件的有效措施;⑤通过宣传防止重犯的措施,广泛地引起国民的关心和理解。另外,该促进计划包括7个重点课题:①确保就业、居住等;②促进保健医疗和福利服务的利用等;③与学校等合作;④根据犯罪人的特性实施有效的指导等;⑤促进民间合作,推进宣传和启发性活动等;⑥加强与地方公共团体的合作等;⑦相关机构的人力和物力体制的完善等。

(三)日本重新犯罪预防相关政策与法规实施现状

根据宣言“不再犯,不再犯”的要求,2019年,雇用犯罪人员的企业达到1556家,已完成第一个目标(达到1500家);另外,2017年,没有住所的监狱释放人员数量已达到4500人以下,完成第二个目标,并且至2019年,这个数量已由3380人减少至2人。

在《预防重新犯罪促进法》的实施过程中,共有69个地方公共团体[31个都道府县、38个市町村(包括特别区)]制订了地方性预防重新犯罪促进计划。另外,自2018年开始,为促进国家和地方之间的合作,法务省实施了“地方预防重新重犯促进示范项目”,该项目共涉及36个地方公共团体。

综上所述,随着预防重新犯罪相关举措的逐步推进,重新犯罪预防工作已取得较好的成果。但是,约40%的刑满释放人员在2年内的重新犯罪率仍然比假释人员高出两倍以上,因此,2019年12月,犯罪对策阁僚会议提出“预防重新犯罪加速计划”,其中主要致力于3个课题:①加强对刑满释放人员重新犯罪预防对策的推进;②加强与地方公共团体的合作;③促进民间合作者的活动,进一步推进重新犯罪预防工作。

二、日本重新犯罪相关数据

在日本 2020 年《犯罪白皮书》[1]中,日本重新犯罪相关数据呈现主要从重新被逮捕人员、重新被起诉人员和重新被监禁人员三个角度进行描述(文中图表来自日本 2020 年《犯罪白皮书》)。

(一)重新被逮捕人员

重新被逮捕人员是指因触犯刑法再次被逮捕的人员(因违反道路交通法除外);重新逮捕率指这些人数占全部被逮捕人员的比率。

1. 重新逮捕率

如图 1 所示,重新被逮捕人数自 2000 年开始持续增加,到 2008 年到达顶峰,之后逐渐减少;被逮捕的初犯人数自 2000 年开始持续增加,2016 年达到顶峰,之后持续减少,2019 年比 2006 年减少 60.5%。由于被逮捕人员中初犯人数减少的速度远高于再次被逮捕人数减少的速度,因此,重新逮捕率一直持续升高,直到 2019 年比 2018 年稍有下降。

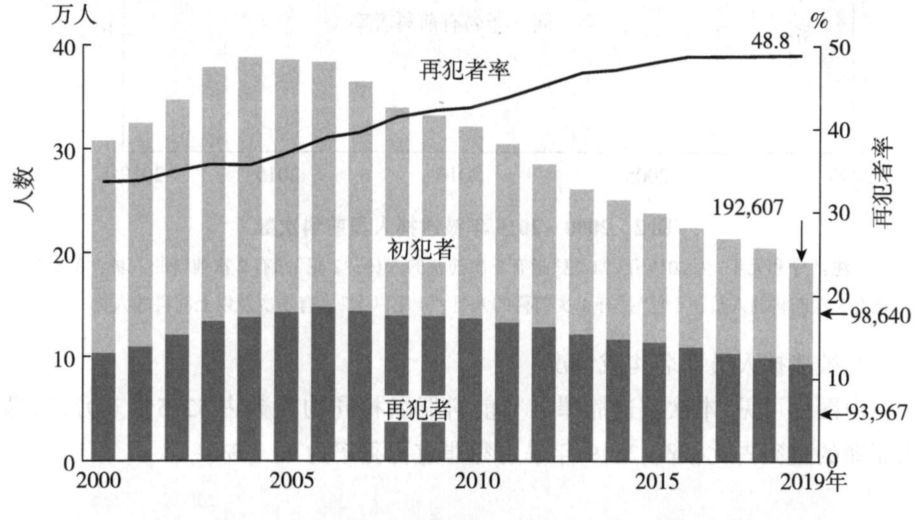

图 1　2000~2019 年触犯刑法被检举重犯人数和重犯率趋势

注:"初犯者"为第一次被逮捕人员;"再犯者"为重新被逮捕人员;"再犯者率"为重新逮捕率。

---

〔1〕 参见日本《犯罪白皮书》(2020 年版),http://hakusyol.moj.go.jp/jp/67/nfm/mokuji.html,2024 年 1 月 29 日访问。

2. 被逮捕人员前科次数

如图 2 所示,被逮捕人员总数持续减少,其中重新被逮捕人员比例自 2000 年以来一直比较稳定。以 2019 年为例,被逮捕人员中,有 1 次前科的人数最多,有 5 次及以上前科人数占 21.7%。

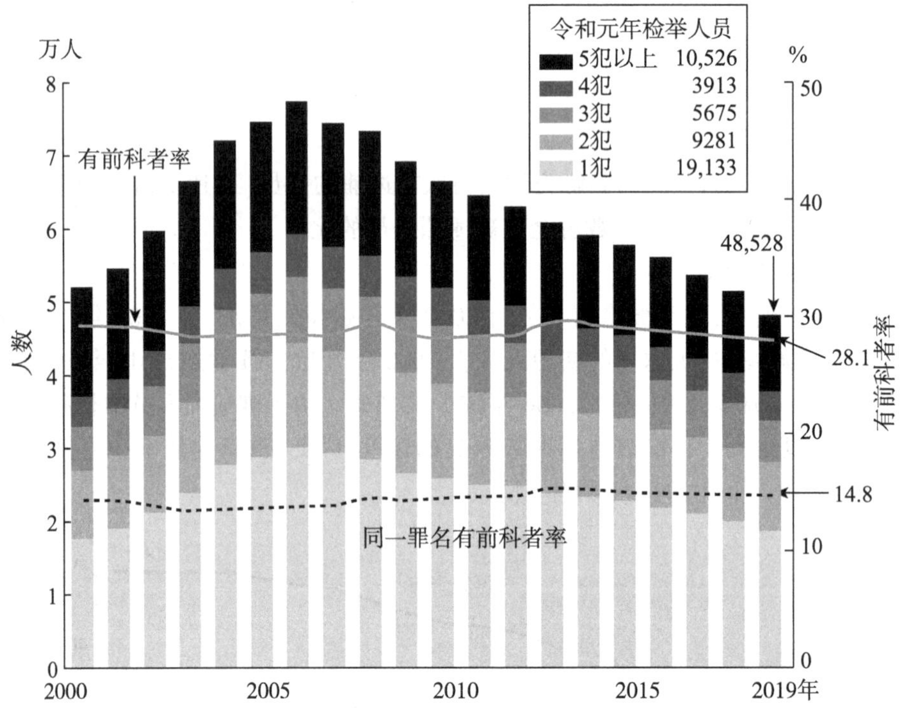

图 2　2000～2019 年被逮捕人员前科次数

注:"令和元年"为 2019 年;"1 犯"指有 1 次前科的人员;"2 犯"指有 2 次前科的人员;"3 犯"指有 3 次前科的人员;"4 犯"指有 4 次前科的人员;"4 犯以上"指有 5 次及以上前科的人员。

3. 被逮捕人员罪名构成情况

由图 3 可见,本次被逮捕罪名与前科罪名相同的人数占 52.5%。另外,暴力犯罪的重犯占比很高,2019 年暴力犯罪重犯犯率为 73.0%。

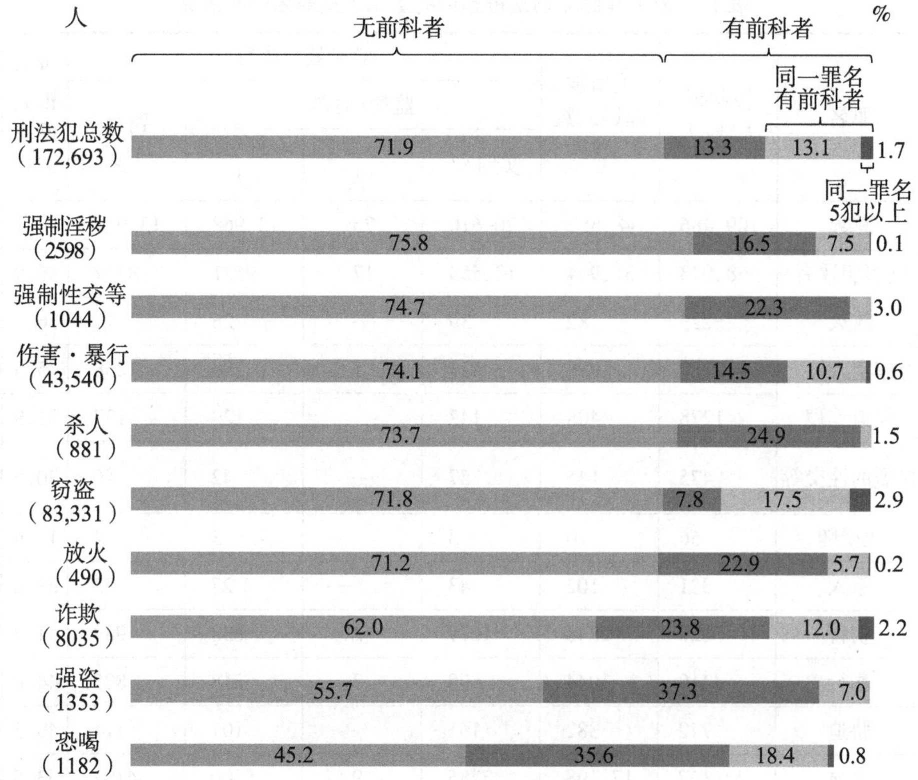

图3　2019年被逮捕人员罪名构成情况

（二）重新被起诉人员

被起诉人员（过失驾驶致人死伤等违反交通规则的人员除外）中重犯人员只限于之前接受罚金以上有罪判决的人。

1. 重新被起诉人员罪名构成情况

如表1所示，2019年触犯刑法被起诉人员共109,486人，其中重新被起诉人数为48,582人，约占全部被起诉人数的44.37%。在重新被起诉人员中，盗窃罪人数最多，为17,198人。

表1　2019年触犯刑法被起诉的重犯人员罪名分布情况

罪名	被起诉人数/人	重新被起诉人数/人	前科处罚内容				重新被起诉率/%
			监禁/刑罚			罚金/日元	
			实刑/人	部分缓刑/人	全部缓刑/人		
总数	109,486	48,582	20,610	75	13,968	13,929	44.4
刑事犯罪者	68,043	31,904	13,559	17	9531	8797	46.9
放火	223	82	39	—	26	17	36.8
住宅入侵	2189	996	457	1	280	258	45.5
强迫淫秽	1278	408	142	—	129	137	31.9
强烈的性交等	475	145	57	—	42	46	30.5
收受贿	56	10	3	—	3	4	17.9
杀人	321	102	43	—	27	32	31.8
伤害	6823	2848	1019	2	838	989	41.7
暴行	4419	1944	598	3	518	825	44.0
胁迫	772	382	161	—	107	114	49.5
盗窃	32,157	17,198	7785	9	5300	4104	53.5
抢劫	606	247	124	—	78	45	40.8
欺诈	7862	2984	1389	2	978	615	38.0
勒索	541	272	145	—	73	54	50.3
侵吞	1341	596	223	—	198	175	44.4
对暴力行为等的惩罚法	642	382	201	—	80	101	59.5
其他	8338	3308	1173	—	854	1281	39.7
除道路交通违法行为以外的特别法罪行	41,443	16,678	7051	58	4437	5132	40.2
公职选拔办法	185	29	4	—	4	21	15.7
轻罪法	1080	331	74	—	72	185	30.6

续表

罪名	被起诉人数/人	重新被起诉人数/人	前科处罚内容				重新被起诉率/%
			监禁/刑罚			罚金/日元	
			实刑/人	部分缓刑/人	全部缓刑/人		
风管理优化方法	939	302	36	—	74	192	32.2
刀枪法	1077	475	219	—	96	160	44.1
预防卖淫法	214	81	24	—	28	29	37.9
儿童福利法	117	29	3	—	14	12	24.8
药品和医疗器械法	125	26	7	—	7	12	20.8
大麻管制法	2863	933	265	2	466	200	32.6
禁毒法	576	164	54	1	73	36	28.5
觉醒剂控制法	9942	7500	5052	48	1980	420	75.4
毒物法律	171	137	64	1	32	40	80.1
其他	24,154	6671	1249	6	1591	3825	27.6

2. 被起诉时的身份状态

2019 年，被起诉时是全部缓刑人员的人数共 6118 人（比 2018 年减少了 190 人），其中 45.9% 为盗窃罪名，被起诉时是保释状态的人数为 285 人（同比增加 27 人）（见表 2）。

表 2　2019 年犯罪时全部缓刑人员、部分缓刑人员、暂时释放人员和假释人员中罪名分布情况

罪名	犯罪时身份状态					
	全部缓刑/人	缓刑期间/人	部分缓刑/人	缓刑期间/人	临时释放/人	保释/人
总数	6518(13.4)	1005	349(0.7)	341	526(1.1)	285
刑事犯罪者	4658(14.6)	735	85(0.3)	83	386(1.2)	141
放火	14(17.1)	6	—	—	2(2.4)	1
住宅入侵	159(16.0)	36	1(0.1)	1	15(1.5)	5
强迫淫秽	53(13.0)	17	—	—	1(0.2)	2

续表

罪名	犯罪时身份状态					
	全部缓刑/人	缓刑期间/人	部分缓刑/人	缓刑期间/人	临时释放/人	保释/人
强烈的性交等	13(9.0)	4	—	—	1(0.7)	1
收受贿	—	—	—	—	—	—
杀人	6(5.9)	3	1(1.0)	1	—	5
伤害	252(8.8)	41	16(0.6)	16	14(0.5)	11
暴行	160(8.2)	25	4(0.2)	4	5(0.3)	3
胁迫	27(7.1)	2	—	—	3(0.8)	1
盗窃	2993(17.4)	476	44(0.3)	43	279(1.6)	79
抢劫	49(19.8)	6	—	—	4(1.6)	1
欺诈	464(15.5)	47	5(0.2)	5	35(1.2)	11
勒索	34(12.5)	9	3(1.1)	3	7(2.6)	4
侵吞	84(14.1)	11	—	—	7(1.2)	2
对暴力行为等的惩罚法	41(10.7)	5	—	—	3(0.8)	4
其他	309(9.3)	47	11(0.3)	10	10(0.3)	11
除道路交通违法行为以外的特别法罪行	1860(11.2)	270	264(1.6)	258	140(0.8)	144
公职选拔办法	1(3.4)	—	—	—	—	—
轻罪法	21(6.3)	7	1(0.3)	1	2(0.6)	—
风管理优化方法	21(7.0)	—	—	—	1(0.3)	—
刀枪法	34(7.2)	7	1(0.2)	1	1(0.2)	1
预防卖淫法	8(9.9)	3	—	—	—	—
儿童福利法	6(20.7)	2	—	—	—	—
药品和医疗器械法	—	—	1(3.8)	1	—	—
大麻管制法	192(20.6)	17	9(1.0)	9	6(0.6)	4

续表

罪名	犯罪时身份状态					
	全部缓刑/人	缓刑期间/人	部分缓刑/人	缓刑期间/人	临时释放/人	保释/人
禁毒法	47(28.7)	4	2(1.2)	1	1(0.6)	1
觉醒剂控制法	1032(13.8)	141	240(3.2)	236	115(1.5)	120
毒物法律	14(10.2)	2	2(1.5)	2	1(0.7)	—
其他	484(7.3)	87	8(0.1)	7	13(0.2)	18

(三)重新被监禁人员

1. 被监禁的初犯人员与重犯人员对比(见图4)

(1)被监禁的初犯和重犯人数变化趋势

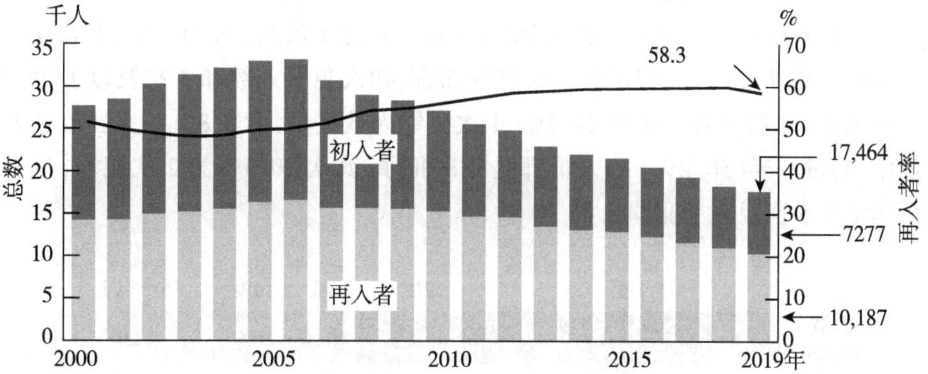

图4 2000~2019年再监禁人数(率)变化

注:"初入者"指第一次被监禁人员;"再入者"指再次被监禁人员;"再入者率"指再监禁率。

因犯罪再次入监人数自2000年起逐年增加,2006年达到顶峰,之后出现下降的趋势,2019年人数为1187人(比2018年减少6.6%)。2004~2016年,再监禁率逐年增加,之后大致维持不变,直到2019年同比下降1.3%,为58.3%。

就女性而言,再次入监人数自1999年起逐年增加,2014年达到顶峰(996人),之后开始减少,2019年为856人(比2018年减少12人)。2019年,女性再监禁率为49.8%,低于男性再监禁率。(见图5)

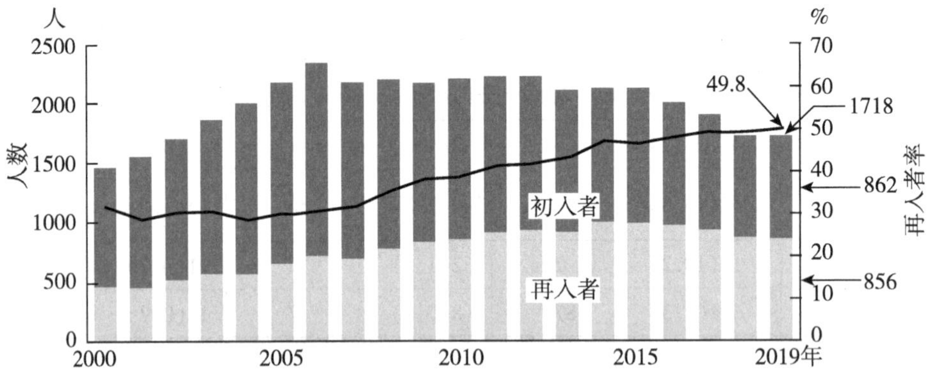

图 5　2000～2019 年女性再监禁人数(率)变化

注:"初入者"指第一次被监禁人员;"再入者"指再次被监禁人员;"再入者率"指再监禁率。

(2)被监禁人员犯罪次数

如图 6 所示,被监禁人员中,初次犯罪人数占比最高,为 41.7%;其次为 5 次及以上犯罪人数,占 22.9%。就男性而言,初次犯罪人数和 5 次及以上犯罪人数最高,分别为 40.7%和 24.2%,4 次犯罪人数最低,为 8.8%。女性监禁人员中,超过一半(50.2%)的人员都是初次犯罪,其次 20.3%为 2 次犯罪,只有 10.9%为 5 次及以上犯罪人员。

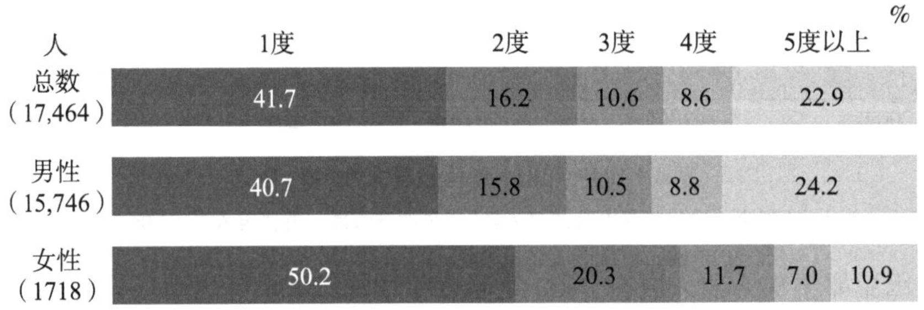

图 6　2019 年不同性别不同监禁次数占比

注:"1 度"指 1 次监禁;"2 度"指 2 次监禁;"3 度"指 3 次监禁;"4 度"指 4 次监禁;"5 度以上"指 5 次及以上监禁。

(3)不同性别被监禁人员职业分布情况

如图 7 所示,不论男性或女性监禁人员,初次被监禁或重新被监禁人员,大部分都是无业状态。

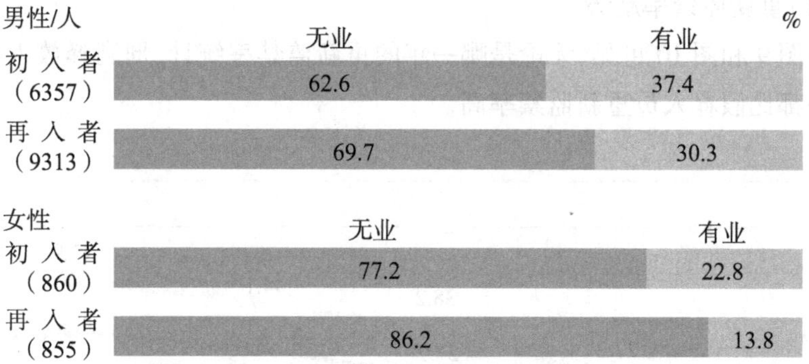

图7　2019年不同性别被监禁人员职业分布情况

注："初入者"指第一次被监禁人员；"再入者"指再次被监禁人员。

（4）不同性别被监禁人员居住情况（见图8）。

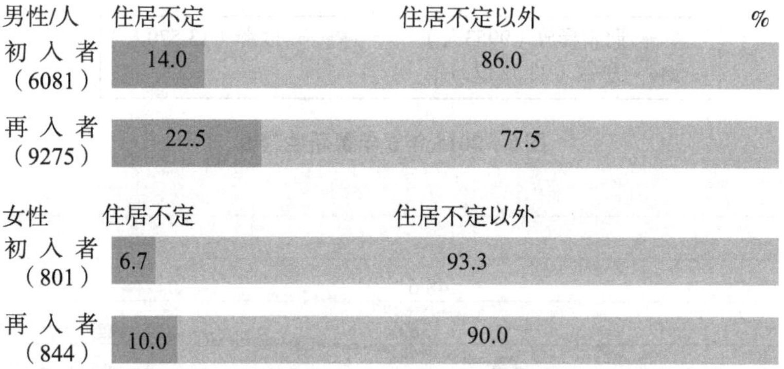

图8　2019年不同性别被监禁人员居住情况

注："初入者"指第一次被监禁人员；"再入者"指再次被监禁人员。

男性监禁人员中，14.0%的初次犯罪人员没有固定住所，重新犯罪人员中22.5%没有固定住所；女性监禁人员中，6.7%的初次犯罪人员没有固定住所，重新犯罪人员中10.0%没有固定住所。

2. 重新被监禁人员

此部分统计的重新被监禁人员是指2015年以前临时释放或刑满释放，或者2016年以后临时释放、刑满释放或判处部分缓刑并已执行完实刑的重新被监禁人员；重新监禁率是指这些人员占全部监禁人员的比率。其中，可以对不同时间间隔内的重新监禁率进行统计，例如，2年内重新监禁率是指出狱第二年年末之前的重新监禁率（出狱年为第一年）。

(1)重新监禁率趋势

由图 9 和图 10 可见,无论是哪一年的重新监禁率统计,刑满释放人员重新监禁率都比假释人员重新监禁率高。

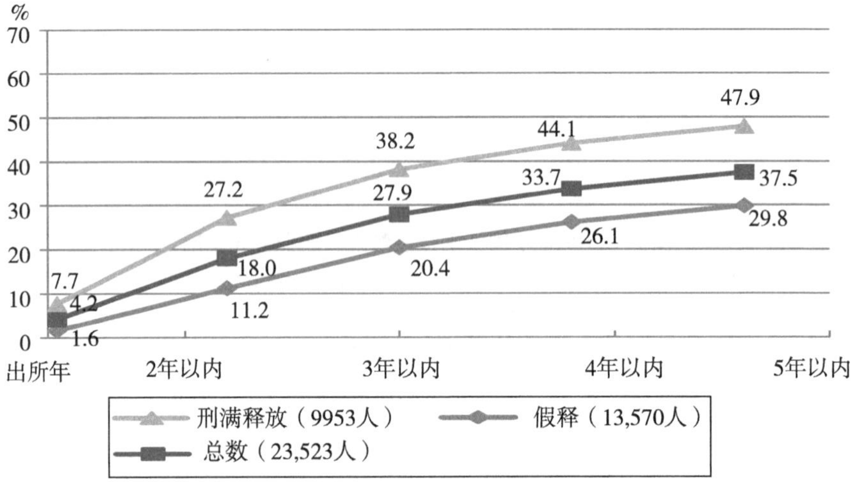

图 9　2015 年 5 年重新监禁率

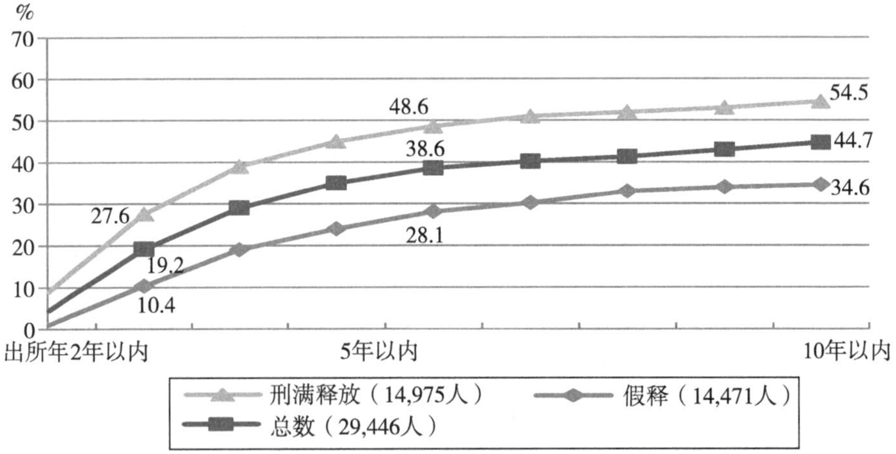

图 10　2010 年 10 年内重新监禁率

2015 年,2 年内总重新监禁率为 18.0%,5 年内为 37.5%,将近 4 成人员都在 5 年内被重新监禁,其中大约一半人员是 2 年内被重新监禁的。

2010 年,刑满释放人员 10 年内重新监禁率为 54.5%,5 年内为 48.6%,也就是说约 9 成的重新被监禁率都发生刑满释放的 5 年内。

另外，日本报告了 1999 年监狱释放人员释放后 20 年内的重新监禁率（见表 3），为已公开数据中最长时间间隔。由表 3 可知，日本 1999 年监狱释放人员释放后 2 年内重新监禁率为 33.94%，5 年内为 59.23%，10 年内为 66.31%，20 年内为 68.4%，可见，在监狱释放后的第 11～20 年内，重新监禁率增长非常平缓，只增加了 2.09%（68.4% －66.31%）。

表 3　日本监狱释放人员 20 年内重新监禁率

单位：%

监狱释放年份	人数/人	时间间隔																			
		1年内	2年内	3年内	4年内	5年内	6年内	7年内	8年内	9年内	10年内	11年内	12年内	13年内	14年内	15年内	16年内	17年内	18年内	19年内	20年内
1999	9870	11.32	33.94	46.85	54.54	59.23	61.79	63.77	65.10	65.73	66.31	66.80	67.04	67.36	67.71	67.96	68.07	68.14	68.25	68.33	68.40

（2）不同前科次数重新监禁率

前科次数越多，重新监禁率越高，尤其是初次犯罪人员与第 2 次犯罪人员之间的重新监禁率差距最大（见图 11、图 12）。

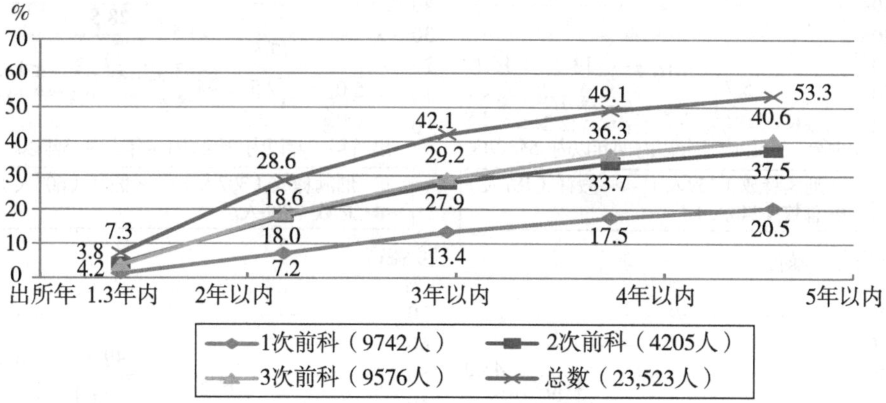

图 11　2015 年 5 年内不同前科次数重新监禁率

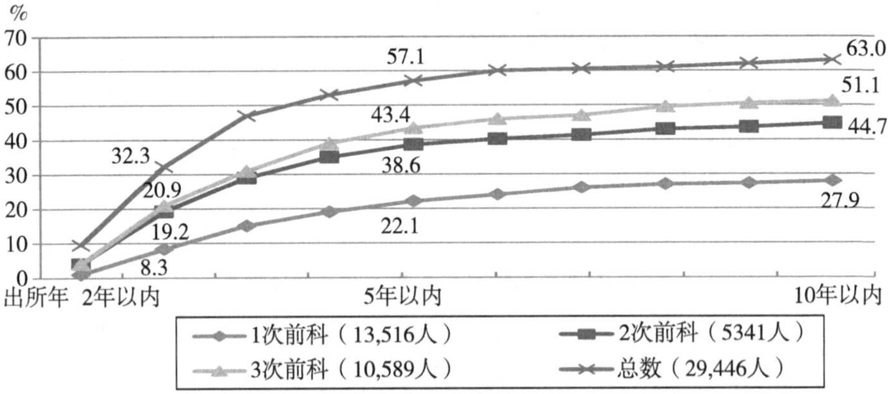

图 12　2010 年 10 年内不同前科次数重新监禁率

(3)不同罪名 5 年内重新监禁率(见图 13)

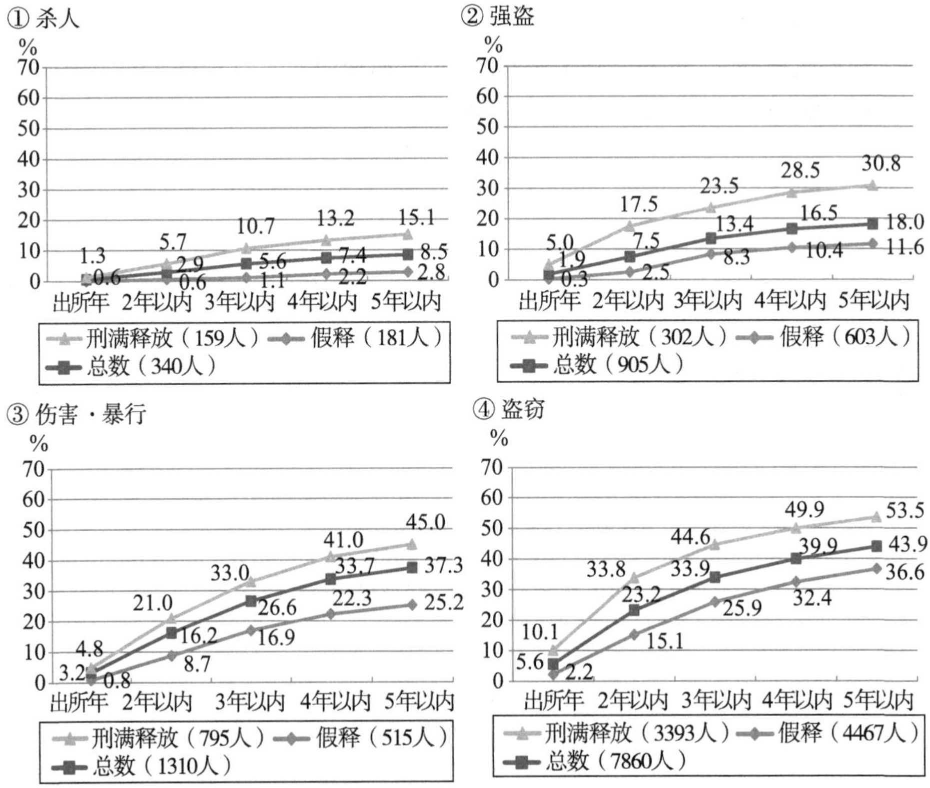

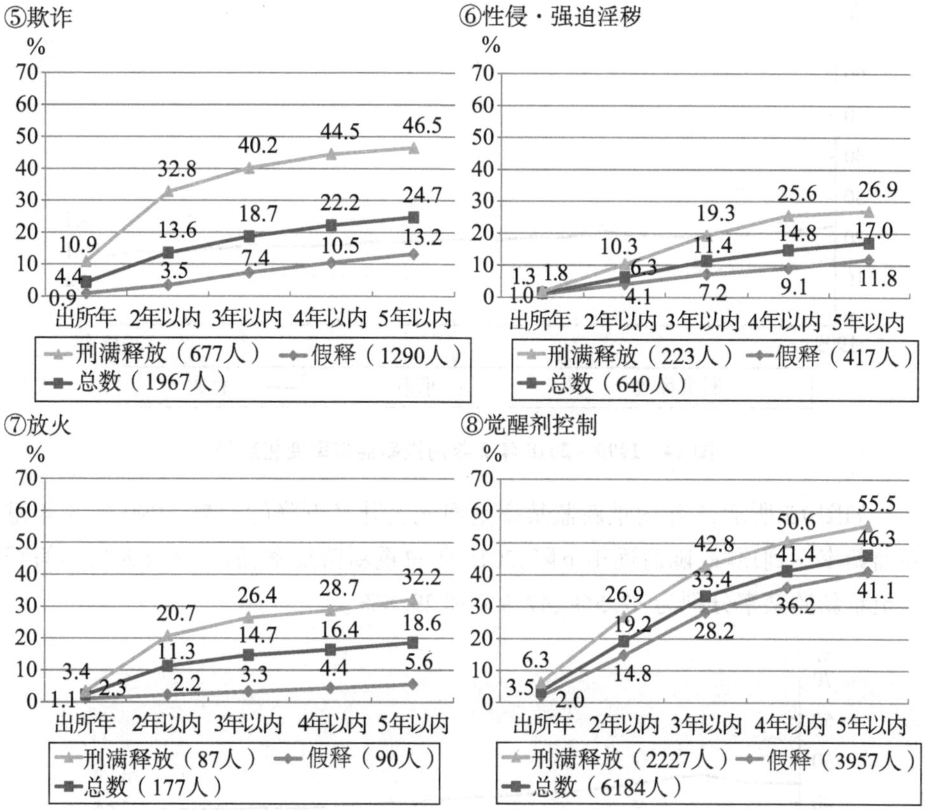

图 13　2015 年不同罪名 5 年内重新监禁率

违反觉醒剂控制法刑满释放人员 5 年内重新监禁率最高，为 55.5%，其次为盗窃(53.5%)，欺诈和伤害刑满释放人员 5 年内重新监禁率也均超过 45%，分别为 46.5%和 45.0%。

3. 重新监禁率变化趋势

(1)2 年内和 5 年内重新监禁率变化趋势

如图 14 所示，1999 年 2 年总重新监禁率最高，随着时间的推移缓慢下降，2018 年为 16.1%；刑满释放人员 1999 年 2 年重新监禁率最高，其后也缓慢下降，2018 年降为 24.2%；假释人员 2 年内重新监禁率自在 2011 年略有上升，但是 2017 年后又缓慢下降，2018 年 2 年内重新监禁率为 10.4%。

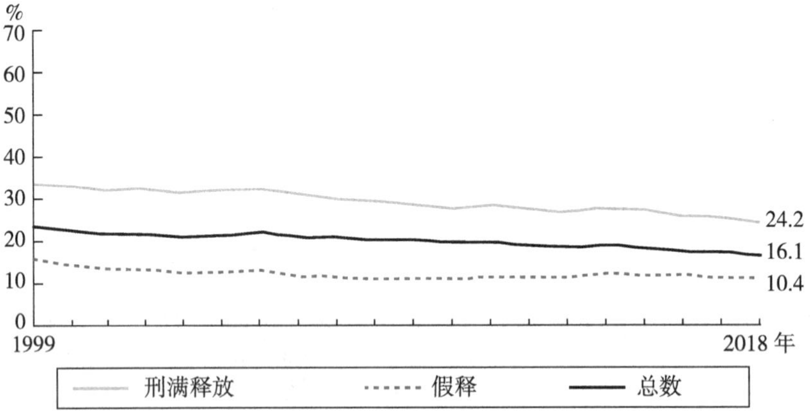

图 14　1999～2018 年 2 年内重新监禁率变化趋势

如图 15 所示,5 年内重新监禁率呈现先上升又下降的趋势,1999 年 5 年重新监禁率达到顶峰,随后逐年下降,2015 年总重新监禁率、刑满释放人员和假释人员重新监禁率分别为 37. 5%、47. 9%和 29. 8%。

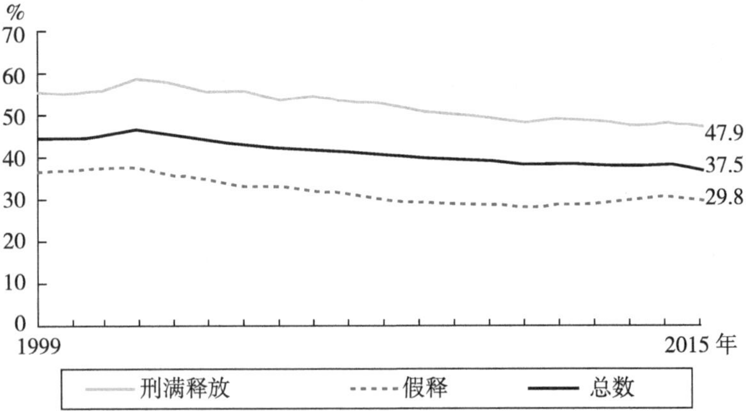

图 15　1996～2015 年 5 年内重新监禁率变化趋势

(2)不同性别、不同年龄、不同罪名2年重新监禁率变化趋势(见图16)。

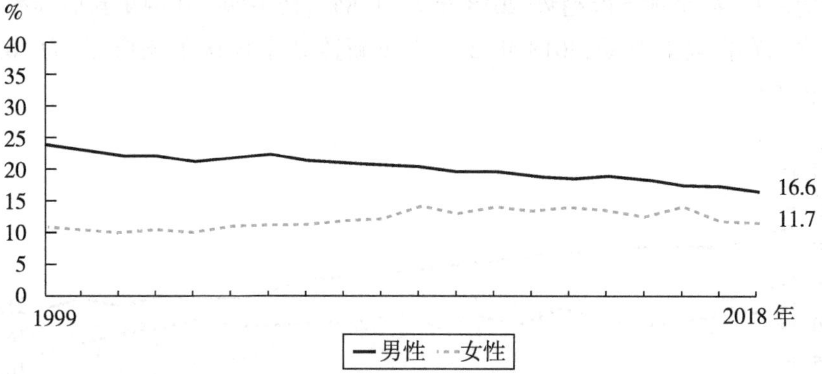

图16　1999~2018年不同性别2年内重新监禁率变化趋势

1999~2018年,男性2年内重新监禁率一直比女性高,但是自2000年以后男性2年内重新监禁率逐年下降,2018年为16.6%;女性2年内重新监禁率在2009年达到顶峰,为14.4%,之后呈现缓慢下降趋势,2018年为11.7%。

1999~2018年,相比于其他年龄段,不满30岁人员2年内重新监禁率一直保持最低;65岁以上以及50~64岁人员2年内重新监禁率一直比较高,而且随着释放年份不同,有较大的波动(见图17)。

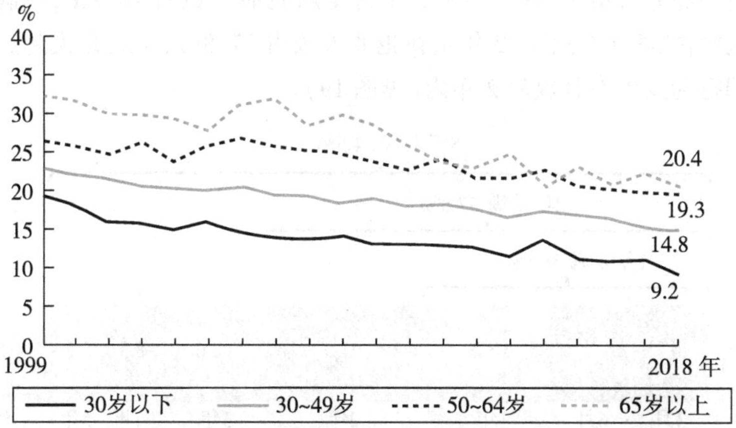

图17　1999~2018年不同年龄2年内重新监禁率变化趋势

1999～2018 年,相比于其他罪名,盗窃罪 2 年内重新监禁率一直最高,但是随着时间推移,呈现下降趋势,2018 年为 21. 8%;伤害罪 2 年内重新监禁率不同年份之间存在较大波动,2018 年 2 年内重新监禁率仅次于盗窃罪,为 16. 7%(见图 18)。

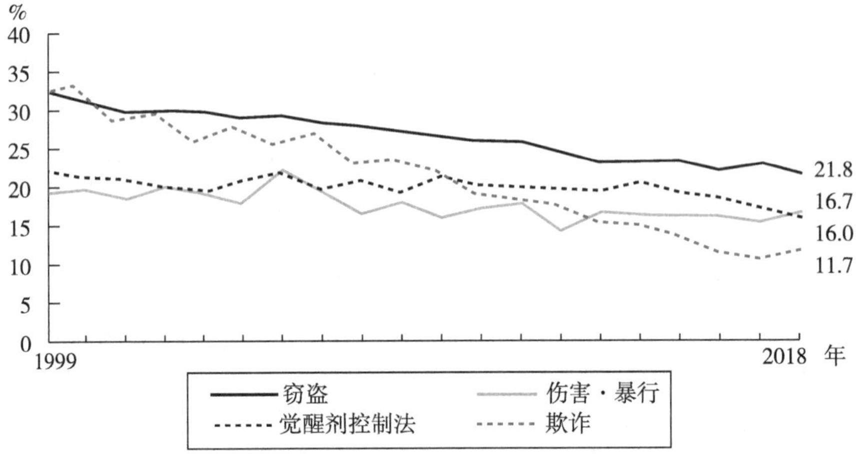

图 18　1999～2018 年不同罪名 2 年重新监禁率变化趋势

4. 重新犯罪时间间隔

在重新犯罪人员中,释放不满 3 个月重新犯罪人数占 10. 7%,不满 1 年重新犯罪人数占 36. 8%,不满 2 年重新犯罪人数占 57. 8%,也就是说超过一半的重新犯罪行为发生在释放后 2 年内(见图 19)。

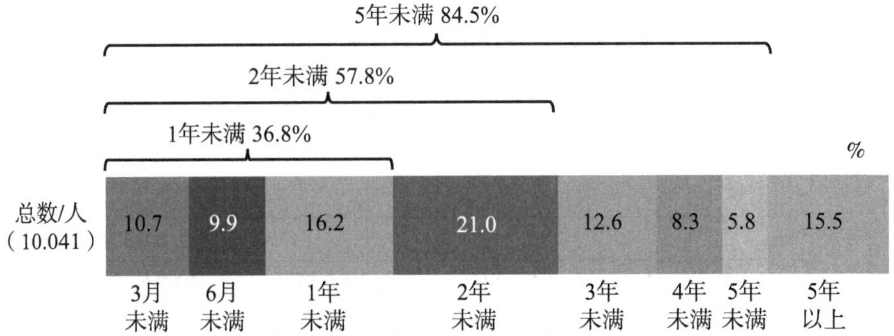

图 19　2019 年重新犯罪时间间隔分布情况

5. 少年犯

少年犯重新犯罪率是指触犯刑法被检举的少年中，之前有过被检举（因违法道路交通法除外）的人员占全部被检举少年人数比率。自2000年起，重新犯罪少年人数逐年增加，2003年达到顶峰，2004年开始逐年下降。2000～2017年，少年犯重新犯罪率逐年增加，2018年之后开始下降，2019年为34.0%（见图20）。

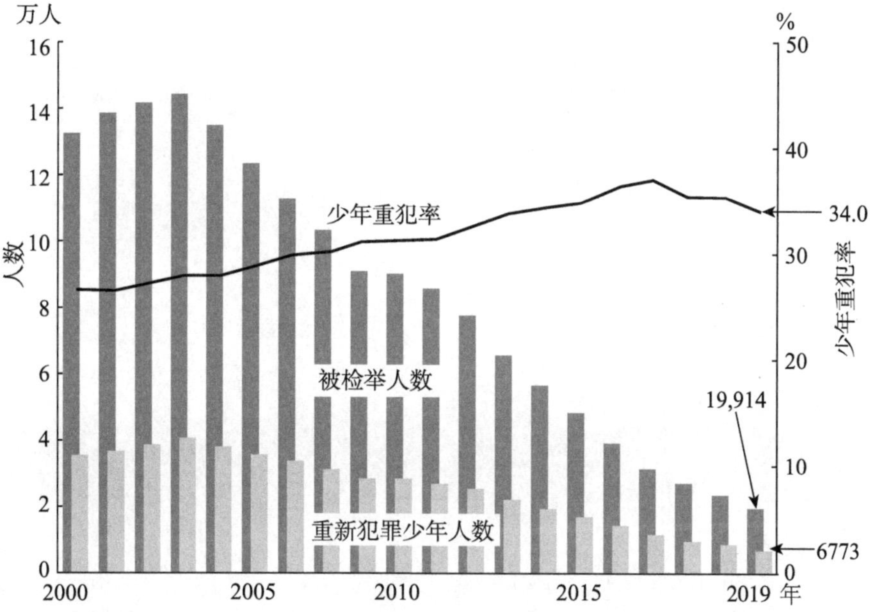

图20 2000～2019年少年犯重新犯罪情况

调查研究篇

本篇是近年来关于重新犯罪问题的调查报告和实证研究报告。有关调研报告运用实证调查方法和数据分析技术，经过计算获得了近些年来全国及地方监狱释放罪犯的重新犯罪状况数据，分析揭示了重新犯罪的规律、特点及影响因素，探讨剖析了刑释人员重新犯罪防控中存在的问题及原因，研究提出了加强监狱和社会治理、预防和减少重新犯罪的对策思路。有关实证研究报告重点研究探讨了吸毒与犯罪的关联性、再犯青少年生命历程中的“劣势累积”、犯罪生涯持续中的职业化和犯罪升级等问题，提出对罪犯再犯危险与矫正需求开展分析、从犯罪类型到犯因对矫正视野下的女犯进行分类，为深化重新犯罪问题研究与思考提供了重要参考。

关于监狱释放罪犯重新犯罪问题的调查报告

——对全国1997～2001年监狱释放罪犯重新犯罪的考察

司法部预防犯罪研究所课题组*

为了准确全面地获取重新犯罪率统计指标,进而为预防犯罪和司法行政的工作与决策提供科学依据,司法部决定将“重新犯罪问题调查研究”作为重点项目列入2003年司法部理论研究课题规划,责成预防犯罪研究所组织实施。司法部预防犯罪研究所课题组按照司法部下发的司办通〔2003〕第106号文(《司法部办公厅关于组织重新犯罪问题调查研究的通知》)的要求,2003年12月至2004年8月,组织协调全国31个省(自治区、直辖市)和新疆建设兵团的监狱管理局对在押的二次判刑以上的罪犯进行了全员调查,初步建立了全国性的“在押重新犯罪罪犯信息库”,并辅之以最高人民法院的统计数据等相关资料,取得了1997～2001年监狱释放罪犯重新犯罪率等一些重要发现。现将本次调查情况及有关结果报告如下。

一、重新犯罪率的概念界定与调查方法

(一)重新犯罪率的概念界定

鉴于调查条件的不足、调查能力(人力物力)的局限等因素,本次调查中的重新犯罪率不是通常广义上的重新犯罪率,而是专指监狱释放罪犯的重新犯罪率。其中所说的监狱释放含刑满释放、减刑释放和假释三种情况。对于不是从监狱释放的那部分罪犯(包括管制、拘役、缓刑、判决时余刑不足一年而在看守所服刑)的重新犯罪率,没有涵盖在本次调查范围中。同时,本次调查取消了以

---

* 课题组成员:郭建安(时任司法部预防犯罪研究所所长、研究员)、郑霞泽(时任司法部预防犯罪研究所副所长)、周勇(执笔,时任司法部预防犯罪研究所副研究员)。原文载《犯罪与改造研究》2019年第5期。

前计算重新犯罪率时的固定期限(常以三年为标准),而灵活代之为“一定期限”,这样就可以根据需要,按释放后到又犯罪的间隔期限的长短计算出不同期限内的重新犯罪率,如半年内重新犯罪率、一年内重新犯罪率、三年内重新犯罪率、五年内重新犯罪率。概括来说,在本次调查中,将重新犯罪率界定为在监狱服刑的罪犯从监狱释放之后一定期限内发生再犯罪的概率,它通常用某一年度从监狱释放之后的罪犯在一定期限内重新犯罪的人数占同一年度监狱释放人员总数的百分比来表示。

(二)重新犯罪率的统计思路与方法

本次调查在立足我国国情、借鉴国外经验的基础上,本着科学有效、经济可行的原则,经充分论证,采取以下思路来统计重新犯罪率。

第一,建立全国性的“在押重新犯罪罪犯信息库”。“在押重新犯罪罪犯信息库”是关于所有在监狱服刑的判刑两次及两次以上的罪犯的各种信息的数据库。这些信息包括罪犯基本情况、本次犯罪有关情况、上一次犯罪及服刑有关情况以及第一次犯罪及服刑有关情况等几部分内容。

第二,根据“在押重新犯罪罪犯信息库”的数据计算出监狱重新监禁率。监狱重新监禁率指在监狱服刑的罪犯从监狱释放后一定期限内因重新犯罪再次进入监狱服刑的概率,它通常用某一年度从监狱释放之后一定期限内因重新犯罪再次入监服刑的罪犯人数占同一年度监狱释放人员总数的百分比来表示。其中,作为分母的某一年度监狱释放人员总数可以从监狱系统的年度报表中获得,而作为分子的该年度从监狱释放之后一定期限内因重新犯罪再次入监服刑的罪犯人数则可以根据“在押重新犯罪罪犯信息库”的数据统计获得。

第三,通过有关资料估算出将监狱重新监禁率调整为重新犯罪率的系数(以下简称调整系数)。从理论上分析,罪犯从监狱释放之后的情形不外乎两种,一种是不再犯罪,另一种就是重新犯罪。用释放之后重新犯罪的罪犯人数除以监狱释放罪犯总数便是重新犯罪率。而重新犯罪后被处以的刑罚又可进一步细分为以下 4 种情形:(1)被判处死刑立即执行;(2)被判处有期徒刑以下的刑罚如管制、拘役或缓刑等;(3)被判处判决时余刑不够 1 年的有期徒刑在看守所执行;(4)被判处死缓、无期徒刑以及判决时余刑超过 1 年的有期徒刑在监狱执行。其中第 4 种情形便是监狱重新监禁。用监狱重新监禁的罪犯人数除以监狱释放罪犯总数便是监狱重新监禁率。由于重新犯罪率和监狱重新监禁率均以监狱释放罪犯总数为分母,而罪犯释放后重新犯罪的外延要比监狱重新监禁的宽一些(监狱重新监禁只是重新犯罪 4 种处刑情形之一),因此重新犯罪率要比监狱重新监禁率高一些,前者高于后者的原因就是前者较之后者来说多包括了上面提到的前三种处刑情形。在理论上,这种高的幅度可以用一个系数来调整。调整系数的作用实际上就是对重新犯罪的前三种处刑情形进行估测(见图1)。

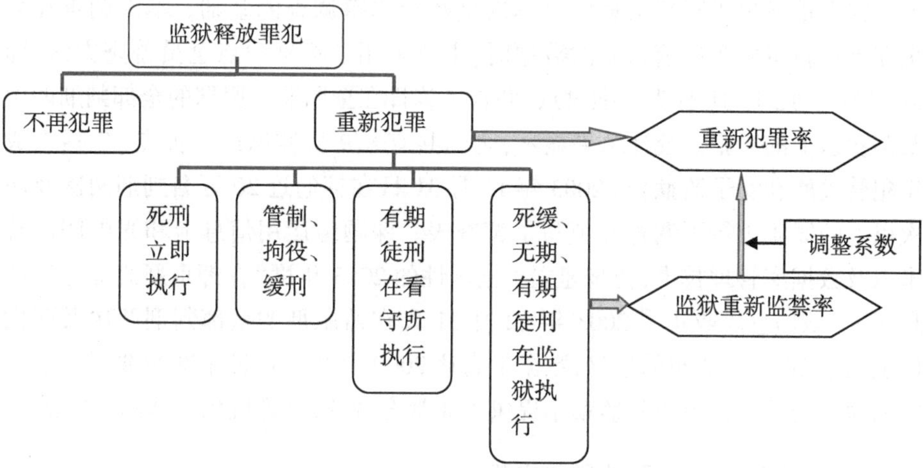

图1　重新犯罪率与监狱重新监禁率关系

在本次调查中,根据上述理论思考,我们通过两种彼此独立的实证方法来确定调整系数的具体数值。其一,根据最高人民法院研究室提供的数据并结合“在押重新犯罪罪犯信息库”的调查资料发现,在2000年、2001年全国判刑2次以上的罪犯中,在监狱服刑的分别占71.42%和74.01%,由此推算出重新犯罪率较监狱重新监禁率分别高40%[(1 - 71.42%)/71.42%]和35%[(1 - 74.01%)/74.01%],相应的调整系数为0.40和0.35。其二,根据江苏省监狱局对2001年全省监狱系统释放的江苏籍罪犯全员追踪调查的结果,[1]2001年释放的罪犯2年内重新犯罪率为7.69%,监狱重新监禁率为5.42%,重新犯罪率比监狱重新监禁率高42%,调整系数为0.42。从以上两种不同方法获得的调整系数之间基本上得到了相互印证,因此表明它们是可靠的。经综合考虑后,我们在本次调查中决定采用0.40作为将监狱重新监禁率调整为重新犯罪率的系数。

〔1〕 江苏省监狱管理局课题组:《江苏籍刑释人员重新犯罪情况调查报告》,载于爱荣主编:《监狱评论》第2卷,法律出版社2008年版。

第四,由监狱重新监禁率通过调整系数测算出重新犯罪率。其中使用的计算公式为:重新犯罪率 = 监狱重新监禁率 ×(1 + 调整系数),代入上一步得出的调整系数0.4后便成为:重新犯罪率 = 监狱重新监禁率 ×1.4。

(三)在押重新犯罪罪犯信息库的初步建立

在押重新犯罪罪犯信息库是本次重新犯罪率调查的基础。本次调查在采集在押重新犯罪罪犯信息库的数据时,主要采用了标准时点全员普查方法,即以2003年12月31日为标准时点,调查了该日在全国监狱服刑的全部判刑两次及两次以上的罪犯。统计结果显示,全国共有679所监狱或关押点(包括未成年犯管教所和女子监狱)对2003年12月31日在押的近20万名判刑两次及两次以上的罪犯进行了调查并填写了调查表。课题组运用信息卡和光电阅读技术以及数据库管理技术,初步建立了全国性的2003年度"在押重新犯罪罪犯信息库"。该信息库收集了2003年12月31日在监服刑的全部判刑两次及两次以上的近20万名罪犯的信息,数据量高达2000万个。在押重新犯罪罪犯信息库的建立为计算监狱重新监禁率提供了非常客观的、计算机化的基础性数据。

二、本次调查的主要结果与发现

从统计结果来看,本次调查主要回答了三个方面的问题,即重新犯罪率是多少、具有什么样的规律?重新犯罪的罪犯占在押犯总数的比重有多大、各地区的情况如何?重新犯罪的罪犯群体具有哪些特征?

(一)重新犯罪率及其发展趋势

1. 1997~2001年监狱释放罪犯的全国总体重新犯罪率及趋势。统计结果显示,我国1997年至2001年监狱释放罪犯半年内、一年内、二年内、三年内、四年内和五年内重新犯罪率(以1997年至2001年监狱释放罪犯的平均水平为准,下同)依次分别为2.28%、3.94%、6.46%、8.15%、9.44%和10.32%,这表明,在1997年至2001年,监狱每释放100名罪犯,半年内有2.28人、一年内有3.94人、二年内有6.46人、三年内有8.15人、四年内有9.44人、五年内有10.32人重新犯罪。本次调查显示,在1997年至2001年,全国监狱系统每年平均释放罪犯总数近30万人。以上述重新犯罪率计算,在这近30万人中,半年内就将有6千多人再次走上犯罪的道路,一年内重新犯罪的上升到1.2万人,这一数字在三年内、五年内将分别增加到2.4万人和3万人(见表1)。

表1 全国1997年至2001年释放罪犯重新犯罪率梯形表

单位：%

释放年度	半年内	一年内	二年内	三年内	四年内	五年内
1997年	2.13	3.49	5.92	7.71	9.18	10.32
1998年	2.21	3.70	6.31	8.25	9.69	—
1999年	2.28	3.93	6.68	8.50	—	—
2000年	2.42	4.28	6.92	—	—	—
2001年	2.37	4.30	—	—	—	—
平均	2.28	3.94	6.46	8.15	9.44	10.32

对不同年限内重新犯罪率加以比较可以发现，如果以监狱释放后五年为一个周期的话，那么监狱释放后半年内、一年内、二年内重新犯罪的分别占该段时间罪犯释放总数的22.10%、38.18%和62.60%，也就是说，超过20%的重新犯罪发生在从监狱释放后半年内，接近40%的重新犯罪发生在释放后一年内，超过60%的重新犯罪发生在释放后两年内，监狱释放后头两年是重新犯罪的高发期或危险期。同时还可以发现，重新犯罪率第一年增幅为3.94%，第二年为2.52%（6.46% - 3.94%），第三、第四、第五年分别为1.69%（8.15% - 6.46%）、1.29%（9.44% - 8.15%）和0.88%（10.32% - 9.44%），可见，重新犯罪率的增幅随着释放后间隔时间的加大而显著降低，释放后第一年的增幅是第五年增幅的4.5倍。

统计结果还显示，以一年内重新犯罪率为例，1997年、1998年、1999年、2000年和2001年监狱释放的罪犯的重新犯罪率依次分别为3.49%、3.70%、3.93%、4.28%和4.30%。这表明，在1997～2001年，每年从监狱中释放的罪犯的重新犯罪率均较上年呈现出小幅增加的趋势。

与我国1982～1986年监狱释放罪犯的三年内重新犯罪率为5.39%[1]相比，1997～2001年监狱释放罪犯的三年内重新犯罪率增长了51.2%[(8.15% - 5.39%)/5.39%]，绝对值上升了近3个百分点(8.15% - 5.39%)（见表1）。

2. 各省（自治区、直辖市）的重新犯罪率。统计结果显示，各省（自治区、直辖市）1997～2001年监狱释放罪犯的重新犯罪率呈现出较大的差异性。以三年内重新犯罪率为例，重庆、内蒙古、浙江、宁夏和江苏名列最高的五位，分别为

〔1〕 参见李均仁主编：《中国重新犯罪研究》，法律出版社1992年版，第409～410页。

13.03%、11.65%、10.65%、10.30%和10.16%；而西藏、陕西、江西、四川和湖北名列最低的五位，分别为3.83%、5.52%、5.98%、6.68%和6.73%。重新犯罪率最高的地区是最低的地区的三倍以上。需要指出，这一结果除受经济发展水平等因素影响之外，可能在很大程度上还受人口流动因素的影响（见表2）。

表2　各省（自治区、直辖市）重新犯罪率

单位：%

省（自治区、直辖市）	一年内	二年内	三年内	四年内	五年内
北京	3.88	7.60	9.92	12.26	13.23
上海	3.85	6.29	8.01	9.52	10.71
天津	4.50	8.01	10.08	11.12	12.92
重庆	6.49	10.26	13.03	15.40	16.39
黑龙江	3.88	6.00	7.74	9.06	9.97
吉林	4.30	6.95	9.04	10.40	11.27
辽宁	4.68	7.43	9.51	11.15	12.72
内蒙古	6.34	9.38	11.65	13.59	14.22
河北	4.49	7.42	9.23	10.72	12.07
山东	4.45	7.06	8.71	10.11	11.11
山西	3.14	5.45	6.87	7.87	8.53
陕西	2.77	4.34	5.52	6.39	7.14
甘肃	3.94	6.55	8.05	9.07	9.75
青海	4.30	7.22	8.88	9.36	10.08
宁夏	4.24	8.06	10.30	12.03	13.53
新疆	4.79	7.65	9.81	11.39	12.40
生产建设兵团	3.33	5.79	7.51	8.98	10.24
西藏	1.70	2.94	3.83	4.72	5.90
四川	3.10	5.21	6.68	7.92	8.50
贵州	3.68	6.13	7.66	8.90	9.60
云南	4.38	6.90	8.51	9.85	11.03
广西	3.56	5.70	7.06	7.97	8.79

续表

省(自治区、直辖市)	一年内	二年内	三年内	四年内	五年内
湖南	4.28	6.78	8.35	9.61	10.61
湖北	3.39	5.23	6.73	7.84	8.80
河南	3.35	5.80	7.60	8.59	9.56
安徽	3.43	5.50	6.97	7.83	8.66
江苏	4.83	8.22	10.16	11.50	12.42
浙江	5.31	8.65	10.65	12.05	13.52
江西	2.87	4.71	5.98	6.82	7.60
福建	3.32	5.72	7.26	8.31	8.87
广东	3.33	5.77	7.79	9.95	11.74
海南	3.90	6.79	8.28	9.95	11.87
全省平均	3.94	6.46	8.15	9.44	10.32

3. 不同性别罪犯的重新犯罪率。统计结果显示,男犯一年内、三年内和五年内重新犯罪率分别为4.12%、8.40%和10.52%,而女犯一年内、三年内和五年内重新犯罪率分别为1.13%、2.39%和2.72%。可见,男犯从监狱释放后的重新犯罪率均远高于女犯,前者至少是后者的3.5倍。

4. 释放时不同年龄段罪犯的重新犯罪率。统计结果显示,释放时处于不同年龄段的罪犯,其重新犯罪率呈现出明显的不同,并随着年龄段的上升剧烈下降,释放时处于25岁(含)以下年龄段的罪犯的重新犯罪率是处于55岁以上年龄段的10倍以上。以三年内重新犯罪率为例,释放时25岁(含)以下、25~34岁、35~54岁、55岁以上年龄段的罪犯的重新犯罪率依次为15.65%、8.16%、4.37%和1.44%,也就是说,罪犯释放时基本上每上升一个年龄段,其重新犯罪率就下降一半左右。

5. 不同犯罪类型罪犯的重新犯罪率。统计结果显示,不同犯罪类型的罪犯,其释放后的重新犯罪率也呈现出较大的差别。原犯盗窃罪的罪犯名列首位,其三年内、五年内重新犯罪率分别达到12.15%和15.42%。原系毒品犯罪的罪犯列第2位,其三年内、五年内重新犯罪率也分别达到10.55%和12.28%。列最后两位的是原为破坏经济秩序罪和职务犯罪的罪犯,他们三年内重新犯罪率分别只有1.09%和1.26%,五年内重新犯罪率分别只有1.48%和2.00%。

原犯盗窃罪的罪犯的重新犯罪率是原为破坏经济秩序罪的罪犯的10倍至15倍。在原为财产型犯罪的罪犯中，除了原犯盗窃罪的罪犯，原犯诈骗罪和抢劫罪的重新犯罪率也较高，分列第3、第4位。重新犯罪率列第5、6、7、8位的依次是原犯其他犯罪、伤害罪、强奸罪和杀人罪的罪犯。

6. 不同刑期罪犯的重新犯罪率。统计结果显示，2003年年底在押的重新犯罪罪犯中，上一次犯罪被判1年6个月以下、1年6个月~3年、3~5年、5~10年的重新犯罪罪犯占比依次为16.7%、21.0%、23.3%和30.5%，而上一次犯罪被判10~15年和15年以上至死缓的重新犯罪罪犯分别只有5.9%和2.4%。这在一定程度上表明，短刑犯重新犯罪的可能性较大，重新犯罪率较高。如上所述，年龄小、财产型犯罪和刑期短的罪犯的重新犯罪率均较高。年龄、犯罪类型和服刑期限这三者之间实际上存在较大程度的相关性，一方面，年龄越小的罪犯犯财产型犯罪和被判处短期刑的可能性越大；另一方面，犯财产型犯罪的罪犯大多年龄较小，被判处的刑期较短。另外，被判处短期型的罪犯年龄一般不大，大多属于财产犯罪。由此可见，年龄、犯罪类型和服刑期限对罪犯重新犯罪的影响在很大程度上是一致的。

7. 前后犯罪罪名相同的重新犯罪率。本次调查将前后犯罪罪名相同的重新犯罪称为同罪名重新犯罪。结果显示，属于同罪名重新犯罪的一年内、二年内、三年内、四年内和五年内重新犯罪率依次为2.32%、3.77%、4.49%、5.07%和5.48%，占总体重新犯罪率的53%~59%。这表明，超过一半（53%~59%）的重新犯罪，罪犯前后实施了相同罪名的犯罪。

（二）重新犯罪罪犯占在押犯总数的比重及其发展趋势

统计结果显示，截至2003年12月31日，全国在押犯总数为155多万人，其中，重新犯罪罪犯（指判刑两次及两次以上的罪犯，其中不包括服刑期间被判刑的次数）为19.9万人，重新犯罪罪犯占在押犯总数的比重为12.86%。这表明，2003年年底全国监狱系统每关押的8名罪犯中便有1名是重新犯罪的罪犯。

统计结果发现，各省（自治区、直辖市）重新犯罪罪犯占在押犯总数的比重呈现出明显的不平衡性。例如，北京市和天津市的重新犯罪罪犯人数占在押犯总数的比重均超过了20%，分别为22.21%和20.66%；而重新犯罪罪犯人数占在押犯总数的比重低于10%的地区则有西藏（5.44%）、陕西（8.87%）、广东（8.18%）和海南（9.28%）（见表3）。

表 3　重新犯罪罪犯占在押犯总数的比重

省(自治区、直辖市)	重新犯罪罪犯占在押犯总数的比重	省(自治区、直辖市)	重新犯罪罪犯占在押犯总数的比重
北京	22.21	西藏	5.44
上海	18.53	四川	12.00
天津	20.66	贵州	11.16
重庆	15.67	云南	12.04
黑龙江	10.82	广西	10.57
吉林	15.15	湖南	12.46
辽宁	16.96	湖北	15.69
内蒙古	12.61	河南	13.13
河北	11.54	安徽	12.26
山东	13.71	江苏	17.40
山西	13.34	浙江	14.43
陕西	8.87	江西	10.99
甘肃	15.37	福建	11.03
青海	10.63	广东	8.18
宁夏	16.09	海南	9.28
新疆	11.70	—	—
生产建设兵团	13.68	全省平均	12.86

对不同年代重新犯罪罪犯占在押犯总数的比重进行了比较后发现，1990年、1996年和2003年全国重新犯罪罪犯占在押犯总数的比重分别为8.55%、11.10%、13.78%；这就是说，在1990年至1996年，重新犯罪罪犯的比重上升了2.55个百分点，在1996年至2003年，重新犯罪罪犯的比重上升了2.68个百分点，表明在过去10多年中全国重新犯罪罪犯占在押犯总数的比重呈逐年上升态势。

需要指出，重新犯罪罪犯占在押犯总数的比重与重新犯罪率是两个含义不同的概念，重新犯罪罪犯人数占在押犯总数的比重除了与重新犯罪率有一定的关系，还受到在押犯总数(基数)、刑罚轻重倾向性(如“严打”)、刑期长短等因素的影响。至于地区差异，则在很大程度上受人口流动的影响。

(三)重新犯罪罪犯人群的主要特征

2003 年 12 月 31 日在押的 199,771 名判刑两次及两次以上的罪犯构成了重新犯罪罪犯人群。这一特定人群具有以下社会人口学和犯罪学特征。

1. 在性别上,99.1% 的重新犯罪罪犯为男性,女性只占 0.9%。

2. 在年龄上,近九成的重新犯罪罪犯处在 25～34 岁和 35～54 岁两个年龄段,分别占重新犯罪罪犯总数的 48.7% 和 37.1%,25 岁(含)以下的重新犯罪罪犯占 12.2%,55 岁以上的只有 2.0%。

3. 在文化程度上,93.1% 的重新犯罪罪犯为初中及初中以下文化程度,其中,文盲、半文盲占重新犯罪罪犯总数的 10.5%,小学文化程度占 42.2%,初中文化程度占 40.4%。

4. 在民族上,90.9% 的重新犯罪罪犯为汉族,9.1% 的为少数民族。

5. 在入监服刑次数方面,大部分(占 84.4%)重新犯罪罪犯为"二进宫"(入监服刑 2 次,以下类同),"三进宫"和"四进宫"的罪犯分别占重新犯罪罪犯总数的 13.0% 和 2.2%,"五进宫"及以上的罪犯只占重新犯罪罪犯总数的 0.4%。

6. 在本次犯罪时居住地类型方面,居住在农村、大中城市、小城市(县城)和城市郊区(城镇)的重新犯罪罪犯分别占总数的 52.5%、23.9%、12.1% 和 11.5%。

7. 在本次犯罪时职业状况方面,一半(占 50.5%)的重新犯罪罪犯为农(牧、渔)民,无业的重新犯罪罪犯达到了 38.0%,两者接近总数的 90%,列在第 3、第 4 位的是个体户和企业工人或公司职员,分别占总数的 4.8% 和 4.1%。

8. 在本次犯罪时婚姻状况方面,未婚的重新犯罪罪犯超过了一半,达到 53.1%,离婚的重新犯罪罪犯占总数的 7.8%。

9. 在本次犯罪的主要罪名方面,盗窃罪和抢劫罪的重新犯罪罪犯列前两位,分别占重新犯罪罪犯总数的 42.9% 和 24.4%,列第 3 位至第 7 位的罪名依次为毒品犯罪(8.5%)、伤害罪(8.0%)、强奸罪(7.6%)、诈骗罪(3.7%)和杀人罪(1.7%),超过七成的重新犯罪罪犯本次犯罪是财产型犯罪。

10. 在本次犯罪发生时间方面,2003 年年底在押的重新犯罪罪犯中,19.2% 的重新犯罪罪犯的本次犯罪时间发生在 1997 年以前,本次犯罪时间发生在 1997 年、1998 年、1999 年、2000 年、2001 年、2002 年和 2003 年的重新犯罪罪犯分别占总数的 5.0%、7.4%、9.6%、13.8%、17.6%、19.4% 和 7.9%。

11. 在本次犯罪所判刑罚方面,2003 年年底在押的重新犯罪罪犯中,被判 5～10 年的重新犯罪罪犯最多,占 29.9%,被判 10～15 年和 3～5 年的列第 2、第3位，分别占20.5%和17.7%，被判1～3年、15～20年以及无期、死缓的均未超过总数的10%。

12. 在本次犯罪是否属于异地犯罪方面，不到四成（37.9%）的重新犯罪罪犯属于异地犯罪（即流窜作案），而大多数重新犯罪罪犯（62.1%）则属于本地作案。

13. 在本次犯罪的地点类型方面，发生在大中城市的最多，占36.7%，而发生在农村、小城市（县城）和城市郊区（城镇）的相差不多，分别占23.1%、22.3%和18.7%。

14. 2003年年底在押的重新犯罪罪犯中，超过六成（61.7%）的重新犯罪罪犯本次犯罪属于共同犯罪。

15. 2003年年底在押的重新犯罪罪犯中，本次犯罪造成人员死亡、重伤和轻伤的重新犯罪罪犯分别占总数的4.9%、5.1%和9.5%。

16. 2003年年底在押的重新犯罪罪犯中，本次犯罪造成财产损失20万元以上、5万～20万元、1万～5万元、1千～1万元、1千元以下的重新犯罪罪犯分别占总数的2.7%、7.8%、22.8%、26.9%和8.5%。

17. 2003年年底在押的重新犯罪罪犯中，其本次犯罪属于同罪名重新犯罪和不同罪名重新犯罪的各占50%。

18. 在本次犯罪离上一次释放的间隔时间方面，上一次释放后六个月内就实施了本次犯罪的重新犯罪罪犯占21.0%，六个月至一年内实施的占15.0%，上一次释放后第二、三、四、五年内实施本次犯罪的重新犯罪罪犯分别占21.5%、14.7%、10.6%和7.9%，上一次释放五年之后才实施本次犯罪的重新犯罪罪犯占9.3%。这在一定程度上印证了前面的发现，即释放之后的前两年是重新犯罪的高发期。

19. 在上一次服刑期间是否减刑方面，四成（40.4%）的重新犯罪罪犯被减过刑，六成（59.2%）没有被减过刑。

20. 在上一次服刑释放时间方面，近一半（44.5%）的重新犯罪罪犯上一次服刑释放时间在1997年以前，其余是在1997年以后。

21. 在第一次犯罪时平均年龄方面，“二进宫”、“三进宫”、“四进宫”、“五进宫”及以上的重新犯罪罪犯分别为22.7岁、20.9岁、20.3岁和20.3岁，这在一定程度上表明，第一次犯罪时年龄越低，犯罪次数通常就越多。不过，本次调查中，“四进宫”和“五进宫”及以上的罪犯的第一次犯罪时平均年龄之间没有明显差异，均为20.3岁。

三、本次调查结果对立法与实务工作的建议和启示

根据本次调查结果,对我国预防犯罪与刑事司法领域的立法与实务工作提出以下初步建议与想法,供决策和实际部门参考。特别需要指出,有关建议与想法主要是基于本次调查结果提出来的,在具体采纳或实施时应作进一步的研究和论证。

(一)提高对预防与遏制重新犯罪紧迫性和重要性的认识

本次调查结果显示,我国 1997 ~ 2001 年监狱释放罪犯的三年内重新犯罪率已达到 8.15%,与 1982 ~ 1986 年监狱释放罪犯的三年内重新犯罪率为 5.39% 相比,15 年增长的幅度超过了 50%(51.2%);在 1997 ~ 2001 年,每年从监狱中释放的罪犯的重新犯罪率均较上年呈现出小幅增加的趋势;与此同时,在过去 10 多年中全国监狱系统判刑两次以上的重新犯罪罪犯占在押犯总数的比重逐年上升,已由 1990 年的 8.55% 增加到 2003 年的 13.78%;此外,重新犯罪对社会造成了相当严重的人员伤亡和巨大的财产损失,在 2003 年年底监狱在押的近 20 万名重新犯罪罪犯中,有近 20%(约 4 万名罪犯)致被害人死亡或者轻重伤,有超过三成(约 6 万名罪犯)分别造成了 1 万元以上的直接经济损失,这里面还不包括被判处死刑立即执行的那部分重新犯罪罪犯所造成的人员后果和财产损失。这些数字清楚地表明,我国重新犯罪的形势不容乐观,后果相当严重,且呈现出较大上升的严峻趋势,凸显了预防与遏制重新犯罪的紧迫性和重要性,这就要求我们必须进一步提高认识,加大立法与实务工作力度,努力为减少重新犯罪、构建和谐社会而奋斗。

(二)遵循科学规律,合理配置资源,提高预防重新犯罪的综合成效

本次调查所揭示的重新犯罪率的一些内在规律,对于预防和减少重新犯罪具有重要的指导和参考价值。例如,本次调查发现,罪犯从监狱释放后的头两年是其重新犯罪的高发期或危险期,离上一次释放的间隔时间越短,发生重新犯罪的可能性就越大;在重新犯罪罪犯中一半(50.5%)是农(牧、渔)民,另四成(38.0%)则无业,两者接近总数的 90%,有无工作是影响监狱释放罪犯重新犯罪的最重要因素之一。这些发现的启示是,预防重新犯罪应重点抓住罪犯从监狱释放后头一两年这一关键时期,及时从生活和工作方面向他们提供必要的帮助和指导,以防他们因为不能适应社会、不能生存下去而不得不再次走上犯罪的道路。在这方面,国外的一些有益做法是值得借鉴的,比如,建立向刚从监

狱释放又无生活着落的罪犯提供食宿、职业培训和就业帮助的专门机构(如中途之家,halfway house)。通过向从监狱释放的罪犯提供切实有效的安置帮教,不断提高预防重新犯罪工作的成效。再如,本次调查发现,不同性别、释放时不同年龄段以及不同犯罪类型罪犯的重新犯罪率存在较大的差异,如男犯刑满释放后重新犯罪率至少是女犯的3.5倍,释放时处于25岁(含)以下年龄段的罪犯的重新犯罪率是处于55岁以上年龄段的10倍以上,原犯盗窃罪的罪犯的重新犯罪率是原为破坏经济秩序罪的罪犯的10倍至15倍;超过七成的重新犯罪罪犯属于财产型犯罪。这些规律的发现可以为合理分配与优化配置监狱改造资源和社会预防犯罪资源提供了一定的参考依据。具体来说,监狱机关和社会治安综合治理部门应根据释放罪犯的重新犯罪率的高低来合理安排和科学配置监狱改造资源与社会治安防控资源,进行区别对待,有的放矢,不搞“一刀切”,以便在预防重新犯罪方面取得良好的“投入—产出”效益。

(三)积极探索改革与完善现行刑罚制度

本次调查的有关结果与发现对探索改革与完善我国现行刑罚制度具有积极的参考价值。比如,在国际社会大力主张限制甚至取消死刑制度的今天,我国也应考虑对现行死刑制度进行改革和完善,其中的一项可能措施就是将部分原来适用死刑的判决改为适用长期监禁刑或无期徒刑。本次调查结果显示,释放时处于55岁以上年龄段的罪犯三年内重新犯罪率和五年内重新犯罪率分别只有1.44%和1.77%。据此可以推测,如果将部分原来适用死刑的严重罪犯判以长期监禁刑或无期徒刑,等他释放出来后,一般已在55岁以上,其重新犯罪可能性就相当低了,社会危险性也就相当小了。这在一定程度上为进行上述改革提供了一个侧面的支持。再如,本次调查发现,原犯盗窃罪、毒品犯罪、诈骗罪和抢劫罪的罪犯释放后的重新犯罪率相当高,分列前4位。从减少重新犯罪的角度来看,在改革刑罚制度时,很有必要对这些重犯率较高的犯罪适当加大刑罚力度,以遏制重新犯罪的进一步发生。又如,本次调查发现,2003年年底在押的重新犯罪罪犯中,上一次犯罪被判刑罚在10年以下的超过九成,而上一次犯罪被判10~15年和15年以上至死缓的重新犯罪罪犯分别只有5.9%和2.4%。这在一定程度上可能预示,目前较短时间的监禁刑可能不太利于预防重新犯罪,其中的原因可能有,较短时间的监禁刑不仅达不到矫正和威慑罪犯的目的,反而会为罪犯提供相互感染、恶性发展的机会。因此,未来在刑罚的选择上,与其大量适用较短时间的监禁刑,不如在既可适用监禁刑又可适用非监禁刑的情况下尽可能适用非监禁刑,以体现刑事政策上“轻轻重重”的国际趋势。当然,鉴于这个问题十分复杂,涉及的因素很多,如罪刑相一致原则等,有关建议还有待进一步探讨与论证。

(四)大力推进监狱工作科学化建设,提高罪犯教育改造质量

罪犯从监狱释放后走上重新犯罪的原因十分复杂,既有监狱改造质量不高的原因,又有释放后社会安置帮教工作不力的原因,还有罪犯自身的原因。就监狱方面而言,如果能够大力推进教育改造工作科学化建设,想方设法提高罪犯改造质量,那么就有可能使被释放罪犯的重新犯罪行为得到一定程度的减少和遏制。本次调查结果显示,在超过一半(53～59%)的重新犯罪中,罪犯前后实施了相同罪名的犯罪;2003年年底在押的重新犯罪罪犯中,超过六成(61.7%)的重新犯罪罪犯本次犯罪属于共同犯罪,高达四成(40.4%)的重新犯罪罪犯在上一次服刑期间被减过刑。虽然这些数据并不能直接表明监狱改造工作质量不高,但至少可以引起并促进我们对于当前监狱罪犯改造工作质量有关问题的重新思考、检讨和认识,比如,在重新犯罪罪犯中,为什么超过半数的罪犯在经过监狱改造后却再次实施了与先前相同的犯罪,监狱改造对消除罪犯原有犯罪观念和犯罪技能的成效如何?监狱改造期间的交叉感染等消极因素与罪犯释放后的共同犯罪是否有关?高达四成的重新犯罪罪犯在上一次服刑期间被减过刑,现行的减刑标准与实施方法有没有值得改进和完善的地方?等等。笔者认为,监狱系统应当围绕"提高教育改造质量"这个中心,多动脑筋,多做文章,扎扎实实为减少罪犯重新犯罪作出自己应有的贡献。

(五)高度重视重新犯罪罪犯人群的教育改造与犯罪预防

本次调查显示,2003年年底全国重新犯罪罪犯已接近20万人,占到了监狱系统在押犯总数的12.86%,全国监狱系统平均每关押8名罪犯中便有1名是重新犯罪罪犯,在有的地区如北京市和天津市,每关押5名罪犯中便有1名是重新犯罪罪犯。这充分说明,重新犯罪罪犯人群在数量上已不可忽视,加上重新犯罪罪犯较初次犯罪罪犯主观恶习更深,改造难度更大,具有一些不同于一般罪犯的社会人口学和犯罪学特征;因此应将重新犯罪罪犯作为监狱改造的重点人群区别对待,专门发展针对重新犯罪罪犯教育改造的有效措施,切实提高对重新犯罪罪犯的改造质量。本次调查还显示,在重新犯罪罪犯中,"二进宫"和"三进宫"的罪犯分别占84.4%、13.0%,这表明,有将近1/6(13.0%/84.4%)的"二进宫"的重新犯罪罪犯会再次犯罪成为"三进宫",因此,预防重新犯罪罪犯再次重新犯罪应受到包括监狱系统在内的全社会的高度重视。

（六）努力探索新时期安置帮教刑满释放罪犯的新途径

本次调查显示，自2000年以来，全国监狱系统每年的罪犯释放总数均超过了30万人。以五年内重新犯罪率10.32%计算（见表1），每年释放的30万名罪犯中将有3万多人在释放后五年内陆续走上重新犯罪的道路。而就每年而言，平均也有3万多名历年来从监狱释放出来的罪犯再次实施犯罪。这些数字充分说明了社会预防监狱释放罪犯重新犯罪任务的艰巨性。由于当前我国正处于社会转型期，农村剩余劳动力、下岗失业、高等院校毕业生就业等问题造成的社会就业压力剧增，对监狱释放罪犯的社会安置帮教工作遇到了前所未有的困难和挑战。因此，有关部门很有必要加强研究，努力探索在新形势下如何做好监狱释放罪犯的社会安置帮教工作，更好地为预防重新犯罪服务。

（七）加快社区矫正的试点与立法探索

为适应社会发展和刑罚执行制度改革的需要，中国近年来开展了社区矫正试点，将符合社区矫正条件的罪犯置于社区内进行矫正改造。据司法部负责全国社区矫正工作的基层工作指导司统计，2004年，全国6个试点省（市）共有矫正对象10,450人，其重新犯罪率低于1%。而本次调查发现，1997年至2001年监狱释放罪犯半年内和一年内重新犯罪率为2.28%和3.94%，根据发展的趋势可以推测，2004年监狱释放罪犯的重新犯罪率应该会更高。（见表1）由此可见，监狱释放罪犯的重新犯罪率显著高于上述社区矫正对象不到1%的重新犯罪率。这在一定程度上为我国建立和推行社区矫正制度提供了有力的支持。为了尽快建立并完善我国社区矫正制度，很有必要加快社区矫正的试点与立法探索。

四、对本次调查方法结果以及建立长效调查机制的思考

（一）关于本次重新犯罪率的调查与统计方法

与我国以往的重新犯罪率调查研究相比，本次调查研究采用的方法有了相当的改进，具有以下显著优点：一是更加准确，这既是因为采用了全员普查的方法，克服了抽样方法不可避免的抽样误差，又是因为以月份数为单位来计算罪犯从释放后到再次犯罪间隔时间的长短（如一年内是指自监狱释放之日起12个月内），提高了统计精确度，还是因为使用了计算机统计技术，克服了人工统计中容易出现误差的问题。二是更加客观，因为在本次调查中，调查表上的各种信息都是经由监狱干警根据判决书等档案材料如实填写，所以更为真实和客观。三是更加快捷，成本更低，由于运用了机读卡和光电阅读技术、数据库管理技术和社会科学统计软件，本次调查从开始到得出结果所花费的时间有所缩

短,所投入的人力和物力成本也较以往同等规模的调查要明显降低。四是具有可重复性,由于本次调查建立了信息数据库,所采集的数据可以完全保存下来,并可重复地加以使用,这样,如果想对有关结果进行验证,或者发现了所采用的统计计算方法存在问题,就可以利用这些基础性的数据重新进行计算,加以补救。本次重新犯罪率调查所采用的方法具有以上优点,因此所得出的重新犯罪率等有关数字指标的科学性较强、可信度较高。

(二)关于中外重新犯罪率的比较与分析

本次调查结果显示,我国 1997 ~ 2001 年监狱释放罪犯三年内和五年内重新犯罪率分别达到 8.15% 和 10.32%,其中三年内重新犯罪率比 20 世纪 80 年代增长了 51.2%,绝对值上升了近 3 个百分点,表明我国重新犯罪呈现出较大上升的趋势。(见表 1)不过,应当看到,我国重新犯罪率与西方发达国家三年内重新犯罪率通常在 50% 左右的水平相比,属于明显偏低。关于中国与国外重新犯罪率之间的巨大差异(国外重新犯罪率数字是中国的 5 倍左右),其中的原因归纳起来主要有以下三个方面。

第一,中外构成犯罪的标准不同。我国同国外在关于构成犯罪行为的法律规定上就存在较大的差别。一方面,我国刑法中对犯罪有定量规定,某种行为如果在数量上没有达到一定的标准就够不成犯罪,比如,偷窃 1 元,在我国构不成犯罪,但在国外却常常构成了犯罪;另一方面,我国相关法律法规中所规定的许多违法行为在国外就是犯罪。基于上述两方面,在我国不构成犯罪但属于违法的行为实际上在国外往往是属于犯罪的范畴。因此,单从犯罪的外延的角度来说,完全有理由认为国外的重新犯罪的范围比我国要大。例如,同样是从监狱释放的盗窃犯,同样都是再偷窃了 1 元,如果在国外,就属于重新犯罪,但在我国只偷窃了 1 元还够不上犯罪,因此也就不属于重新犯罪。这一点可能就是国外重新犯罪率比我国要高得多的部分原因所在。

第二,中外重新犯罪率指标涵义不同。以美国为例,为了全面、准确地衡量重新犯罪的状况与程度,美国重新犯罪率通常可以采用重新被逮捕率、重新被定罪率、重新被判入监率和重新被监禁率[1]4 项指标来加以说明。[2] 显然,采用以上不同的指标,重新犯罪率的数值便存在较大的区别。据美国联邦司法

[1] 美国的重新被监禁包括因为一项新的犯罪判决被再次监禁和仅仅因为违反了假释规定被再次监禁两种情况。

[2] 参见周勇:《美国重新犯罪率调查统计的方法与结果及其借鉴》,载《犯罪改造与研究》2005 年第 12 期。

部司法统计局调查,美国1994年释放罪犯的三年内重新被逮捕率、重新被定罪率、重新被判入监率、重新被监禁率分别为67.5%、46.9%、25.4%和51.8%。[1] 如前所述,我国本次调查将重新犯罪率界定为在监狱服刑的罪犯从监狱释放之后一定期限内发生再犯罪的概率,其涵义比较接近于美国的重新被定罪率。因此,在对我国和美国重新犯罪率进行比较时,可以将我国的重新犯罪率同美国的重新被定罪率进行比较,即8.15%对46.9%。与此类似,也可以将我国监狱重新监禁率同美国的重新被判入监率进行比较,即5.82%(注:此为本次调查获得的我国1997~2001年释放罪犯三年内监狱重新监禁率)对25.4%,不过,由于我国对死刑的适用量大于美国,两数据间的差距也被夸大了一些。而如果将我国的重新犯罪率同美国的重新被逮捕率进行比较(8.15%对67.5%),那么由于彼此的涵义不同,更人为地拉大了两者的差距。

第三,中外重新犯罪率的统计方法不同。国外在统计计算重新犯罪率时,通常采用资料比对的方法,即以矫正系统的罪犯释放名单和信息为基础,与警方的犯罪历史记录、法院的判决记录和监狱系统的矫正记录资料进行比对,进而获得所调查的罪犯在释放后三年内是否重新被逮捕、被定罪与被监禁等情况,在此基础上计算出重新犯罪率等指标。我国以前在统计计算重新犯罪率时,较多地采用追踪调查法,假定未能追踪到的那些释放罪犯均没有重新犯罪,因而很有可能低估了重新犯罪率。而在本次调查中,根据判决书等罪犯档案材料来确定罪犯是否属于重新犯罪,因此,对重新犯罪的罪犯来说,一旦因为警方和法院未能掌握其前科情况而未在档案材料加以注明,就会被当作初犯而不统计在内,这种情况在人口流动性大的今天比较容易发生,因此采用这种统计方法在某种程度上也存在低估重新犯罪率的一定风险。由此可以推断,我们1997~2001年释放罪犯三年内重新犯罪率的实际水平应高于本次调查得出的8.15%,五年内重新犯罪率的实际水平应高于本次调查得出的10.32%。另外,本次调查没有考虑"犯罪黑数"的因素,因为是否重新犯罪,只有在查获了作案人之后才能确定,所以其中的"犯罪黑数"远比一般刑事犯罪中要大得多。

基于以上三点不同,不能简单地拿我国的重新犯罪率与其他国家的重新犯罪率进行对比。

---

〔1〕 See P. A. Langan & D. J. Levin, *Recidivism of Prisoners Released in* 1994, 2006/02 NCJ 193427, p. 7.

（三）建立重新犯罪率调查长效机制，为预防重新犯罪提供科学依据

通过本次调查研究，我们初步建立了全国性的2003年度“在押重新犯罪罪犯信息库”，取得了近20万名2003年年底在押的重新犯罪罪犯的基本数据，为统计重新犯罪率有关指标提供了极其宝贵的基础性数据，提高了这些数字指标的说服力和可信度。为了能够准确、全面、有效地获得所需要的重新犯罪有关数据指标，进而为预防重新犯罪提供及时和动态的科学依据，我们建议在目前已建立的2003年度全国“在押重新犯罪罪犯信息库”的基础上每年进行动态更新。由于已经建立了2003年度全国“在押重新犯罪罪犯信息库”，进行动态更新即建立2004年度全国“在押重新犯罪罪犯信息库”的工作量就相对少得多，只要采集到在2004年里新入监的判刑两次及两次以上的罪犯信息并添加进数据库再从数据库中删除在这一年里释放的那部分重新犯罪罪犯的信息便可。至于数据的采集，建议将重新犯罪调查数据的采集纳入将来的“中国服刑人员信息库”的日常数据采集之中，也就是说，在将来的“中国服刑人员信息库”中专设重新犯罪方面的内容。可以相信，如果建立了重新犯罪调查长效机制，那么每年都可以及时地获得重新犯罪率的最新数字指标，动态了解和监控重新犯罪率的变化趋势，为司法行政系统乃至全社会预防重新犯罪提供科学及时的参考依据。

吸毒和犯罪关联性研究及治理对策

司法部预防犯罪研究所课题组*

坚持系统观念,是党的十九届五中全会提出的“十四五”时期经济社会发展必须遵循的原则之一。吸毒和犯罪是影响国家安全、社会安定、人民安宁的突出问题,本文聚焦二者的关联性,在系统观念的指导下,按照社会治理体系和治理能力现代化要求的系统治理、依法治理、综合治理和源头治理的“四个治理”原则,从实证调查入手,分析规律,发现问题,为完善相关政策、制度和工作提供建议。

一、吸毒和犯罪的关联性分析

本文在对国内外研究成果进行梳理的基础上,依托“重新犯罪问题调查”(以下简称重犯调查)〔1〕和“三次及以上复吸人员行为影响因素和对策研究”(以下简称复吸人员调查)〔2〕采集的相关数据进行分析,发现吸毒和犯罪呈现较高关联性。

---

* 课题组成员:陈静、李栩栩系司法部预防犯罪研究所助理研究员;高贞系司法部预防犯罪研究所所长、研究员。本文系司法部预防犯罪研究所 2019 年课题“吸毒和违法犯罪关系的相关问题研究”的成果。原文载《犯罪与改造研究》2021 年第 9 期。

〔1〕 对于重犯的调查采取多阶段分层整群抽样的方式,在东北、华东、华北、华中、华南、西南和西北等地区选取北京、河北、辽宁、上海、江苏、江西、山东、湖北、广东、重庆、四川、云南、陕西 13 个省(市)。随后通过简单随机抽样的方法抽取 2 所成年男子监狱(1 所轻刑犯监狱和 1 所重刑犯监狱)、1 所女监、1 所未管所。在监管场所内则通过等距抽样,根据罪犯编号抽取出一定数量的罪犯(含初次犯罪和重新犯罪罪犯),通过访谈问卷和测试量表进行实证调查。

〔2〕 对于 3 次及以上复吸人员的调查则是在云南省戒毒管理局的支持和组织下,经过随机抽样的方法在云南省第一强制隔离戒毒所、省第五强制隔离戒毒所以及省女子强制隔离戒毒所,选取了 140 名强戒人员(要求是经历过 3 次及以上强戒),对他们进行了半结构式的访谈。

(一)吸毒和犯罪具有正向的相关性

根据《人民法院禁毒工作白皮书(2012—2017)》,全国法院一审毒品犯罪结案数从2012年的7.6万件增至2016年的11.8万件,增幅为54.12%;毒品犯罪案件在全部刑事案件中的比例从7.73%增至10.54%,其增幅是全部刑事案件总体增幅的4.12倍,成为增长最快的案件类型之一。对比《中国禁毒报告》的数据后发现,同时期,全国登记吸毒人员人数也出现了大幅增长。2011年增长近25万人,总人数达到179.4万人。2012年增长30多万人,2013年全国登记吸毒人员增长了将近40万人,[1]2014年在册吸毒人员总量持续增长,2015年查获吸毒人员数量上升,查处有吸毒行为人员106.2万人次,其中新发现吸毒人员53.1万人,同比分别上升20%和14.6%。[2] 截至2016年年底,吸毒人员为250.5万人,同比增长6.8%。[3] 由此发现,两类行为的发生和变化方向具有一定趋同性,吸毒人员的整体规模与有关犯罪活动的活跃程度呈正相关。

(二)吸毒和犯罪互为诱因、互相强化

研究表明,吸毒强化犯罪,而在犯罪过程中,其吸毒行为也会被不断强化。我国的零包贩毒案件通常占贩卖毒品案件的一半以上,其中相当数量的零包贩毒人员本身吸食毒品,[4]实施犯罪是为获得吸毒所需资金,形成以贩养吸的恶性循环。与此同时,吸毒也会显著增加容留他人吸毒、非法持有毒品等相关犯罪发生的可能性。除毒品犯罪之外,吸毒还会引发侵财、暴力等不同犯罪行为。在重犯调查中,接受问卷调查的人中报告曾有吸毒经历的占43%;在复吸人员调查中,报告曾有违法犯罪行为的占22.86%。国外研究发现,首次吸毒

---

[1] 参见向楠、冯杰:《青少年正成为合成毒品泛滥的最大受害者》,载《中国青年报》2014年8月28日,第7版。

[2] 截至2015年年底,全国现有吸毒人员234.5万人,统计口径较前几年有所变化,该指标不含戒断3年未发现复吸人数、死亡人数和离境人数,此后统计均以此为准。参见《2015年中国毒品形势报告》,载中国禁毒网,http://www.nncc626.com/2016-02/18/c_128731173_2.htm。

[3] 参见《2016年中国毒品形势报告》,载中国禁毒网,http://www.nncc626.com/2017-03/27/c_129519255.htm,最后访问日期:2020年10月29日。

[4] 一般指涉案毒品10克以下的贩毒案件。参见《人民法院禁毒工作白皮书(2012—2017)》,载人民法院网,https://www.chinacourt.org/article/detail/2017/06/id/2899458.shtml。

年龄在13~20岁,吸毒后发生袭击行为的可能性增长2倍,[1]13~17岁年龄组吸毒后盗窃行为发生的可能增加7倍,[2]21~25岁年龄组吸毒后发生入室盗窃和抢劫行为的可能是吸毒前的5倍。根据南京警方的数据,吸毒人员偷电瓶车的案件占到55%~60%,扒窃为24%,入室盗窃则为12%~13%。北京警方在2004年至2014年破获吸毒人员进行的盗窃、抢劫、故意伤害等刑事案件共5600起,其中故意杀人案25起。[3]

具体来看,吸毒对犯罪的作用机制主要有三种。[4] 一是通过犯罪活动获得经济收入,维持毒品使用。最典型的是以贩养吸,因为要获得维持吸毒的毒资而贩毒,贩毒又使他们更容易加大毒品使用量、尝试不同种类毒品,对毒品的依赖不断增强。二是毒品对中枢神经系统的伤害会导致幻听、幻视、被害妄想等,当毒瘾发作时吸毒人员难以控制自身行为,易引发暴力伤害行为、“毒驾”等。三是吸毒人员易被卷入系统化组织和运作的涉毒犯罪团伙,参与社会危害程度更高、影响范围更广的犯罪活动。有犯罪心理学家认为,若有犯罪人格,毒品的使用会增强性冲动以及对力量和控制欲的需求,促发更高风险的犯罪行为;即便知道实施犯罪活动带来的后果,但毒品催生了人们的“胆量”,使他们去做之前感到恐惧的事情。

同时,犯罪也会引发吸毒行为和加剧毒瘾程度。国内有研究发现,街头青年帮派与成人涉黑势力产生联系后,会涉足成人涉黑窝点,而这些窝点中往往存在卖淫、吸毒和贩毒等非法行为,使青年帮派有机会习得成人越轨甚至涉黑犯罪行为。[5] 此外,涉黑犯罪空间的“光照差”,“遮挡”效果好,能为实施吸毒等行为提供空间。可以说,吸毒是犯罪群体的社会生活方式之一,同时也是犯罪亚文化的特征,犯罪群体能够利用吸毒使其成员进一步建立联结、深化认同,

---

〔1〕 See Weissman, J. C., Katsampes, P. L. & Giacinti, T. A., *Opiate Use and Criminality among a Jail Population*, Addictive Diseases, 1974, 1(3), p. 269.

〔2〕 See Weissman, J. C., Marr, S. W. & Katsampes, P. L., *Addiction and Criminal Behavior: A Continuing Examination of Criminal Addicts*, Journal of Drug Issues, 1976, 6(2), p. 153-165.

〔3〕《吸毒诱发恶性案件增多:盗抢娼骗成常态　枪毒合流》,载中国新闻网,http://www.chinanews.com/sh/2015/07-11/7398572.shtml。

〔4〕 See Goldstein & Paul, J., *The Drugs / Violence Nexus: A Tripartite Conceptual Framework*, Journal of Drug Issues, 1985, 15(4), p. 493-506.

〔5〕 参见冯承才:《街角青年涉黑犯罪研究——基于上海市K社区“斧头帮”的田野调查》,载《青年研究》2020年第3期。

甚至上升为约束和控制的手段。

(三)吸毒和犯罪具有多方面的共同诱因

家庭监护和教育欠缺的影响。复吸人员调查中的受访者将自己吸毒归结为家庭的原因主要体现在三方面:一是父母离异或是去世,缺乏家人的关心和教育,转而进入社会与不良群体接触。二是父母曾有吸毒经历,受访者虽然埋怨但又不自觉模仿。三是父母教育方式不当,过于宽松或是过于严苛,使得亲子关系紧张、沟通不良。对于涉案未成年群体,有数据显示,[1]相当比例的家庭欠缺监护能力,某城市调查结果显示,该市有63.89%人员是独自或跟朋友来到此地,未受到监护人或照管人管教的占比为55.52%以上。可以看到,缺乏家庭监护教育对于吸毒和犯罪特别是未成年人吸毒和犯罪有着直接影响。

学校义务教育未完成产生的影响。重犯调查发现,首次吸毒年龄在18岁以下的,有65.8%是初中以下学历,受教育水平偏低且在义务教育阶段退学的情况比较突出。而复吸人员调查的数据也显示,首次吸毒年龄较小的受访者大多数辍学较早,未完成义务教育的情况普遍,与重犯调查结果相互印证。

与越轨群体的接触和交往也为吸毒和犯罪提供了条件。复吸人员调查中,98%的受访者表示在首次吸毒时有他人在场劝说或是提供毒品。此外,在明确表示自己吸毒受到了不良群体影响的受访者中,65%的首次吸毒年龄是在18岁及以下,33%的人有刑事犯罪记录。上述人员大多曾在酒吧、KTV、夜场、游戏厅等娱乐场所工作,或是曾开过茶牌室,未成年期间在饭馆打过工,由此结交了社会上形形色色的人,受到不良文化和生活方式的影响。

(四)从不同犯罪类型和毒品使用种类看二者关联性

吸毒对犯罪的不同作用机制会引发不同类型的犯罪,例如,为达到经济目的而催生的毒品或是财产犯罪,如贩卖毒品、运输毒品、抢劫、抢夺、盗窃、诈骗、敲诈勒索等;因药物作用刺激或是为实现财产犯罪而上升到暴力行为进而导致暴力犯罪,如抢劫、故意伤害、故意杀人等罪。

从毒品使用种类来看,由于其精神活性成分不同,导致吸毒和犯罪的关联路径存在差异。已有研究认为海洛因属于抑制剂,使用者相对较少地因药物刺激产生暴力犯罪,但由于其价格相对较高,为了获得毒资而进行财产犯罪的情

---

[1] 参见《报告显示:家庭监护缺失与未成年人犯罪密切相关》,载中国新闻网,http://www.chinanews.com.cn/sh/2015/06-08/7328127.shtml。

况更为普遍。冰毒属于兴奋类物质，除了经济动机的犯罪，其使用者长期滥用还会出现精神疾病症状，易诱发暴力犯罪。

从重犯调查的数据来看，合成毒品使用者发生犯罪行为的比例高于传统毒品使用者，且多药滥用的情况更加普遍。在第一次犯罪前已开始使用毒品的重犯中，只使用传统毒品的占 25%，只使用合成毒品的占 50%，传统合成均使用的占 25%。其中，使用多种传统毒品的占传统毒品使用者的 21%，使用多种合成毒品的占合成毒品使用者的 55%，多药滥用的情况在合成毒品使用者中更为突出。鉴于合成毒品对神经系统的巨大危害性，多药滥用将会进一步增加犯罪尤其是极端恶性事件发生的可能性。

（五）从性别视角看二者关联性

从性别视角来看，毒品在女性犯罪生涯中的作用更强。

第一，体现在主观态度上，重犯调查中高达 78.6% 的女犯明确表示“吸毒直接推动自己犯罪”，比男犯高出 29.1%。相应地，认为“戒毒则不会再犯罪”的女犯占 73.8%，比男犯高出 31.7%。

第二，体现为受处罚的情况，有 11.8% 的女犯在第一次犯罪前就曾接受过强制隔离戒毒，约为男犯的 3 倍，是唯一大幅高于男犯的受处罚种类。

第三，体现在罪名的分布上，将其按性别分组后发现，在吸毒早于犯罪的重犯群体中，关于第一次罪名，吸毒女犯为涉毒类[1]和涉性行为类[2]的比重分别为 63% 和 73%，远超过男性的 37% 和 27%。男性涉财产类[3]犯罪比重最高，为 77%，高于女性的 23%。关于第二次罪名，女性以涉毒类占比最高，为 58%，涉财产类略有下降，为 14%。男性依然是以涉财产类罪名为主，为 86%，涉毒类为 42%。

调查数据显示，第一次犯罪前 6 个月内，43.9% 女犯的毒品来源于贩毒但不吸毒，而同样来源在男犯中所占比例为 16.5%，这说明女性吸毒人员在犯罪前与其他涉毒犯罪人员的联系更为密切，加之其前两次罪名中涉毒类的占比均过半数，说明吸毒和犯罪关联性在女性群体中尤为突出。

在犯罪早于吸毒的重犯群体中，关于第一次罪名，未吸毒女犯也是以涉毒

---

〔1〕 罪名为走私、贩卖、运输、制造毒品罪，非法持有毒品罪，窝藏、转移、隐瞒毒品、毒赃罪，引诱、教唆、欺骗他人吸毒罪，容留他人吸毒罪。

〔2〕 罪名为强奸（奸淫幼女），引诱、容留、介绍卖淫、强迫卖淫等。

〔3〕 罪名为抢劫、抢夺、盗窃、诈骗、敲诈勒索等。

类为主,比重为67%,与吸毒女犯相近,这说明女性涉毒犯罪不仅与自身吸毒有关,即使是未吸毒时期也更容易参与到涉毒犯罪行为之中。关于第二次罪名,未吸毒男犯的涉毒类占比为69%,较第一次罪名的32%有了明显上升,女犯则有所下降,为31%,这可能与女性通过其他手段寻找毒品和经济来源有关。

第四,体现在复吸间隔,女犯刑满释放后更容易在短时间内出现复吸的情况。重犯调查的数据表明,71.1%的女犯在第一次释放后1年之内复吸,高于男犯的12.1%,1~2年内复吸的占12.4%,2~3年内复吸的占4.7%,3年以上复吸的占11.8%,而男犯释放后3年以上复吸的为21.1%,比例相对高于女犯。

综上,吸毒和犯罪之间毫无疑问存在高关联性,因此社会治理实践中应注重对二者治理的整体谋划,提升治理效能。

二、从吸毒和犯罪关联性考量分析实践中的问题

在我国现行有效的法律法规体系中,涵盖了关于毒品管制、毒品犯罪、戒毒、禁毒国际合作等相关内容,从整体上考量了吸毒和犯罪关联性,但治理过程中对二者关联性的认识和应用仍存在问题,须予以重视。

(一)理念和政策层面存在系统性、综合性治理不足

2015年至2019年,毒品犯罪案件中判处5年有期徒刑以上刑罚的年均重刑率为22.37%,且各年度的重刑率均明显高于同期全部刑事案件重刑率。[1]“重刑治毒”这一政策背后的逻辑是“充分运用刑罚手段,有效打击、威慑和预防毒品犯罪”[2]。在肯定“重刑治毒”有助于毒品市场萎缩和吸毒行为减少的同时,应清醒地认识到毒品的成瘾性使得吸毒人员较难“理性消费”或者主动选择离开,[3]这就造成特定时期内社会对毒品的需求是刚性的,若不从系统、综合治理吸毒和犯罪问题的角度出发,那么“重刑治毒”的遏制作用只能是阶段性的,从长期来看存在反复、反弹的可能性,不能从根本上解决问题。

(二)立法层面存在法律之间的衔接不足

《禁毒法》第50条规定:公安机关、司法行政部门对被依法拘留、逮捕、收监

---

〔1〕 参见《年均重刑率22.37%! 最高法:继续坚持依法从严惩处毒品犯罪》,载人民网,http://legal.people.com.cn/nl/2020/0623/c42510-31756959.html。

〔2〕《明确形势任务 统一思想认识 不断开创毒品犯罪审判工作新局面》,载中国审判网2020年11月2日,http://www.chinatrial.net.cn/news/4686.html。

〔3〕 参见莫洪宪:《毒品犯罪的挑战与刑法的回应》,载《政治与法律》2012年第10期。

执行刑罚以及被依法采取强制性教育措施的吸毒人员,应当给予必要的戒毒治疗。这其中没有涵盖社区矫正对象(以下简称社矫对象),即被判处管制、宣告缓刑、假释和暂予监外执行的罪犯。对于在监狱服刑的罪犯,虽然属于《禁毒法》的规定范围,但现行的《监狱法》没有相对应的规定和内容,对监狱矫治成瘾行为的制度保障存在不足。

(三)刑罚执行和强制隔离戒毒中教育矫治工作的针对性不足

吸毒和犯罪的关联性在不同犯罪类型、毒品使用种类中显示不同特点,这就要求教育矫治工作应加强针对性,做到有的放矢。但实际工作中尚未根据前述不同特点进行区分,如面向因毒资不足进行侵财犯罪的、因毒瘾发作进行暴力犯罪的、传统毒品使用者、新型合成毒品使用者等不同群体开展专门教育。在对女犯的教育矫治中,也缺乏对其吸毒问题的关注和戒治。

同样,强制隔离戒毒所(以下简称强戒所)对强制隔离戒毒人员(以下简称强戒人员)的法治教育主要集中于法律常识和戒毒相关的法律法规,没有根据吸毒人员常见、多发犯罪类型开展有针对性的预防犯罪教育。

(四)社会治理层面符合"四个治理"原则的社会治理体系尚未完全建立

除了立法的不足,在社会治理实践中,比较突出的是系统治理、综合治理、源头治理不到位。主要表现为以下三个方面。

第一,强戒人员的社区康复或后续照管工作和刑释解矫人员的安置帮教工作都存在不到位问题。近年来,相关部门积极推进社区戒毒、社区康复工程,强戒人员可以在解戒后接受社区康复或是后续照管。但实践中,一些地方的基层组织和相关部门履行社区戒毒、社区康复工作职责能力不足,有的甚至长期没有正常开展工作,后续照管、监督职责未能落实。一项地区调查显示,仅有16%的戒毒人员表示曾经有相关部门人员对其进行过跟踪回访,有78%的戒毒人员称未参加过社工帮教活动,有86.8%的戒毒人员希望更多的社会力量来帮助其脱离毒品依赖。[1] 同样,安置帮教工作普遍缺乏对戒毒康复的重视和支持,对于曾有吸毒经历的刑释解矫人员来说,其在回归社会后难以获得专业的心理干预和毒瘾戒治帮助。

第二,毒品和违法犯罪的预防宣传教育不到位,特别是针对吸毒和犯罪的关联性方面的宣传缺乏针对性、有效性。首先,内容的时效性滞后,未能紧跟毒

〔1〕 参见湖南省新开铺强戒所基本模式建设课题组:《司法行政系统强制隔离戒毒基本模式建设的实践与思考》,载《"完善刑事执行制度,提升刑事执行效能"研讨会论文集》。

品发展形势及其危害。当前合成毒品和新精神活性物质的种类多且迭代更新异常迅猛,极具迷惑性,且变异速度快于被列管的速度,若大量使用易精神错乱,将会导致自残或攻击他人,引发极端恶性事件,但公众对其性质和危害的警惕性不足,甚至存在只是用于娱乐消遣的严重错误认知。其次,以往习惯将毒品和违法犯罪的预防宣传教育分开进行,对二者关联性的强调不够,没能充分体现吸毒及其行为不断升级所带来的潜在风险,犯罪行为亦然,无形中降低了预防教育的说服力。再次,宣传教育方式相对单一,特别是对于毒品预防,多采用单向灌输、恐吓,比较枯燥。最后,国家深入实施青少年毒品预防教育工程、推进"法治进校园",主要是在学校范围内进行;对于失学、辍学的青少年,其接受预防教育、宣传的机会和渠道相对较少,但他们实际却是遭受毒品和犯罪侵害的高风险群体,这反映了对重点群体的服务和引导还存在漏洞。

第三,易造成吸毒和犯罪的共同诱因仍大量存在,相关治理仍不到位。从家庭教育来看,目前,我国未成年人家庭监护问题突出,部分留守和流动未成年人家庭监护严重不足甚至缺失。同时,国家监护体系尚未建立,当家庭监护缺失或者出现严重问题时,国家监护无法完全兜底。从义务教育实施情况来看,虽然《义务教育法》《未成年人保护法》规定了各级人民政府及其有关部门、适龄儿童、少年的父母或者其他法定监护人应当依法保证适龄儿童、少年按时入学接受并完成义务教育,但由于一些法律规定过于原则,缺乏明确的罚则和健全的配套措施,操作性较差,难以保证法律实施效果。从对越轨群体的引导和管理来看,娱乐场所如网吧、KTV、酒吧、夜场等场所,闲散人员和不良群体易聚集,赌博、色情、贩毒、吸毒等违法犯罪行为易高发,而经营者为招揽顾客、赚取利润,常会采取放任和纵容的态度,有的甚至直接参与其中,使得这些娱乐场所成为黑恶势力的据点。

三、基于吸毒和犯罪关联性的治理对策

(一)强化系统治理理念,完善相关法律法规

面对复杂而严峻的吸毒和犯罪问题,更要自觉地运用系统科学的方法分析和解决,多角度、多方面、多因素入手,从系统观念出发,综合协调各个部门在国家治理体系之中的功能。

一方面,毒品犯罪治理要转变重打击、轻预防的观念,"坚持关口前移、预防为先",变被动为主动,既要做好一般预防工作,降低新发吸毒人员,又要做好特

殊预防工作,遏制复吸人员的增长;另一方面,要坚持用联系的、发展的眼光看问题,在政策导向上要把专项治理与系统治理、综合治理、依法治理、源头治理结合起来,在毒品犯罪预防与打击、吸毒人群戒毒治疗以及相关社区支持等方面形成治理"合力",齐抓共管、堵源截流、综合施策,坚决遏制吸毒和犯罪问题的高发和反弹。

同时,加快完善有关吸毒和犯罪治理的法律法规,做好相关法律之间的梳理、衔接工作。比如,修订《禁毒法》,将社区矫正对象纳入第 50 条规定的范围;修订《监狱法》、完善《社区矫正法》配套制度时,明确对收监执行刑罚的吸毒罪犯、吸毒社矫对象应当给予必要的戒毒治疗,并结合戒除毒瘾的需要对监狱服刑罪犯、社矫对象的教育矫治工作作出相应规定、提供制度保障。提高立法的针对性、及时性、系统性、可操作性,既要相互补充、支持又要协调统一,做到科学完备、高效运行,发挥立法对加强吸毒和犯罪共治的引领和促进作用。

(二)推动吸毒和犯罪共治融入刑罚执行和强制隔离戒毒工作

一是加强对在监狱服刑和接受社区矫正的吸毒人员开展有针对性的戒毒教育矫治。做好分类工作,监狱可以考虑以犯因为标准对吸毒罪犯进行分押分教,若吸毒成瘾在押犯人数较多,可探索设立专门分监区,实现集中关押;社会矫正机构则可在分类管理中对有吸毒经历人员单设一类,开展个别化矫正。以分类为基础,开展禁毒、反毒、防毒等专题教育,传授禁毒法律、毒品预防、拒毒技巧等方面的知识,研发针对性的戒治项目,如根据毒品成瘾程度,加强心理矫治和危机干预,由专业的心理咨询师帮助识别复吸的高危情境,通过训练提高抵御毒品诱惑的能力。推行成瘾罪犯家庭支持方案,稳定罪犯的情绪,消除引发重新犯罪的危险因素,为今后适应社会生活做准备。加强对重点群体的教育矫治,如在对女犯的教育矫治中更加关注毒品因素的影响,开展适合其生理和心理特征的戒治活动,并根据女性特点提供工作技能培训,通过促进就业为她们建立健康的人际关系创造机会,减少与其他越轨群体接触和交往所带来的不良影响。

二是加强对强戒人员进行分类矫治和预防犯罪教育。由于精神活性物质成分存在差异,各种毒品在成瘾机理、成瘾表现、戒断症状以及危害后果等方面都有着不同表现,因此毒品戒治要强调分类,这也有助于在实践中对戒毒技术和方法进行评估。关于分类标准,在吸毒人员入强戒所时可按照常用毒品对中枢神经的作用,即兴奋、抑制、致幻进行分类。[1]

此外,应将预防犯罪教育作为强戒所开展法治教育的重要内容,并加强针对性,基于不同毒品种类易导致的犯罪类型,面向特定强戒人员加强重点教育,提升预防犯罪教育的科学性、精准性、有效性。

三是加强刑罚执行和强制隔离戒毒的衔接工作。其一,建立社区矫正与社区戒毒、社区康复、后续照管的衔接机制。由于社矫机构缺乏相关的专业人才和工作经验,可以考虑将社区矫正与上述戒毒措施相衔接。从处遇场所来看,都是依托社区实现各自的制度功能;从处遇目的来看,都是以教育、帮扶为主要手段,帮助各自对象最终能够顺利回归社会,[2]因此衔接具有可能性。在操作层面,相关戒毒机构可以接受社会矫正机构的委托,对所属社区内有吸毒经历的社矫对象建立档案,并对参与其教育帮扶工作,如提供具体的戒治方案,协助落实尿检、心理干预、抗复吸训练等。其二,完善监狱刑罚执行与强制隔离戒毒的衔接机制。一方面,加强信息、资源共享。开展经常性的交流、沟通,使监狱和强戒所在戒治理念和操作方法上能够真正衔接起来,并基于各自优势资源开展协作,如监狱可以借鉴强戒所的戒治技术、方法、设备等,强戒所则可以在预防犯罪教育方面与监狱开展学习交流,从而实现优势资源共享,提升刑罚执行和戒毒工作的效能。另一方面,改进完善相关工作的衔接。在监狱完善教育矫治措施之后,须注重建档工作,对吸毒罪犯的脱毒治疗、身体康复、心理干预、教育过程等进行记录和跟踪。当人员被送往强戒所继续执行剩余期限的强制戒毒时,除一般要求的文书资料之外,上述档案也要一同流转至强戒所进行衔接,帮助强戒所尽快全面了解其情况,避免因执行主体的不同使戒治链条发生断裂。

(三)着力构建吸毒和犯罪共治的社会治理体系

一是加强部门联动。在继续推动做好解除强戒人员社区康复和后续照管工作的同时,大力推动建立监狱、社矫机构、公安、安置帮教机构(以下简称安帮

---

[1] 参见李艳峰、吉晓、李海:《海南吸食新型合成毒品戒毒人员调查研究》,载《中国药物滥用防治杂志》2020年第6期。

[2] 参见霍俊阁:《毒品犯罪人社区矫正研究》,载《汕头大学学报(人文社会科学版)》2017年第8期。

机构)和社区康复、后续照管机构的信息对接和沟通联络机制,实现信息互通、系统互联、资源共享。对于解除强制戒毒的人员,社区康复、后续照管机构也应对其加强预防犯罪教育,与公安部门联动,对于曾有犯罪记录、出现犯罪苗头的人员进行重点关注、及时报告,将防范打击犯罪和化解风险、维护稳定统筹起来。

二是全社会全方位开展毒品和违法犯罪预防宣传教育工作。加强以合成毒品和新精神活性物质为重点的毒品宣传教育,及时更新宣传内容,并与涉毒违法犯罪行为及相应法律责任相结合,全面提高民众的防范意识。以青少年为重点,将毒品预防教育与法治教育有机统一起来。根据不同年龄的认知发展规律,系统研发毒品和违法犯罪预防教育教材体系和课程体系。在方法上更加强调互动和参与,使预防教育和宣传的内容更有针对性、实用性,从而帮助青少年在身处高危情境时能够予以应对。区分不同群体的需求,采取差异化的预防教育宣传策略,如对未被学校、社区所覆盖的失学、辍学青少年等高风险人群,要做到更加高频、具体、细致的宣传教育。

三是落实家庭监护职责,强化政府监护职能,从源头上减少和预防未成年人吸毒和违法犯罪。在监护制度方面,经过2020年修订的《未成年人保护法》明确、细化了家庭监护责任,确立了委托照护制度,明确了国家监护兜底责任,完善了公安、司法机关对有关未成年人监护问题处理的规定,等等。这些规定将为未成年人父母或其他监护人、国家更好履行监护职责提供法律支撑,重在抓好落实工作。

四是完善义务教育制度,强化义务教育执行力度,减少青少年失学辍学现象。中、小学校要严格按照国家义务教育法律规定,规范执行学校开除或处理学生工作流程。完善立法,明确罚则,从根本上保障未成年人接受义务教育的权利。有学者提出,可在刑法中增设相应的罪名,在犯罪构成中适当扩大犯罪主体的范围,使国家行政机关、学校或学校管理机构和家庭的不作为行为受到刑法相应的制约。[1] 条件成熟的地方可以试行十二年义务教育,确保未成年人在成年前接受家庭和学校的双重监管,减少受到社会上不良行为诱导的可能性。

五是强化对易涉毒、涉黑、涉恶场所的管理,净化社会环境。重视对学校及

---

〔1〕 参见朱俊强、龚波:《论我国未成年人接受义务教育权利的法律保护》,载《株洲工学院学报》2004年第6期。

周边各种文化娱乐场所的排查,尤其要重点清查是否有未成年人上网、出入娱乐场所等情况。加强社会宣传教育防范,在娱乐场所醒目位置张贴禁毒和预防犯罪的警示牌、宣传画,组织播放有关主题的电视录像片,公布各级公安机关的举报电话。全面落实打防管控各项措施,以网吧、游戏厅、KTV、酒吧、宾馆、饭店、出租房屋等场所为重点,深入开展调查摸底工作,加大整治和打击力度,对涉毒、涉黑、涉恶的场所坚决予以取缔。

四川省刑释人员重新犯罪问题探析

四川省监狱管理局课题组*

一、四川监狱在押重新犯罪罪犯情况

(一)基本情况

截至2018年1月,四川省在押重新犯罪罪犯占在押犯总数的24.40%。

1. 性别情况。重新犯罪罪犯主要为男性,占比为96.82%,重新犯罪的女性罪犯占比为3.18%。

2. 年龄情况。据统计,在押有前科记录罪犯年龄主要集中在26~50岁,占在押重新犯罪罪犯总数的80.46%。其中,31~35岁、41~45岁是重新犯罪的高峰期。

3. 文化程度。在押重新犯罪罪犯中,小学和初中学历共占82.64%。其中,初中占42.57%,小学占40.07%,文化程度普遍较低。

4. 户籍情况。在押重新犯罪罪犯的户籍所在地,65.68%在农村,22.86%在乡镇、县城,6.90%在地级市,仅4.55%在省会城市。

5. 捕前职业。在押重新犯罪罪犯中,捕前职业主要集中于就业不稳定、缺乏经济收入的“农牧渔林”或“无业”人员,占比达94.92%。

6. 婚姻情况。在押重新犯罪罪犯中,未婚占40.48%,已婚占34.34%,离异占18.98%,再婚占0.46%,丧偶占0.70%。这在某种程度上说明,缺乏家庭约束,刑释人员更易重新犯罪。

7. 分押类型。在押重新犯罪罪犯主要犯罪类型,财产型占32.78%,暴力型占32.48%,涉毒型占28.42%。男性罪犯主要是暴力型占33.44%,财产型占32.93%,涉毒型占27.28%;女性罪犯是涉毒型占62.95%,财产型

* 原文载《犯罪与改造研究》2020年第5期。

占28.22%。

(二)重新犯罪的主要特点

1.重新犯罪率逐年上升。20世纪80年代,中国重新犯罪率约8%,21世纪初期上升到13%~14%。2007年,全国被判刑2次以上罪犯达15.98%。[1] 2017年,时任司法部部长张军调研时指出,山东判刑2次以上罪犯占全国被判刑2次以上罪犯的24%,四川判刑2次以上犯罪占全国的23%。

2.刑释两年内是重新犯罪高发期。四川在押重新犯罪罪犯中,32%的重新犯罪在刑释1年内,22.75%的在刑释1年到2年期内,24.27%的在刑释2年到5年内,20.97%的在刑释5年后,其中刑释2年内是高发时段。

3.重新犯罪性质情节更加严重。重新犯罪呈现主观恶性大、犯罪手段残忍等特征。成都市公安局对2005年至2010年大案要案进行统计,从被判刑期判断刑释人员再犯罪占比为60%,[2]也得到印证。初次犯罪中,原判3年以下的占49.67%,10年及以上有期徒刑、无期徒刑和死缓的占17.35%;重新犯罪罪犯原判3年以下的占5.77%,10年及以上有期徒刑、无期徒刑和死缓的共占42.14%。

4."双低群体"占重新犯罪绝大多数。一是经济收入低。重新犯罪人员中,犯罪前经济收入不稳定的占78.14%。其中,48.52%家庭年收入在5000元以下;29.62%家庭年收入在5000~2万元;比较稳定在2万~5万元的占12.84%;很稳定在5万元以上的占9.02%。由此可见,他们多数再次犯罪前经济困难。二是文化程度低。捕前职业为农牧渔林、无业的,占重新犯罪人数的94.93%,是重新犯罪高发人群。捕前职业为农牧渔林的,初中以下学历的占95.15%;捕前无业的,初中以下学历的占82.69%。上述这类人群文化水平低、专业技能低,很难获得较好的就业机会,容易被边缘化。

5.刑释人员重新犯罪向经济发达地集聚。从户籍地分布看,成都及周边经济发达区重新犯罪率普遍高于凉山、阿坝等不发达地区。从案发地看,表现为从经济欠发达地区向发达地区流动,案发地与其户籍地高度不一致(见图1)。成都周边10所监狱5505名重新犯罪罪犯问卷统计显示,刑释人员流动到异地犯罪的占比为69.38%。71.43%的罪犯"想去发达地区发财";38.72%的罪犯

[1] 参见李伟、顾宏翔:《罪犯服刑效果与预防犯罪》,载《江苏警官学院学报》2016年第1期。

[2] 参见石奎:《预防刑满释放流动人员再犯罪问题的实证研究》,载《西南民族大学学院学报(人文社会科学版)》2013年第2期。

"因经济压力需外出打工";32.41%的罪犯"难被邻里接受";11.32%的罪犯"选择流动生活"。城市生活中,由于文化素质和劳动技能差距,难以实现预期,心理失衡,有的便铤而走险。

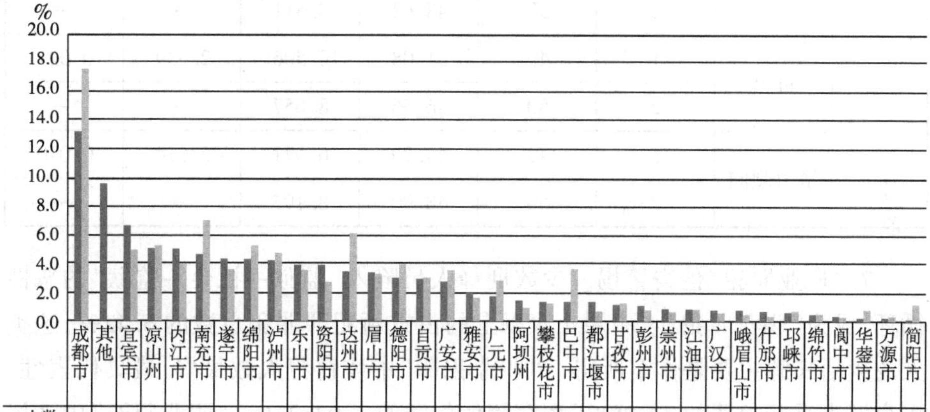

	成都市	其他	宜宾市	凉山州	内江市	南充市	遂宁市	绵阳市	泸州市	乐山市	资阳市	达州市	眉山市	德阳市	自贡市	广安市	雅安市	广元市
■人数占比	13.2	9.6	6.6	5.1	5.0	4.7	4.4	4.4	4.3	4.0	4.0	3.5	3.4	3.1	3.0	2.8	2.1	1.8
■人口占比	17.6	0.0	5.0	5.3	4.1	7.1	3.6	5.3	4.8	3.6	2.8	6.2	3.3	3.9	3.1	3.6	1.7	2.9

	阿坝州	攀枝花市	巴中市	都江堰市	甘孜市	彭州市	崇州市	江油市	广汉市	峨眉山市	什邡市	邛崃市	绵竹市	阆中市	华蓥市	万源市	简阳市
■人数占比	1.5	1.5	1.4	1.4	1.3	1.1	1.0	0.9	0.9	0.9	0.7	0.6	0.6	0.4	0.4	0.3	0.2
■人口占比	1.0	1.4	3.7	0.8	1.3	0.9	0.7	0.9	0.7	0.5	0.5	0.7	0.5	0.3	0.8	0.5	1.2

图1 重新犯罪罪犯户籍分布

6.多种缺陷存在且人格异常发生率高。重新犯罪罪犯与初犯相比,存在心理异常,且存在性别差异。男性:与初犯相比,有更强冲动性、暴力倾向,犯罪思维更严重,多采用不成熟型或中间型心理防御机制,人格障碍发生率更高。女性:与初犯相比,同情心更低、暴力倾向更明显、自信心更强。男女都有暴力倾向明显的特征(见表1)。

表1 不同犯罪次数罪犯心理特征比较

性别	维度	犯罪次数	人数	平均数	标准差	T值	P值
男	冲动	1	213	49.11	10.363	-2.696	0.007
		2	213	51.68	9.305	—	—
	暴力倾向	1	213	48.91	10.280	-3.476	0.001
		2	213	52.45	10.705	—	—
	犯罪思维	1	213	49.50	9.914	-3.458	0.001
		2	213	52.80	9.783	—	—

续表

性别	维度	犯罪次数	人数	平均数	标准差	T 值	P 值
女	同情	1	49	52.45	5.813	2.609	0.011
		2	50	48.62	8.511	—	—
	自卑	1	49	51.08	10.506	2.339	0.021
		2	50	46.56	8.657	—	—
	暴力倾向	1	49	44.90	6.971	-2.614	0.010
		2	50	48.90	8.197	—	—

7.“职业罪犯”值得警惕。少数刑释人员陷入“监狱—社会—监狱”的恶性循环,成为“职业罪犯”。犯罪 4 次以上的占重新犯罪罪犯总数的 6.42%,这类人的生活来源主要是作案所得。“职业犯罪”中盗窃犯人数最多、最具代表性。盗窃罪占重新犯罪的 72.28%,盗窃团伙作案的占 93.24%;“职业犯罪”中涉黑类仅占 7.54%,但涉黑团伙中 80% 以上人员为刑释罪犯。

二、刑释人员重新犯罪原因

(一)罪犯个人原因

1.价值观混乱。社会转型期,价值观多元化,个人主义、拜金主义等思潮冲击社会道德底线,部分刑释人员心理失衡、行为失范,因而发生重新犯罪。

一是社会恶习深。重新犯罪罪犯中,成年后有吸毒史的占 52.54%,有赌博、酗酒、网瘾的分别占 47.85%、9.54%、30.3%,常出入色情场所的占 6.41%,与两个以上异性(非配偶)发生关系的占 35.41%,有行政处罚或劳动教育经历的占 22.07%。重新犯罪罪犯具有很强的犯罪惯性,具体表现为缺乏规则意识、自控能力弱、主观恶性大,并且具有反复性。

二是刑罚体验浅。随着监狱软硬件设施改善,劳动强度和安全风险降低,管理日益规范,这在一定程度上弱化了罪犯的刑罚体验。29.9% 重新犯罪罪犯认为“监狱改造像当兵,只是没自由”;31.9% 认为“监狱并不可怕”;57% 曾获得减刑奖励。

三是交叉感染。在押重新犯罪罪犯中,团伙犯罪突出,占在押重新犯罪罪犯人数 46.46%,比初次团伙犯罪高约 10%。刑释人员回归后抱团取暖,容易交叉感染,诱发重新犯罪。

2. 认知能力偏差。41.65%重新犯罪罪犯法律意识淡薄,25.70%缺乏法律常识,16.1%抱有侥幸心理。法律意识缺乏、人格扭曲,是重新犯罪的显著因素。由于长期与社会隔离,他们大多形成了监狱人格,回归社会后很难适应,在强迫、焦虑、敌对、抑郁及精神性疾病等方面检出率超过均值。

3. 就业不稳定。55.17%重新犯罪罪犯"不适应就业需要"。缺乏生存技能是诱发重新犯罪的重要原因。刑释人员回归后职业越稳定,重新犯罪可能性越小;职业不稳定或无业,重新犯罪可能性越大。

(二)社会原因

1. 经济发展不平衡不充分。社会进入转型期,城乡发展不平衡,社会结构和社会控制出现失衡,利益分化与重构呈现多样化复杂化。我国2016年基尼系数已达0.465,[1]超过警戒线,贫富差距较大;贫困及与贫困相联系的诸多不利因素,易诱发犯罪和重新犯罪。如四川凉山彝族自治州犯罪率达1.8‰,是全省犯罪率的2倍;国家级贫困县布拖犯罪率达10.3‰,是全省均数的11倍。

2. 社会保障就业政策不包容。84.9%的重新犯罪罪犯"未缴纳社会保险"。有的已参保罪犯,由于服刑,原有社会保险、医疗保障,及职业、执业证照年审中断,重新就业难度大;34.33%回归后"在找工作时被歧视",多数企业要求提供无违法犯罪记录,或开具无犯罪记录征信。

3. 安置帮教对接不畅通。70.8%重新犯罪罪犯刑释后未到当地公安派出所、司法所报到,采录信息;83.23%表示"安置帮教部门没有找过自己";50.41%表示"希望得到安置和帮教"。安置帮教工作由于机构设置、人员配置、资金不足、缺乏制约,导致部分刑释人员长期人户分离、去向不明,成为重新犯罪高发人群。

4. 家庭支持系统有缺失。成年前家庭教育方式不当,放任不管、溺爱、粗暴占56.75%,明显高于初次犯罪罪犯的37.52%;家庭及婚姻关系不融洽,在押重新犯罪罪犯"家庭成员和睦相处"仅占38%;"父母经常发生争吵、家暴"占42.66%;"父母离异"占21.94%;家庭关系紧张,缺乏家庭支持,刑满释放后,家人"漠不关心""极少帮助"占25.7%。

(三)监狱体制机制不健全

1.《监狱法》局限明显,亟待修订完善。一是法律位阶局限性。《监狱法》

---

〔1〕 参见《统计局:2016年基尼系数为0.465较2015年有所上升》,载中国新闻网,http://www.chinanews.com/cj/2017/01-20/8130559.shtml。

是部门法，位阶低，协调力弱，被认为是“监狱的法”“管监狱的法”。二是内容分散性。监狱刑罚执行的条件、程序、内容等散见于《刑法》、《刑事诉讼法》和两院司法解释等。三是执行局限性。《监狱法》对监狱工作的相关程序、条件规定不具体，监狱管理部门往往以联合发文、部门规定等补充方式，解决执行中的法律空白，其约束力较差。

2. 监狱经费保障不足，动态保障亟待建立。中央、地方事权与支出责任相匹配的监狱经费保障体制尚未健全，还未形成监狱经费动态增长机制，仍需监狱企业创造效益来弥补不足。

3. 监狱治理与职能要求不适，行政化倾向亟待改善。机关化、行政化的组织架构是制约改造质量提升的结构性难题。监狱按普通国家机关设置机构、配置人员，缺乏心理矫治、改造评估、数据分析等专业机构，与其本身特定职能定位不匹配；资源配置不合理，监狱机关科室设置与基层设置倒置，机关化倾向明显；功能指引不明晰，监区警务运行围绕劳动改造展开，缺乏与惩罚和改造职能相适应的权责配置和制度指引。

4. 奖惩机制与再社会化要求不适，“假释”适用空间亟待拓展。四川省监狱罪犯年均减刑率为30% ~36%，重新犯罪罪犯中曾获减刑的达57%，而假释罪犯重新犯罪率仅为2%。假释是有利于预防重新犯罪的制度设计，但由于其“不至于重新犯罪”法定要求，难以评估预判，从而影响了它的普遍适用，全国监狱年均假释率不足2%。

5. 队伍职业化发展滞后，政策瓶颈亟待突破。具体表现在以下几个方面。一是缺乏职业特征的职务分类。监狱民警适用普通行政管理，分为综合类、执法类、执勤类，原技术职称、教师职称、医生职称等职级难以衔接行政职务，职业细化分类受制约。二是民警成长路径狭窄。以职业化为导向的晋升机制尚未建立，行政职级晋升成为职业成长的唯一路径，职务意识明显，职业意识淡化。三是队伍专业结构不合理。核心专业人才占比不高，其中教育学占1.2%，心理学占1.5%，信息专业占1.35%，心理咨询师占1.5%，人才总量不足，亟待改善。

6. 监狱分级分类不完善，功能形态亟待健全。按司法部坚守安全底线、践行改造宗旨、统筹推进以政治改造为统领的五大改造部署，亟待从管控风险、维护安全稳定、实现精准矫治要求，建设不同戒备等级监狱，形成宽严相济、罪当其罚的行刑模式。

三、努力构建罪犯再社会化新机制，切实降低重新犯罪率

（一）构建重新社会化新机制

1. 建立有针对性的教育矫治机制。监狱应根据不同类型罪犯和罪犯个体，运用循证矫正、内省矫正等现代科学矫正手段，实施“一犯一策、一犯多策”，实现矫正效能最大化。例如，对人格障碍、心理问题突出的罪犯，强化心理咨询矫治；对刑罚体验差、再犯风险高、人身危险大的罪犯，实施专项攻坚；对谋生技能不足、社会适应能力差罪犯，开展职业技能培训、创业培训和回归社会适应性训练。

2. 建立罪犯顺利回归的过渡性保障新机制。（1）建立就业储备金制度。监狱行刑目标是通过改造使罪犯更好融入、回归社会。着眼罪犯出监后社会生存需要，监狱应建立与罪犯改造需要和回归过渡相适应的劳动报酬机制，将罪犯劳动报酬，按一定比例用于缴纳医保、罚金、赔付受害人、补贴家庭生活；建立就业储备金，在罪犯刑满释放时发放，为出狱就业过渡、创业发展、基本生活提供保障，降低罪犯因经济困窘而犯罪的风险。（2）出台就业帮扶新政策。出台刑释人员就业援助政策，鼓励企业吸纳就业，帮助其解决生存困难；建立就业培训基地，为其提供就业平台，开展就业指导、技能培训，使其掌握劳动技能；对有创业意愿的刑释人员，进行创业指导和跟踪帮扶，在贷款、工商、税收等方面提供帮助；设立犯罪记录时间限制，对5年内无重新犯罪的认定为无违法犯罪记录。（3）建立中途之家安置帮扶机构。建立刑释人员过渡性安置帮扶机构，由司法、综治、财政、民政等部门建立社区服务“中途之家”，为无家可归、无业可就、无亲可投的“三无刑释人员”提供过渡式管理和安置服务，协助罪犯办理落户、低保、申请廉租房、保险、法律援助等。

（二）构建共建共治共享的社会综合治理机制

1. 促进其社会融入。维护刑释人员合法权利，帮助其融入社会，是防范重新犯罪的重要举措，也是社会主义本质要求。促进城乡一体化发展，让刑释人员共享社会发展成果，使其有工可做、有业可就，进而使其收入稳定，减少再犯罪风险；畅通社情民意反映渠道，了解其真实需要，制定科学合理政策，帮助他们实现美好生活追求；健全思想文化培训体系，整合培训资源，助他们融入现代社会。

2. 促进社会平衡发展。依托社会经济发展带动乡村经济振兴，实现城乡融合。结合四川协同发展布局，聚力彝、藏特困地区实施精准脱贫。引导产业结

构调整,实施乡村振兴战略,加快城乡发展、改变农村面貌,共享改革红利;立足乡村资源优势,抓好项目开发,利用扶贫政策,培植支柱产业,增强自我发展能力;扶持乡镇企业发展,创造更多岗位,拓展稳定就业和持续增收渠道,调动刑释人员就业创业积极性、主动性。

3. 深化权益保障机制。建立涵盖刑释人员在内的全民社保体系。将罪犯及刑释人员纳入社会保险范畴,允许罪犯利用劳动报酬或家人出资为其购买社会保险,解决其社保衔接,使社保连续有效;将罪犯文化、技能培训纳入国家总体规划,拓宽义务教育范畴,实现财政统筹;拓宽社会救济覆盖面,畅通诉求渠道,建立便捷机制,引入法律援助、适当经济救助,缓解罪犯生活压力。

4. 构建社会防控机制。犯罪源于社会,预防依靠社会。建立社会帮教长效机制,深化社会包容、政府帮扶、部门联动、家庭接纳社会帮教机制,明确政府部门帮教责任;建立预测预防机制,制定评估标准,监测风险群体,常态化跟踪研判,定期发布预警,强化预防效果;加强心理服务跟进,完善危机干预和心理援助服务,为其提供心理辅导、情绪疏解、人际关系调适等服务,培育罪犯自尊自信、理性平和、积极向上的心态。

5. 强化社会文化认同。创造健康向上的文化环境,让刑释人员感受文化关爱、促进文化认同。加强社会主义核心价值观、中华优秀传统文化教育,提升罪犯道德修养,培养其道德情操;融入社区生活,注重家庭家教家风教育,促进家庭和谐、社会稳定。

(三)构建践行改造宗旨的新机制

1. 完善法律政策,优化刑罚执行模式。应完善刑事法律体系,修订《监狱法》,或出台《刑事执行法》,构成完备的刑事法律体系;规范假释适用条件和程序,依法扩大假释面,形成“假释为主、减刑为辅”的刑罚执行机制;出台民警履行法定职责保护和容错纠错的法律法规,保障民警合法权利。

2. 深化监狱改革,促进职能回归。实现全额保障,专注监狱职能。加强中央、省级财政支撑,落实全额保障,围绕提高标准、健全科目、优化结构,建立监狱经费财政保障动态增长机制,实现全额保障,使监狱专注其职能规范运行。完善分级分类,提高改造能力。适应刑事政策调整和押犯构成变化,构建我国监狱分级、罪犯分押分管新体系。科学划定罪犯危险等级和类型,全面提升监狱建设和管理科学化、规范化、标准化水平。推进劳动改造回归,增强罪犯就业能力。建立劳动改造岗位供给机制,结合罪犯身体状况、技能特长、社会需求,提供充足、稳定的改造岗位,推动劳动改造与其他改造深度融合,将罪犯培养成有良好劳动习惯、过硬劳动技能的劳动者。

3. 优化机构设置，践行改造宗旨。实现监区功能纯化，按改造功能配置监区资源，重构监区组织形态和功能形态；实现职能优化，理顺机关职能，精简层级，形成以改造为中心的机构建设；实现监区运行模式转变，由行政型向专业型转变，权力型向能力型转变，经验型向创新型转变，封闭型向开放型转变，打破组织架构桎梏，建立起高效务实扁平的警务机制。

4. 推进队伍职业化，提供人才保障。推动民警职务行政化向职业化拓展，探索适合队伍职业特点的管理制度，实现分类管理，完善职务职级并行的薪酬制度，拓展职业发展空间；健全民警职业培训体系，完善培训运行制度，定制差别化培训规划，突出针对性、有效性，实现“教学练战”一体化；加大专业人才招录力度，建立人才梯次培养机制，形成动态分层分类分级的教育培训模式，增强职业吸引力，实现职业良性发展。

乔司监狱近五年重新犯罪问题调查研究

浙江省乔司监狱课题组*

一、调查研究的背景和方法

（一）研究背景

2017 年 5 月初，司法部首次提出“治本安全观”这一概念，要求“从底线安全观向治本安全观转变，切实提高教育改造质量，要在改造罪犯成为守法公民上加大监狱工作机制改革的工作力度”。时任司法部部长张军在视察监狱工作时强调，改造罪犯是监狱工作的核心职能，要从满足于“不跑人”的“底线安全观”向为社会输出“合格产品”的“治本安全观”转变。“产品”是否合格，关键在于罪犯的再犯风险性是否得到消减和控制。最大限度地减少和消除罪犯刑满释放之后的再犯风险性，是现阶段科学矫正犯罪的重要目标指向。因此，研究重新犯罪规律，分析其问题症结，为防范罪犯重新犯罪提供合理化建议，对于践行“治本安全观”，有效控制罪犯的再犯风险性，实现监狱各项事业长期、全面、稳定发展，具有重要的理论和现实意义。

（二）研究方法

本课题主要采取调查研究和比较研究的方法，遵循理论与实际相结合的原则，运用数据描述统计、案例分析归纳，构建了近 5 年（2012 ~ 2017 年）由浙江省乔司监狱释放的浙江省各地区刑释人员的重新犯罪整体模型，对刑释人员重新犯罪防控现状、存在问题及原因进行全面分析，探寻预防和控制刑释人员重新犯罪的思路和对策。

---

* 课题组成员：杨剑锋、蒋晗华、戴永伟、周建刚、何为杰。原文载《犯罪与改造研究》2018 年第 6 期。

二、调查的基本情况

（一）乔司监狱浙江省籍各地区刑释人员重新犯罪总体情况

研究重新犯罪问题的一项重要内容，是调查罪犯在刑罚执行完毕或者赦免之后一定时间内的重新犯罪状况，从而评估矫正工作以及刑罚的效果。

乔司监狱2012年至2017年刑满释放人员的表现情况调查结果显示，在被调查的9647名浙江省籍刑满释放人员中，回归社会后5年内表现好的9125人，占被调查总人数的94.59%；重新犯罪的522人，占被调查总人数的5.41%。其中，舟山地区刑满释放923人，重新犯罪的34人，占比为3.68%；金华地区刑满释放1572人，重新犯罪的94人，占比为5.98%；台州地区刑满释放907人，重新犯罪的11人，占比为1.21%；衢州地区刑满释放1034人，重新犯罪的97人，占比为9.38%；杭州地区刑满释放855人，重新犯罪的25人，占比为2.92%；湖州地区刑满释放296人，重新犯罪的6人，占比为2.03%；绍兴地区刑满释放2500人，重新犯罪的127人，占比为5.08%；嘉兴地区刑满释放496人，重新犯罪的12人，占比为2.42%；温州地区刑满释放623人，重新犯罪的22人，占比为3.53%；丽水地区刑满释放147人，重新犯罪的6人，占比为4.08%；宁波地区刑满释放294人，重新犯罪的88人，占比为29.93%。

（二）乔司监狱浙江省籍刑释人员重新犯罪刑期情况

在重新犯罪的522名刑释人员中，再犯罪被判处刑期在1年（含）以下的有149人，占28.54%；再犯罪被判处刑期在1年以上5年（含）以下的有81人，占15.52%；再犯罪被判处刑期在5年以上10年（含）以下的有3人，占0.57%；再犯罪被判处刑期在10年以上的有3人，占0.57%；再犯罪后在逃人数为2人，占0.38%；再犯罪后处于被监视居住状态人数有1人，占0.19%；再犯罪后被判处刑期不详的有283人，占54.21%。

（三）乔司监狱浙江省籍刑释人员重新犯罪类型情况

522名重新犯罪人员涵盖罪名44种，其中所犯罪名数值的前3位依次为盗窃罪、抢劫罪和贩卖毒品罪。由此可见，重新犯罪罪种集中趋势较为明显，主要分布于财产犯罪和贩毒犯罪等。

（四）乔司监狱浙江省籍刑释人员重新犯罪之前后罪关联情况

前后罪类型一致的前3位分别是：盗窃罪（占53%）、抢劫罪（占5.9%）、寻衅滋事罪（占5.4%）。据此说明，惯常犯罪与重新犯罪具有强关联性。

三、重新犯罪情况调查结果分析

(一)重新犯罪状况总体稳定,重新犯罪率略有升高

我国刑释人员重新犯罪现状不容乐观。我国在预防重新犯罪方面做了许多积极的工作,我们不到3%的重新犯罪率曾引起域外司法界对我国行刑制度的关注。周勇研究员曾经指出,我国是世界上押犯最多的国家之一,多年来罪犯刑满释放后的重新犯罪率一直处于较低水平,这与我国监狱系统实践中形成的许多行之有效的矫正方法密不可分。但近年来,我国重新犯罪率居高不下,并有连年上升的趋势,其中刑满释放人员重新犯罪占了相当大的比重。

(二)重新犯罪的罪名相对集中

通常将服刑人员的犯罪类型分为财产型(包括职务犯罪)、暴力型、三涉型(涉枪、涉毒、涉黑)、淫欲型及其他。从前文的资料数据上分析,重新犯罪中罪名为盗窃罪的有271人(占51.91%),抢劫罪25人(占4.79%),财产型犯罪已达到56.7%,超过半数。除盗窃、抢劫两种犯罪外,实施贩卖毒品罪、寻衅滋事罪、容留吸毒罪、诈骗罪的所占比重也较大。

(三)重新犯罪之前后罪的关联性强

重新犯罪人的前犯罪行为与后犯罪行为的关联性问题一直是人们关注的话题。我们的统计数据表明,重新犯罪人群体对犯罪行为的选择并非杂乱、恣意与随机,而是会受到前序犯罪的较大影响,其中盗窃罪在前后罪的关联性上表现最为突出(占比53%),抢劫罪次之。习惯成自然,人们有理由怀疑有盗窃前科的犯罪人再次作案时很可能还是选择盗窃,贩卖毒品的人出狱后还可能继续贩毒。前罪行为记忆的延续性、继承性使得犯罪人在后续犯罪中更容易故技重施,也更能令其发展成为职业犯罪中的惯犯。

四、重新犯罪的原因分析

(一)个人原因

1.心理问题严重,存在严重的人格障碍。崇尚金钱、好逸恶劳;违法犯罪的耻辱感、罪恶感降低;漠视法律、知法犯法的心理作祟。

2.个人谋生技能差,社会适应能力弱。现在,罪犯人监后都需要对其进行文化教育、技术培训。但有相当一部分服刑人员自身不注重文化学习,混刑期、熬日子的想法根深蒂固,最终未能在监狱学到一技之长,缺乏就业能力或合法

谋生技能,而职业的有无和是否稳定与刑释人员重新犯罪的可能性大小之间具有明显的相关性。

3. 家庭关系恶劣,丧失向善信心。大多数刑释人员在再社会化过程中缺少家庭联系,往往自我压抑、内心寂寞,难以得到家人思想上和生活上的关爱,难以感受到家庭的温暖,容易导致其丧失向善的勇气和信心,使其重新燃起的对于家庭和生活的希望之火再次熄灭,最终自暴自弃,再次步入犯罪深渊。

(二)社会原因

1. 社会歧视。调查发现,其实多数刑释人员接受监狱教育改造后,一心向好,想要努力表现、融入社会、做一个正常的社会人。然而重新步入社会之后,多数刑释人员对社会的残酷现实感到失望和迷惘。刑释人员可以进行的工作偏少,就业途径狭窄,社会还是以一种异于常人的态度面对他们,导致其难以很好地融入社会。回归社会后,刑释人员常常会同病相怜、抱团取暖,结果往往不尽如人意,最终走上团伙作案、集团犯罪的道路。

2. 社会不良交际。刑释人员人际交往一般较为狭窄,常常局限在与其犯罪密切相关的不良群体内。据调查,不少刑释人员认为自己再犯罪的主要原因是受他人拉拢、支配。社会不良交际是主客观因素共同作用的结果,不仅具有主观的主体意向性,还有客观的被动性。刑释人员的自身犯因在客观上受到不良环境影响后就容易引发重新犯罪。

3. 就业安置困难。现有对刑释人员的安置帮教工作模式主要是国家主导、各级政府推动,缺乏全社会的参与主动性,加上现有的政策制度还不够完善,导致工作落实不到位,出现偏差。在对重新犯罪人员进行访谈时,他们也普遍感觉再就业存在难度,认为"社会帮扶力度弱"的重新犯罪人员所占比重最大,认为"帮助找工作了但未找到"的重新犯罪人员所占比重次之,认为"帮助找工作并且去工作了"的重新犯罪人员所占比重最小。

(三)监狱原因

1. 思想教育内容泛化。多年以来,监狱在对服刑人员的思想教育方面(包括伦理道德方面的教育),一直没有形成一个统一的标准,更没有形成系统的教育内容,因而没有生成一套统一的教材。各监狱往往根据国家和省级管理机构每年提出的要求,来制定当年具体的服刑人员思想教育的计划和内容,但由于活动常常为期较短,且学习内容多缺少系统性和延续性,往往虎头蛇尾,教育感化的效果难尽人意。

2. 文化技术教育缺乏实效。按照目前我国监狱对服刑人员的文化教育，文化程度较低的按照司法部监狱管理局统一组织编写的一套教材进行扫盲教育和九年制义务教育，然而很多地方还未能纳入地方政府的教育规划，监内取得的学历证书未能获得社会承认。文化程度较高的虽然在监内大多就可以参加社会统一的高等教育自学考试，但这类群体所占比例不到5%，而且多数为职务犯，他们本身往往就具有大专以上学历，重新犯罪可能性极低。

3. 分类教育困难重重。根据服刑人员的犯罪类型进行分类是监狱的惯常做法。这种分类教育的模式已经提出了许多年，但在具体实践中一直存在重重困难。其中一个明显的障碍就是：要开展这种分类教育，首先必须对入监后的服刑人员进行分类管理。由于一所监狱内犯不同类型罪的服刑人员人数差异悬殊，同时受到收押服刑人员场地的限制，事实上监狱无法完成对服刑人员按照上述分类进行收押管理，这样就造成许多时候服刑人员分类教育形同虚设。

4. 监狱内交叉感染。监狱等刑罚执行机关是一种相对封闭的环境。部分服刑人员将监狱等设施作为一个沟通犯罪理念、交流犯罪手段及商讨共同犯罪计划的场所。少数服刑人员在重新步入社会，尤其在面对一些挫折、打击和心理失落后，会再次唤起在监狱等场所形成的心理依赖，连接起那时建立的特殊"感情"纽带而重新犯罪。这种监狱内的"交叉感染"现象在一定程度上始终存在。

五、重新犯罪的防控对策

（一）监狱执行中的重返社会帮助措施

1. 社会参与、共同协作，不断加强文化教育。文化教育是提升服刑人员各类素质的基础工程。监狱的文化教育要与社会接轨，增强社会的参与性。监狱文化教育要真正有所作为，就需要监狱排除自身难题，冲破体制束缚，与社会性教育部门加大协作力度，谋求狱内的各种文化考试考核和学历证书发放均能与社会同步接轨，得到社会群体的认可。监狱内部开展的学历教育必须得到社会力量的支持，要将此项教育纳入地方政府的教育规划。监狱要与大中专职业院校、教育部门等充分协调，为服刑人员提供更优质的教育环境和教育条件。与社会群体共同合作，采用多种教学方式，例如，通过网络教学、远程教育、共同授课、多媒体教学，不断提升教学内容、教学方法、教育成果的社会化程度，不断提高服刑人员文化教育质量。

2. 意在修心、重在治本，努力创新技术教育。监狱必须有效整合服刑人员技能教育资源,积极推动技术教育能力创新性发展。通过教学内容、教学形式等创新,加强职业技能教育深度对接,切实提高服刑人员技能水平,真正地让他们掌握一技之长,有自我谋生的能力。可根据服刑人员的兴趣爱好、刑释后的就业意愿等,结合监狱实际条件,创新性地开展技术技能教育,提高服刑人员的劳动技能,增强服刑人员融入社会的能力。另外,还可不定期地组织社会企业进监招聘,让服刑人员与社会企业平等沟通,以便其在走出大墙后就能找到新生的第一份工作,重拾对未来生活的信心。

3. 推进法治教育,提高知法守法能力。监狱要重视法治教育、促进法治建设,做到"谁执法谁普法",将全面依法治国理念融入服刑人员教育当中,使服刑人员不断增强法律意识、掌握法律知识,懂得运用法律的武器来保护自己、维护自己的合法权益,避免遇到问题走极端。在法治教育内容上,首先,通过讲解基本法理学知识,让服刑人员了解什么是法律,法律是做什么的。其次,通过讲授宪法,让服刑人员对于国家的根本大法有所认识,培养和增强他们的爱国主义和集体主义意识。最后,选择与服刑人员日常生活联系更为紧密的法律,进一步培养他们的遵规守纪意识。同时,要科学设计教材,让教材新鲜生动、紧扣时代,并以最新修改的法律为准。要多采用以案说法、图文并茂等方式,使得教材深入浅出、形象生动、通俗易懂。此外,还要充分利用社会资源加强法 1 台教育实力。

4. 向社会购买专业服务,真正做好服刑人员的心理矫治。据调查,由于心理不健康导致刑释人员再次步入监狱的不在少数。要及时、科学地对服刑人员进行心理危机干预,采取对应心理矫治手段,消除服刑人员的心理疾病和心理隐患,在矫正服刑人员思想过程中也帮助其塑造健康心理状态。几乎每个监狱都对服刑人员开展了心理矫治但效果并不明显,主要原因就是心理咨询师往往由监狱民警担任且多是半路出家,而且罪犯与身穿警服的民警本身就易产生一种对立和管理关系,而心理咨询和矫治要建立在平等信任基础上才能取得良好效果。所以,建议监狱采取向社会购买服务的方式,高质量地引进社会专业机构,将会起到事半功倍的效果。当然,监狱民警心理咨询师并不是不能有所作为。他们可通过自己的专业知识,在集体教育、个别教育中有针对性地帮助服刑人员消减悲观、焦虑、焦躁、烦闷、抑郁等消极情绪,授之以渔地让他们学会有效调节和控制自我情绪。

5. 以社会化为核心,不断提升出监教育成效。出监教育阶段是服刑人员教育改造的最后一道关卡。出监教育主要以社会管理教育为主,对教育改造工作发挥着巩固效能。在出监教育阶段，服刑人员主要是学习如何进行身份变化即如何从“监狱人”向“社会人”转变，主要是学习如何让自己快速适应社会、融入社会，真正成为一名合格社会人。稳定健康的婚姻家庭关系对服刑人员具有极大的抚慰作用，能让其产生强烈的归属感，应为出监教育的重要内容。出监教育必须秉持走进社会、回归为本、学以致用和实际演练的原则，设置仿真社会环境让服刑人员加以体验，逐步提高其社会适应能力。

（二）刑释后融入社会的帮助措施

1. 消除社会歧视，为刑释人员创造一个公平的生存环境。要通过不断宣传教育，逐步培养平和、平等地接纳和对待刑释人员的社会氛围，帮助其克服各种困难、得到应有尊重，进而消除自卑感、重树生活信心，使其痛改前非、以罪为耻，杜绝犯罪杂念。

2. 规范监地衔接，为降低刑释人员重新犯罪率建立长效机制。现在很多监狱或者地方司法行政机关凭借自身的协调能力，与对接单位以签订协议的方式来规范监地衔接，简要明确双方的权利和义务。比如建立“监地衔接示范基地”和“出监教育实践基地”；与对应的监狱、看守所等签订《监地衔接工作规范》，对假释、暂予监外执行委托调查程序，暂予监外执行接收程序、收监程序，假释、暂予监外执行社区服刑人员日常管理要求，重点人员的“必接必送”等安置帮教工作程序作出规范。时机成熟时则可以上升到法规高度，统一规范全国范围内监地衔接工作标准。

3. 落实各项政策，为刑释人员提供必要的生活保障。政府应该推动形成政策指导与法律调整相结合、系统化与专业化相结合的刑释人员社会处遇模式。一是在政策指导基础上完善法律调整机制，将政府及相关部门的职责、社会有关方面的权利与义务，通过法律文件形式予以规定，防止在实际工作中出现“谁都管又谁都不管”的松散状态。二是以系统化、专业化的刑释人员社会处遇概念代替传统的安置帮教概念，明确刑释人员社会处遇应包含的内容，赋予社会治安综合治理部门以相应的监督权限，切实发挥其组织、协调功能。三是成立刑释人员社会处遇专门管理机构，负责刑释人员社会处遇的规划、指导、管理和考核，处理刑释人员在社会中所遇到的问题，改变现有的安置帮教机构附属于司法行政机关的模式。四是由政府牵头成立刑释人员社会处遇指导中心，负责刑释人员的生活就业指导、培训和过渡性就业安置，制定刑释人员教育的目标和操作规程，培训相关社会工作者。五是建立专职的社会工作者队伍，以村、居为单位配备专职社会工作者，负责刑释人员帮教工作，缓解公安、司法行政部门及群众性自治组织的工作资源紧张局面。

4. 加强亲情关爱,创造良好的家庭环境。一般来说,刑释人员对家庭的期望值比较高,希望家庭满足和补偿监禁生活所造成的精神压抑和物质匮乏。大部分刑释人员较难在短期内实现经济上完全自立,如果家庭关系冷淡甚至视其为路人,其心理必然会严重受挫。因此,一方面,家庭成员要对刑释人员关怀、爱护和诚恳帮助,消除其心理障碍,抑制其不良心理。特别是当他们在生活、工作中遇到困难、受到挫折时,要鼓励、激发他们重新做人的信心。另一方面,要教育刑释人员对家庭成员理解、宽容、体贴和尊重,培养家庭意识、树立家庭观念、履行家庭义务。

5. 注重心理重建,树立正确的自我意识。社会各方力量应促进刑释人员进行自我价值观念的提高与完善,引导、帮助他们调节精神状态,克服心理障碍,进行心理重建,逐步培养他们的挫折容忍力和心理承受力,确保其在面对不良人际关系和有害诱惑时能够正确选择、从容应对,帮助他们树立生活信心,逐步融入社会。

国家治理体系与治理能力现代化视域下罪犯回归工作创新研究

——从重新犯罪谈回归工作创新

四川省监狱管理局课题组*

监狱是国家刑罚执行机关，是化解社会尖锐矛盾的特殊战场。从监狱学角度上讲，回归工作是监狱治理的向后延伸，是现代社会治理的重要组成。问题是时代呼声，问题是工作导向。聚焦回归工作短板，研究和剖析回归人员重新犯罪问题，是监狱回归工作的重要内容，是社会综合治理的重要命题。本文通过对回归人员重新犯罪的基本特征、发展趋势、关联因素、系统治理等进行深度研判，提出新时代罪犯回归工作创新对策，推进社会治理和监狱治理，助力实现国家长治久安。

一、回归人员重新犯罪的基本特征和相关因素

本课题组通过对中国裁判文书网上的刑事案件判决书以“重新犯罪”为关键词进行筛选、汇总统计，对全国近年重新犯罪情况以及相关省份回归人员重新犯罪情况进行深度调研，对四川省在押犯罪犯中部分重新犯罪人员开展问卷调查，发现重新犯罪的发生与变化与以下7大因素密切相关。[1]

(一)回归人员重新犯罪与地区经济发展水平正相关

统计显示，从重新犯罪所在地分布看，上海、江苏、浙江、福建等经济发达地区重新犯罪率较高，西藏、云南、青海、吉林等欠发达地区重新犯罪率相对较低，

---

* 原文载《中国监狱学刊》2021年第2期。

[1] 刑事案件，载中国裁判文书网2020年7月12日，https://wenshu.court.gov.cn/website/wenshu/181217BMTKH NT2W0/index.html? s8=02&pageId=0.8359609890121785。本部分内容中没有特别说明的数据都是依据该网的数据统计形成。

重新犯罪率与地区经济发展水平呈正相关(见图1)。

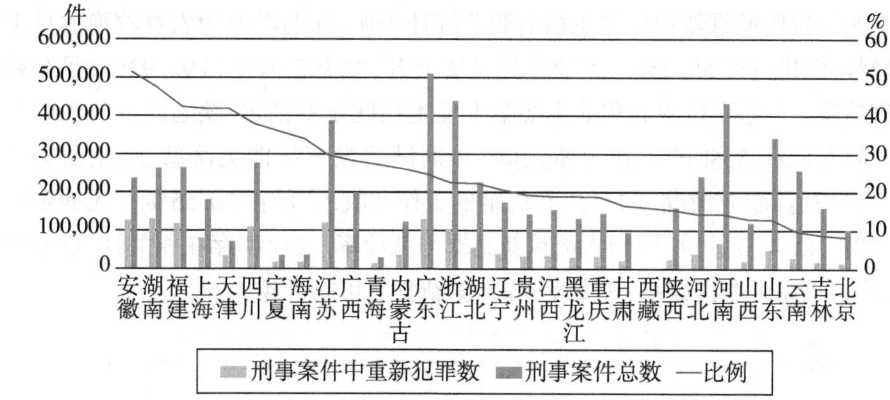

图1　2014~2020年各省市刑事案件数与重新犯罪数占比趋势

(二)回归人员重新犯罪率与人口流动正相关

统计显示,2018年回归人员5年内重新犯罪人员中,异省市流动犯罪问题值得关注。统计表明,从重新犯罪发生地看,北京、上海、广东、浙江等经济发达地区的外省户籍重新犯罪人数占比明显高于四川、广西、贵州等省份。青海作为西部开发资源大省,外省户籍重新犯罪人数占比也相对较高(见图2)。从四川省监狱在押的重新犯罪罪犯的户籍所在地分布上看,[1]成都及周边经济发达地区重新犯罪率普遍高于凉山、阿坝、甘孜等欠发达地区。

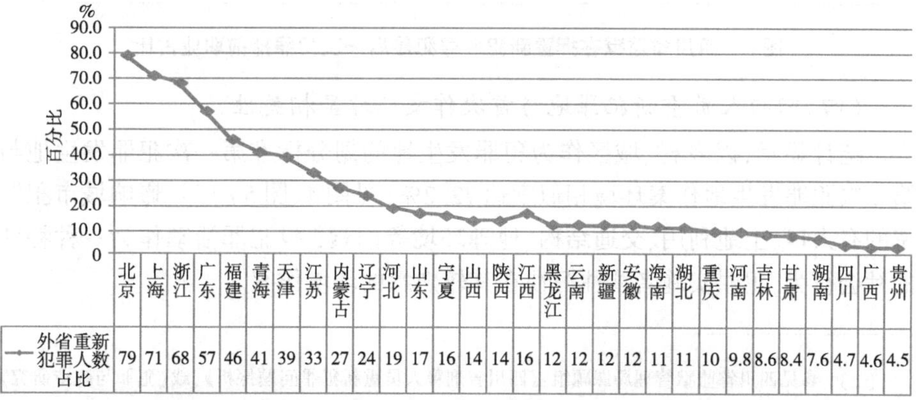

	北京	上海	浙江	广东	福建	青海	天津	江苏	内蒙古	辽宁	河北	山东	宁夏	山西	陕西	江西	黑龙江	云南	新疆	安徽	海南	湖北	重庆	河南	吉林	甘肃	湖南	四川	广西	贵州
外省重新犯罪人数占比	79	71	68	57	46	41	39	33	27	24	19	17	16	14	14	16	12	12	12	12	11	11	10	9.8	8.6	8.4	7.6	4.7	4.6	4.5

图2　2018年各地外省籍回归人员5年内重新犯罪情况

---

〔1〕 参见四川省监狱管理局课题组:《四川省刑释人员重新犯罪问题探析》,载《犯罪与改造研究》2020年第5期。

（三）回归人员重新犯罪与就业情况呈相关性

四川省监狱重新犯罪罪犯捕前职业统计表明，捕前职业为农林牧渔的呈下降趋势，但仍占近55.25%，无业人员显著上升，两类总占比达93.92%，呈互补转移趋势。（见图3）重新犯罪主要集中发生在就业不稳定、缺乏经济收入的人员。问卷显示，53%的重新犯罪人员"在刑满后没有技能无法就业、生活无着落"；对"捕前职业情况"问题，"有稳定的工作和收入"的占20.55%，"无固定职业"的占42.41%。[1] 回归人员重新犯罪与就业率、失业率存在相关性，就业稳定，重新犯罪可能性越小；失业率越高，重新犯罪可能性越大。

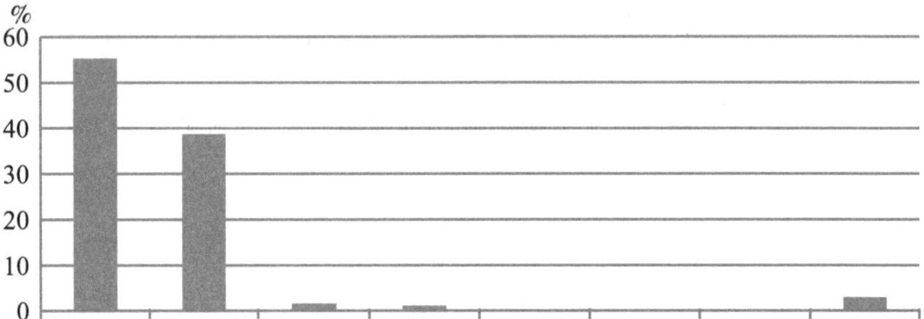

	农林牧渔人员	无业人员	务工人员	个体经营者	国家机关、党群组织、企、事业单位人员	专业技术人员	退休	无法统计
■ 占比	55.25	38.67	1.62	1.15	0.23	0.08	0.05	2.95

图3　四川省监狱在押重新犯罪罪犯最后一次犯罪捕前职业占比

（四）回归人员重新犯罪地与首次作案环境呈相关性

统计显示，以乡村、城区作为犯罪发生地的划分标准第一次犯罪发生地与第二次犯罪发生地作案环境相似度达72.2%（见图4、图5）。[2] 影响城市犯罪率的有人口、土地利用、交通结构、地理环境等因素，[3] 犯罪活动作为一种特殊的社会行为，犯罪实施者往往习惯在其较熟悉的环境作案。

---

〔1〕 参见四川省监狱管理局课题组：《四川省刑释人员重新犯罪问题探析》，载《犯罪与改造研究》2020年第5期。

〔2〕 参见四川省监狱管理局课题组：《四川省刑释人员重新犯罪问题探析》，载《犯罪与改造研究》2020年第5期（见图4、图5）。

〔3〕 参见陈屹立：《收入不平等、城市化与中国的犯罪率变迁》，载《中国刑事法杂志》2010年第11期。

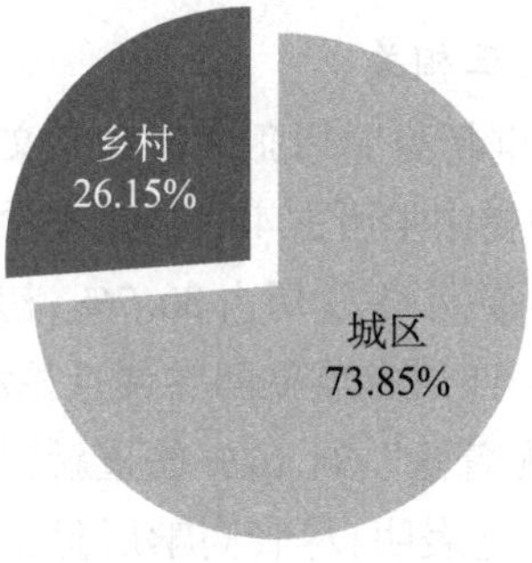

图4 全国重新犯罪中第一次犯罪发生地分布情况

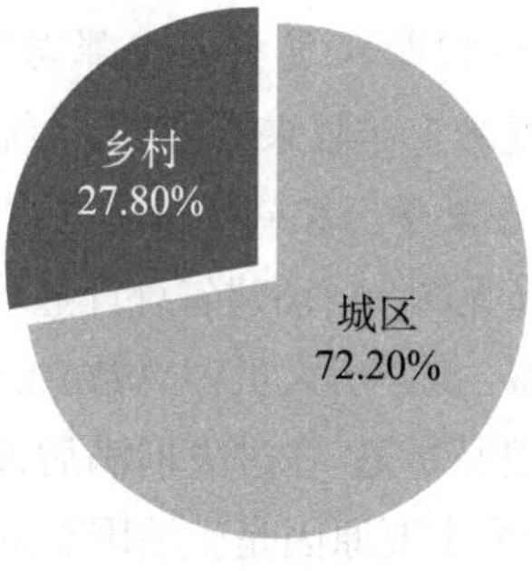

图5 全国重新犯罪中第二次犯罪发生地分布情况

（五）回归人员重新犯罪类型与首次犯罪经历呈相关性

重新犯罪涉及罪名与首次犯罪具有较高一致性，盗窃类、诈骗类和涉毒类罪犯具有极高的再犯可能性。据上海监狱统计，80.72%的盗窃类罪犯第二次犯罪仍为盗窃，58.65%的诈骗类罪犯第二次犯罪仍为诈骗，43.64%的涉赌罪犯第二次犯罪仍为赌博。[1]

（六）回归人员重新犯罪与刑罚体验呈负相关

数据表明，刑期越短，重新犯罪概率越大。（见图6）由于短刑犯在服刑期间对监狱刑罚体验不深，重返社会后极易重新犯罪。

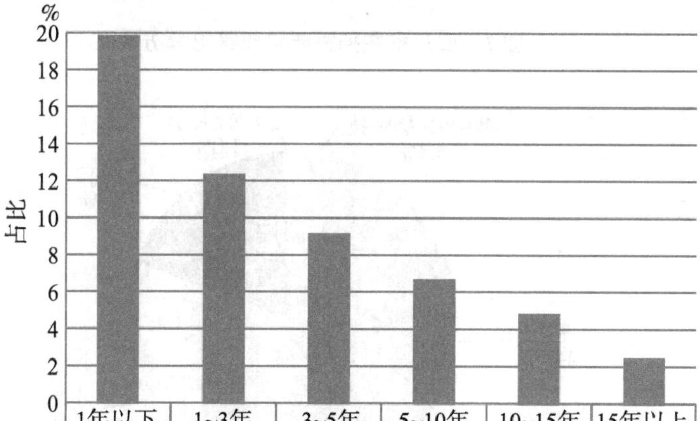

	1年以下	1~3年	3~5年	5~10年	10~15年	15年以上
■重新犯罪率	19.95	12.45	9.25	6.78	4.93	2.55

图6 原判刑期与重新犯罪率占比

〔1〕 参见中国监狱工作协会：《监狱理论研究优秀课题选编》，中国长安出版社2017年版，第164页。

（七）回归人员重新犯罪与"双低群体"呈正相关

从受教育年限来看，四川省统计表明，在押重新犯罪罪犯文盲和半文盲共占9.19%，小学学历和初中学历共占82.64%，其中初中学历占42.57%，小学学历占40.07%（见图7）；福建省统计显示，文盲占18.4%，小学学历占30.7%，初中学历占44.5%，低学历人员占总数93.6%（见图8）。四川省监狱问卷调查显示，53%的重新犯罪罪犯"在过去刑满后没有技能生活无着落"，24.62%的重新犯罪罪犯"再次犯罪主要原因是生活困难解决不了"[1]。这表明，尽管高学历犯罪屡见不鲜，但低知识技能水平和低受教育程度人群更易重新犯罪。

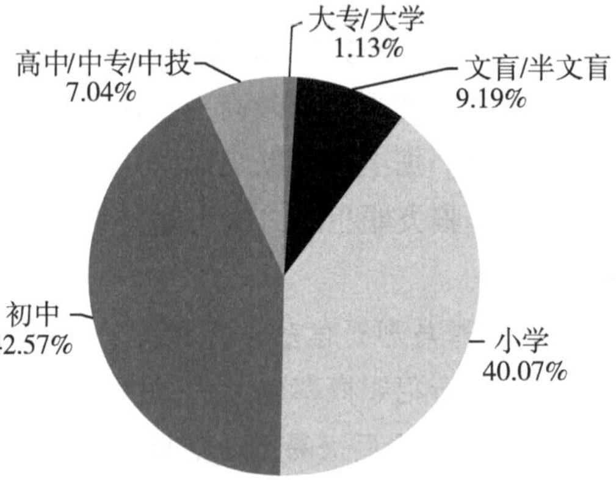

图7　四川省在押重新犯罪罪犯学历情况

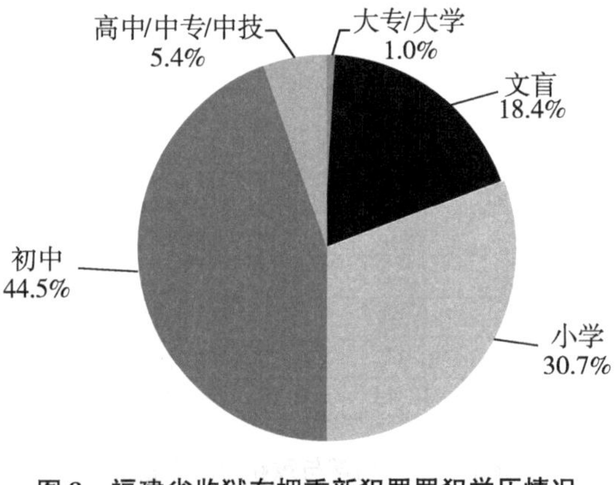

图8　福建省监狱在押重新犯罪罪犯学历情况

[1] 参见四川省监狱管理局课题组：《四川省刑释人员重新犯罪问题探析》，载《犯罪与改造研究》2020年第5期。

二、回归人员重新犯罪值得注意的趋势

犯罪有着社会和时代的烙印,犯罪随着社会条件的变化而变化,它的产生由对应的自然、社会条件引起,与社会整体发展相对应。当前,中国正面临百年未有之变局,社会变革转型,社会矛盾因素增加,重新犯罪在发案趋向、形态趋向、区域趋向、结构趋向等方面正在发生显著变化,回归人员融入社会形势值得关注。

(一)全国刑事立案数量逐年下降,回归人员重新犯罪率不断上升

全国刑事立案数量实现连降,2018 年同比下降 7.7%,[1] 2019 年下降 4.1%,[2] 社会形势持续向好,但回归人员重新犯罪率上升引发社会高度关注。

据相关权威期刊公布数据显示,重新犯罪比例由 1984 年的 6.34% 逐步上升,1996 年达 11.1%,2006 年达 14.8%。[3] 2017 年,全国监狱押犯中被判刑 2 次以上的达 22.1%,山东省被判刑 2 次以上的达 24%。通过中国裁判文书网对全国刑事案件数与重新犯罪案件数对比统计显示,2014 年至 2019 年重新犯罪率分别为22.8%、24.19%、25.18%、24.83%、25.69%、23.73%,总体呈上升趋势,重新犯罪状况日益严峻(见图 9)。

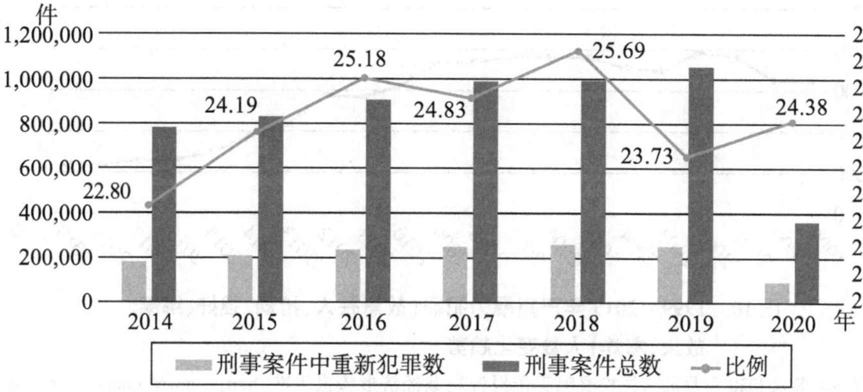

图 9　2014~2020 年全国刑事案件中重新犯罪数与刑事案件总数占比

资料来源:四川省监狱管理局课题组:《四川省刑释人员重新犯罪问题探析》,载《犯罪与改造研究》2020 年第 5 期。

---

〔1〕 参见《2019 年政法工作呈现十大亮点　全国八类严重暴力案件下降 10.3%》,载法治网,http://www.legaldaily.com.cn/judicial/content/2020-01/19/content_8104962.html。

〔2〕 参见《2019 年政法工作呈现十大亮点　全国八类严重暴力案件下降 10.3%》,载法治网,http://www.legaldaily.com.cn/judicial/content/2020-01/19/content_8104962.html。

〔3〕 参见张崇脉:《我国重新犯罪研究的内容分析——以期刊论文为样本》,载《预防青少年犯罪研究》2015 年第 6 期。

（二）全国严重暴力犯罪大幅下降，回归人员重新犯罪大案要案、团伙犯罪日益突出

数据显示（见图10、图11），全国故意杀人、抢劫、强奸、绑架等严重暴力犯罪案件降至6万以下，年降近4.8%。[1] 但是，回归人员重新犯罪危害突出，结伙作案增多，作案手段更加隐蔽、情节更加恶劣，造成极坏的社会影响。许多涉财涉黑大案要案成员多是回归人员。从涉黑涉恶案件中的各项比重看，扫黑除恶查处涉案人员中的70%为回归人员，涉黑骨干中的80%是回归人员。[2] 从团伙犯罪的比例看，福建省调查显示，重新犯罪的回归人员中数罪并罚的占31%，团伙犯罪占72%；广西壮族自治区1999～2005年6年的统计数据显示，共同犯罪占重新犯罪总量的61.7%。[3] 全国2002年调查显示，有73.1%的回归人员实施的犯罪为共同犯罪，其中，有38.8%的回归人员被认定为犯罪集团。[4] 这表明，回归人员重新犯罪具有纠合性、团伙性。从重新犯罪后刑期长短看，据四川监狱统计，在押"二进宫"及以上罪犯中，原判10年及以上有期徒刑、无期徒刑和死缓的占42%，而首次犯罪被判刑10年以上的仅占总数的16.5%。

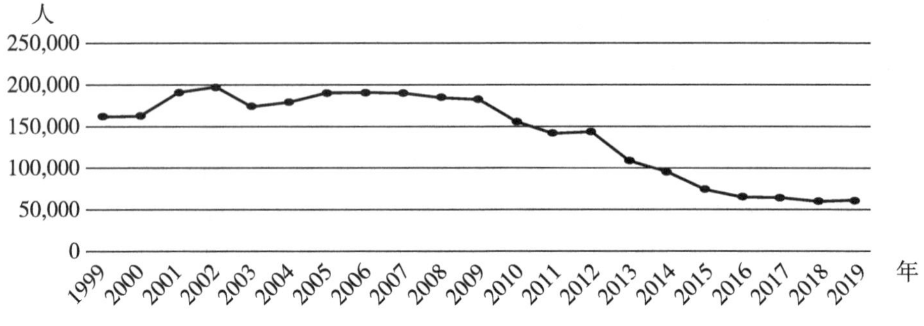

图10 1999～2019年严重暴力犯罪（故意杀人、抢劫、强奸、绑架、放火、爆炸）人数变化趋势

资料来源：《2020年最高人民检察院工作报告》，载经济形势报告网，http://www.china-cer.com.cn/guwen/202006025548.html，最后访问日期：2020年8月12日。

---

[1] 参见《最高检报告为何首次分析二十年刑事犯罪数据变化专访最高检第一检察厅厅长苗生明》，载求是网，http://www.qstheory.cn/llwx/2020-05/27/c_1126038676.htm。

[2] 参见石奎：《预防刑满释放流动人员再犯罪问题的实证研究》，载《西南民族大学学院学报（人文社科版）》2013年第2期。

[3] 参见石奎：《预防刑满释放流动人员再犯罪问题的实证研究》，载《西南民族大学学院学报（人文社科版）》2013年第2期。

[4] 参见石奎：《预防刑满释放流动人员再犯罪问题的实证研究》，载《西南民族大学学院学报（人文社科版）》2013年第2期。

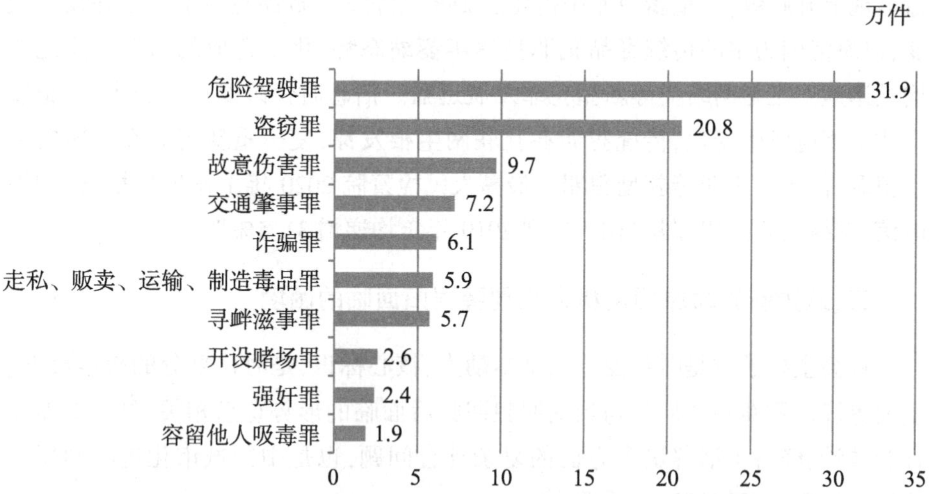

图11　2019年全国人民法院一审刑事案件个罪数量前十

资料来源:《2020年最高人民检察院工作报告》,载经济形势报告网2020年8月12日,http://www.china-cer.com.cn/guwen/202006025548.html。

(三)回归人员重新犯罪地由本地犯罪向跨区域流动转变

图2表明,随着改革开放持续深入,重新犯罪特别是流动人口重新犯罪主要集中在东部经济发达省市和西部大开发地区,呈现从经济不发达地区向发达地区流动、从中小城市向大城市流动、从乡村向城镇流动的特点。具体表现:一是向长三角、珠三角、京津冀等经济发达地区流动。随着城市经济建设大发展,外企不断涌入,私企井喷式发展,需要大量劳动力,大规模流动人口涌向北京、上海、广东、浙江等发达地区,这些地区成为流动人口犯罪问题最为严重的地方。二是向西部大开发主要省市转移。青海等西部大开发省市的西气东输、西电东送、南水北调、青藏铁路等大型工程建设需要大量劳动力,大规模流动人口随之产生。三是案件发生地从中心城区向城郊接合部转移。相比中心城区,远郊地区社会治安相对薄弱,便于实施犯罪后逃离现场或隐匿,回归人员有较丰富的犯罪经验,重新犯罪往往选择在城郊、城乡接合部实施。

(四)回归人员重新犯罪类型以财产型犯罪为主,手段方式更加多元

一是以侵财型犯罪为主。追求经济利益是重新犯罪的主因,侵财犯罪仍是重新犯罪的重点,传统接触式侵财犯罪减少,以电信网络空间为载体的非接触性侵财犯罪增加。二是毒品类重新犯罪数量上升。随着禁毒斗争的深入开展,公安机关连续开展"两打两控""除冰肃毒"等专项工作,涉毒重新犯罪案件数

量呈现上升趋势，在重新犯罪中占比达28%左右；[1]毒品犯罪形式也在发生改变，以海洛因为主的传统毒品犯罪呈逐年萎缩态势，化学合成的新型毒品犯罪增长迅速。三是网络类等新型犯罪发展迅猛。信息时代改变着人类生活，犯罪形式也相应发生变化，传统犯罪在互联网生根发芽，使得重新犯罪类型转向网络犯罪、信用卡犯罪等新型犯罪。最高人民检察院2020年工作报告指出“利用电信、网络实施的犯罪从2017年到2019年年均递增31.5%”[2]。

三、从重新犯罪原因剖析罪犯刑释回归面临的困境

社会主要矛盾是时代变革的基本动力、核心标识，是时代划分的根本尺度、重要界线。重新犯罪原因与当前罪犯回归后面临的形势息息相关，是一个涉及社会政治、经济生活等诸多方面的复杂社会问题，也是中国城市化进程和现代化转型过程中亟待解决的重要课题。

（一）回归形势政策方面原因

城市化背景下犯罪及重新犯罪与经济发展不平衡不充分、城乡二元结构、产业结构调整、社会保障机制等存在密切关联。

1. 经济发展不平衡不充分

中国经济取得巨大成就，国家实力增强显著，人民生活明显改善，贫困发生率下降至0.6%。[3] 经济建设进入新常态，从要素投入转向创新驱动，结构更加优化。但经济转型的同时，贫富差距拉大造成社会紧张，结构性摩擦性失业问题加重，伴生社会风险。居民财富构成日益变化，房产已达家庭实物资产的70%，[4]特别是城市家庭拥有的商铺、房产等凭借地域优势快速增值，而农产品、工业品剪刀差和金融投资与劳动价值剪刀差，使城市与农村家庭资产的差

---

〔1〕 参见《2019年中国毒品形势报告》，载中国政府网，http://www.gov.cn/xinwen/2020－06/28/content_5522443.htm。

〔2〕 参见《最高人民检察院工作报告》，载中国网·新闻中心，http://news.china.com.cn/2020－06/01/content_76114692.htm。

〔3〕 参见《刷屏！央行：居民户均资产超300万70%财富是房产》，载全景网2020年4月25日，https://www.sohu.com/a/391174766－115124。

〔4〕 参见《2018年我国居民人均可支配收入基尼系数为0.468》，载观研报告网，http://data.chinabaogao.com/hgshj/2020/051T935K2020.html。

距不断拉大。2019年中国基尼系数达到0.468,[1]远远超过警戒线水平,贫富差距较大。李克强总理在2020年全国两会闭幕后召开的新闻发布会上指出:"我们有6亿人每个月收入也就1000元。"[2]贫困以及与贫困相联系的不利条件是诸多社会问题的根源,与犯罪有很强的相关性。如四川省贫困地区凉山彝族自治州犯罪率达1.8‰,是全省犯罪率的2倍。[3] 这表明,在社会发展新常态下,部分群体跟不上时代步伐,一些人从高速发展列车上被"甩出来",民生问题带来对社会秩序的冲击和影响。回归人员由于他们的社会地位、经济水平、生存方式大都处于灰色边缘状态,难以融入城市就业和生活保障体系,当通过合法手段无法获取更多就业机会和经济收入时,他们就会铤而走险,选择非法手段来获得财富,导致重新犯罪恶性循环。

2. 产业结构变化调整

产业结构显著变化,第三产业占比超过50%,[4]成为经济增长的重要源泉。产业结构迭代变化,第三产业蓬勃发展,共享经济的产生,直接引发就业挤压与就业替代,同时对就业人员通用能力、社会技能、信息技能、经济管理和外语等就业综合能力要求越来越高,这对就业困难人群的冲击更为猛烈。回归人员受教育程度和职业技能水平偏低,社会隔离时间长,适应能力和竞争能力处于劣势,自主择业率和推荐就业率仅为50%,生活状况很不稳定。[5]

3. 社会保障覆盖深度和广度不足

中国基本建立起覆盖城乡居民的社会保障体系,养老保险覆盖90%人群,[6]基本实现全民医保。但由于各种原因,农村人口、流动人口、回归人员参保率相对偏低。统计表明,重新犯罪罪犯捕前有85%"未缴纳社会保险",

---

〔1〕 参见《2018年我国居民人均可支配收入基尼系数为0.468》,载观研报告网,http://data.chinabaogao.com/hgshj/2020/051T935K2020.html。

〔2〕 参见《李克强:中国有6亿人每月收入1000元疫情过后民生为要》,载中国网·地产2020年7月30日,http://house.china.com.cn/hefei/view/1653096.htm。

〔3〕 参见四川省监狱管理局课题组:《四川省刑释人员重新犯罪问题探析》,载《犯罪与改造研究》2020年第5期。

〔4〕 参见《宁吉喆:全面建成小康社会取得决定性进展决战决胜实现目标必须加快补短板》,载中国政府网,http://www.gov.cn/xinwen/2020-07/24/content_5529691.htm。

〔5〕 数据来源:中国监狱工作协会回归社会学专业委员会内部资料。

〔6〕 参见《人社部:我国基本养老保险覆盖人数已超过9.5亿人》,载搜狐网2020年8月26日,https://www.sohu.com/a/343732508_464403。

75.7%未签订劳动合同,[1]有的已参保罪犯,由于服刑原因,原有社会养老、保险、医疗保障,以及职业、执业证照年审中断,致使回归人员失去就业机会或难以上岗。被判处死缓、无期的重刑犯在经过漫长的刑期后,年龄将超过60岁,由于养老保障和医疗保险的缺失,刑满后将面临疾病、养老等多重压力。

(二)回归机制方面原因

1.过渡保障对接不畅通

四川省调查显示,70.8%的首次犯罪罪犯服刑刑满释放后没有前往当地公安派出所、司法所报到,采录相关信息;56%的回归人员认为“政府没有安排工作”;83.23%的回归人员表示“安置帮教部门人员没有找过自己”;50.41%的回归人员表示“希望得到安置帮教”。[2] 这表明,一是回归工作有断层。中国现行安置帮教工作按属地原则进行管理,受执法事权的局限、人力财力的窘迫、机制的缺失,以及回归人员的抵触、不配合等因素的影响,安置帮教工作无法实现与监狱、社会帮教力量的良性衔接,回归工作存在断层与脱节。二是列管范围不全面。从近年公安机关破获的重新犯罪案件来看,作案人员中青少年和流动人口占较大比例,但基层单位未完全将有重新违法犯罪迹象的流动人员、青少年纳入重点人口管理范围并采取相应措施进行管控。三是过渡安置不到位。回归人员回归的初始阶段是巩固监狱改造成果的关键时段,也是防止其重新犯罪的黄金期,由于他们长期与社会隔离,社会适应能力弱化,短期无法获得有效的发展资源,一旦安置工作过渡性的生活安排、困难救济、社会适应训练不足,容易使他们走上重新犯罪道路。

2.家庭支持系统有缺失

重新犯罪罪犯的家庭环境和婚姻状况对其世界观、价值观、道德观的形成有着重要影响。回归人员回归社会后,由于家庭的不接纳、不包容,致使他们深感道德失落和价值虚空,进而走向重新犯罪的道路。一是婚姻状况不稳定。四川调查数据显示,从重新犯罪罪犯的婚姻状况来看,未婚人员占总数的50.1%,离婚占11.8%,丧偶占0.6%,这三类群体共占总数的62.5%。这些人员回归后,由于缺少家庭的关心和约束,容易实施重新犯罪。婚姻状况直接影响人的

---

[1] 参见四川省监狱管理局课题组:《四川省刑释人员重新犯罪问题探析》,载《犯罪与改造研究》2020年第5期。

[2] 参见四川省监狱管理局课题组:《四川省刑释人员重新犯罪问题探析》,载《犯罪与改造研究》2020年第5期。

心理和行为,极高的未婚率使得回归人员缺乏来自家庭的约束力。二是家庭关系不和谐。回归人员家庭环境大多存在父母离异和家庭成员间不和睦现象。四川省监狱重新犯罪调查显示,有42.7%的重新犯罪罪犯认为他们家庭关系差,家庭成员对其抱有偏见,家庭对他们早已失去亲和力和约束力。由于缺乏家庭温暖、婚恋不顺利使得他们作出违背社会的越轨行为。[1]

3.社会接纳机制不足

社会包容和帮教安置是决定刑释人员回归之路是否顺畅的关键所在。四川监狱系统在问卷调查中了解到,有53%的社会公众对刑释回归人员普遍心存戒备。用工企业要求应聘人员出具无犯罪记录证明,一些回归人员因此失去就业机会。公安机关有关政审的规定,仅限于特种行业和从事特种活动,但部分企业仍要求应聘人员出具相关证明。中国目前尚无前科消灭制度,对犯罪记录时限也无明确规定,不利于回归人员正常就业、重树生活信心。

(三)监狱治理方面原因

犯罪类型动态变化,押犯结构动态调整,社会发展变迁,行刑理念、行刑模式也必然要随之调整。当前,回归人员重新犯罪形势不容乐观,反映出当前监狱治理体系和治理能力与新时代国家治理要求还不相适应。

1.监狱治理体系局限

一是回归类法律缺失。中国目前还没有调整回归人员回归方面的专门法律,《监狱法》是部门法,法律位阶低,外部协调力度不够,且未专章设立"回归人员回归"内容。回归人员回归工作目前主要依靠政策指导,缺乏制度性安排,相关保护援助措施难以落实。二是刑罚执行模式局限。封闭是监狱的天生属性和自然属性。罪犯收押进监,从刑罚末端环节来说是结束,从改造回归角度来说仅仅是开始。监狱从安全角度出发需要将罪犯从社会人向监狱人转变,罪犯改造过程实质就是重塑社会人格的过程,监狱管理的封闭性和罪犯顺利回归社会的开放性是新时代监狱治理需要解决的重大课题。三是刑事奖惩机制失调。一方面,对不服管教、破坏监管秩序的罪犯惩处力度不够,致使罪犯刑罚体验不深;另一方面,减刑适用过宽,假释适用极低。减刑有利于调动罪犯积极改造,强化狱内安全,而假释的适用则更有利于罪犯回归社会。司法实践中假释罪犯重新犯罪率仅占刑释人员总数的2%。据广东省调查资料表明,广东监狱近5

[1] 参见四川省监狱管理局课题组:《四川省刑释人员重新犯罪问题探析》,载《犯罪与改造研究》2020年第5期。

年来假释率为0.6%～1.44%，而减刑率达32%～45%，二者相差达30倍；四川近年来年均减刑率约40%，假释率则徘徊在0.6%～1.2%。[1] 这表明，宽严相济、宽严有度的刑事理念还有待建立，刑事奖惩机制还没有充分发挥假释有利于预防重新犯罪、促进回归人员顺利融入社会的积极作用。

2. 治本目标实现困境

一是从监狱改造成效看，重新犯罪现象尚未得到有效遏制。中国监狱脱逃案是百万分之一的小概率事件，安全可控程度居世界领先地位，重新犯罪率却在不断上升，甚至监管硬件好、经济保障程度高的东部省份远远高于中西部省份。从某种意义上说，监狱环境阻断了罪犯重新犯罪的社会因素，但随着罪犯刑释回归，诱因再度发酵，导致重新犯罪案件发生。整个社会治理系统还没有从治本角度上解决回归人员重新犯罪问题。二是从监狱机构运行模式看，行政化倾向与职能实现要求不适应。机关化的组织架构是制约提高改造质量的结构性难题。多数监狱普遍按国家机关内设机构和人员配置规定设置监管、生产、行政、后勤、政工等多套体系，机关科室设置多，功能监区、心理矫治、改造评估、数据分析等专业机构设置偏少，呈"倒金字塔"状，与践行改造宗旨的职能定位不匹配。三是从监狱行刑载体来看，不少运用在监狱工作中的现代科技手段与改造规律还未充分融合。当前，为应对新时期监狱押犯构成的变化对传统行刑方式带来的挑战，大量科技手段不断运用到罪犯管理工作中去，现代科技与监狱工作的互融互通尚需实践验证提质。四是从监狱管理靶向看，"狭义安全"挤占"矫正罪犯"空间。社会舆论对专业的"罪犯矫正"领域难以评判，往往聚焦"监管安全指标"领域。"监管安全指标"经社会放大，在一定程度上给监狱工作施加了无形压力，致使监狱质效评估重点不是矫正罪犯主业，而是转向以安全为核心的狱内管控，形成监狱治理"治标与治本"的失衡状态。

3. 监狱改造模式运行羁绊

一是现行监狱行刑模式与罪犯改造功能需求不匹配。"结构决定功能，功能牵动结构"。以暴力伤害、抢劫、强奸为代表的自然犯罪生存土壤空间逐渐压缩，以危险驾驶、寻衅滋事为代表的法定轻缓刑事犯罪大幅上升，新时代押犯结构发生重大变化。监狱行刑模式正从严管严控的关押模式向教育治本的回归模式转变。按押犯性别、区域位置设置监狱的传统方式难以有效实现分级分类

---

〔1〕 参见四川省监狱管理局课题组、黄辉灿：《监狱依法扩大假释适用的问题及对策》，载《中国司法》2019年第11期。

分教目标。同时,面对日益增加的轻缓刑事犯罪罪犯,当前监狱在使他们重新融入社会的改造环境功能设置上还应对不足,差别化改造难以实现,亟须从管控风险、精准矫治的角度,按监狱戒备等级确定不同危险程度的关押对象,形成宽严相济、罪当其罚的行刑模式,充分彰显刑罚威严,从而有效预防重新犯罪。二是监禁人格与社会人格过渡不到位。罪犯因服刑隔离,社会化进程必然滞后。对罪犯依法实施惩罚与改造,本质就是从"去社会化"到"再社会化"的过程。当前,社会对监狱安全工作要求很高,使监狱将执法视角过多地聚焦于"坚守安全底线",将主要精力和主要资源过多放在"去社会化"方面,即矫正罪犯不良行为、扭转反社会倾向、弥补认知缺陷。调查发现,大部分监狱未设立独立的出监监区,这在一定程度上弱化了罪犯再社会化,少部分回归人员带着在监狱服刑中形成的监禁人格重返社会后,产生回归后的种种适应不良,进而重新走上犯罪道路。三是劳动改造功能的发挥与回归需求不适应。劳动改造"惩罚、维稳、矫治、培训、价值"五大功能未充分发挥,影响罪犯回归社会、就业谋生。四川监狱调查显示,重新犯罪罪犯希望通过劳动报酬"体现自身价值"的占54.98%,"用于改善监内生活"的占62.33%,"减轻家庭负担、巩固家庭关系"的占58.64%,"获得就业储备资金"的占77.87%。[1] 劳动报酬机制体现对罪犯通过劳动创造价值的尊重,能为罪犯改造需要和回归过渡提供必要的资金支持。四是罪犯改造模式与改造宗旨实现不同振。教育者和受教者的平等互动是做好教育改造工作的重要条件。由于罪犯改造的强制属性,罪犯改造主体地位、个体差异和改造需求往往被忽视,不加区别的普遍性、常规性教育难以奏效,犯因性问题未能彻底根除。

四、以预防和减少重新犯罪为靶向创新回归工作对策

对社会新问题的反映不仅需要机制的改革创新,而且需要控制不断增强的漫长过程。在国家治理的宏观视角下,立法规范、司法追诉已与时俱进,回归工作已从单纯的政府部门安置帮教、零散自发的社会帮扶救助,转化为具有明确目标任务和措施的社会综合治理体系的重要链结。为此,我们亟须从国家、社会和监狱三个层面全方位构建罪犯回归工作的社会综合治理体系,形成以国家治理为导向、社会治理为重心、监狱治理为基点的回归人员回归工作社会综合

〔1〕 参见四川省监狱管理局课题组:《四川省刑释人员重新犯罪问题探析》,载《犯罪与改造研究》2020年第5期。

治理格局。

(一)构建回归人员顺利回归的社会治理政策

回归人员的顺利回归与国家城市化发展、社会保障体系、市民化社会结构、弱势群体合法权益保障、社会包容程度等方面密切相关,要从宏观需要方面构建回归人员顺利回归的社会治理政策,降低回归人员重新犯罪率。

1. 精准构建社会托底政策

最好的社会政策,就是最好的刑事政策。科学研判经济转型中弱势群体问题,快速反应、及时回应,实现科学托底、人文托底,助力他们走出困境,共享社会经济发展成果,增进政治认同、社会认同、制度认同。建立健全"广覆盖、保基本、多层次、可持续"的涵盖回归人员的社保体系,扩大低保范围,提高低保标准。深化城市户籍改革,推动户籍管理与治安防控分离,实现户籍与区域教育、社会福利结合,变被动申报为主动申报,使公安部门集中做好犯罪预防。

2. 科学调控城市化发展

预防和减少重新犯罪,创造均衡发展的社会环境是一项重要举措。推进东西部融合发展,优化对中西部资金投入和产业战略布局,从单体城市向现代城市共同体转型,以中心城市带动周边城市群、引领区域发展。科学调控城市化速度,分散发展卫星城市,破解超大城市化带来的治病难题,从根本上改善回归人员生活生产环境,稳定和促进就业,缓解社会冲突,实现有效控制犯罪目的。

3. 促进乡村振兴战略发展

推进城乡融合发展,构建城乡互补、共同发展的新型城乡关系,为回归人员充分就业创造良好外部环境。一方面,加大城乡要素供给,吸引更多资源向乡村汇聚,实现有序流动、平等交换,加大乡村产业扶持和资金投入,培训乡村产业发展人才;另一方面,提升城乡产业竞争能力。加大农业供给侧结构性改革,搭建"互联网+农业"融合平台,扶持中小微企业,统筹推进市、县域经济稳定发展,实现县、乡、村层级产业布局、产业升级、高质发展。

4. 引导树立正确社会心态

准确把握社会舆论、社会心态的变化规律,营造包容回归人员社会氛围,构建理性平和的回归环境。一是正确引导社会舆论。加大对社会大众宣传力度,让社会大众认识到法律已对罪犯给予了应有惩罚,全力营造有利于回归人员回归的平等宽容的社会环境和理性平和的社会心态,疏导仇视、对立情绪,化解消极因素,促进社会和谐。二是建立正当合理诉求表达机制。发挥律师行业、工会等社会群团组织在化解社会矛盾中的积极作用,引导回归人员以合理合法方式表达诉求、解决问题,依法保障其合法权益。三是深化社会心理服务机制建设。完善心理危机干预和心理援助社会服务模式,为回归人员及时提供心理援助。

(二)建构预防重新犯罪的回归人员回归治理模式

入监是罪犯回归社会的起点,监狱和政府相关部门应当从入狱服刑阶段开始,围绕再社会化目标,从完善机制建设、变革改造方式、健全组织功能、强化智能运用和着力队伍建设等方面建立与国家治理体系和治理能力相适应的新型现代文明监狱回归改造治理模式。

1. 着力机制完善,从分散到系统

以建立系统的法规体系为引擎,实现由行政绩效色彩浓厚的监狱管理向法治服务特征鲜明的监狱治理转变。一是把回归人员保护纳入法治轨道。以立法形式推进完善回归人员社会保障机制,明确回归人员权利、义务,明晰社会相关部门职责;在《监狱法》设立回归专章,明确规定社会安置帮教、社区矫正部门协调衔接等内容;对刑满释放后一定年限内无重新犯罪的回归人员可以消灭前科。二是优化刑罚执行模式。依法扩大假释面,构建"假释为主、减刑为辅"的刑事奖励机制。三是推进新型监狱体制机制改革。构建监禁刑与非监禁刑相互贯通的刑罚执行体系,建立与回归适应相衔接的开放(半开放)监狱,设置罪犯回归过渡期和适应期,让罪犯提前适应社会生活。

2. 着力方式变革,从被动到主动

准确把握新时代押犯结构变化,增强罪犯改造内生动力;提升罪犯刑释后回归适应能力,着力价值观重塑,以改变罪犯犯罪人格,实现由底线安全向治本安全的根本转变。一是变革推动型教育模式,形成监狱(民警)与罪犯互动式教育模式。在罪犯改造计划、方案和措施的实施过程中,要从发挥罪犯主观能动性、激发罪犯自我改造的积极性出发,使改造内容为罪犯所需要,教育的方式方法为罪犯所能接受,促使罪犯自我觉悟,产生重新做人的动力,实现要我改造到我要改造的转化。二是变革传统教育改造教学模式,形成适应现代社会公民素养的教育模式。针对轻刑罪犯不断增多的改造形势,监狱改造在突出罪犯犯罪意识改造的同时,着力对罪犯强化现代公民素质教育,使之具备融入现代社会应有的主体意识、权利意识、参与意识、平等意识、宽容态度、法治观念、义务观念和理性精神等。三是变革教育模式,形成以回归适应为导向的精准教育模式。以罪犯刑释后的回归发展为指引,根据不同类型和个体犯因性问题,建立个案管理、个别化矫正的教育改造新模式。针对人格障碍、心理问题突出的罪犯,强化刑期管理、认知行为疗法等方法运用;对再犯风险高、人身危险性大的罪犯,强化综合评估和风险控制;针对因谋生技能不足、社会适应能力差的罪犯,按照社会需求开展职业技能培训、创业培训和回归适应训练。四是变革劳动岗位供给模式,形成以增强罪犯回归创业能力为目标的技能培训模式。拓展劳动生产项目,将罪犯职业技能培训纳入国家再就业工程,财政统筹,免费培训,扩大罪犯回归就业渠道。将罪犯文化教育纳入地方总体规划,教育部门加强业务指导和师资培训,拓宽义务教育范畴,提升罪犯综合素质。

3. 着力功能健全,从粗放到精深

完善监狱功能布局,提升现代监狱治理与监管改造现实需求的匹配度,全力推动由形态单一、粗放管理到功能齐备、分类科学的监狱形态布局的治理转变,从而实现片面强化监狱惩戒功能到刑事司法执行的理性平和的理念转变。优化监狱布局,凸显整体功能;优化监区功能,实现分类矫治;优化机构设置,提升刑罚效力。按改造功能配置监区资源,重构监区组织形态和功能形态,推进等级化戒备管理、差别化处遇管理、渐进式社会融入,形成改造职能充分发挥的新型组织管理机制。围绕罪犯再社会化目标,打破监狱治理板块壁垒,破解监狱职能条块分割、层级管理分隔、执行层面分家难题,探索大部制与科层制结合的统分融合体制,提升监狱治理的整体实力。

4. 着力智能运用,从经验到精准

实施监狱大数据战略,构建监狱信息动态感知、数据精准分析、业务智能辅助、防范安全可控的科技应用新格局,促进罪犯改造与现代科技深度融合,实现从模糊改造到数字改造的根本转变。一是打造回归信息共享平台。结合大数据、物联网、云计算理念和方法,实现监管改造活动信息资源数字化、智能化,推动指挥中心的实体化设置、实战化运行;深化回归信息共享平台建设,通过监狱、社区矫正机构对共同矫正对象动态数据的互联互通,有针对性地进行资源调集,强化监管对象掌控力度,实现回归人员回归工作网络化精准治理。二是加快智能罪犯回归改造评估系统建设。将现代矫治理念与信息技术手段深度融合,建设具有业务数据双驱动和信息传送自动化、危险预警及时化、隐患处置最优化、矫正方案个性化特点的罪犯回归综合评估系统,形成监狱科学决策、精准矫治、高效防控的再社会化改造模式。三是加快个性化回归改造场景建设。打通信息资源渠道,从技术层、应用层、主体层三个层面构建“智慧改造”系统,依据大数据产生的海量资料和数据,探索罪犯数字化建模,搭建虚拟化回归教育场景,设计智能化回归改造软件,开展远程视频会见帮教、就业培训、模拟实训等科目,提升罪犯改造精准性、实效性、针对性。

5. 着力能力提升,从看守型到专家型

建构预防重新犯罪的罪犯回归治理模式,打造革命化、正规化、专业化、职业化队伍。一是强化队伍政治引领。以革命化建设为统揽,增强"四个意识"、坚定"四个自信"、做到"两个维护",确保监狱现代化治理不偏航失向。二是优化队伍专业培训。健全"教学练战"一体化培训机制,培养专业思维、专业方法、专业技术,提升专业化水平。三是畅通职业发展通道。完善队伍分类管理,提升监狱民警职级待遇,拓展职业发展空间,增强监狱民警职业吸引力,着力形成"进得来""留得住""有奔头"的职业规划与发展机制。

(三)构建多元共治、狱地联动回归治理模式

回归人员顺利融入社会,需要社会和监狱共同努力,以"社会治理+现代科技"为抓手,以市域社会治理现代化为着力点,从搭建就业创业帮扶平台、构建社会综合治理防控体系、强化重点领域犯罪风险预警预测三大层面,推动形成共建共治共享狱地联动回归治理格局。

1. 搭建就业创业帮扶新平台

党的十九大报告指出:"就业是最大的民生。要坚持就业优先战略和积极就业政策,实现更高质量和更充分就业。"[1]建议社会实施困难人群就业优先战略,给予就业创业社会保险补贴,以及规范就业创业担保贷款贴息等政策配套措施,促进回归人员重新就业创业。一是配套政策,强化保障。允许罪犯利用劳动报酬或由家人出资为其购买养老保险、医疗保险等社会保险,解决服刑罪犯的社保衔接,保持罪犯社保的连续性和有效性。二是加大投入帮扶资金,稳定就业岗位。出台对回归人员在创业贷款、工商、税收等方面的优惠政策,提供不同额度的就业创业的低息、无息贷款资金,全面落实失业保险和技能提升补贴政策,为生活困难的回归人员落实最低生活保障、临时性救助等措施。三是建立就业培训基地,促进重点群体就业。监狱与社会企业和院校联合建立狱内培训基地,邀请劳动、工商等部门和企业工作人员来狱为无业可就的临释人员提供就业指导、职业技能培训、创业培训、技能鉴定、技能实训等就业培训项目,使他们掌握一技之长;对已掌握一定技术、有创业意愿的临释人员,向社会发布就业信息,向临释人员推荐就业岗位,促进他们再就业。四是建立归途之

[1] 《就业"含金量"走高彰显民生"压舱石"稳固》,载中国新闻网,https://www.chinanews.com/gn/2019/10-31/8994838.shtml。

家帮扶机构，搭建对接平台。建立政府主导、社会参与的回归人员过渡性安置帮扶机构，由司法、综治、财政、民政、医疗等部门和社会民间力量参与建立社区服务“归途之家”，为回归人员开展“树立正面思维及新目标、重建传统价值观、扩大正面社交网络及改善人际关系、开阔见识”等回归社会适应性专门训练；为无家可归、无业可就、无亲可投的“三无”回归人员及老年、残疾、有变态人格等回归人员提供亲情修复、心理治疗、技能培训、职业规划等过渡式管理和安置服务，确保刑满释放者有家可归、有业可就；为吸毒、HIV 等身体有疾病的回归人员提供后续戒毒、治疗和康复等服务；协助家庭经济困难的回归人员办理就学、落户、城镇最低生活保障金及申请廉租房、社会救助、保险、法律援助及困难补贴，帮助他们解决刑释初期的过渡性食宿等基本生活问题；广泛发动、引导和鼓励社会慈善力量建立民间慈善帮扶组织和资助基金，为回归人员顺利回归提供创业帮扶和困难资助。

2. 构建社会综合治理防控体系

构建网络化社会治安防控体系，提高社会治安综合治理水平。一是深化安置帮教工作组织建设。将安置帮教工作目标任务纳入各级社会综合治理委员会主要工作，设立专职安置帮教工作部门，并将回归人员安置帮教情况、重新犯罪指标纳入地方政府绩效考核主要内容，明确各级党委、政府负责人对安置帮教工作负总责，组建省、市、县、乡四级帮教机构和社会工作者、志愿者队伍，引导社会力量参与回归人员帮扶工作。二是延伸社会帮教长效机制。深化社会帮教长效机制，明确教育、社会保障、民政、司法行政、医疗等政府职能部门在罪犯帮教工作中的社会责任；深化回归人员定期跟踪回访机制，及时了解回归人员就业情况、遵纪守法情况及政策落实情况，针对出现的问题，在鼓励他们战胜困难、战胜自我的同时，积极与当地相关部门、社区及其家属沟通衔接，帮助回归人员平安度过回归危险期；动员社会力量、政府相关部门牵头组建亲情帮教协会，发挥家庭支持系统帮教规劝扶助作用，促进回归人员顺利回归。三是构建社会治理“五治”新格局。坚持“专项整治与系统治理、综合治理、源头治理相结合”“专项打击与重点整治、党委领导与政府负责、社会协同与群众参与、条块整体联动与横纵分工合作相结合”，形成政治引领、法治保障、德治教化、自治强基、智治支撑的社会治理“五治”新格局。

3. 强化重点领域犯罪风险预警预测

由被动反应向主动化解转变，加强对产生违法犯罪源头因素的智能研判，这是防范化解社会安全风险的首道防线。一是完善网络空间治理预测预警机制。通过大数据融合、物联网、云计算等智慧平台建设,全面加强社会治安防控体系建设,防范涉众型、风险型经济犯罪,以及盗抢骗等多发性侵财犯罪,实现打击犯罪模式从“事后防御+事中拦截”向“事先预警+事先防范”转变。二是建立重新犯罪高危群体动态监测机制。针对重新犯罪率的高危高发群体,公安、司法、社区等部门联动建立一体化智慧警务动态监测模式,加强对盗窃类、涉毒类和抢劫类等有犯罪前科的回归人员在刑释后两年内的跟踪复检,形成帮教、跟踪和预防一体化的良性循环。三是建立社会危机与犯罪风险评估标准体系。相关职能部门负责实施国家级犯罪调查统计分析,在各地建立犯罪风险监测网络,重点监测有重新犯罪风险群体的情报,开展常态化跟踪分析研判,定期发布犯罪风险预警,实施前端预防,促进扩大预防效果、减少犯罪行为。

最后,需要说明的是,本文对中国现代化治理视域下的罪犯回归实践探析,其数据结论可能受到以下因素影响:其一,刑释回归人员重新犯罪率分析受制于数据本身可靠性。其二,全国数据趋势可能掩盖区域具体差别。其三,中国裁判文书网数据情况有缺失,只能供一般性、趋势性参考。其四,各省监狱重新犯罪分析散见于各类学刊和交流数据,存在来源单一性、表达差异性等问题。其五,由于数据可得性问题,重新犯罪率分析比较存在比较时间不够对称、数据时间不够及时等问题。

劣势累积:再犯青少年生命历程研究

张　婧*

当前我国青少年初犯预防取得了较大实效,但再犯预防面临失效的风险。数据表明:“我国服刑出狱的青少年罪犯是累犯的高发群体,在重新犯罪人员中,初次犯罪多数是在未成年时期,约占半数。”犯罪学实证研究结果表明,“初次犯罪的年龄越小,再次犯罪的可能性越大”[1]。可以说,刑释青少年不仅是当前我国重新犯罪的高发群体,也是社会未来犯罪的后备军。加强对青少年重新犯罪问题的研究,对于预防和控制青少年犯罪、降低社会整体重新犯罪率具有极为重要的意义。

一、文献回顾

青少年再犯研究是犯罪学和刑事政策学领域的重要课题。在国外,关于青少年重新犯罪的研究已经较为成熟。近年来,国外研究者对青少年犯罪、重新犯罪的原因形成了两种主要的研究思路。一种是关于青少年重新犯罪原因静态理论的研究。这类研究主要关注青少年犯罪的个体原因和生物学原因,以探究重新犯罪的影响因素。例如,有的研究者对青少年反社会人格和行为的遗传学研究进行分析;有的研究者致力于研究犯罪遗传与环境的交互作用、体内营

---

* 张婧,时任司法部预防犯罪研究所预防犯罪工作研究室副研究员、博士。基金项目:本文系中国青少年研究会课题“未成年人重新犯罪问题研究”(课题编号:2019B14)阶段性成果。原文载《犯罪研究》2020 年第 6 期。

〔1〕 戴艳玲:《对社会转型期重新犯罪特点及防控策略的思考》,载《中国司法》2013 年第 6 期。

养失衡与攻击行为的关系等。[1] 另一种是关注青少年违法犯罪行为发展的原因，即考察过去的犯罪行为与现在犯罪行为之间的关系，展示青少年犯罪行为的原因如何动态地发挥作用。[2] 这一类研究以犯罪发展与生命历程理论为代表，包括发展犯罪学的两分法（Developmental Taxonomy）、非社会控制的年龄分层理论（Age-Graded Theory of Informal Social）、综合认知反社会倾向理论（Integrated Cognitive Antisocial Potential Theory）、发展路径理论（Development Pathways Theroy）等。尽管静态研究是青少年重新犯罪研究中不可或缺的预测因子，但国外研究更加关注动态研究。而生命历程理论正是为动态研究犯罪的发生、持续和变迁提供了理论支撑。

国内学者关于青少年再犯问题的研究，是伴随着对重新犯罪问题的实证研究出现的。曾赟根据逐级年龄生平境遇理论创建了测量重新犯罪风险的预测量表，确定了年龄、生平境遇、行为与选择三个测量模型。[3] 孔一通过对刑满释放后归正的青少年进行追踪调查，揭示了归正青少年重新犯罪的主要因素，包括现实表现、安置就业、社会态度、首犯案由、回归婚恋、家庭关系等 13 项因素。[4] 王志强通过实证调查分析，把重新犯罪的影响因素分为：个体因素、矫正经历和社会处遇。[5] 丛梅认为未成年人重新犯罪的原因包括社会认知能力、犯罪前的不良交友和不良行为以及社会环境中消极因素的影响、监狱亚文化的侵蚀和心理矫正工作缺位等方面。[6]

已有研究为讨论青少年再犯奠定了丰富的理论基础，涵盖了青少年再犯的基本特征、个体原因、社会原因、心理行为以及回归路径等各个方面。但还存在以下两个方面的缺憾：第一，已有研究是一种静态的解释进路，仅对再犯行为予以宏观、静态、终局分析，难以深入全面的阐明青少年重新犯罪的原因。第二，研究方法上，大多是基于量化分析完成，缺乏直接介入观察对象的

---

〔1〕 See Huw Williams W. , Cordan G. & Mewse A. J. , et al. , *Self-Reported Traumatic Brain Injury in Male Young Offenders: A Risk Factor for Re-Offending, Poor Mental Health and Violence*, Parapsychologist rehabilitation, 2010, p. 178 – 230.

〔2〕 See Farrington, David, *Building Developmental and Life-Course Theories of Offending in Taking Stock: The Status of Criminology Theory*, NJ: Transaction Publishers, 2006, p. 56 – 89.

〔3〕 参见曾赟：《服刑人员刑满释放前重新犯罪风险预测研究》，载《法学评论》2011 年第 6 期。

〔4〕 参见孔一：《重新犯罪社会原因检讨》，载《中国刑事法杂志》2002 年第 5 期。

〔5〕 参见王志强：《重新犯罪实证研究》，载《中国人民公安大学学报（社会科学版）》2010 年第 5 期。

〔6〕 参见丛梅：《重新犯罪实证研究》，天津社会科学院出版社 2011 年版，第 30 ~ 48 页。

质性研究,对青少年再犯特定阶段呈现出的独特性的探究较少。鉴于青少年犯罪行为的渐进性、感染性、延续性等特点,笔者认为对青少年再犯行为的研究应当构建一种动态的原因解释进路。而生命历程理论视角则为弥补上述不足提供了解决思路。

二、研究视角与方法

劣势累积是生命历程理论的一个重要概念。劣势累积的概念最早由默顿提出,它是指个体在某些既定的特征上,随时间推移而产生的系统性分化。[1] 罗伯特·桑普森等通过考察反社会与犯罪行为跨越生命历程的稳定性,认为一个人在早期生命历程阶段如果发生触犯法律的事件,那么这个人在后期生命阶段中违法犯罪的可能性会增大,如果不采取制约"劣势累积"的方式,则会更进一步增加违法犯罪的可能。[2] 受这一观点的启发,笔者认为青少年再犯的发生其实就蕴含在个人的经历和遭遇之中,是一种劣势积累和负向强化的过程。为此,本研究拟借助劣势累积这一概念,从整体视角、纵向维度出发,就再犯青少年的生命历程进行研究。本研究结论有助于了解个体向犯罪人转变的形成轨迹,理解家庭、学校和刑罚经历对青少年再犯罪形成的影响,特别是能够引起我们对生命历程关键阶段的重视,从而为制定相关政策提供参考。

本文采取质性研究的方法。为了对再犯青少年的成长经历、生活环境、犯罪历程有更深入的了解,2018 年 4 月至 2019 年 5 月,笔者前往上海市、山东省、云南省的部分地区,有针对性地选择了部分监狱(包括男子监狱和女子监狱)、未管所对青少年再犯问题进行了深入调研。在深度访谈方面,采用目的抽样的方法选取样本,即抽取那些符合条件,并能够和愿意提供丰富信息的 12 名再犯青少年为访谈对象,借助重新犯罪调查问卷对罪犯进行了一对一访谈。表 1 详细说明了访谈对象的基本情况。

---

〔1〕 参见[美]罗伯特·K. 默顿:《社会理论和社会结构》,译林出版社 1998 年版,第 59 页。

〔2〕 参见[美]罗伯特·J. 桑普森、[美]约翰·H. 劳布:《犯罪之形成——人生道路及其转折点》,汪明亮等译,北京大学出版社 2006 年版,第 100 ~ 123 页。

表1 受访者基本信息

编号	性别	年龄/岁	初次犯罪年龄/岁	初次罪名	本次罪名	初次刑期	本次刑期	前科次数
C1 – PJ – B	男	25	16	盗窃	盗窃抢夺	1年半	8年半	无数次
C2 – SZY – B	男	20	16	盗窃	盗窃	缓刑	2年半	2次
C3 – LSC – G	女	24	20	盗窃	销赃	缓刑	7年2个月	2次
C4 – HIC – B	男	19	16	盗窃	盗窃	拘役8个月	2年10个月	多次
C5 – DJY – B	男	18	16	盗窃	强奸	拘役6个月	6年	2次
C6 – GL – B	男	26	20	敲诈	抢劫	缓刑	10年	2次
C7 – ZJL – B	男	23	17	抢劫	强奸	缓刑	12年	2次
C8 – ZP – G	女	25	19	非法持有毒品	贩卖毒品	10个月	16年	2次
C9 – XF – B	男	18	16	盗窃	奸淫幼女	6个月	12年	多次
C10 – ZLP – G	女	30	17	过失至人死亡	贩毒	4年	10年	2次
C11 – ZLW – G	女	17	15	诈骗	盗窃	罚金	3年	2次
C12 – ZB – B	男	30	14	故意伤害	贩毒	2年	无期徒刑	3次

三、再犯青少年生命历程研究

(一)劣势累积的开始:早期的出生和教化

1. 家庭结构

家庭结构是家庭功能的基础,与青少年的健康成长密切相关。本次访谈的12名对象中,4名来自留守儿童家庭,6名由爷爷奶奶抚养长大,4名属于单亲家庭,1名属于流浪儿童。

因为我小时候是在爷爷奶奶身边长大的,十几岁的时候我才回到父母身边。我认为我的性格在爷爷奶奶身边的时候就已经养成了,因为爷爷奶奶对我不会特别的管,就是一种散养模式,就像野孩子一样。(C10 – ZLP – G)

从我记事开始,爸爸妈妈就坐牢了,很小的时候(5岁)我就是一个人。房子的话是居委会帮我找的。居委会的阿姨每天给我10块钱,上午花2块、下午花4块。有时候一下就给我三天,就给我30块,有的时候给我7天就给我70块。小时候爱吃,这个钱给我,我就一下子用完,之后就没有钱吃饭了。也不会

洗衣服,换下来的衣服就堆在那里。其实小时候就好像是被生活给磨平了的感觉。(C8 – ZP – G)

家庭本来是青少年走上社会之前的“温馨港湾”,但再犯青少年往往来自问题家庭或不完整家庭。不完整家庭虽然并不一定是造成犯罪的场所,但不完整家庭可能形成不完善的家庭功能,进而对青少年的行为产生影响。在被访谈者中,有的父母常年在外打工,子女留守交给老人照料,形成集体缺位。有些家庭中父母短期化、反复化的外出务工,造成儿童依赖感的中断。有的家庭虽然父母中的一方留在原籍地照料儿童,但因为子女数量较多或自身生活压力等,无暇照料子女。甚至有的父母双双坐牢。这种分离化、情感荒漠化的状态,不仅削弱了儿童早期所需要的家庭监督和保护功能,还给其带来了心理上的叛逆和不安全感。得不到心灵慰藉的青少年之弱势群体在遭遇人生危机时,很有可能引发侵害与被侵害行为,成为违法犯罪的前体。

2. 家庭教养方式

(1)暴力型

我家的家庭氛围就属于比较激烈的那种,因为爸爸喜欢酗酒,神志不清的时候就打我。妈妈也打我,一说不上来,就打打打的,经常打,不是一个人打,就是两个人混合打。天天打天天吵。有一次打的我两个月没法动弹。我哥性格像我爸爸,而且他吸毒,我哥也打我,后来他还打我爸。(C11 – ZLW – G)

(2)溺爱型

我爸就是太喜欢男孩了,我干什么他都是鼓励的态度。带女孩回家什么的,他从来没说过什么。过夜什么的从来也不说。然后还是很赞许的。这些事太多了。我妈也不问我,问问那女孩子多大,对方什么情况什么的。直到我出这个事(奸淫幼女)就没有人说过我。(C9 – XF – B)

(3)放任型

那时候经常打架惹事,学校老师就通知告家长,但我爸总是不去,后来老师说再不来就要开除了,我爸就说“开除就不上呗”。(C7 – ZJL – B)

调查中发现,访谈对象中很多家庭都不同程度地存在教育偏差的问题。父母采取错误的教育方式越多,造成的身心创伤、不良人格、认知偏差、成长困境等弊病就越严重,会影响他们的个人成长和社会化,都有可能在不久的将来诱发犯罪行为。

3. 负面事件经历

多数受访者在未成年前都有重大负面事件的经历。一些青少年在小小年纪就遭遇了家庭的不幸,有的因家庭冲突或目睹家暴造成心灵创伤;有的因父母离异、死亡,过早地失去了家庭的温暖;有的因父母入狱,从童年乃至幼年就与父母聚少离多,甚至终生分离,成为他们生命历程中的一大重创。

爸爸那个时候是有期徒刑,回来了,之后几个月又进去,断断续续的。等我爸爸回来了之后,他看到我不喜欢我。那个时候我还没吸毒,我只是在读初中,跟一些社会上的人玩,然后就是开始学会抽烟打游戏这些东西,我爸爸觉得我不学好。他刚回来,把我关在家里,我跑出去,回来就是被打一顿。然后,他一个不注意我就逃走。父母长期没有在身边,可能在一起相处的时候,也不想听他的。(C8 - ZP - G)

娜妮·西格尔在论著《青少年犯罪》中指出:"一个人早年过多地经受肉体的伤害和感情上的折磨,会使他在以后的生活中实施暴力和反社会行为。"儿童时期是人生成长的关键期,也是最缺乏自我保护能力的阶段。在自身的合法权益遇到外界的不法侵害时,由于缺乏自身的抵抗能力和周围父母、老师的支持和帮助,进而产生孤独绝望、自己行动报复等心理,也就是被害人的恶逆变效应,这容易让儿童从被害走上加害的犯罪道路。

家庭是人类生命历程中最亲密、最历久的社会生态系统,家庭的教育、引导和帮助是决定儿童融入社会的关键环节,家庭也同样充当着儿童在社会化过程中受挫的缓冲站、避风港。但在访谈中发现,在青少年的成长过程中,亲子关系的失谐、安全感和归属感的丧失,父母榜样作用的剥夺以及道德行为监控机制的弱化会共同导致其早期的家庭功能的失灵。家庭功能的失灵一方面使青少年陷入某种孤岛效应,使其身份、地位、情感的获得以及人生价值观的形成等方面与普通家庭的孩子相比处于劣势地位;另一方面影响了家庭约束功能的发挥,过早地把不够成熟的儿童推向社会圈、犯罪圈,使青少年在生存环境上相较普通人存在更强的犯罪风险。可以说是青少年特殊的成长经历造就了一个犯罪的"早期开始者"。

(二)劣势累积的持续:社会化偏差

1. 厌学与辍学

厌学和辍学是青少年走向犯罪道路的危险开端。本次访谈的样本对象在犯罪前基本都是闲散于社会的青少年。访谈对象中,绝大多数访谈者都是在初中辍学,还有 1 人是在小学离开学校的。学习困难—学习成绩不好—旷课逃学—离开学校—闲散于社会,是多数青少年走上犯罪道路的基本路径。

我上小学的时候全班成绩前三名,然后到了初中,刚去还好,但后来慢慢不行了。因为班级里有几个比较坏的学生,那时候我比较老实,经常被欺负。然后有一天我吃中午饭,他们就把粉笔灰什么的都往我饭里面倒,我就比较气愤,然后我联合了一帮人,把他们分别打了一顿。从那之后我觉得他们看我的眼神就不对了,就感觉被人尊重了。然后我就觉得这种感觉很不错,上课也不太认真听了,天天就想着出去玩。多认识点人之类的,不让自己被欺负,然后学习成绩慢慢就下来了。(C9 – XF – B)

笔者在访谈中发现,青少年辍学较少是因为经济困难无力上学,而多数是因为学习不好或厌学而主动放弃学业,也有因为不断惹是生非而被开除的情况。处在十五六岁的青少年正是一个急于表现自我、证明自己的年龄,在学业上的失利迫使他们寻求其他途径来完成自我实现。

2. 结交不良同伴

在关于青少年犯罪和过错行为的研究中,不良同伴群体的影响与过错行为之间的关系是十分明确的。由于在学校中被过早边缘化,在家庭中得不到足够的教育与支持,青少年需要在校园之外寻找新的社会不良青年获得支持。这些青少年在学校、家庭和亚文化群体的拉锯战中,在缺乏成熟的认知能力和辨别是非能力的情况下,很容易滑向同辈的亚文化群体中。

不上学后,也没什么事干。我就跟我那些朋友在一起天天不回家。那时候我们在一起就是喝酒啊,赌博,KTV。我们不可能整天在一起什么都不做的,有一次他们就劝我试一试(抢劫)。(C7 – ZJL – B)

我们六七个人吧,就是一起 KTV、迪厅、上网啊,打架的时候可以帮忙,有活动大家一起。(C9 – XF – B)

访谈发现,青少年犯罪大多是以团伙的形式作案。个体处于群体之中,容易产生法不责众、责任转移的心理,并且还会对自身行为的风险性、危害性和破坏性产生认识偏差,对于自身的危害行为表现得无所顾忌,作出平常做不出的事情。“拥有独立意识时的老实人,在群体中会表现得蔑视法律,我行我素。”[1]不良同伴不仅从客观上为青少年提供可效仿的犯罪经历,同时从主观上通过相互之间的影响和青少年的“从众心理”,破坏青少年个体的心理防线,对犯罪的持续起到强化作用。

---

[1] [法]古斯塔夫·勒庞:《乌合之众:大众心理研究》,戴光年译,新世界出版社 2010 年版,第 17 页。

3. 不良行为升级

从行为规律来看，未成年人犯罪虽然普遍具有突发性、偶然性的特点。但是其犯罪意识和违法行为的产生并不是偶然的。访谈中，大多数受访者在初中阶段（14~16岁）就有违法行为，少数受访者在更早阶段（14岁之前）就出现不良行为或不良嗜好。访谈中，有10名访谈者承认有逃课、辱骂他人、抽烟、喝酒、夜不归宿、看不健康影视、出入娱乐场所的经历。约有一半以上的访谈者曾与社会不良青年有来往，且曾有打架斗殴的行为。还有5名有吸毒的经历。

我父母是因为这个（海洛因）被抓，我其实挺痛恨毒品的，觉得是这个毁了我的生活。但是在迪厅里面玩嘛，慢慢地也就接触到一伙玩的人，每次看到他们玩儿我心里面就一直克制着，但后来觉得这个其实和我爸妈吸的不一样（冰毒），没过多久，我就开始吸了。（C8－ZP－G）

访谈发现，这些青少年出现的不良行为是逐渐递进的，表现为一般不良行为—严重不良行为—违法犯罪行为。在犯罪行为升级的过程中，受群体环境的影响，青少年在身体、心智均不成熟的情况下，沉溺于这种离经叛道的生活方式中。他们往往不认为这是违法行为，进而陷入“群体无意识”中。再加上监护人和学校在实践中配合乏力，导致孩子们的不良行为没有得到及时纠正，进而逐步向犯罪行为演化。

4. 初次犯罪

如前所述，青少年从小时候在不良的家庭环境和教养方式中长大，到踏入学校和社会，再到违法犯罪，这期间经历了家庭、学校和社会三大环境的转变与交叠，且三者相互作用、相互影响。在此基础上本研究提出青少年初次犯罪的发展路径，如图1所示。

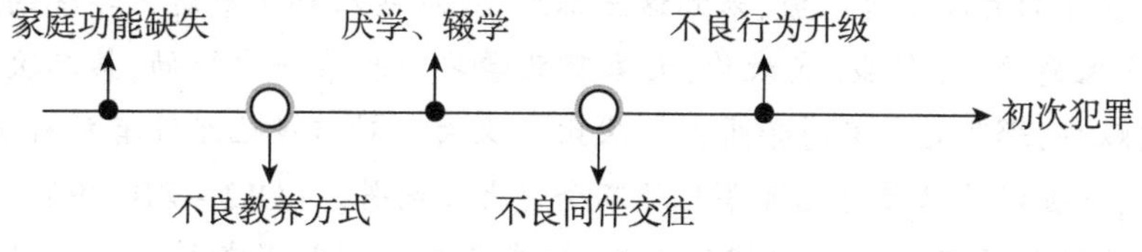

图1　青少年初次犯罪路径

（三）劣势累积的分化：刑罚的正反效应

1. 监禁体验

这里面对我的教育是有意义的。就比如说你自己做了错事，你总会学到外边学不到的东西。比如一些法律知识。（C9－XF－B）

表面上服从，但我心里面有时候就没听进去。（C1 – PJ – B）

天天都是一样的事，说一样的话，就是很枯燥，就没有什么意义也没有什么记忆和概念。（C5 – DJY – B）

监所的改造生活对一个人总会产生不同影响。对不同的犯罪人，这种影响的效果是不同的。绝大多访谈者表示经过“监所里的教育会让他们学到外边学不到的东西”。可见，监所的改造生活已经对他们产生了积极影响。但也有青少年对监所的教育改造抱有消极认识。

2. 外界隔绝

监禁是一个封闭式的惩罚方式，服刑青少年在监所的生活与外界是几乎失联的。

给家人写信了，但也没什么音讯，不知道是不是地址错了还是怎么着，电话也没联系上，我现在出去我也不知道要找谁。（C5 – DJY – B）

我现在的级别，是可以每月会见一次，但是路太远了，爷爷奶奶年龄大了，身体不好，不可能、我也不想他们来看我。（C9 – XF – B）

我是一个适应能力很强的人，我之前性格是很独立有想法的那种，但是我现在就是很顺从，表达能力也变差了，这对我影响比较大，要我现在出去的话不一定能够做的像原来那么好。（C3 – LSC – G）

青少年因为年龄尚轻，无论是生理、心理还是社会经验，皆无法与成年人相提并论，由此承担的压力和冲击可想而知。他们或迅速被同化，或对既定监所文化提出挑战。他们努力适应监所文化，尽可能改变原有的思维及行为方式，孤独和彷徨的矫正体验将伴随他们的高墙生活始终。

3. 交叉感染

我在外面真没见过小偷，来到这里都见了，那些人都是来这里学坏的，坑蒙拐骗，交叉感染，你教我，我教你，大家交叉学习。我第一次抢劫，第二次诈骗，第三次贩毒，那不是交叉感染吗？一次比一次大。对监狱已经没有那种害怕的心理了，进去以后只要自己懂事儿就不会受太多的苦。（C12 – ZB – B）

他改造就没有学到任何好的东西，按我们的话说就是都学会……扯谎，偷奸耍滑，损人利己，改造就改成这三样。然后到了社会上都学会好吃懒做，根本就不想做，何况还没有事情给他做。（C12 – ZB – B）

监禁惩罚本质上希望能够对服刑人员起到感化和教育的作用，通过访谈发现，监所环境不仅能成为服刑青少年未来生活的“警示牌”，还可能会成为服刑青少年再犯罪的“温床”。监所历程作为法律意义上的正向影响，个体意义上的负向经历,很大程度上对服刑青少年群体具有分化的效用。访谈发现,绝大部分青少年在监所历程中得到教育和警示,会使其释放后不断提醒自己的行为方式,起到避免其再次犯罪的作用,这是一种劣势转为优势的过程。但同时也在部分青少年身上呈现出劣势累积的加速。服刑青少年长期与外界隔绝,一方面得不到亲友的关心,增加其生理上、心理上的问题;另一方面因教育中断,信息滞后而影响其适应社会的能力。以上个体交往、社会联系的劣势长期累积在服刑青少年身上,导致服刑青少年在回归社会初期缺乏安全感并难以融入社会,也为其再次犯罪埋下了伏笔。

(四)劣势累积的深化:回归障碍

1. 亲情的缺乏

看到父母对我失去信心的样子,还有亲朋好友也都避着我,开始我连家门都不出,看到别人看我的眼光,感觉很难过。(C5 - DJY - B)

亲情和家庭支持是所有社会支持系统中最重要的力量。在访谈中,很多青少年在服刑期间思念亲人,说明他们对亲人的牵挂以及非常在乎家人对待他们的态度。在青少年回到家庭后,对家人的态度最为敏感。如果父母对其歧视、排斥,都会成为对劣性刺激,动摇其改过自新的信心。

2. 学业和职业的缺乏

根据犯罪学控制理论,学业和职业的投入是抑制犯罪的重要因素。如前文所述,刑释青少年多数为未完成九年义务教育、学历不高,青少年从监狱出来,在学历和社会知识等方面存在明显的劣势。他们无法也不愿再回到学校,而选择外出打工,资金和技术的缺乏再加上自身具有前科的工作背景,使得他们只能从事简单的低层次的体力工作。

学校不可能回去了,我也不想回去,老师以前说过一个臭虫坏了满锅汤,我就是那个臭虫。(C2 - SZY - B)

实际上我也想做个好人。以前我在刑满的时候,警官跟我讲政策,说是可以到当地公安、民政部门申请给你安排事情做,当然苦点累点是肯定的,也许钱少点儿。虽然有政策,但是地方根本不理你,医保要交钱,家里水费、电费,还有物业管理费。那个时候医保 90,物业管理 140,还有水费、电费,虽然只是几百块钱,但却让我气都喘不过来,把我都难死了。(C12 - ZB - B)

访谈中发现,除刑释青少年客观存在的就业条件(包括文化水平低、缺少就业技能外等)较差外,还包括他们消极的就业态度。访谈中发现,很多时候是刑释青少年自己放弃工作,而选择高收入又不太辛苦的工作。做体力活,对于这些娇生惯养或是在酒吧、KTV 中长大的“80 后”“90 后”来说，由于不能吃苦或者远离自己的想象而无法坚持，这使得他们处于上不能上、下不能下的尴尬地位。为了生存，他们会选择继续以犯罪作为生活依靠和精神满足。

3. 自我身份认同

在这里面时间长了，就跟社会就脱轨了。你出去之后你没有任何的能力，最起码你得先适应这个社会，适应就需要一段时间。在适应的一段时间当中，你没有工作，没有收入来源，你只能从事一些你以前会的东西，又会违法犯罪，还是回到以前的圈里去了。在这里面一两年还好，时间长的，10 年 20 年的出去不久，就会回来。（C2 – SZY – B）

我这辈子就这样了，从我父亲打我、我跑出家门那时起，就注定我走上这一条不归路。（C11 – ZLW – G）

刑释青少年最初从主观上向主流社会靠拢，渴望能够融入主流社会，出狱之后面临家庭孤立、就业歧视、社会技能丧失，在增加生活负担的同时也在一定程度上限制了青少年选择合法生活和自我改善机会的意愿，使其因内在驱动力和外在适应性的双重匮乏下陷入自暴自弃的境地。

4. 重新犯罪

上文分析可以发现，青少年再犯罪行为是一个渐进的动态过程。美国著名犯罪学家雷克利斯根据内在系统与外在系统的交互作用提出遏制理论。该理论认为，社会不断地“推动和牵引”人们去犯罪，与此同时，就每一个个体而言，又存在内部和外部两个遏制犯罪的系统。笔者认为，青少年再犯的发展路径也可以从雷克利斯的遏制理论中得到佐证。青少年再犯罪行为的发生，一方面受到来自外部和自身对犯罪行为的控制，具体包括国家、社会、家庭对其的约束力和个体抵制犯罪诱因的能力，包括良好的自我评价、自控力等；另一方面也要面对现实生存的压力、重新犯罪诱惑等负向冲击。其中既包括家庭放弃、辍学、失业和社会排斥等外部拉力，又包括负面身份认同，对犯罪群体的归属感等内部推力的作用。上述外部拉力和内部推力是促使青少年产生再犯罪行为的影响因素，而外部控制和内部控制是阻止、中断和抵抗青少年重新犯罪的影响因素。由此，青少年再犯的发生机制可以用图 2 的模型所表示。

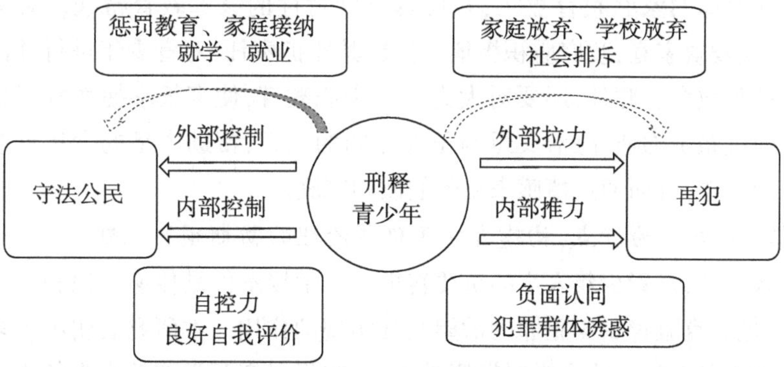

图2 青少年再次犯罪路径

四、简要建议——寻找人生正向转折点

回顾再犯青少年的生命历程,经历了劣势累积的开始—持续—分化—深化四个阶段。如何解释这一流动?为什么有些青少年不再犯罪,而有些青少年持续重复的犯罪,乃至成为终身犯罪人?通过这些个案的分析可以得出,再犯青少年的回归,有赖于社会接纳和个人资本的获得。作为一个特殊群体,他们大多处于社会的底层。只有当再犯青少年感受到来自个体、家庭及社会的正向支持并能够获取更多积极的社会资源时,累积效果和回归社会的状态才将呈现转好的趋势;相反如果他们一直处于负向支持和获得消极资源状态下,个体将无法适应新的路径要求,使得他们以一种反主流社会的亚文化心理往返于犯罪生涯。

生命历程理论强调"变迁或转折点可能修正生命的轨迹——他们能使生命改道",提醒我们关注青少年人生发展的不同阶段以及适时干预对犯罪终止的作用。积极把握人生的重要转折点,促成青少年犯罪行为转变,对于阻断青少年犯罪生涯具有重要意义。笔者认为可以从以下几个方面来分析。

(一)以家庭为基础,构建青少年犯罪治理的早期防范机制

虽然在不同的阶段,预防青少犯罪的侧重有所不同,但无论在人生发展的哪个阶段,家庭对人的成长都起着决定性的作用。亲密的家庭关系和良好的家庭教育是对青少年劣势累积形成阻断以及犯罪治理的源头。访谈中显示,再犯青少年中存在留守儿童隔代抚养、亲友托管、无责任监护、服刑人员的未成年人子女等特殊未成年群体。政府职能部门及其对应的未成年人权益保护部门,应

根据不同群体的家庭教育需求,开展具有针对性的家庭教育帮扶。对父母双失、单亲或残缺家庭,政府应积极地承担起其监护责任,对青少年进行补位式的家庭监护和教育。此外,还要对大力开展亲职教育,使家长掌握教育青少年的方法。通过亲子沟通,融洽父母与子女之间的关系,帮助失足的少年重新燃起对家庭的渴望,进而通过情感来使他们回归家庭。

(二)以学校为重点,构建青少年犯罪治理的初期预警机制

走入学校,是青少年人生的重要转折点。学校不仅是传递知识和经验之场所,同时也有克服青少年犯罪的欲望及其实现的作用。本研究表明绝大多数的再犯青少年是在初中或小学时期辍学的,这些提早离开学校的青少年无法获得良好的职业,很容易重新走上违法犯罪的道路。因此,一方面,学校对待具有早期不良行为的学生,在其形成犯罪性倾向的苗头和征兆时,就应采取有效措施进行预防和控制,消灭在萌芽状态。对于出现问题的学生,学校不能一下子就劝退,把学生推向社会了事。要认识到他们更需要被教育、被关怀和爱护,对他们实施不拘一格的教育,促进其个性成长。另一方面,对于触犯刑法,但情节较轻的青少年,以及受到刑罚处罚回归的少年犯,司法机关应主动协调学校,争取学校考察教育,尽最大努力帮助其继续就学,给予其教育挽救、悔过自新的机会。

(三)以少年司法为主体,构建青少年犯罪治理的中期矫正机制

首先,健全青少年罪犯司法处遇相关制度。可以探索在成人监狱设立专门的监区,主要针对青少年罪犯或因监禁时间漫长,需要转入成人监狱继续服刑的未成年罪犯进行关押,这样便于对青少年罪犯实行特殊的教育管理,避免可能出现的交叉感染。其次,健全青少年再犯预防矫治措施,优化教育矫治方法。监狱或未管所应积极引入教育资源,搭建义务教育、职业教育平台,为其日后发展和谋生奠定基础。可借鉴国外先进的青少年罪犯矫治经验,探索出一套切实可行的矫治工作流程和方法,更好地矫治青少年罪犯。最后,完善青少年罪犯的社会回归制度。切实落实青少年刑满释放后的安置帮教工作,可建立回归安置基金、设置过渡性安置基地,建立青少年罪犯回归社会后定期考察制度,密切掌握其释放后的生活、就业、工作及婚姻状况,给予必要的辅导、帮助,保障其合法权益不受侵犯。

(四)以社会为依托,构建青少年犯罪治理的终极关爱机制

访谈发现,很多犯罪的青少年特别是监禁后释放的青少年,在回归家庭、学

校和社区时,依然面临着许多挑战,一旦处理不好,他们很有可能再次走上犯罪的道路。目前,普遍认为后期的社会帮教是少年司法必不可少的环节,是青少年重返社会的关键因素。然而,犯罪青少年的社会帮教是一项综合治理工程,需要有效整合社会资源、充分发挥社会资源在预防青少年犯罪工作中的作用。政府各职能部门及社会各界都应结合各自的职能为青少年顺利回归社会尽一份义务。如教育部门要充分保障刑释青少年接受教育、保障其教育权不受侵害;劳动部门要对青少年开展必要的就业指导和技能培训,为其就业创造条件;民政部门要为生活困难的青少年解决就业、工作和生活中的问题。还要充分发挥社会团体、民间组织的作用,鼓励其参与到帮教活动中来;在此基础上,形成一套真正有效的工作方式,使得青少年的司法保护与社会保护相互协调,各种帮教方式有机衔接、形成合力,最终探索出一条张弛有道的犯罪青少年的社会帮教之路。

犯罪生涯持续中的职业化和犯罪升级问题实证研究

孔　一*

一、问题的提出

生涯犯罪人是以犯罪为业、以犯罪为生的人。那么,在犯罪生涯展开过程中,犯罪本身会不会像其他职业一样发生变化?布卢姆斯坦(Blumstein)、科恩(Cohen)、罗思(Roth)在他们主编的研究生涯犯罪人和犯罪生涯的奠基之作《生涯犯罪人和犯罪生涯》(Ⅰ&Ⅱ)一书中指出:犯罪生涯持续应当研究犯罪的频率(frequency/incidence),第一次犯罪到最后一次犯罪之间的时长(career length),罪行的严重程度(seriousness,包括作案数量、犯罪类型和犯罪后果等)及其变化(transfer/crime switching)。[1] 对犯罪生涯和惯犯的研究基本沿着布卢姆斯坦框架进行,法林顿(Farrington)指出一些生涯犯罪人的犯罪具有相对稳定性,而对于犯有几项罪行的人,可以调查他们在何种程度上专门从事某些类型的犯罪,以及犯罪的严重性在多大程度上随着时间的推移而上升。[2] 但关于具体问题的具体研究结论理论界历来各执己见、争论不休。如戈特弗里德森(Gottfredson)和赫希(Hirschi)认为犯罪行为具有稳定性,[3]而桑普森和劳布(Laub)认为有许多证据表明虽然反社会行为在一生中的各个阶段相对稳定,但

---

* 孔一,浙江农林大学文法学院。本文系澳门大学基金计划“中国公民对警察的信任:影响因素和过程”的阶段性成果。原文载《中国人民公安大学学报(社会科学版)》2020 年第 1 期。

〔1〕 See Alfred Blumstein, Albert Cohen et al., *Criminal Careers and Career Criminals* Ⅰ, Washington D. C., National Academy Press, 1986, p. 5 – 3.

〔2〕 See David P. Farrington, *Cross – National Comparative Research on Criminal Careers, Risk Factors, Crime and Punishment*, European Journal of Criminology, 2015, 12(4), p. 386 – 399.

〔3〕 参见[美]迈克尔·戈特弗里德森、[美]特拉维斯·赫希:《犯罪的一般理论》,吴宗宪、苏明月译,中国人民公安大学出版社 2009 年版,第 82 ~ 83 页。

随着时间推移,也仍有许多机会打破与不幸纽带的联系。[1] 墨菲特(Moffitt)则认为在少年限制型犯罪人之外存在少数持续型犯罪人,他们因生理心理缺陷和始于儿童时期的反社会行为而终生从事犯罪活动。[2] 帕特森(Patterson)等提出了从一般行为问题到犯罪的简单路径模型,他们认为犯罪的发展似乎存在一个持续恶化的过程,从不服到容易发怒,再到打架,最后到偷盗。[3] 早年的越轨行为与家庭状况密切相关,包括糟糕的家教、松弛的监督管理、有缺陷的家庭问题解决方式等。这一社会化过程使孩子把强制性的反社会行为作为有效解决问题的方式加以习得,早年的学习模式导致了长期的反社会行为倾向并贯穿于其生命历程的始终,而来自同辈群体的鼓励、赞赏和支持也强化了该反社会行为。洛伯等则进一步提出了从一般行为问题到犯罪的复杂路径模型:问题行为的变化过程是复杂和持续的,从家庭到其他社会环境的转换中存在多元的发展路径。(1)公开路径,包括儿童时期严重攻击行为和成年后的暴力犯罪;(2)隐蔽路径,包括儿童期的反社会行为和成年后的非暴力、财产犯罪;(3)权威冲突路径,包括从固执己见、越轨、规避权威到后来的身份犯罪。[4] 戈特弗里德森和赫希否定了犯罪的职业化和严重程度持续升级的假设,[5]但也有研究认为生涯犯罪人表现出一定程度的犯罪职业化倾向。[6] 这些观点和理论完全是基于对西方高发型犯罪[7]事实和数据的归纳、推演,样本来源地并没有包括中国,也没有在中国区域进行检验。这就有必要对这些经典理论和成果是否同样适用于中国语境进行验证。本研究通过对 59 名“七进

---

〔1〕 参见[美]罗伯特·J.桑普森、[美]约翰·H.劳布:《犯罪之形成——人生道路及其转折点》,汪明亮等译,北京大学出版社 2006 年版,第 15 ~ 17 页。

〔2〕 See Moffitt T. E., "*Life-Coursepersistent*" *and* "*Adolescence-Limited*" *Antisocial Behavior*: *A Developmental Taxonomy*, Psychological Review, 1993(100), p. 674 – 701.

〔3〕 See Patterson G. R., Reid J. B. & Dishion T. J., *Antisocial Boys*, *Human Emotions*: *A Reader*, 1998, p. 330 – 336.

〔4〕 See Loeber R. & Stouthamer-Loeber M., *The Development of Offending*, Criminal Justice and Behavior, 1996(23), p. 12 – 24.

〔5〕 参见[美]迈克尔·戈特弗里德森、[美]特拉维斯·赫希:《犯罪的一般原理》,吴宗宪、苏明月译,中国人民公安大学出版社 2009 年版,第 87 ~ 90 页。

〔6〕 See Wholl D. J., *A Rational Choice Approach to Professional Crime Using a Meta – Synthesis of The Qualitative Literature*, Accessed April 6, 2009, http://scholarcommons.usf.edu/etd/83.

〔7〕 参见维尔·范·科彭等:《有组织犯罪的犯罪轨迹》,林德核译,载《刑法论丛》2012 年第 2 卷。

宫”罪犯数据的统计分析，研究犯罪生涯持续过程中的犯罪变化，试图回答在我国生涯犯罪人犯罪生涯展开过程中是否会显现职业化特征和严重程度的升级趋势。

二、研究方法

2017 年 2 月至 2018 年 2 月，研究者采用分层抽样（以监所为单位）和简单随机抽样（随机抽出不少于 3 名的占所在监所“七进宫”罪犯总数的至少 25% 的罪犯）方法选取了 J 省监狱在押的 59 名七次以上被国家严厉制裁（包括监狱服刑、社区矫正、劳动教养[1]）的罪犯作为研究对象。样本构成情况如下：性别结构，男 100%。[2] 民族构成，汉族 95.20%，其他民族 4.80%。成长地分布，农村 79.10%，乡镇 16.10%，城市 4.80%。年龄结构，年龄最小值 26 岁，最大值 60 岁，均值 41.00 岁，标准差 8.70 岁。研究者收集了这些罪犯的刑事判决书、罪犯自传（由犯人根据研究者所提供的参考框架进行撰写，共计 34 万余字），借助自行研制的重新犯罪结构访谈表和罪犯生活资本变迁表对罪犯进行了访谈，谈话全程录音并转录成文字，访谈时长超过 8850 分钟。对调查所获的定量资料利用 SPSSforWin 软件进行频数统计、方差分析和卡方检验，以发现其中的因果关系和作用机制。对罪犯访谈和自传材料[3]进行质性分析，以更加具体深入地揭示定量分析所显示的变量关系。本研究将犯罪生涯持续中的犯罪变化操作为以下 5 个指标：（1）犯罪生涯长度、前科[4]次数；（2）累计作案起数；

---

〔1〕 劳动教养虽然在 2013 年已经废止，但本研究调查对象的平均犯罪生涯长度约为 20 年，理论上存在在 2013 年前后被劳教的可能。劳动教养虽然只是行政处罚，但最长时间可达 3 年。劳教场所对劳教对象的要求虽然比监狱对罪犯的要求宽松，但仍具有相当的惩罚性。从感染再次违法犯罪的风险看，劳教甚至比监狱更胜。劳教对象中涉黄、涉赌、涉毒、敲诈勒索、打架斗殴、盗窃成性者有很高的占比，这类违法者及其行为具有较强的成瘾性、习惯性和腐蚀力。

〔2〕 七次以上被国家严厉制裁的罪犯均为男性，背后的原因需要从男性和女性的差异以及生涯犯罪人犯罪生涯维持机制中去深入探讨。原因之一可能是犯罪职业是一种需要“男性气质”的“工作”，从瑞文·康奈尔的《男性气质》中也许能找到部分答案。这也是本课题后续研究所要回答的问题之一。

〔3〕 59 名正式被访对象统一编码为 a001—a059，试调查的 18 名访谈对象编码为 b001—b018，早年收集的“七进宫”罪犯访谈记录或自传编码为 c001—c010。

〔4〕 本研究对前科的界定没有采用严格的法律定义，而是沿用了监狱实际工作中的统计口径和习惯用法，即把服刑或劳教经历都称为“前科”。

(3)犯罪的专业化(持续实施特定类型的犯罪、犯罪熟练程度、犯罪效益、反侦查能力等);(4)犯罪严重程度的升级(犯罪类型、犯罪危害后果等);(5)犯罪观的变化。

三、研究发现

(一)犯罪生涯长度与前科次数

1.犯罪生涯长度

根据调查数据,犯罪生涯时间跨度最短的8年(a045,a054),最长的48年(a059)。犯罪生涯长度5~9.9年的占8.50%,10~19.9年的占45.80%,20~29.9年的占37.30%,30~39.9年的占6.80%,40年以上的占1.70%。平均生涯长度为19.71年。犯罪生涯长度20年以上的占45.80%。调查对象年龄均值为41.00岁,与初次犯罪年各数字基本吻合。年龄均值为20.76岁,犯罪生涯长度均值为19.70年,三个数字基本吻合(见表1)。

表1　犯罪生涯长度分组

时间跨度/年		频数	百分数/%	有效百分数/%	累计百分数/%
有效样本	5~9.9	5	8.50	8.50	8.50
	10~19.9	27	45.80	45.80	54.20
	20~29.9	22	37.30	37.30	91.50
	30~39.9	4	6.80	6.80	98.30
	≥40	1	1.70	1.70	100.00
	总计	59	100.00	100.00	

均值=19.71,标准差=8.42

2.前科次数

根据调查数据,59名生涯犯罪人中前科次数最少的7次,最多的20次。15人有7次前科(占比25.40%),17人有8次前科(占比28.80%),12人有9次前科(占比20.30%),15人有10次以上前科(占比25.50%)。前科次数均值为8.80次(见表2)。

表 2　前科次数

前科次数		频数	百分数/%	累计百分数/%
有效样本	7	15	25.40	25.40
	8	17	28.80	54.20
	9	12	20.30	74.60
	10	8	13.60	88.10
	11	3	5.10	93.20
	12	2	3.40	96.60
	15	1	1.70	98.30
	20	1	1.70	100.00
	总计	59	100.00	

均值=8.83,标准差=2.16

(二)累计作案起数

根据调查数据,59 名生涯犯罪人中累计作案起数最少的 7 起,最多的 500 起。有 11 人累计作案 7～10 起(占比 22.90%),有 21 人累计作案 11～20 起(占比43.80%),有 5 人累计作案 21～30 起(占比 10.40%),有 4 人累计作案 31～50 起(占比 8.30%),有 3 人累计作案 51～100 起(占比 6.30%),有 4 人累计作案 101 起以上(占比 8.30%),见表 3。累计作案起数均值为 56.30 起。这一统计尚不包括每天作案,自述作案"上万起"或"数不清"的几个个案。

表 3　累计作案起数

作案起数		频数	百分数/%	有效百分数/%	累计百分数/%
有效样本	7～10	11	18.60	22.90	22.90
	11～20	21	35.60	43.80	66.70
	21～30	5	8.50	10.40	77.10
	31～50	4	6.80	8.30	85.40
	51～100	3	5.10	6.30	91.70
	≥101	4	6.80	8.30	100.00
	小计	48	81.40	100.00	
缺失样本	—	11	18.60	—	—
总计	—	59	100.00	—	—

均值=56.29,标准差=121.12

在这些累犯的犯罪生涯持续过程中，其犯罪频率快慢不一，有的每月一次，有的每周一次，也有每天作案的。犯罪的间隔期取决于犯罪机会、同伴邀约或消费情况（“没钱花了就去搞一票”）。

刑满释放后，没有从思想上去考虑该怎样找工作，而是想着到哪里能搞到钱，改变生活无着落的困局。认为自己已经多次被判刑，再多几次也无所谓，万一运气好的话搞到一笔钱，自己就能做点小生意，摆脱目前贫困的生活。在这种极端的思想支配下和自暴自弃的心理作用下，本犯在犯罪的道路上越走越远。2010 年至 2017 年，本犯肆无忌惮地到处盗窃。（a002 自传）

……与他们在一起，随心所欲，无恶不作。本犯学会了吸毒，开始体会到毒品带给本犯的美妙幻想。总之，有刺激性的事物本犯都愿意尝试，而且还是越刺激就会感到越开心。从那以后本犯也渐渐地开始迷失心智，使自己变得和魔鬼没有多大的区别。玩总是要付出代价的，最现实的代价就是玩离不开经济的支持。起初本犯编不同的谎言从家人、女朋友那里骗取钱款来供自己大肆挥霍，将家人和女朋友的钱都骗尽了，于是便开始抢劫、敲诈勒索了。（a020 自传）

a002 在搞一笔钱就做合法生意的自欺欺人的借口下，“肆无忌惮地到处盗窃”。a020 染上毒瘾之后，追求刺激，挥霍无度。盗窃、骗家人钱、抢劫、敲诈勒索，无恶不作。生涯犯罪人中也有像 a059 这样的特例：他每天习惯性地“出工”。

问：那你 5 点就起床，每天都这样？

答：5 点就起来上班，也就是出去偷，多少要偷点回来。人家小偷是偷到了就整天不出去了，偷不到明天要出去的，我不是这样的。我就像工人上班一样，人家都说你这个人最勤劳了，你上班最积极了。7 点到 9 点半就回来了，中午就是玩电脑，我就好像工作一样的。

问：那你下午、晚上不出去干？

答：不出去干。工人上班一般要 8 点，我比他们早，他们没有这么早。我没有一次回来是空手的，总要赚一点回来，人家说你出去没空手过，就算是圆珠笔也要口袋里藏一支回来。

问：你是每天都出去，每天肯定是不空手回来？这样就是保证每天都有工资？

答：对的。我不耽误这个时间。（a059 访谈记录）

a059 每天作案，用他自己的话说就是，每天按时上下班，保持着“良好的勤劳习惯”。

（三）犯罪的专业化

犯罪的专业化是指犯罪人是否持续实施特定类型的犯罪，犯罪技术是否越来越高,犯罪效益是否越来越好,逃避打击的能力是否越来越强等。我们可以从犯罪类型和犯罪技巧两方面来考察。

1. 犯罪类型

生涯犯罪人犯罪罪名涉及盗窃、销赃、诈骗、贩毒、敲诈勒索、寻衅滋事(原流氓罪)、聚众斗殴、开设赌场、抢夺、抢劫、强奸、纵火、故意伤害 13 种犯罪类型。根据调查数据计算,在 59 名生涯犯罪人中,有 1 人(占比 1. 70%)有 5 种犯罪行为,有 4 人(占比 6. 80%)有 4 种犯罪行为,有 4 人(占比 6. 80%)有 3 种犯罪行为,有 21 人(占比 35. 60%)有 2 种犯罪行为。有 2 种以上犯罪行为的共有 30 人(占比 50. 80%)。调查显示,59 人中有 58 人涉足盗窃犯罪(占比 98. 30%),仅有 a037 一人例外。从犯罪类型看,29 人专门从事盗窃,另外 29 人除从事盗窃外,还从事一种以上的其他犯罪行为。相关研究也有类似发现:重新犯罪多为贩卖毒品、盗窃犯罪等贪利性犯罪。[1] 可以这样认为,生涯犯罪人的犯罪有一定的专门化趋向——以盗窃为主。但是否具有专业化特征以及专业化的程度,要结合犯罪技巧、犯罪收益和反侦查能力再做进一步分析。

2. 犯罪技巧与逃避打击能力

调查中承认有专门犯罪技术的罪犯较少,表示有"开锁"技能的有 5 人(占比 8. 50%),表示有"扒窃"技能的有 2 人(占比 3. 40%)。但从个案看,罪犯存在对犯罪技巧的学习和反思,犯罪经验处于不断积累中。[2]

送我去看守所的人说我有艾滋病,很可怕,就不收我。民警说这样你就不用去坐牢了,不去监狱了。当时我还不相信,民警说真的,你把字签了就可以出去了。就这样,开始第一次监视居住。有了这样的第一次就有了第二次,第三次。每次去派出所都是签完字就把我放了,慢慢地我的心就大起来了。一般的小东西我也不偷了,反正不用坐牢,怕什么。(a014 自传)

我第一次被判了几个月的刑,在看守所就刑满了。第一次服刑期间,有个人对我说了技术开锁的方法,我记得很清楚。我印象最深的人是一个惯犯,他说要想来钱快就得偷,不然的话哪有钱去喝酒唱歌呢。(a036 自传)

后来劳教出来,我回家又和以前认识的同事一起到很多赌场去,而那时我自己还能控制自己,只是小赌,平时放放水。但是在劳教时听同教说盗窃一点

---

〔1〕 参见郑海、李国华:《中观视野下重新犯罪的罪刑样态与耦合关系》,载《法律科学(西北政法大学学报)》2017 年第 4 期。

〔2〕 参见靖泽华、冉甫光:《16 岁,他走向职业犯罪生涯》,载《青少年犯罪问题》1995 年第 4 期。

不算犯罪,最多拘留。从以前的不知不觉犯罪,到尝试,我慢慢地有些喜欢拿别人东西的快感,所以才有了后面的几次犯罪。(a038 自传)

a014 自从知道监狱和看守所会因其得了艾滋病而不敢"收他",就更加肆无忌惮地实施犯罪行为。a020 从别的业务员处学会了以虚假身份信息向银行和信贷公司借款的方法,并进行了改进,大肆骗贷达 10 余万元。a033 在监狱里学会了开锁的方法,出来后盗窃方式由扒窃转变为犯罪收益更大的入室盗窃。他们在与犯罪同伙的合作中,提升了反侦查经验。a036 在看守所不仅学会了技术开锁的方法,也为犯罪合理化找到了更好的借口:"想来钱快就得偷,不然的话哪有钱去喝酒唱歌呢。"a038 在劳教所对盗窃产生了想尝试的冲动,也知道了关于盗窃的法律规定,几次得手之后,逐渐体验到盗窃的快感,沉迷其中不能自拔。

(四)犯罪严重程度的升级

犯罪维持研究的核心往往被概括为犯罪的加剧或恶化,具体表现为犯罪性质的严重化和越轨行为(包括一般行为问题、物质滥用犯罪)频率随年龄增长而增加。[1] 本研究主要考察作案起数、犯罪间隔和暴力程度的变化。

1. 屡次受刑前的作案起数

(1)正态性检验

经 K-S 正态性检验,统计量"K-S"Z = 7.24,"作案起数"的 P 值为 0.000,可以认为近似正态分布。

(2)方差齐性检验

根据表 4 调查数据,生涯犯罪人第 7~10 次被抓前的作案起数均值分别为:2.33 次、4.03 次、8.22 次、11.67 次,从第八次被抓开始作案起数有明显增加。

表 4 作案起数描述统计

被抓次数	样本数	均值	标准差	标准误	均值的 95% 置信区间		最小值	最大值
					下限	上限		
1	49	2.57	3.25	0.46	1.64	3.50	1	16
2	48	2.38	2.03	0.29	1.79	2.96	1	9

---

〔1〕 See Alfred Blumstein, Albert Cohen et al., *Criminal Careers and Career Criminals* Ⅰ, Washington D. C., National Academy Press, 1986, p. 76-85.

续表

被抓次数	样本数	均值	标准差	标准误	均值的 95% 置信区间		最小值	最大值
					下限	上限		
3	44	2.11	2.08	0.31	1.48	2.75	1	11
4	45	2.11	1.86	0.28	1.55	2.67	1	9
5	46	2.41	2.21	0.33	1.76	3.07	1	9
6	45	2.47	2.17	0.32	1.81	3.12	1	9
7	45	2.33	2.36	0.35	1.63	3.04	1	9
8	31	4.03	6.70	1.20	1.58	6.49	1	37
9	18	8.22	22.83	5.38	-3.13	19.57	1	99
10	12	11.67	27.73	8.00	-5.95	29.28	1	99
总计	383	3.05	7.58	0.39	2.29	3.81	1	99

资料来源:因为被抓 20 次、15 次、12 次和 11 次的各案数分别为 1、1、2、3,均小于 5,因此,后续的分析均以被抓 1～10 次为分析样本。如果每被抓一次视为一个样本,则理论样本规模为 590 个。

注:方差齐性检验的结果为:P＝0.000,可以认为方差具有齐性。

(3)方差分析

由表 5 可见,F 值为 3.20,P 值为 0.002,组间均值差异具有统计学意义。

表 5 作案起数的 ANOVA 分析

平方和 s		自由度	均值平方	F 值	显著性水平
组间	1570.83	9	174.54	3.20	0.000
组内	20,367.22	373	54.60		
总计	21,938.06	382			

P＝0.002

(4)样本均数间的两两比较,LSD 检验

LSD 均数多重比较显示:第 9 次被抓时的作案起数和第 1～7 次被抓时的作案起数 P 值分别为:0.006,0.004,0.003,0.003,0.005,0.005,0.005,均存在显著差异。第 10 次被抓时的作案起数和第 1～8 次被抓时的作案起数 P 值分别为:0.000,0.000,0.000,0.000,0.000,0.000,0.000,0.003,均存在显著差异。其余两两比较无显著差异。这些差异可以从图 1 中直观地反映出来。

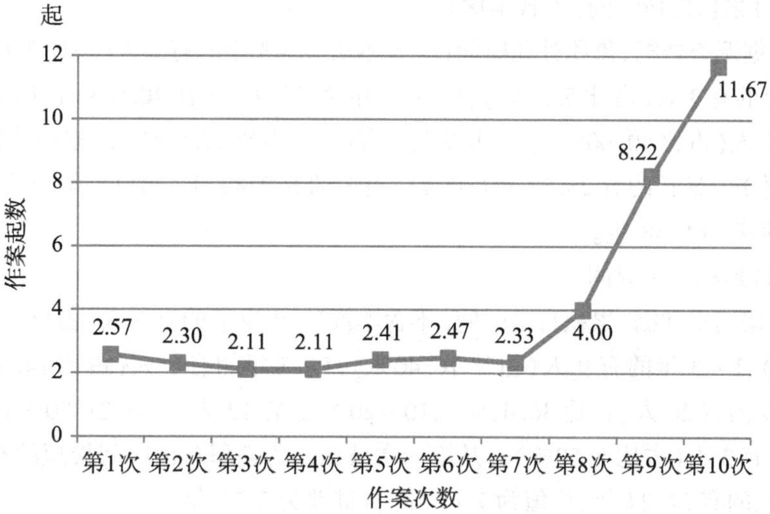

图1　基于被抓次数的作案起数

根据调查数据,当处罚次数达到较高数量后,犯罪次数会出现激增。这一方面是犯罪人放弃了试图远离犯罪的自我抗争;另一方面也是必遭重罚的宿命感和对犯罪的依赖使然。

2. 犯罪间隔

犯罪间隔指罪犯从释放到再次被抓的时间长度,也就是刑释人员每次被处罚间隙在社会上的平均自由时间。犯罪间隔计算公式为:犯罪间隔 = 累积自由时间/(前科次数 - 1) = (犯罪生涯长度 - 累积处罚时间)/(前科次数 - 1)。[1]

累积自由时间:从第一次被抓到本次被抓期间具有非罪犯身份在社会上的时间。

犯罪生涯长度:从第一次犯罪到本次犯罪的时间差。

累积处罚时间:除本次处罚之外的之前所有处罚时间的算数和。

(1) 累积处罚时间(含本次)

根据调查数据,累积处罚时间(含本次)3 年以下的没有,3 ~ 5 年的有 2 人(占比 3. 39%),5 ~ 10 年的有 18 人(占比 30. 50%),10 ~ 20 年的有 25 人(占比 42. 40%),20 年以上的有 9 人(占比 15. 30%)。累积处罚时间(含本次)最长的有 35. 25 年(a008),最短的有 4. 08 年(a032),均值为 14. 18 年,标准差为 7. 31 年。

---

〔1〕 前科次数包含了所有被处罚次数,因此,要减去本次才能用于计算犯罪间隔。

(2)累积处罚时间(不含本次)

根据调查数据,累积处罚时间(不含本次)2~3年的有2人(占比3.60%),3~5年的有3人(占比5.50%),5~10年的有22人(占比40.00%),10~20年的有22人(占比40.00%),20年以上的有6人(占比10.90%)。累积处罚时间(不含本次)最长的有28.33年(a004),最短的有2.83年(a032),均值为11.72年,标准差为6.38年。

(3)累积自由时间

根据调查数据,累积自由时间(不含本次)1年以下的有3人(占比5.50%,见表6),1~3年的有9人(占比16.40%),3~5年的有8人(占比14.50%),5~10年的有20人(占比36.40%),10~20年的有12人(占比21.80%),20年以上的有3人(占比5.50%)。从第一次被抓起的累积自由时间最短的有0.58年,最长的有24.24年,均值为7.67年,标准差为5.71年。

表6　累计自由时间最短的三名罪犯

编号	年龄/岁	犯罪生涯长度/月	前科次数/次	累积处罚时间/月	累计自由时间/月
a045	31	89.00	8	82.00	7.00
a054	29	101.00	9	91.50	9.50
a010	38	192.00	8	182.00	10.00

2013年10月从看守所释放后,因为没工作,没收入来源,长期与社会背景复杂的人员接触交往,接触的人大多是有前科的人员。2013年10月又因犯抢夺罪被关进FH县看守所,后被判刑六个月,于2014年7月24日刑满。也是2014年7月24日释放时,被ZH县刑侦大队以盗窃罪,从FH县看守所押送至ZH县看守所刑事拘留。因为此前在FH县看守所就有通知过来说,ZH县这边有案子需要配合调查,所以这期间我是麻木的,并没有太多感觉。2014年8月,因犯盗窃罪被判刑一年六个月,于2015年11月23日刑满释放。在这一年六个月的监狱生活中,自己并没有其他感觉,应该是对这种生活麻木了。出来之后就回家了,待了几天又回到XC县,和之前的那伙社会闲散人员整天混在一起。从释放到被抓之间,隔了不到一个月。2015年12月17日,又是因犯盗窃罪被刑事拘留,在XC县看守所关押了三个多月后,于2016年4月被判刑六个月,于2016年8月26日被刑满释放,其间,对看守所的生活是麻木状态,并没有太多感慨,释放后在家里待了几天又回XC县……2016年7月12日,被PJ乡派出所

以盗窃罪带到所里，当天晚上被送到看守所刑事拘留，于2016年被法院以盗窃罪判刑六个月，于2017年1月11日刑满释放，同样的过程，同样的结局，仿佛故事的开始就已经让人看出了结局。一次又一次，对此我已经没有感觉了，出了看守所之后并没有像往常一样先回家待几天再出来作案，而是出来之后等身上的钱用完后，就直接去QD县开始作案。因为游手好闲，又不愿意出苦力来养活自己，就干脆放任自己，随他去了。作案后没隔几天，于2017年2月7日被SX乡派出所抓获归案，同年6月被判刑六个月。于2017年8月6日被释放后，于8月10日乘车来到ZH市PL汽车北站，准备到朋友处。8月14日和朋友出去游玩后，一个人从PL坐地铁到JB县进行作案，作案后从JB县回到PL，待了两天后，于8月17日被抓获。(a045自传)

a045可谓是"最快再犯者"，犯罪生涯长度89个月，前科次数8次，累计处罚时间82个月，7年5个月中只有7个月是在监狱和看守所之外。随着处罚次数的增加，a045预谋犯罪、实施犯罪的时间距离释放时间越来越短，到了后来，基本是一出看守所就伺机作案。

(4)犯罪间隔

根据调查数据计算，犯罪间隔累积自由时间(不含本次)3个月以下的有10人(占比18.20%)，3~6个月的有5人(占比9.10%)，6~12个月的有16人(占比29.10%)，12~24个月的有17人(占比30.90%)，24~36个月的有6人(占比10.90%)，36个月以上的有1人(占比1.80%)。从释放到再次被抓时间间隔最短的为1个月(a045)，最长的为44.33个月，均值为12.53月，标准差为9.78月。

2006年初重新回归社会，那时感觉阳光明媚、灿烂无比，自己还有前途，只要好好努力，一定会获得自己想要的。回归后在发小的资助下又开始自己的人生路(那时已经离异，女儿归对方)。自己也很努力，小生意也做，峰回路转时又忘记了过去的疼，回老家探亲的时候又在SZ县赌博。熬了四年又白熬了，近四年没有赌博，一踏上SZ县就开始赌博，悲哀呀。输得像笨猪一样，把几年来赚的钱输个精光，又欠了一屁股债。怎么办？走投无路，都是自己作孽，除了自己承受，能有什么好办法？除了偷还是偷。2009年2月份又偷了一次，近千元，马上破案，直接被判处有期徒刑十个月。那时除了悔恨还是悔恨，但有什么用呢？怪自己命运不好，怪自己手艺不精，怪社会太势利，哎，自作自受吧。十个月后释放，释放后直接去BN市发展，由于认识到都是赌博害了我，打算远离赌场。在BN市做生意也做得不错，有朋友的帮助和自身的努力，在五年里没有再犯罪,难得呀,自己也以为已经改过自新了,忘了人会随着环境的变化而变化。2015 年初在老家认识了个女人,自己也莫名其妙地再次踏入 SZ 县的赌场,两个人一起赌一起疯。那时自己好像疯子一样,不是赌,就是赌。半年时间输光了所有家当,一切属于我的东西都归了别人,身无分文,还欠了一屁股赌债只能选择偷窃。(a029 自传)

生涯犯罪人有的视坐牢为家常便饭,无痛苦体验也没有真正反思;有的在看守所就开始谋划出去如何"更好"地犯罪;有的在狱内决心痛改前非,出狱后也经过艰苦的努力抵制犯罪,但经济的困境、社会的排斥、朋友的拉拢、灯红酒绿的刺激、生活意外的打击等都可能使这种决心和努力顷刻间土崩瓦解。一旦又犯罪,他们则再次失信于自己,积极的自我认知和自我形象将受重创,加速自暴自弃。

3. 暴力化程度

生涯犯罪人在犯罪类型选择上并无较大变化,仍以盗窃为主。一方面,盗窃留存在现场的证据较少,不太容易定罪;另一方面,盗窃犯罪危害后果小,警方没有内驱力和力量去深挖。随着 2018 年《刑事诉讼法》和司法实践对非法证据排除力度的加大和对嫌疑人沉默权的保护,靠犯罪嫌疑人的口供认定系列案件或"窝案"的可能性越来越小。加上犯罪人多次犯罪和受刑罚已经积累了相当丰富的反侦查经验:尽量减少现场证据、拼死抵赖、大罪不犯、小罪不断。这可以称为"蚂蚁搬家式"犯罪,[1]会造成更高比例的"犯罪黑数"[2]。

59 个生涯犯罪人中有 3 种以上犯罪行为者共有 9 人。59 人中有 56 人第一次犯的是盗窃罪,有 3 人实施了其他犯罪行为,其犯罪行为变化如下:

a037 流氓罪→故意伤害、寻衅滋事、故意伤害、开设赌场、开设赌场、开设赌场;a051 聚众斗殴→盗窃、盗窃、贩毒、盗窃、盗窃、贩毒;a052 贩毒→盗窃、贩毒、贩毒、贩毒、盗窃、盗窃、盗窃(见表 7)。

---

〔1〕 See Zhang S. & Chin K. ,*Ants moving houses-Cross-border drug trafficking in the Golden riangle*, Routledge Handbook of International Criminology, New York: Routledge, 2011, p. 237 – 247.

〔2〕 犯罪黑数指实际发生但未被警方记录在案的那部分案件数。这主要是因为无被害人或犯罪未被发现,被害人不报案以及警方未记录三类原因造成。

表 7　三种以上犯罪行为个案一览

编号	种类 1	种类 2	种类 3	种类 4	种类 5
a031	盗窃	收购转移销赃	诈骗	敲诈勒索	贩毒
a037	流氓罪	故意伤害	寻衅滋事	开设赌场	—
a056	盗窃	故意伤害	抢劫	抢夺	—
a004	盗窃	强奸	纵火	抢劫	—
a051	聚众斗殴	盗窃	贩毒	—	—
a054	盗窃	抢劫	猥亵	—	—
a016	盗窃	收购转移销赃	掩饰隐瞒犯罪所得	—	—
a028	盗窃	收购转移销赃	非法侵入住宅	—	—
a008	盗窃	寻衅滋事	诈骗	—	—

警方能查证的往往只是“现行犯罪”,定罪量刑一般会比较有限。但从犯罪类型的变化看,生涯犯罪人的犯罪整体上不具有升级趋势(我们可以认为暴力犯罪和性犯罪比财产犯罪严重;有组织犯罪比单独犯罪严重)。

(五)犯罪观的变化

生涯犯罪人在其生命历程展开过程中,会经历复杂曲折的心路历程。这种心理变化集中地反映在犯罪观的变化中。犯罪观包含了对犯罪人、犯罪行为,特别是他们对自己和自己的犯罪行为的看法。生涯犯罪人对社会的看法直接影响到他们对自己犯罪行为的评价,对社会的看法可以称之为社会观,社会观是犯罪人对社会的总看法,如公平、公正、情理、关爱等。社会观和犯罪观也可以通过犯罪归因来考察:如果犯罪人认为自己犯罪70%都是由社会造成的,则说明他对社会的评价是“这是一个坏社会”;如果犯罪人认为自己犯罪70%都是由自己造成的,则说明他对自己的评价是“我不是一个好人”。对抽象社会的看法来自具体的人和事,人如家人、朋友、警察、法官;事如落户口、办社保、找对象、找工作等。犯罪人对犯罪伙伴的看法从一些常用词中可以看出其内在矛盾性:从“大哥”“收留”“谈得来”可以看出感激和认同,从“混迹社会”“游手好闲”“好吃懒做”“不务正业”“无恶不作”可以看出鄙视和否定。生涯犯罪人对社会的看法很少是积极的,除了少数中性评价,更多的是否定性的。这一方面是犯罪合理化的需要;另一方面,有的犯罪人认为遭遇了“不公”,进而对社会产生了敌意。[1]

没有人管也没有人问,在那时本犯心里就产生了很深的仇恨,恨家里所有的人,仇视社会的不公。到2003年5月份,在外面只有四个月,又被MS市公安机关抓获。盗窃价值比较少,结果还是被劳动教养三年,这让本犯真的想不通了,偷得比以前价值少,反而判得更重,不知道是什么原因,只能说这是法律的严重不足的问题……被抓后在羁押期间本犯思前想后,本犯为何走到今天的地步,有的地方总是想不通,总觉得老天不公平,自己的运气不好。事实也是如此,经过这么多次的改造,本犯也看透了,这辈子也就这样了。心里没有了理想和信念,所以对本犯来说自己就是行尸走肉。至于以后,过一天是一天吧。(a009 自传)

因为总是在监狱中生活,没有固定住所,也没有收入来源。身无所长,没有合适的工作,在监狱里带出来的钱根本没几天好用,身上没钱了,饿了几天,工作也没找到。有种被社会抛弃的感觉,想通过自己的努力去养活自己,但是自己根本做不到,于是在这种状态下又实施了犯罪。(a045 自传)

有的生涯犯罪人把犯罪看成一种普通职业,其中并无多少羞耻可言。他们大部分缺乏痛苦或恐惧性的刑罚体验,有的对刑罚后果持无所谓的态度,有的会认为刑罚严重不公。有的犯罪人会把自己的"不幸"遭遇归咎于家人、社会、国家或不可掌控的命运,认为自己犯罪是偏见、不公、冷漠和暴虐的结果,[2]如a009"恨家里所有的人,仇视社会的不公";进而认为,自己犯罪是无可奈何、走投无路、被逼上梁山,犯罪是对种种不公平的反抗和矫正,是为自己讨还公道,如a045"有种被社会抛弃的感觉,想通过自己的努力去养活自己,但是自己根本做不到,于是在这种状态下实施了犯罪"。这类生涯犯罪人认为是家人、社会、国家亏欠自己,是命运无情地捉弄,此时的犯罪既是对伤害自己的社会和他人的积极报复,又是一种弃儿心态下的消极抵抗,带有深深的无奈和听天由命的放任。

四、结论

调查所示:59名7次以上被抓的生涯犯罪人的犯罪生涯长度从8年到48

---

[1] 参见皮艺军:《动态中的和谐——"社会敌意事件及调控·犯罪学高层论坛"发言摘要》,载陈兴良主编:《刑事法评论》第25卷,北京大学出版社2009年版。

[2] 参见许疏影:《一个涉毒生涯犯罪人的生活史研究》,载《中国监狱学刊》2016年第2期。

年不等,平均生涯长度为19.71年。可以认为生涯犯罪人从第一次犯罪开始至今一直在持续犯罪,频繁出入监狱,有的罪犯人生中的大部分时间是在监狱中度过的,犯罪前科从7次到20次均有。在这59人犯罪生涯持续过程中犯罪案件数均值为56起,这一数值尚不包含每天作案,以及无任何合法收入来源完全依靠犯罪维持其日常生活的罪犯的犯罪起数。从犯罪类型看,绝大部分生涯犯罪人都专事盗窃或兼从盗窃,可以认为这是某种程度的犯罪专业化。虽然大部分罪犯不具备专门的犯罪技术,但他们存在对犯罪技巧的学习、反思,犯罪经验的累积和反侦查能力的提高。从作案起数看,生涯犯罪人犯罪存在犯罪频率加快的趋势。再犯间隔最短的不到1个月,均值为12.3个月,生涯犯罪人具有特别迅速的累犯性,再犯抗争时间最长的也不超过4年。从犯罪类型的变化看,生涯犯罪人犯罪严重程度不存在趋势上的升级,盗窃居于独占地位,呈现"只偷不抢、只盗不杀"的特征。生涯犯罪人对社会的看法会越来越消极,往往是否定性的或对社会有较深的敌意,对犯罪的态度整体上也是否定性的,但他们经常会认为自己犯罪是被迫无奈,不得已而为之或犯罪是他们纠正"不公"、恢复"正义"的一种手段。生涯犯罪人对犯罪活动的职业依赖和犯罪收益的生活依赖日益增强,因为对犯罪的依赖,他们不得不持续强化对犯罪行为和犯罪人身份的认同。总体看来,生涯犯罪人生命历程是持续走向犯罪。[1]

从犯罪性质看(定质标准)犯罪没有升级,从犯罪数量看(定量标准)犯罪有升级——这是生涯犯罪人基于犯罪和刑罚经验对犯罪后果理性控制的结果,也是生涯犯罪人逐步远离合法社会和正当职业之后,以犯罪为业维持生计和特定生活方式(如吃喝玩乐,涉足黄赌毒)的结果。在生涯犯罪人犯罪生涯持续过程中,犯罪日渐具有职业化特征——在外在的以犯罪为业的同时,生涯犯罪人通过各种中和技术把自己的犯罪合理化,以此降低了精神焦虑和紧张,进而获得了犯罪的正当化根据。也就是说,当生涯犯罪人以犯罪为业时,有着与普通从业者类似的境遇,所不同的是:他们需要时刻考虑如何逃避外在的打击和压制内心的主流文化价值观困扰。正如本研究所揭示的,生涯犯罪人应对内外交困的方法是:不断总结犯罪经验、提高犯罪技巧、控制犯罪后果、构建否定主流文化的越轨亚文化。

综上所述,犯罪生涯持续中犯罪变化的中国研究,部分否定了犯罪会持续

---

〔1〕 参见孔一:《犯罪生涯持续中的资本变化》,载《中国人民公安大学学报(社会科学版)》2019年第1期。

升级的假设，但证实了犯罪职业化的观点。本研究是国内关于生涯犯罪人犯罪生涯持续中的犯罪变化的首个研究。将来自罪犯的一手定量、定性资料加以综合，放在犯罪人生命历程框架下去分析，获得了不少独特有趣的发现，增加了有关生涯犯罪人及其犯罪生活的知识。生涯犯罪人犯罪生涯持续中的犯罪变化研究为国家调整控制重新犯罪政策[1]提供了可供参考的准确数据和事实支持。但本研究仍有诸多需要改进之处：(1)对有些相关问题尚未触及或探讨不够深入，如女性犯罪人犯罪生涯为什么比男性犯罪人短，迟发犯的生命历程的特殊样态等。(2)对生涯犯罪人的生活世界需要进一步做实地研究和参与观察，以观察其生活的真实场景和具体细节，如犯罪圈子里的互动、与警察的周旋等。(3)需进一步揭示生涯犯罪人的生命历程与整个社会变迁的关系。(4)应利用经典作家理论，如涂尔干的社会整合理论，福柯的治理理论提升本研究的理论层次。(5)对生涯犯罪人的生理、心理状况做一定的测量，将其纳入整体的原因结构之中，分析其生理、心理因素对犯罪生涯的影响程度。(6)扩大调查范围和样本规模，进一步提高研究结论的可靠性和推论力。

---

〔1〕 参见孔一：《生涯犯罪人的法律规制》，载《北京联合大学学报（人文社会科学版）》2019 年第 3 期。

罪犯再犯危险与矫正需求分析

吴　旭*

科学认识罪犯再犯危险与矫正需求,是监狱的一项基础性工作,也是预防和减少重新犯罪的题中之义。本文分析梳理了全国8个省市42所监狱11,365名罪犯的样本数据,并在江苏省5所监狱内开展项目化矫正管理实证研究,探讨了当下罪犯重新犯罪因子和矫正需求因子间的相互关联及内在根源。结果发现,罪犯群体携带独特的再犯罪因子,例如,犯罪及违规史、婚姻家庭、教育就业、成瘾情况、交往与行为倾向和犯罪思维与态度等。就大数据统计结果而言,社会关联因素比重远高于心理及生物因素,犯罪负因与保护性因子相互作用并且可以相互转化,促进或抑制再犯罪行为的发生。

一、影响再犯危险与矫正需求的基本理论构想

对罪犯再犯危险与矫正需求进行分析,需要对犯罪现象和再犯罪现象的基本规律有清晰的认识。一直以来,从贝卡里亚(Beccaria)到龙勃罗梭(Lombroso),从菲利(Ferri)到加罗法洛(Garofalo),无论是古典犯罪学派还是实证犯罪学派,其各自对犯罪现象的经典研究,都是基于“人”的研究,这就离不开与犯罪相关的人的生理基础、人格特征、心理状态、精神状况和社会政治、经济环境、刑事司法体制的运作等相关因素。从犯罪生物学角度来看,犯罪与遗传负因、年龄、性别、神经生理、生物化学、人体生物节律等生物学因素有关,精神疾病患者的知、情、意等心理活动均可出现持久明显的异常,有攻击、伤害他人的可能性,是影响犯罪的因素之一;从犯罪心理学角度来看,犯罪与认知、情绪、意志、气质类型、价值观念和个性特征等心理学因素有关;从犯罪社会学角度来看,犯罪与家

---

* 吴旭,时任江苏省监狱管理局副巡视员。原文载《中国司法》2017年第5期。

庭、教育、居住环境、职业、经济、非正式群体等社会因素有关；从刑事执行法学角度来看，导致罪犯再犯罪的原因除了一般犯罪因素，还与服刑期间的生活体验和监管改造表现等刑罚因素有关。这些因素共同作用、相互影响，最终导致犯罪的生成和消弥。

二、样本及数据

本文作者实际参与了量表和矫正项目研发全过程。先后历时2年，采取分层分类的抽样方法，严格数据采集过程控制，收集全国8个省市42所监狱相关罪犯的样本数据（见表1、表2），在江苏省5所监狱内创设实验情境，控制无关变量，开展项目化矫正管理实证研究，研制出具有全国样本的再犯危险与矫正需求量表体系。

表1 全国有效样本情况

单位：名

调查省份	男犯		女犯		有效合计
	初犯	再犯	初犯	再犯	
安徽省	486	450	97	81	1114
云南省	882	900	132	126	2040
吉林省	395	276	27	23	721
山西省	305	178	40	41	564
湖北省	451	429	60	59	999
广东省	1292	1116	71	78	2557
重庆市	333	296	86	97	812
江苏省	627	629	103	86	1445
合计	4771	4274	616	591	10, 252

表2 全国罪犯各刑期有效样本人数对照

原判刑期	男犯/名	女犯/名
一年以下	920	199
一年以上不满三年	1672	233
三年以上不满五年	1634	199
五年以上不满十年	1587	202

续表

原判刑期	男犯/名	女犯/名
十年以上	3017	362
缺失	215	12
合计	9045	1207

有关评审专家认为,本研究所开发的罪犯再犯危险与矫正需求量表以及5个循证矫正项目科研成果质量居于国内同类先进水平,具有较高的创新性和全国应用推广价值,并被一致同意通过评审鉴定。

三、实证效度检测

实验研究是检测理论体系的最好路径。笔者在江苏5所具有代表意义的监所,进行了历时1年的以量表因子为靶目标的项目化管理科学实验。

(一)检测重新犯罪因子是否客观存在

再犯因子的存在与否是本课题研究的逻辑起点。为了检测再犯因子的客观存在,我们在3所成年男犯监狱和1所成年女犯监狱进行筛查。在1所重刑犯监狱1950名暴力型罪犯中筛查出具有愤怒控制问题的有652人,其中具有高再犯危险的有553人;在1所轻刑犯监狱筛选出1791名盗窃罪犯,从中筛查出101名高再犯危险罪犯,其中92名主要再犯因子系理财能力差;在另1所轻刑犯监狱筛选出1652名盗窃罪犯,从中筛查出132名高再犯危险罪犯,其中105名主要再犯因子系就业能力差;在1所女子监狱筛选出高再犯危险罪犯146人,其中96名主要再犯因子系毒瘾。这说明,再犯因子是客观存在的,并且是可以通过量表检测出来的。

(二)检测重新犯罪因子是否可以独立提取

影响罪犯再犯的因子是复杂多元的。因此我们实证分析了维度主成分是否可以独立存在,重新犯罪因子对判断再犯危险的贡献度以及犯因性问题的组合方式。二元逻辑回归backwald结果显示,影响男性罪犯重新犯罪的主要因子有48个(见表3),它们相互作用,聚合成7个维度,影响女性罪犯重新犯罪的主要因子有47个(见表4),它们相互作用,也聚合成7个维度。

表 3 男性罪犯再犯因子及维度

维度	不可矫正	可矫正	合计
一、犯罪及违规史状况	1、2、3、56、57	19、37、58、59、77	10
二、婚姻家庭情况	60、61、62、66、67、68	6、7、14、63、65	11
三、财产居住情况	12、22、26		3
四、教育就业情况	18、71	15、20、21、69、70	7
五、成瘾情况		78、80、81	3
六、交往与行为倾向		28、31、47、48、51、54、55	7
七、犯罪思维与态度		33、34、35、36、39、41、45	7
合计	16	32	48

表 4 女性罪犯再犯因子及维度

维度	不可矫正	可矫正	合计
一、犯罪及违规史状况	1、2、3、56	19、44、52、74	8
二、婚姻家庭情况	61、64、66、68	6、7、13、14、63	9
三、财产居住情况	9、11、12		3
四、教育就业情况	17、18、71	15、20、21、69、70	8
五、成瘾情况		78、79	2
六、交往与行为倾向		31、28、47、30、76、50	6
七、犯罪思维与态度	85	33、27、38、35、36、45、41、40、55、54	11
合计	15	32	47

维度内部的因子相互促进聚合，维度与维度之间相互独立自成一体，具有良好的区分度。对3所男犯监狱和1所女犯监狱罪犯的抽查结果表明，成年男犯重新犯罪与愤怒控制力、理财能力、职业技能差等因素高相关，分别与量表的交往与行为倾向、财产居住情况和教育就业情况等维度对应；成年女犯重新犯罪与毒瘾等因素高相关，与量表的成瘾情况等维度对应。实证表明，重新犯罪因子可以独立提取。

（三）检测重新犯罪静态因子与动态因子的相互作用

量表体系由静态因子和动态因子组成。其中静态因子对再犯预测呈高相关,动态因子与矫正需求呈高相关。影响男性罪犯的静态因子有 16 个,动态因子有 32 个;影响女性罪犯的静态因子有 13 个,动态因子有 34 个。静态因子虽然只占因子总数的 1/3,但其 β 值(本量表体系中体现因子作用强度的关键指标)所占权重普遍较高,这说明静态因子对强化动态因子的稳定性具有很强的作用。同时,我们亦可以通过对动态因子的作用和改变影响静态因子。如对女性罪犯开展吸毒心瘾戒断矫正项目,由于吸毒史是静态因子,是不可改变的,我们难以从生理上去解决问题,但可以侧重改变心理和精神等动态因子,从而修复其犯因,这在实验中也得到了很好的验证。

(四)检测重新犯罪因子是否可以改变

我们在 3 所男犯监狱、1 所女犯监狱和 1 所未成年犯管教所各选择具有同质性的试验组罪犯 30 名、对照组罪犯 30 名,关押在同一个监区,控制环境、样本等无关变量,确保实证研究的科学性。对 5 个循证矫正项目实行单元、模块化编制和实施,合理编排试验步骤,有序组织矫正项目实施,科学推进、留痕管理。研究过程中,我们特别注重项目实施前后的对比检测,做到量化、详细、多元评估,以验证因子是否可以改变。经过 1 年时间的项目矫正,5 所监狱验证量表体系的项目矫正实证研究均取得了一定的成效。通过 SPSS 统计分析发现,实验组罪犯群体的犯因性因子在项目矫正前后得到了很好的改善,且与控制组罪犯相比也有了明显的改善。这说明,量表本身具有很好的鉴别能力,筛选出来的动态因子是可改变的,针对性的项目矫正也是有效的。

四、因素分析

本文关于影响再次犯罪的因素系统性分析,主要基于前期理论假设与监狱工作的实际经验,将可能影响罪犯再犯的因子编制成调查问卷,在全国罪犯的抽样调查的基础上,前期通过卡方检验、T 检验、因素分析等统计方法,初步筛选出影响再犯的有效因子,后期通过二元逻辑回归对因子再次筛选并赋予权重,推算出不同因子在推动再次犯罪中所起的作用,这些分析与讨论对我国刑事执行政策的制定具有导向作用、对罪犯教育改造中再犯危险与矫正需求的评估提供了实践指导,同时有利于发现和明确犯罪负因与保护性因子之间的关系和作用。

(一)国内外影响再犯危险的维度体系存在一定的差异

中西方在生活习惯、消费观念、思维方式、文化、宗教等方面存在很大的差异。在本研究中,我们既参照西方研究成果又充分重视东西方罪犯群体的差异。宗教在西方社会中具有重要的作用,因此,在英国、美国、加拿大等国的量表体系中特别重视宗教因素对重新犯罪的影响。而中国社会传统以血缘为纽带,以家庭为单位,以几世同堂为福,一条无形的链条把家庭成员紧紧地连在一起。长期处于以血缘为纽带的宗法社会的我国以崇拜祖先和传统习俗为核心。因此,宗教因素对中国重新犯罪现象的影响面较小,涉及特定的地区、领域和人群,在本课题研究中,我们没有涉猎,将在以后的课题中开展专题研究。

(二)不同性别罪犯在再犯危险因子上存在差异

通过前期因子筛选统计分析和后期的二元逻辑回归建模发现,我国推动再犯危险的因子中,在男犯与女犯上具有一定的差异性。最终统计结果中,男犯再犯危险因子主要体现在犯罪与违法史(10 个)、婚姻家庭状况(11 个)、居住状况(3 个)、教育就业状况(7 个)、成瘾状况(3 个)、犯罪思维与态度(9 个)和交往与行为倾向(5 个)等 7 个维度方面的 48 个因子;而女犯在这 7 个维度上的再犯危险因子为 47 个,分别为犯罪与违法史(8 个)、婚姻家庭状况(9 个)、居住状况(3 个)、教育就业状况(8 个)、成瘾状况(2 个)、犯罪思维与态度(11 个)和交往与行为倾向(6 个)。从这些因子的具体组成看,男女犯两者在 7 个维度上因子相同的有 32 个,也就是说这些因子对男女犯实施再次犯罪共同起着推动作用。同时,男犯有 16 个因子,女犯有 15 个因子存在明显差异,这种差异与男女在社会化过程中长期形成的不同的社会角色和社会分工有关,并且由男女的生理差异导致的不同的心理和行为倾向所决定。再从这些因子对犯罪的推动力看,通过对样本的计算分析,各因子对推动犯罪的作用存在较大的差异。总的来说,静态性因子对推动犯罪的点系数明显高于动态性因子,男犯动静态因子分别对初再犯的鉴别力(见表 5、表 6),特别是犯罪人在 18 周岁以前的家庭、教育、居住、行为、思维态度和首次犯罪年龄情况,如通过卡方检验男性罪犯犯罪时年龄不满 18 岁的已实施多次犯罪的人数显著高于一次犯罪的人数($p \leq 0.01$),而初次犯罪 36 岁以上已实施多次犯罪的人数显著低于一次犯罪的人数($p \leq 0.01$),二元逻辑回归分析中回归系数达到 2.277,对犯罪行为的认识回归系数为 -0.14。故而,介于不同因子的影响力差异,对于动态、静态因子的区分考察有利于深入了解再犯危险的内在机制;介于男女犯再犯危险的性别差异,将男女犯量表分开有利于提高对两个群体再犯危险的预测能力。这与以往的性别差异研究相比不仅具有可解释的一致性,而且更加突出了维度因子的贡献度和区分度。也正因为此,我们针对男性罪犯和女性罪犯分别编制了两个独立的量表,建立了独立的常模体系。

表5　男犯动静态因子分别对初再犯的鉴别力*静态因子(16个)鉴别力分类

已观测			已预测		
			初再犯		百分比矫正/%
			0	1	
步骤1	初再犯	0	2936	625	82.4
		1	697	2504	78.2
	总计百分比				80.4

注:切割值为0.500。

*本统计对男性罪犯的48个因子(其中16个为不可矫正的静态因子,32个为可矫正的动态因子)分别进行鉴别力检测,发现静态因子的鉴别力高于动态因子。注:切割值为判定初再犯的设定值。当p≥0.500时判定为再犯,当p<0.500时判定为初犯。

表6　动态因子(32个)鉴别力分类

已观测			已预测		
			初再犯		百分比矫正/%
			0	1	
步骤1	初再犯	0	2535	1026	71.2
		1	1228	19,734	61.6
	总计百分比				66.7

注:切割值为0.500。

(三)居住状况和财产状况独立于婚姻家庭成为影响重新犯罪的重要维度

在问卷构建初期,研究加拿大水平评估量表(LSI-R)和英国罪犯评估系统(OASys)发现,它们都将居住和财产作为单独维度来处理,而根据中国传统习惯认为,婚姻家庭作为个体的基本社会支持系统是至关重要的,是亲社会行为的基础,是犯罪行为的保护因子。因此研究伊始,我们从文化差异的角度考虑将居住状况和财产状况作为婚姻家庭关系维度的内容之一进行因素分析,但因素分析结果显示,居住状况和财产状况应从婚姻家庭因子中独立出来,聚合独立成新的维度体系,在后期的二元逻辑回归分析中也发现居住状况和财产状况对于重新犯罪的贡献度较大,需要予以关注。查阅相关资料后发现,加拿大水平评估量表(LSI-R)和英国罪犯评估系统(OASys)都将居住和财产作为单独维度来处理,但国内相关研究却关注较少。通过本研究发现,居住状况和财产状况因子在多次数理统计实验后都呈现出聚合特点,这说明,中国文化语境中,传统的婚姻家庭观念较为笼统和概括,个体的居住状况和财产状况虽然与婚姻家庭有一定的交叉和重叠,但不能完全等同和隶属。一方面,这启示我们在今后类似的研究中,需要加倍关注个体的居住状况和财产状况对人的行为的影响;另一方面,在罪犯刑满释放后要做好无缝对接,从其居住环境和财产状况的改善入手,帮助其顺利度过刑满后的“关键期”,预防其重新犯罪。

(四)有部分共性因子对推动犯罪起着关键作用

本研究中,我们主要关注对重新犯罪区分度高的因子,但同时也注意测查了对于犯罪都具有驱动力的共性因子,这对于预防犯罪有着重要的意义。通过对卡方检验分析发现,不论男女,18 岁前发生过离轨行为的人再犯率要显著高于没发生过离轨行为的人($p \leqslant 0.01$),其 18 岁以前的离轨行为都是推动成年后犯罪的关键因素,但不同性别的具体离轨行为有所差异。男性主要离轨行为为旷课、夜不归宿、打架斗殴、辱骂他人;女性主要离轨行为为发生性关系、旷课、夜不归宿,进入法律、法规规定未成年人不适宜进入的营业性歌舞厅等场所的行为。男性的同辈交往显得尤为重要,朋友中有违法犯罪的人会导致男性的犯罪行为;大部分女性罪犯在学校的成绩较差,缺乏良好的问题解决策略,存在过度的物质和精神生活追求,吸毒也是女性犯罪的主要原因之一。

(五)生物、心理和社会因素在影响中国罪犯群体的再犯权重上有所不同

生物、心理和社会三种因素相互作用是犯罪行为产生的主要原因,在影响犯罪的过程中扮演着不同的角色,生物因素是一切行为产生的基础,心理因素起着内因驱动作用,社会因素则发挥着外因强化作用。本研究显示,在男犯再犯危险量表中,一共 7 个维度,49 个因子,其中生理因素包括 1 个因子(年龄),心理因素包括 17 个因子,社会因素包括 31 个因子。在女犯再犯危险量表中,一共 7 个维度,47 个因子,其中生理因素包括 1 个因子(年龄),心理因素包括 19 个因子,社会因素包括 27 个因子。研究表明,这三种因素在影响罪犯再犯可能性的权重上有所区别。从因子数量分布上来看,生物因素影响最小,其次为心理因素,社会因素影响最大。生物因素在本次研究中虽然被予以了关注,但由于采集手段限制,本评估量表采集的生物学因子大多不显著;心理因素中成瘾状况、犯罪思维与态度、交往与行为倾向对再犯罪都有较为明显的影响;影响再犯危险最突出的是社会因素,主要有婚姻家庭、财产居住、教育就业等因素。在研究中,我们也发现,生物、心理和社会因素也不是相互独立存在的,他们相互交叉,互相作用,彼此影响,甚至能够相互转化。所以,在预防重新犯罪问题上,既要有所侧重,又要相互兼顾,具体到罪犯个体,尤其要关注其独特的社会因素。

(六)刑罚体验等刑事执行因素影响再犯

刑事执行因素由三个方面组成。一是刑事政策因素。刑事政策是国家立法机关、司法机关制定或运用的预防犯罪、惩罚犯罪以及矫治犯罪人的各种刑事对策。具体到监狱层面,主要包括减刑、假释、暂予监外执行及其对应的配套实施办法。二是监狱管理因素。主要包括:分类制度,教育改造、心理矫治,通讯、会见,生活、卫生和奖惩等。三是自我体验因素。刑罚体验是罪犯对刑罚执行的主观感受。主要包括:认罪服法、畏惧刑罚、配合管理等。因素分析显示,罪犯入狱后会很快适应狱内生活,受到刑事政策调整限制;服刑期间,拘禁反应严重、人际关系紧张,有打架等暴力行为,经常有打架外的其他违规行为的,再犯可能性显著高于其他罪犯。通过卡方检验发现,短刑期罪犯的再犯风险显著高于长刑期罪犯($p \leqslant 0.01$),排除过长刑期罪犯失去犯罪能力等因素之外,一个更重要的因素是,短刑期罪犯的刑罚体验较低,在做问卷调研时对多次犯罪的短刑期罪犯的访谈也得出同样的结论。因此,如何降低短刑期罪犯重新犯罪,是刑事司法面临的一个现实问题。

(七)犯罪负因和保护性因子相互作用影响再犯

在社会因素中,存在引发犯罪的"扳机效应",如不良交往、利欲诱惑,也有抑制犯罪的"保护因素",如良好的教育、健全的家庭等。在犯罪因子中也存在两个因素,一个是犯罪负因(negative for criminal),它起到"激励"犯罪,促进犯罪行为发生的作用,是个人、家庭、学校和社会中可能导致或加剧犯罪行为发生的因素。另一个是保护性因子(protective factor),它起到"保护"犯罪,预防犯罪行为发生的作用,是个人、家庭、学校和社会中可能阻止或延缓犯罪行为发生的因素。如数据分析显示,多次犯罪的罪犯在家庭、学业、社会关注等方面状况出问题的概率显著高于一次犯罪的罪犯和无犯罪纪录的普通公民。任何一个犯罪因子都可能成为犯罪负因,也有可能成为保护性因子。面对犯罪问题,我们要厘清犯罪因子,并将之改造成为保护性因子,避免其成为犯罪负因。还有些犯罪负因无法改变,这就要激发其他犯因的保护性作用,起到中和、保护之功效。比如,精神疾病是导致犯罪行为发生的犯罪负因,一般条件下无法改变,但我们可以通过加强社会监管,完善家庭支持系统,辅以药物治疗等保护性因子,预防犯罪行为的发生。

结 语

先前的理论假设囊括了几乎所有犯因,但是并没有明确划定各因子的贡献比例。本研究筛选出与罪犯群体高关联的因子,构建了具有良好信效度的罪犯再犯危险检测量表,以其动态因子构成矫正需求量表。矫正项目实验有效推动了所选定的重要犯罪负因向保护性因子方向转化。从 SPSS 软件回归统计分析结果中得到了区分度明晰的犯因分布及其权重结构,其中内涵的价值可供多视角挖掘犯因特质。在生物、心理、社会“三元”犯因语境下,社会关联因子的占优权重注定了监狱矫正罪犯犯因的困境和限制。因此,在未来刑事一体化框架下,监禁刑的适用将趋于缩小,矫正社区趋于替代监狱,政府行刑权趋于向多元社会主体让渡。

重新犯罪的有效控制研究

郑　祥　晏　玲　叶绍炯*

司法部党组在充分调查研究的基础上提出了治本安全观，时任部长张军在2017年9月深圳培训班讲话中对治本安全观与底线安全观的关系作出了深刻的阐述，为监狱工作和困扰我国犯罪治理工作20多年的重新犯罪率持续攀升问题的破解指明了方向。为了落实好治本安全观，我们就福建地区的重新犯罪问题再次进行了考察，基本上弄清了情况，找到了源头，形成了对策，现阐述如下。

一、重新犯罪率的两种统计方法

关于重新犯罪问题，从学术界到实务部门都存在许多模糊的认识，突出表现为对重新犯罪率的统计问题，一方面，许多人否定我国传统的重新犯罪率统计方法，甚至怀疑我国两个"白皮书"[1]所公布的重新犯罪率数字；另一方面，采用西方国家实证研究中通用的样本法，在我国社会转型、人口大量迁涉的条件下很难操作，拿不到准确的数据。张军部长在深圳培训班的讲话中指出"连最基本的重新犯罪率目前我们都不能掌握"[2]，正是对这一乱象的批评。

重新犯罪率的统计主要有两种方法，一种叫样本法，即西方国家基于实证研究而采用的一种方法，如对1000名刑满释放人员进行跟踪，1年后有多少人重新犯罪、3年后有多少人重新犯罪、5年后有多少人重新犯罪，这些重新犯罪的人数占全体刑释人员的比率就是相应年份的重新犯罪率。这样的统计方法，就是样本法，它统计的人数越多、样本越多，统计结论就越准确。我国学界的一

* 郑祥，福建省司法警察训练总队调研员、监狱理论研究带头人；晏玲，福建省监狱管理局狱政生卫处调研员；叶绍炯，福建省监狱管理局公职律师。原文载《犯罪与改造研究》2018年第4期。

〔1〕 1991年《中国的人权状况》白皮书和1992年《中国罪犯改造的状况》白皮书。

〔2〕 参见《全国监狱系统贯彻"治本安全观"培训班主要精神及初步贯彻意见》，2017年9月。

些科研调查也采用这种方法。但这种方法对现阶段重新犯罪调查来说是不好用的,我国正处在社会转型期,迁徙流动的人口数量巨大,犯罪人员更是如此。比如,一个罪犯在福建释放,出狱后,他不在福建,而是在其他省再犯,怎么了解他是否实施了重新犯罪呢?而我国沿海省份外省籍罪犯占很高的押犯比例,福建有1/3,上海、浙江、广东等省市更是超过半数。采用样本法跟踪观察,目前尚做不到。

当然,随着国家信息化发展和大数据的演进,用实证式精确的重新犯罪统计方法已成为可能,但还有相当长的路要走,因为时间、工作都不等人。

在我国,重新犯罪率有一种与众不同的传统统计方法,我们称之为报表法,即年度报表体现的数据。中国长期使用的有3套报表统计方法。

第一种方法是公安机关使用的,其每年年度报表中有这样的数据,即被公安机关处理或移交司法机关处理的违法犯罪人员中,包括行政处理,有多少是"二进宫"以上的重新犯罪人员,这些人员占被处理人员总数的比率。这种重新犯罪率,相当于犯罪学上讲的广义的重新犯罪率,或称犯罪学意义上的重新犯罪率。

第二种方法是法院使用的数据,即每年经法院刑事判决有罪的人员中,多少人是二次以上被判有罪的重新犯罪人员,这些人占被判有罪人员的比率。这种重新犯罪率相当于犯罪学上讲的狭义的重新犯罪率,或称刑法学意义上的重新犯罪率。

第三种方法是监狱机关使用的数据,即二次被判有罪,并且送监狱机关服刑的人员,其占同期送监狱机关服刑的全体人员的比率。由于这部分人员送监情况差异大、变动大,看守所将服刑人员送监的时间不统一,保存的资料不完整、不规范,所以我们通常使用的是另一种数据,即监狱内重新犯罪人员占监狱全部服刑人员的比率,我们称之为刑罚学意义上的重新犯罪率。

一些学者发现我国的重新犯罪率是这样统计以后,深不以为然,认为这算什么重新犯罪率?不予认可,甚至要推翻我国此前公布的所有重新犯罪率数据。实际上,这是他们不会使用这一数据。

我国重新犯罪率的统计,以年度报表的形式出现,是真实有效的,资料极为珍贵,问题在于我们怎么认识和使用它。对这种重新犯罪率数据的使用,单个年份的数据是没有意义的。它的意义在于对逐年重新犯罪率进行比较,在比较中会呈现高高低低,有的年份高,有的年份低,从我们跟踪监控的数据看,这些高高低低还呈现某种规律性,有波浪式的,有阶梯式的。究竟是哪些因素,或哪部分人员拉高了重新犯罪率?如近20多年来,是原刑期在5年以下的短刑犯

（我们在上一轮的调查中就发现，原判刑期3年以下的重新犯罪人员，占重新犯罪人员的比率是55%，原判刑期5年以下的占重新犯罪人员比率是71.2%），[1]拉高了重新犯罪率，而这些短刑犯又多为社会转型和产业结构调整中从农村转入城镇的人员和城镇中的流动人员。这就为国家的刑事政策和社会政策的调整提供了清晰的应对路径。所谓"犯罪是社会肌体健康状况晴雨表"的功能，在这里表现得淋漓尽致。否定我国的重新犯罪率数据和计算标准，显然是不正确的。弄清了重新犯罪率的统计方法和数据来源，才能进一步观察、分析重新犯罪的情况。

二、20世纪90年代以来重新犯罪率持续攀升

我们对福建地区重新犯罪情况做了一次历史性的扫描，情况见表1。

表1 福建地区押犯结构变化（1982～2017年）

年份	押犯增减率/%	短刑犯占押犯比率/%	短刑犯增减率/%	重刑犯罪率/%
1982	—	36.80	5.87	7.76
1983	36.67	43.56	61.79	7.48
1984	45.09	45.52	51.65	5.84
1985	-1.68	41.74	-9.86	6.32
1986	-3.99	35.63	-18.04	7.05
1987	-3.74	31.58	-14.67	7.39
1988	-6.13	28.68	-14.43	7.84
1989	3.10	31.75	14.12	8.45
1990	16.45	33.22	21.83	8.82
1991	8.64	35.24	15.24	8.81
1992	3.85	21.08*	—	9.37
1993	2.34	19.45*	-5.59	9.85
1994	9.44	21.91*	23.32	9.76
1995	13.19	20.44	—	9.90

[1] 2005年福建省社科基金课题《防治重新犯罪与构建和谐社会》课题组调查数据。

续表

年份	押犯增减率/%	短刑犯占押犯比率/%	短刑犯增减率/%	重刑犯罪率/%
1996	26.42	20.10	24.27	9.51
1997	10.14	18.35	0.59	10.02
1998	2.55	16.04	-10.38	10.40
1999	-0.01	15.70	-2.12	9.68
2000	1.04	18.81	22.29	10.09
2001	7.62	28.26	60.02	10.79
2002	3.75	29.42	8.03	11.35
2003	0.85	28.85	-1.11	11.39
2004	3.28	28.52	2.10	13.00
2005	2.08	28.98	3.73	13.65
2006	1.15	29.42	2.69	13.91
2007	0.58	30.12	—	14.60
2008	3.26	30.46	4.45	15.13
2009	-1.74	28.50	-8.10	17.42
2010	0.48	27.97	-1.41	19.03
2011	-0.56	29.63	5.34	20.17
2012	-1.81	30.99	2.72	21.52
2013	6.67	35.69	22.82	23.29
2014	-0.37	35.32	-1.41	23.73
2015	-3.18	35.28	-3.27	25.10
2016	-6.15	35.20	-6.37	25.43
2017	-1.31	—	—	26.55

考察2008年以后刑释5年内重新犯罪具体人数，[1]其增长速度也很值得关注（见表2）。

---

[1] 系2017年11月福建省监狱管理局狱政生卫处重新犯罪调查数据。

表 2　2008 年以后刑释 5 年内重新犯罪人数及增减率

年份	5 年内重犯罪人数/名	增减率/%
2008	319	—
2009	475	48.90
2010	532	12.00
2011	569	6.95
2012	692	21.62
2013	772	11.56

由于看守所送犯时间和狱政统计时间的差异,重新犯罪在数据上没有规律性呈现,但从总体看,重新犯罪上升的速度是惊人的,平均增长率达 20.21%。由于人口流动,刑释人员中外省籍占 1/3 以上,在外省重新犯罪的无法统计,重新犯罪的实际总数远高于这个数字。上述两表可看出以下四个方面内容。

其一,20 世纪,福建地区的重新犯罪率长期保持在 8% 以下,也就是两个“白皮书”所公布的数据。20 世纪 90 年代以后破位了,且持续攀升。

其二,这种攀升与押犯数的增加是同质、同步的,其共同的导因是,短刑犯的大量增加。表中可见 1983 年、1990 年、1996 年、2001 年几个押犯的上升波都是刑期在 5 年以下的短刑犯拉起来的。短刑犯大量增加改变了监狱押犯的结构,也改变了刑释人员的结构。押犯结构的改变,对监狱改造工作提出全新的挑战;刑释人员中短刑犯的增加,大大增加了重新犯罪的风险和大大缩短了重新犯罪的周期。短刑犯成为拉高、重新犯罪率的最大量能。

其三,押犯的上升和短刑犯的增加是社会转型中矛盾和问题的一种综合反映。我们在早期的观察中曾经做过这样的一种表述,即有计划、有主导的产业结构调整、城市化进程和无序、缺保障的人口迁徙转移政策相矛盾。以盲流为发端的农村人口向城市转移,缺少保障,逐步形成了一个易发、高发犯罪的灰色地带。这些人能找到工作,能赚到钱,就有饭吃,有地方住;找不到工作,则相反,偷盗、抢劫都来了。而在刑事政策上又不适当地把许多“乱棍”打在了那些从农村转移出来成为初偶犯的农民工身上。这种情况直到 2006 年十六届六中全会提出实行“宽严相济”的刑事司法政策,和以温家宝总理为农民工讨薪为标志的中央一系列关爱农民工行动的开展,才有所改变。一句话,押犯的上升和短刑犯的增加,是社会肌体健康状况的表现,是转型社会矛盾的反映,也是刑事司法上游工作在下游监狱工作中的再现。在社会转型期,监狱工作面临着全新的挑战。

其四,重新犯罪率的持续攀升,拷问着罪犯改造质量和社会综治系统的效能。为何上升20多年不能得到有效控制?

三、样本解剖进一步明晰重新犯罪率攀升的特征及根源

我们以2012年福建省刑释人员5年内再犯为样本,做了解剖麻雀式的考察,它进一步揭示了福建地区重新犯罪攀升的特征及根源。

(一)短刑犯成为拉动重新犯罪率上升的最大源头

重新犯罪人员中,上一次犯罪入监服刑时剩余刑期在3年以下的占统计人员总数的50.32%;3年以上不满5年的占22.22%,即上一次犯罪入监服刑时剩余刑在5年以下的短刑犯占72.54%。重新犯罪率主要是由这部分人拉动起来的,这些短刑犯又以异地、迁徙人员犯罪为主体,其中外省籍的占1/3,反映了社会转型、人员大量迁徙流动的时代特征。

(二)低学历、文盲半文盲成为重新犯罪的主力军

调查数据显示,重新犯罪人员的文化水平普遍不高,其中具有高中及以上学历的仅占4.9%,初中(含未毕业)的占47.71%,小学及以下的占47.39%。低文化,甚至文盲半文盲,构成了重新犯罪人员的基本背景。文化低带来的突出问题是谋生技能缺乏或低下,在我国教育升级、高教扩招、中高学历普及的背景下,各行业纷纷提高岗位的学历和技能要求,这部分人可从事的工作越来越少,尤其是刑释人员在激烈竞争中很难找到合适的工作。从顺利回归角度看,就业对刑释人员成功回归、融入社会往往起着决定性作用。低文化、低学历构成的庞大的押犯群体是监管改造工作面对的现实,各项改造措施的出台和方法创新不能回避这一现实,不能简单地搞“阳春白雪”,理想化、想当然。

(三)涉毒类犯罪在重新犯罪人员结构中异军突起

重新犯罪人员的结构发生了重大变化,传统的盗窃、抢劫、伤害“老三类”犯罪构成押犯主体的结构被打破,涉毒类犯罪超过了抢劫、伤害,居第2位。统计排序分别是盗窃占35.62%、制贩毒品占18.3%、抢劫占16.99%、伤害占16.67%。尤其是涉毒类犯罪,近10年在押犯结构中以1个百分点的速度激增(见表3),这些人改造难度很大,重新犯罪危险性很高,成为罪犯改造和重新犯罪控制的一个新的难点。

表3 福建地区吸、涉毒押犯变化(2006~2016年)

年份	吸毒占押犯比率/%	涉毒占押犯比率/%
2006	3.83	5.71
2007	3.82	5.80
2008	4.66	6.38
2009	4.85	7.41
2010	4.95	8.49
2011	5.79	9.53
2012	6.31	10.10
2013	7.25	11.72
2014	8.80	13.29
2015	9.86	15.77
2016	11.52	16.62

(四)无业可就或没有稳定职业是重新犯罪人员的又一显著特征

城市无业人员和打工者是重新犯罪的高发群体。调查显示,城市无业人员与打工者所占比重为第一位和第二位,分别占34.64%和28.1%;其次是个体工商户和农民各占13.73%和13.4%。传统的重新犯罪人员中,进城务工农民所占比例相对较高。本次调研中发现,农民犯罪案件有所下降,城市无业人员和打工者重新犯罪呈现上升趋势。当然,打工者中就含有原来的农民,只是离开农村时间较长了。

刑释人员的再就业,是控制重新犯罪的一个重要关口,要从与犯罪势力争夺初偶犯的战略高度来认识刑释人员的再就业,不能算小账,因小失大。从我们抽样调查中发现,由政府安排就业的为零,许多人的就业是由所谓朋友介绍的,一些灰色的朋友本身就含有巨大的重新犯罪的可能。

(五)重新犯罪周期短,重新犯罪人员多经济困难

本次调研样本中,上一次在监狱服刑释放后1年内重新犯罪的占25.16%,释放后1年以上不到2年重新犯罪的占21.57%,释放后2年以上不到3年重新犯罪的占18.63%,释放后3年以上不到4年重新犯罪的占12.75%,其余为刑释后4年以上重新犯罪的。重新犯罪的最高峰为刑释人员回归社会后的第1年,而后逐年递减。

刑释第 1 年是重新犯罪高发期,这是世界许多国家共有的现象,其产生的重要原因是这些人经济困难,难以融入社会,只能重操旧业。调查显示,重新犯罪人员入监时的年收入在 2 万元以下的占 58.8%。刑释人员经济条件是刑罚执行与安置帮教工作应予关注的。

(六)减刑激励失效,重新犯罪人员通过减刑提前释放的占比高

长期沿用的减刑政策已不再适应目前的押犯构成和改造需要。调查表明,上一次服刑中通过减刑提前释放的占 59.8%,未经减刑、假释而释放的占 36.27%。减刑是对罪犯积极改造的奖励,现已变成普惠性的刑事政策,没有得到精准而高效的使用。如“一刀切”地对短刑犯减余刑,就是很粗糙的政策。对减刑政策需要做一次全面的研究、调整、设计。

四、有效控制重新犯罪的措施建议

(一)要坚定走有中国特色的罪犯改造道路

新中国成立以后,中国的罪犯改造传承了晚清以后狱制近代化改革成果,学习借鉴了苏联劳动改造罪犯的制度和方法,并在实践中本土化,创造了监管改造、劳动改造、教育改造“三措”并举、有机统一的改造系统,在实际工作中取得了巨大成功。

改革开放以后,中国以更加开放的心胸放眼世界,开始学习当代西方行刑制度和矫正方法,吸收其优秀的成果,进一步改革、创新我国既有的罪犯改造模式和方法,使之在预防和治理重新犯罪方面更有效果。学习引进的内容十分丰富,如心理矫正、评估方法、循证矫正等。但是,从总体上说,所引进的方法、技术、理念及模式在与中国罪犯改造实践相结合、本土化方面,还有很大的不足,尤其是在教育改造功能提升方面,显得贫乏无力。从 1949 年到 1990 年的 40 多年,我国的重新犯罪率长期控制在 8% 以下;而自 1990 年到现在,我国许多省份的重新犯罪率已上升到 20% 以上(由于我国与其他国家的监禁模式和统计方法不同,这已是不低的重新犯罪率),不能不引人反思。

走对的路要坚持,学习国外经验要消化。相当一段时间内存在的否定、矮化中国改造经验和方法的现象要改变。走有中国特色的罪犯改造和犯罪治理道路,是破解重新犯罪高发问题不可背离的途径。

(二)改造、帮扶初偶犯是一项历史性责任

短刑犯、初偶犯的大量增加是转型社会的产物,它的形成有个体的原因,有

政策的缺失,有社会管理服务不到位的后果,原因是多方面的,是个有时代特征的悲剧。这样的悲剧性后果不能全部由服刑人员承担,政府和社会应尽可能地挽救、帮扶,帮助他们顺利回归、融入社会。

第一,国家要加大对罪犯改造的投入。现在仅靠罪犯劳动获利来补贴罪犯生活、弥补改造经费的不足是不够的。要对犯人实现处遇递增的工资制,要依据罪犯的处遇晋级和劳动绩效实行递增的工资制度,让罪犯的劳动有所回报。出狱时,有一笔钱,刑释人员可以渡过从出狱到再就业这段时间的难关,破解出狱第1年因生活困难导致的重新犯罪高发问题。有这笔钱,还可以探索为他们提供社会保险的路径,在新时代,人人应该有饭吃,有饭吃,则重新犯罪率低。司法部领导在调研中发现"2016年全国监狱系统经费支出缺口170亿元,占全部经费支出的15%,导致民警不能将主要精力用在教育改造罪犯上,而是抓生产,搞创收"[1]。从重新犯罪控制角度看,国家在社会治理中,加大对监管改造工作的投入是最节省、最经济的。重新犯罪高发,对社会形成伤害,再立案、侦查,进入司法程序,送监狱服刑,其成本是无边界的。

第二,政府和社会有关部门、团体要积极作为,安排好刑释人员的再就业。他们的再就业,就是重新犯罪率的有效降低和社会管理成本的最大节约。这是一场与犯罪势力的争夺战。

(三)要充分重视涉毒人员的改造和刑释后的帮教

目前在福建地区监狱关押的涉毒人员已近万人,占押犯总数的16.62%,已渐成一个庞大群体,且人数急剧攀升,这部分人改造难度大,复吸、再犯风险高,是社会的毒瘤,要给予高度的重视。监狱在应对这部分人的改造问题中,对专业人员、技术设备和资金投入都还是空白,难以应对押犯结构的这一新变化。首先,在思想上要高度关注改造对象的新情况,摸索规律,积累经验,积极应对。其次,要加大戒毒、矫治的投入,包括人员、资金、设备、技术等。在国家和社会需要在这一新领域担当责任的时候,不能失职、缺位,不要犯改造不善、帮扶不力,无法遏制重新犯罪持续攀升的错误。最后,在社区要加大后续治疗和复吸管控。

(四)要针对犯罪人员低学历、低文化的特点,创新改造方法

要客观评价我国传统的由"三大改造"手段构成的改造系统。长期实践表

[1] 系2017年11月福建省监狱管理局狱政生卫处重新犯罪调查数据。

明,“三大改造”手段对以低学历、低文化为主体的犯罪群体的改造是有效的。

“三大改造”手段并行,形成一个有机的整体,构成一个对罪犯改造的周而复始的有效系统,三者在同一过程中扮演着不同的角色,缺一不可。监管改造,通过日常的狱政管理将罪犯纳入一种有序的状态之中,从在社会上无序地胡作非为、违法犯罪到服从监狱的有序管理,这就是一种改造和进步,只要其处在这样的管理系统中,顺向改好易,逆向作恶难。而劳动改造则解决了改造罪犯的载体这样一个基础性的问题,犯人有事做,可以养成劳动习惯、学会劳动技能、增强自食其力的劳动意识,只要进入这一过程,不论你的自觉程度如何,都会受到不同程度的改造或影响。劳动改造构成了我国罪犯改造这一系统的基础,而教育改造则是在监管改造框架和劳动改造基础上的进一步演化和发展,包括思政教育、文化教育、职业技能教育、心理矫正,集体教育与个别教育相结合、狱内教育与社会帮教相结合等,从内容到形式的发展,都是在这一框架和基础上展开的。实践证明,脱离了“三大改造”系统,各种教育改造方法,无论花样如何翻新、一枝独秀,都难有施展的空间和效果。对我国罪犯改造系统,要推动其创新升级,而不是简单地排斥,甚至抛弃,我国的罪犯改造道路是正确的、有效的,要有这个道路自信和理论自信。

要坚持基础文化教育、技术技能教育和以普法教育为主要内容的思政教育构成的“三课”教育体系,加强传统文化教育、亲情帮教、心理辅导等丰富多彩的有针对性的教育。要重视运用系统的力量,把单项的成功、有效,如传统文化教育、心理辅导,纳入整个矫正教育系统之中,善于运用系统的力量,对罪犯实施系统性、全过程、不可逆的改造。孤立的几堂课、几个辅导是改变不了人的,要靠系统的力量。

(五)创建短刑犯专业矫正监狱[1]

由于短刑犯数量多、重新犯罪危害大,是需要我们与犯罪势力争夺的重要群体。要在劳动密集型企业多的地方、区域组建短刑犯专业监狱。其一,便于企业帮扶和刑释后就业。其二,实行专门化的短刑犯改造策略,如实行类似未管所、女监的做法,发动社会各界开展帮教活动,树起国家挽救、帮扶初偶犯的招牌。其三,运用专业化的改造技术和改造管理,保证短刑犯的改造质量。对刑满而改造未达标的少数人,做好与社区矫正的重点衔接,在安置帮教中给予

---

〔1〕 参见郑祥:《论短刑犯专业矫正监狱》,载《中国监狱学刊》2009年第6期。

重点关注。

（六）要认真研究减刑、假释、监外执行政策

社区矫正的实行，为监狱工作提供了一个很好的下游载体，要在这样的背景下重新审视减刑、假释、监外执行。从长远利益考虑减刑政策已不再适应新的改造情况，需要重新研究修订，减刑政策不能助长重新犯罪率攀升。不能一边减刑，提前出狱；一边重新犯罪，再次伤害社会。假释、保外就医有社区矫正的衔接，可以放开步子，大胆推开，但是要做好衔接和跟踪，监狱矫正和社区矫正应在司法部的统一领导下，要下一盘棋。

（七）政法各部门有制约，同时也要协同，精准应对重新犯罪治理难题

不能自说自话，弱化改造力，顶层设计很重要。刑法修改要充分考虑中国国情和人文特点。政法各部门要注意押犯结构变化所警示的新情况、新特点，掌握与犯罪作斗争的主动权；最高人民法院制定司法解释要考虑工作下游的机制和原理；检察院的监督应当考虑刑罚执行机关改造与反改造斗争矛盾的尖锐和复杂性。要有政法一盘棋意识，有制约、有协同，有效治理犯罪，同时彰显公平正义。有中国特色的罪犯改造乃至社会主义法治建设，应当在有效和正义上同步走在前头，成为世界同行的范本，有道路自信和理论自信，一定可以将持续攀升的重新犯罪率控制住、治理好。

矫正视野下的罪犯分类:从犯罪类型到犯因

——以女性犯罪为视角

周　折*

一、行为类型化罪犯分类方法评述

罪犯分类是指依据特定的标准将罪犯归属于不同类别和范畴。在行刑领域对罪犯进行科学合理的分类,一方面,为行刑实践提供指引,根据罪犯类型有针对性地制定类型化的矫正方案,因材施教;另一方面,为犯罪研究和行刑研究提供观察角度和框架。一直以来,行刑实务和犯罪学研究最经常遵循的罪犯分类标准是行为类型。一般认为,其规范依据是司法部监狱管理局在 1991 年印发的《对罪犯实施分押、分管、分教工作的实施意见》(以下简称《意见》),该意见以犯罪性质作为分类标准,将罪犯分为财产型、性欲型、暴力型和其他四大类,实践中,这种分类方式在很长一段时间内为我国行刑实务和理论研究提供了工作框架和研究框架,并进一步被细分,例如,单列出涉毒犯等犯罪类型。行刑实践中,很多监狱据此落实分押分管分教,包括将不同类型罪犯分押于不同监区、在矫正上对涉毒犯集中进行反毒品教育、对涉淫犯注重价值观教育等。在理论研究中,犯罪类型直观标定出的犯罪态势成为犯罪学和监狱学的研究对象,例如,涉毒犯罪猖獗,那么控毒研究就随之发展,继而推动严格涉毒犯减刑假释等高压抑毒倾向的政策反应。

然而,从行刑实践来看,行为类型化罪犯分类方式的弊端在于分类标准不统一、不科学,对矫正实践的指引意义有限,不利于提高罪犯矫正质量。例如,财产型犯罪的共同特点在于以非法占有财产为目的,而暴力型犯罪的共同特点

---

* 周折,司法部预防犯罪研究所副研究员,北京大学刑法学博士。原文载《犯罪研究》2020 年第 3 期。

是以暴力为犯罪手段,前者以犯罪目的为标准,后者以犯罪手段为标准。事实上,随着社会生活内容日益复杂和科技的高速发展,新型犯罪层出不穷,押犯结构发生重大变化,行为类型化的罪犯分类方式更像是刑法典给罪犯贴上的行为标签,而不像是从矫正需求出发、基于犯罪人格作出的行刑指引。刑法典侧重为侦诉审环节提供依据,针对的是犯罪行为,所以将行为类型化是最便捷的规范方式,而行刑环节更关注特殊预防,针对的是犯罪人及其犯罪人格,对行为的分类则离题较远。虽然行为是人实施的,但在矫正视野中,行为是标,人格为本,行为只是人格的表征。行刑阶段通过矫正犯罪人格来预防重新犯罪,因此对犯罪的分类没有必要也不应该沿袭刑法典的分类方式,只有以对犯因性因素的探求为径,以犯因作为罪犯分类的“金标准”,才能掌握犯罪人格,继而指导犯罪矫正。行为类型化的罪犯分类方式未能实现从犯罪行为到犯罪人的视角转变,导致无法满足分类的穷尽性和排他性,从而无法真正贴近行刑实践:很多被划归为同一犯罪类型的罪犯,其行为背后的犯因性因素大相径庭,而很多类型相差很远的罪犯却共享同样的犯因性因素。笔者借以下访谈中获得的真实案例予以说明。

情形1:故意杀人罪

女犯甲在偏远山区以务农为生,同时要抚养幼子、照顾瘫痪的婆婆,文盲,经济贫困。其夫无业且游手好闲,每隔数日回家向女犯甲要钱,稍不如意就拳脚相加。一日其夫又因女犯甲拿不出钱而扬言殴打,但因困倦先去睡觉。女犯甲在极度恐惧之下,用斧头砍死睡梦中的丈夫。女犯甲曾试图离婚,但错误地认为离婚需要“政府批准”,又错误地把当地司法所当成“政府”,司法所调解处理,令女犯甲以为政府不许离婚,最终因担心“我怕被他打死,孩子没人养”而杀死丈夫。事发10年之后,该女犯甲说起丈夫暴行仍心有余悸,且并不后悔。

女犯乙婚后不想孕育子女,夫妻因此偶有争吵,但整体感情尚可。一日其夫酒醉回家,呕吐得满地狼藉,醉中又提及生子,与女犯乙发生争执,女犯乙一气之下用水果刀扎伤丈夫腹部,致其抢救无效死亡。女犯乙极为痛悔,服刑多年来一直把大部分劳动报酬匿名汇给亡夫双亲。

甲乙2犯触犯的罪名都是故意杀人罪,同属暴力犯,但女犯甲是长期受虐,又难以获得有效的法律救济,其杀人行为有自救因素,女犯乙则不然。性格上,女犯甲柔顺懦弱,乐于助人。女犯乙的性格则冲动固执,比较符合大多数人对“暴力犯”性格的一般“画像”。

情形2:贩卖毒品罪

女犯丙离婚后生活困窘,以打零工为生,且有幼女需要抚养。她听说贩毒很赚钱,经朋友介绍认识毒贩,帮助贩毒。一开始她对毒品有所警惕,只贩不吸,后来随着“销路”扩大,自己也染上毒瘾,长期以贩养吸。

女犯丁“以贩养吸”3次入狱,首次入狱时年仅20岁。她3次吸毒,均是因嫌自己体型偏胖,指望吸毒减肥,再以贩养吸。每次服刑都会因狱内生活规律、营养均衡而再次发胖,因此每次出狱都会复吸减肥再以贩养吸,形成恶性循环。

丙丁2犯的罪名和犯罪类型完全一样,但是犯因迥异:丙是出于生活所迫而贩毒,丁则有相对优渥的经济条件,其完全是为了减肥而一再吸毒。

情形3:寻衅滋事罪

女犯戊,性格强横不服管教,初中肄业后,纠集一群辍学少年成立帮派,自任“大姐头”,经常在校门口蹲守与帮伙成员有仇隙的在校学生,勒索钱财或殴打他人,最终犯罪。

女犯己,家人对拆迁款金额不满,想通过闹事索要高额拆迁款,但其子女婿媳担心影响工作,故全家一致决定由女犯己闹事要钱。女犯己遂多次躺在当地政府门口阻拦行人车辆,对相关工作人员拦截、辱骂、殴打甚至扣留财物,多次闯进政府大楼,在工作人员办公室抛洒垃圾、长时间辱骂、随地小便。

戊己2犯的罪名都是寻衅滋事罪,均属情节较轻的暴力犯,但是女犯戊性格强横,以为自己行为只是帮朋友“复仇”,并非犯罪;而女犯己则在闹事之前与家人专门研究过相关法律,知道根本不可能通过正当途径获得高额补偿,她是出于“牺牲我一个幸福全家人”的扭曲观念而进行法外勒索。

我们从上文案例可以看出,行为类型化的罪犯分类方式仅以犯罪性质为分类工具,将犯因大相径庭的罪犯归为一类,再根据这种粗疏的罪犯“画像”制定矫正方案,最终分类“标签”的错误导致了矫正的失焦。例如,由于女犯甲乙戊己同属暴力犯,行为类型化的粗放分类会推动我们对4犯不加区分地围绕冲动个性做文章:加强监管力度、选择修身养性类习艺项目、围绕情绪控制教授心理学技巧等。这些矫正内容或许适合女犯乙和女犯戊,但对女犯甲和女犯己却几无必要:女犯甲已然足够甚至过于柔顺,否则也不至于忍耐多年才忍无可忍,而女犯己的犯罪更是“深谋远虑”,绝非冲动使然,一旦日后再出现需要她作出“牺牲”的情况,她仍会再次披挂上阵。再如女犯丙丁同属涉毒犯,对她们都加强反毒教育当然是必要的,但如果仅此而已,女犯丙仍无一技之长解决生计问题,出狱后很可能重操旧业,而对女犯丁来说,毒品对身体的严重伤害恰是她求之不得、成就她“减肥大业”的优势,出狱后必然会再陷恶性循环、重蹈覆辙。罪犯分类方式和矫正方案的荒谬错位令笔者不禁想起菲利对古典刑法学的嘲讽——1夸脱大黄和住院疗法包治百病。[1] 一百多年过去,他的提醒从未过时。

行为类型化的罪犯分类像一堵高高竖起的墙,横亘于罪犯人格与矫正方案之间,原本联系二者之间的犯因性因素被斩于墙下,面目模糊。提高罪犯矫正质量是提高社会治理能力的重要内容之一,在提高社会治理能力被提升到国策高度的今天,于行刑领域而言,也到了必须要改变罪犯分类方式的时候了。

二、以犯因为标准进行罪犯分类

近年来,学者在批评行为类型化的罪犯分类方法的同时,也曾提出多种新分类方式的设想,例如,人格分类标准、[2] 监狱分级标准[3] 等。但是即便不谈这些新方案的合理性,其之所以迄今未替代旧有的行为类型化罪犯分类方式,根源是因为,它们难以转化为对行刑实践的指导方式、难以有效回应行刑实践中层出不穷的新课题。

行刑目的主要是矫正,矫正有效性的前提是针对性,必须准确识别其核心犯因,才能有的放矢、对症下药地制定矫正方案。现代国家概念中,“获得有效矫正”是罪犯的重要权利,一人一案固然不现实,但根据科学合理的罪犯分类方式为每类罪犯量身定制矫正方案不仅可行而且必要。

罪犯分类旨在为矫正提供类型化的工作指引和研究框架,既然如此,我们完全可以摒弃中间环节,围绕“犯因”对罪犯进行分类,从犯因中找出矫正的着力点,制定有针对性的矫正方案,即以犯因性罪犯分类方式逐渐取代行为类型化罪犯分类方式。

(一)犯因的确定

一直以来,对犯因的追寻都是犯罪学的核心内容,但犯因分为不同层次。

---

[1] 参见[意]恩里科菲利:《实证派犯罪学》,郭建安译,中国人民公安大学出版社2004年版,第177~178页。

[2] 参见孙昌军、凌辉:《犯罪人分类标准新探——以犯罪人格为视角》,载《犯罪研究》2005年第2期。

[3] 参见谭道义、陈童、刘英丽:《我国现行监狱分级制度改革——关于罪犯分类标准改良的合理性研究》,载《法制与社会》2015年第29期。

以往我国学者对女性犯罪原因的研究中，往往认为女性涉毒原因包括：国际毒品犯罪的影响、毒品交易的丰厚利润、扫毒力度限制、受他人引诱、寻求精神解脱等。将女性职务犯罪的原因归结为：寻租空间的存在、体制转轨漏洞、性别角色冲突、市场经济对价值观的消极影响等。女性性犯罪的原因被归结为：生理周期导致的性欲亢进、错误的价值观和性意识等。这些不一而足的犯罪原因当然是真实的，但它们与其说是对犯罪根源的挖掘，不如说是对现象的系统描述，这种浅层次的犯因无法作为罪犯分类标准和矫正方案的靶点，因为后者必须同时满足以下两个条件。

第一，它必须能够与行刑实践中的矫正方式建立起对应式的紧密联系。狱内的矫正方式是种类化的、有限的，主要包括以扫盲为核心的基础教育、政治教育、文化教育、心理矫治、技能培训、亲情帮教等，作为罪犯分类标准的犯因只有大致“对标”这些矫正方式，才能够真正联结起监狱的“矫正产品”和矫正对象的“矫正需求”，以实现“供需平衡”。

第二，它必须是一种系统性原因、深层次原因，向上表现为各种犯罪的直接原因，向下则深植于社会土壤。例如，“错误的价值观和性意识”和“性别角色的冲突”是男尊女卑的社会文化和性别刻板印象的产物；“寻租空间的存在”和“毒品交易的丰厚利润”背后是充斥着性别歧视和职业隔离的就业市场，是两性经济资源的严重失衡——否则无以解释为何女性职务犯罪和毒品犯罪占女性犯罪的比例远高于此类男性犯罪的比例；“家庭暴力下的恶逆变”则是两性法律保护不平等现象的镜子，它昭示出法律体系中对女性权益保护的严重缺失。强调犯罪原因的系统性和深层性意味着，必须从社会结构、经济、文化、政治、法律等宏观层面入手去观察，必须将微观的犯罪个体行为与宏大社会背景相联系，才能探究到罪犯真正的犯罪原因。

（二）犯因的种类

犯因性罪犯分类方式大体应包括以下几大类。

1. 经济性犯因，是指罪犯出于经济困窘和生存压力而犯罪。在行为方式上，罪犯既可能选择盗窃、诈骗，又可能选择贩毒、敲诈勒索抑或其他犯罪类型。女犯丙即为此类案例。

2. 制度认识性犯因，是指罪犯面对困难或矛盾时，出于对制度性解决方式的轻蔑、恐惧、不信任或者误解，而选择了犯罪等非制度性的解决方式。女犯己即为此类案例。

3. 规范认知性犯因，是指罪犯不知法、不懂法而实施犯罪的情况。[1] 女犯甲、女犯戊即为此类案例。其与制度认识性犯因的区别在于，前者是"不知法"，而后者则是出各种原因"明知故犯"。因此在法治教育上，对前者要普法为重，对后者则要着力申明法规范的权威性和高效性。

4. 价值观性犯因，是指罪犯受错误价值观影响而导致犯罪。转型期社会中固然有多元价值观并存，但是其中一些为主流价值观所明确反对和禁止，它们往往容易给自身或他人招致法律所不容许的损害。例如，受男尊女卑错误观念影响的女性不仅有物化其他女性的倾向，也会不自觉地自我物化，女犯丁和女犯己即为此类案例，前者为取悦异性不择手段地自我修饰、后者持自我献祭式的家庭观念。

5. 个性/心理性犯因，是指缺陷性格、心理障碍或 PTSD 等心理疾病在推动犯罪中起主要作用的情况。性格冲动的女犯乙即为此类案例，女犯甲也有所涉及。

6. 社会交往性犯因，是指罪犯受社会交往中消极受社交网络的引诱、刺激、胁迫等影响而实施犯罪的情况。女犯戊即为此类案例。

7. 政治性犯因，是指罪犯出于对现行政治制度的反对而实施犯罪，主要涉及危害国家安全罪和恐怖主义犯罪。

对犯因的考察应该灵活运用多种方式，包括通过梳理罪犯的个人成长史、生活史、婚姻史等生活经历，掌握罪犯人格特点；复盘案情，根据犯罪的前因后果，查清犯罪起因；罪犯的描述和谈论，通过罪犯视角对事实的描摹，对犯罪原因做进一步识别等。

（三）犯因的复合性

犯因性罪犯分类方式包含两个逻辑。第一，一个犯罪行为往往涉及多种犯因，只有其中发挥主要推动作用的核心犯因才是矫正视野中真正的犯因。以女犯甲为例，其犯因组合是"规范认知性犯因 + 心理性犯因"：规范认知性犯因方面，她完全不了解有关离婚的法律规定，无力通过制度性方式自救，是为了自卫杀夫而非出于激愤无视规范；心理性犯因方面，长期受虐使她的心理健康受到损害，笔者在事发 10 年之后和她交谈，她回忆往事仍然止不住地全身发抖、神

---

[1] 根据笔者针对全国 20 所监狱的问卷调查，犯罪时不知法或仅有模糊认知的女犯占女犯总数的 3/4，远高于此类男犯比例，其中既包括较低教育水平导致的"一般性法盲"和包括拥有不错学历却对特定领域法律无知的情况。

色恐惧、不停重复“我太害怕了……”。尽管她当时收入低,导致丈夫威胁殴打,刺激她杀夫,但当地本就是贫困山区,她自述生活还“过得去”,所以经济性犯因不是其核心犯因。第二,对绝大多数罪犯而言,核心犯因更可能是多种犯因复合而成的整体,是一种“犯因组合”,不同犯因共同统摄并参与构筑罪犯人格,且彼此密切联动、彼此勾连,甚至互为因果。相应地,矫正也要针对不同的犯因组合制定矫正方案,使矫正有所侧重。以女犯戊为例,其由“规范认知性犯因、价值观性犯因和社会交往性犯因”结成的犯因组合明显体现出彼此互动勾连的过程:她教育程度低,对报复行为的法律性质并无清晰认知,在为“复仇”而纠集同伙、建立消极社会交往的过程中,群体成员的不良价值观又彼此影响和加强,从而最终导致犯罪。

传统矫正模式被行为类型化罪犯分类方式一叶障目,看不清犯因,更意识不到犯因的复合性,只是根据罪犯类型将相应的教育内容零散分布于各类矫正方式中。相比之下,犯因性罪犯分类方式不仅直接以犯因为矫正的靶点,还以“犯因组合”形式表述犯因,因此矫正并非对孤立犯因的“各个击破”,而是着眼于其复合性,综合运用各种矫正方式形成合力,从而使矫正效果事半功倍。

三、犯因性罪犯分类方式的优势与制度配套

(一)犯因性罪犯分类方式的预防犯罪优势——预防重新犯罪

1. 整合监狱矫正和社会政策资源

现代监狱已产生两个多世纪,但其矫正功能是否真实存在始终备受质疑。[1] 究其原因就在于犯罪原因包括个人因素和社会因素,而监狱矫正仅针对个人因素,对于监狱围墙之外的社会因素却无力触及,只要对个人因素的矫正不足以压制社会因素的消极影响,重新犯罪就是大概率事件。要有效预防重新犯罪,必须通过罪犯分类,以犯因串联起针对个人因素的监狱矫正和针对社会因素的社会政策,使之彼此协调,使狱内矫正思路和狱外社会政策的调整形成合力。狱内矫正方式主要有基础教育、文化教育、政治教育、法治教育、心理矫治、亲情/社会帮教、劳动技能培训等,这几乎正好与各类社会公共政策一一对应——后者根据社会生活的领域分为教育政策、文化政策、政治政策、法律政策、社会心理健康服务体系、婚姻家庭政策、经济政策等。根据罪犯分类下的犯

〔1〕 参见翟中东:《当代国际行刑领域正在发生的变革》,载《河北法学》2012 年第 10 期。

因分布结构所指示的调整方向,我们可以清晰地发现哪一社会领域中的犯罪控制存在薄弱环节,在狱内进行针对性矫治的同时,也通过调整社会政策来加强犯罪控制。

例如,女犯丁和女犯己都涉及价值观性犯因和制度认识性犯因,前者过度看重自身形体而罔顾国法、不择手段,后者指望以自己为成本换取家族的高额非法利益,她们触犯的罪名大相径庭,犯因却共同指向男尊女卑文化下的自我物化和对法规范的轻视。如果犯因性罪犯分类显示,此类犯因的罪犯群体庞大,那么除了在矫正上要大力加强性别价值观教育和法治观念教育,同时也在警告社会:文化政策必须着力纠正男尊女卑思想,批判把女性当作性资源或摇钱树的社会观念,倡导异性关系和家庭关系中的性别平等、人格独立;经济政策必须严厉打击就业市场的性别歧视,对错误的性别价值观釜底抽薪;法律政策要重视对刑法一般预防功能的宣传,以刑罚的严厉性和必然性来压制潜在不法之徒的侥幸心理。

2. 矫正施力精准

矫正施力精准既包含矫正力度适当,也包含了矫正的根本性需求。就矫正力度而言,行刑资源昂贵而有限,而犯罪浪潮奔流不息,要以有限应对无限,精准矫正是必由之路。在以往"大水漫灌"式的罪犯矫正模式中,监狱对罪犯运用各种矫正方式时,其教育标准、教育方式和教育内容是完全一样的:对毒品敬而远之的寻衅滋事犯要和以贩养吸的涉毒犯参加同等程度的毒品危害教育,拥有良好会计能力的贪污犯须和务农的杀人犯参加完全一样的技能培训项目。而精准矫正则意味着对症下药、有轻有重、有的放矢、因材施教,对不同犯因的罪犯"投放"不同"剂量"的矫正产品,通过差异性矫正节省行刑成本。例如,女犯甲的个性本就忍耐顺从谦卑,因此在法治教育中应着力于法律知识的传授,而无须过于强调法规范的权威;对女犯乙则相反,她有良好的教育背景和对法律知识的较好掌握,因此对她的法治教育应侧重强化法治观念和法律信仰,对冲她的冲动个性,避免重蹈覆辙。

就矫正的根本性而言,罪犯是先有犯因,再选择具体的行为手段实施犯罪,而不是相反,同一个犯因可能对应多种行为手段,行为人选择将哪种行为手段现实化,很多时候只是一种偶然而非必然,因此,无论狱内矫正还是狱外的政策调整,都只有聚焦于犯因这个"本",才能彻底铲除犯罪根源,使任何行为手段现实化的选择都失去意义。否则,如果矫正和政策的施力方向被行为类型化的罪犯分类方式误导到犯罪行为上,而错失对犯因的关注,那么这种本末倒置、舍本逐末的犯罪控制必然会导致事倍功半，即便加大特定犯罪实施难度或成本，从而暂时抑制了该种犯罪，也仍会因为犯因这个原始驱动力未受影响，而只是将潜在犯罪人暂时“驱赶”到其他种类的犯罪上，出现“按下葫芦浮起瓢”的情况。以女犯丙为例，经济困境是其犯因，她之所以“选择”贩毒，只是因为她碰巧听说了贩毒的高收益，又碰巧可以认识毒贩，如果我们只看到涉毒犯罪的猖獗就只围绕“毒”字做文章，那么即便女犯丙知难而退，也只是会另辟蹊径，转头选择盗窃、诈骗、拐卖儿童等其他“来快钱”的犯罪养活自己和女儿。只有女犯丙在狱内真正学到一技之长，足以自力更生，同时就业政策严厉打击性别歧视、法律政策加大对离婚女性经济利益的保护等，才能真正预防丙重新犯罪，也才能防止千千万万个离婚妈妈沦为“女犯丙”。

（二）犯因性罪犯分类方式的制度配套

罪犯分类方式的变更绝非细枝末节的技术性调整，而是某种程度上对传统矫正模式的颠覆，是一个系统工程。这就意味着，犯因性罪犯分类方式要有效运行，还必须采取相应的配套改革作为辅助，其中最重要的就是监管领域的理念调整和矫正方案制度的引入。

1. 在罪犯监管领域引入动态安保理念

在行为类型化的分类方式下，警察的角色相对被动：罪犯类别由罪名直接标定，矫正采取“大水漫灌”，警察要做的仅仅是打开“水阀”，即按部就班地执行既定的矫正程式，如一锅烩的法制教育、均等的劳动培训等。而犯因性分类方式下，由于矫正过程不再是程式化的，而是复杂的、动态的、深刻的，警察主观能动性的发挥就成了矫正的关键环节：无论是复盘案件、回顾罪犯生活史、警囚谈话，还是分析核心犯因并准确作出分类，抑或选择矫正方案并适用，更或是根据矫正动态适时调整矫正方案，都需要警察以高度负责的职业精神和高度专业的职业能力完成。因此，在犯因性罪犯分类模式下，监狱警察的人力、精力投入对矫正质量有决定性意义。

然而，监狱行刑资源高度稀缺，矫正职能始终面临来自监管需求的资源争夺，警力争夺更是主战场。由于对监管安全可以量化评价，而对矫正质量的评价则是“软”标准，在以业绩的量化考核为核心的现代履职评价体系中，面对警囚比偏低、警力不足的现实，警力重心明显偏向监管，矫正领域的警力则捉襟见肘。

在犯因性罪犯分类方式下，要解决监狱与矫正“二虎相争”的局面，可以考虑在罪犯监管领域引入动态安保理念。作为一种有别于传统模式的新兴安保模式,动态安保是指,[1]通过监狱一线工作人员与罪犯建立积极的工作关系,及时了解罪犯个体特征,并为罪犯开展建设性活动,进而实现监狱安全和促进罪犯顺利回归的安保制度。动态安保强调监狱工作人员与罪犯的直接接触和沟通,力求与罪犯建立职业关系并融入罪犯的日常生活。可见,其与基于犯因性分类的罪犯矫正模式均属"警力密集型"的管理,二者都强调对罪犯世界的深度介入,变被动为主动,变消极为积极,都强调"人"的能动性和核心价值,在矫正中反对程式化、批量化、去人格化,在监管中反对倚赖物理隔离、技术手段和严密的程序控制。工作方式的高度共通使二者完全可以一警二"用",彼此借力:警察将服刑人员作为"个性化的人"去接触和了解,同时搜集有关矫正和监管的信息,基于对个体罪犯的深入了解而保持对犯因判断的准确和对安保信息的敏感,继而有针对性地调整矫正措施和实施监管,防止矫正失效和安全威胁现实化。事实上,目前我国监狱实践中普遍实行的"包组制"就可以视为监管和矫正融合后的工作形式的雏形,它完全有潜力逐步承接相应的工作内容。

监管和矫正的融合有着坚实的逻辑基础:一方面,监管和矫正本就是"手段—目的"关系,[2]安全是实现目的的手段,安全失守,矫正也无从做起,二者很多时候原本就难分泾渭;另一方面,作为监管对象的罪犯同时也是矫正对象,很多信息既有安保价值又标示矫正状态,监管和矫正完全可以互利合作。

2. 建立矫正方案制度

在矫正工作中建立矫正方案制度应成为推行精准矫正的重要内容,矫正方案制度是指通过对罪犯犯因/犯因组合的分析和归类,为特定种类的罪犯量身定制呼应其矫正需求的矫正内容,包括以哪些矫正方式作为重点、如何着力运用以及如何在各个矫正方式之间形成互动等。罪犯通过适用矫正方案,接受有针对性的教育矫正。例如,女犯乙的犯因比较单一,为心理性/个性犯因,针对此类罪犯的矫正方案就应以心理矫治工作为重心,包括通过情绪控制项目帮助她正确处理愤怒情绪、对形成其暴躁性格的成长经历进行回顾、判断是否存在酗酒和药物滥用情况等。除此以外,辅之以旨在柔化其个性的文化教育、旨在强调法律威慑的法治教育等。

矫正方案制度相比传统矫正模式的突出优势是有效性,这首先源于其科学性,矫正方案根据对犯因的科学认识,综合运用心理学、犯罪学、监狱学甚至医

---

〔1〕 参见张桂荣:《监狱安保新理念:动态安保》,载《犯罪与改造研究》2018年第8期。

〔2〕 参见周折:《论对"安全底线"的再认识》,载《犯罪与改造研究》2019年第8期。

学、社会学等多种学科制定矫正方案;其次源于其开放性,矫正方案着眼于矫正效果,及时根据变动的犯罪态势和科学发展进行自我调整和完善,及时吸纳任何提升矫正效果的做法;最后源于其便利性,矫正方案实质上是一种模块化管理,一旦甄别出罪犯的犯因类别,就可以直接适用,实现精准矫正,而无须再逐案研究,这不仅有助于缓解目前的警力紧张,而且便于有关矫正经验在监狱警察之间代际传承。

矫正方案强调适用的延续性。相应工作应该从罪犯进入新收阶段就开始,每名罪犯都应根据其成长经历、犯罪前科、受教育程度和就业状况、居住情况、家庭情况、伙伴关系、财务情况、酒精和药物成瘾情况、情感控制情况,以及对犯罪行为的认识态度等多方面因素进行综合评估,并初步甄别犯因类型。一旦罪犯进入正式服刑阶段,就可以据此直接适用既定的矫正方案,同时每隔一段时间,要针对矫正方案的适合与否再次进行评估,以根据行刑过程中对罪犯认识的深化对方案进行必要调整。从工作的便利性出发,评估的具体间隔时间可以与目前很多监狱已在实行的人身危险性评估相结合,同步进行。任何矫正不可能一蹴而就,因此除非出现了必须更换方案的情况,否则矫正方案的执行必须一以贯之,不能因罪犯意愿等主观因素或主管警察的变更等客观因素而随意中断或终止,这样可以避免矫正半途而废。

后　　记

预防和减少重新犯罪，是新时代推进国家治理体系和治理能力现代化、建设更高水平的平安中国、法治中国的重要内容。加强对重新犯罪问题的研究与思考，对于深化重新犯罪规律认识，提高预防和减少重新犯罪的科学化智能化水平，切实增强人民群众获得感、幸福感、安全感，具有重要意义。

近些年来，我国预防犯罪和刑事执行理论和实务工作者高度重视重新犯罪问题的研究与思考。特别是自 2018 年以来，根据中央政法委有关要求成立的由最高人民法院、最高人民检察院、公安部和司法部参加的、跨部门的重新犯罪问题调查领导小组组织开展了重新犯罪问题调查，重新犯罪及其预防对策成为新的研究热点。司法部预防犯罪研究所积极承担重新犯罪问题调查领导小组办公室职责，组织有关科研人员致力于重新犯罪问题的理论探讨和调查研究，并相继取得了一些重要研究成果。

为充分反映近些年重新犯罪问题研究领域的理论成果，深化重新犯罪问题的研究，推动重新犯罪预防学科体系建设，促进刑事执行和社会治理制度政策的发展完善，我们基于参考借鉴价值和学术影响力的综合考虑，对其中一些有分量的研究论文和调查报告进行了选编，汇集成本书。本书由理论探讨篇、域外考察篇和调查研究篇组成。其中，理论探讨篇主要围绕重新犯罪问题的概念内涵、理论观点、研究方法、制度完善等有关理论问题进行了分析和探讨。域外考察篇主要介绍了国际社会和国外在重新犯罪研究和实践领域的进展与成效，并对中外重新犯罪研究状况和重新犯罪率数据结果进行了比较研究。调查研究篇主要收集了近年来关于重新犯罪问题的调查报告和实证研究报告，涉及全国及地方监狱释放罪犯的重新犯罪状况、问题与对策研究，以及对吸毒与犯罪的关联性、再犯青少年生命历程中的“劣势累积”、犯罪生涯持续中的职业化和犯罪升级、罪犯再犯危险与矫正需求分析、基于犯因的罪犯分类等问题的思考与探讨。

本书由司法部预防犯罪研究所所长周勇研究员任主编,张婧研究员和闫佳副研究员任副主编。本书所收集论文和报告的作者主要是司法部预防犯罪研究所以及相关单位和实务部门的理论和实务工作者。由于水平有限,书中不当之处,敬请批评指正。

法律出版社对本书的出版给予了大力支持,学术对外分社的曲杰老师做了大量认真细致的工作,在此表示衷心感谢。

编　者

2025 年 1 月